UN VOYAGE PARMI LES TOURISTES
de Taras Grescoe
est le sept cent quatre-vingt-dix-neuvième titre
publié chez
VLB éditeur.

REMERCIEMENTS

Je tiens à remercier Scott Chernoff et Jennifer Ménard, Lara et Justin Aydein, Shauna Lancit, David Freitag et Dominique Balas, Alain Dagher, Bouke Bergsma, Morgane Callec et Mano Bourdet, ainsi que toutes les personnes qui m'ont prêté canapé, futon et espace de rangement pour me permettre de me rendre au bout de ce voyage. Sans votre aide généreuse, je n'aurais pu écrire ce livre. Sachez que vous serez toujours les bienvenus chez moi. Je remercie également le Conseil des Arts du Canada pour son appui.

La traduction de cet ouvrage a été rendue possible grâce à une subvention du Conseil des Arts du Canada.

VLB éditeur bénéficie du soutien de la Société de développement des entreprises culturelles du Québec (SODEC) pour son programme d'édition.

Gouvernement du Québec – Programme de crédit d'impôt pour l'édition de livres – Gestion SODEC.

Nous reconnaissons l'aide financière du gouvernement du Canada par l'entremise du Programme d'aide au développement de l'industrie de l'édition (PADIÉ) pour nos activités d'édition.

Nous remercions le Conseil des Arts du Canada de l'aide accordée à notre programme de publication.

UN VOYAGE PARMI LES TOURISTES

Du même auteur

Sacré Blues. Un portrait iconoclaste du Québec, traduit de l'anglais par Hélène Rioux, Montréal, VLB éditeur, 2002.

Taras Grescoe

Un voyage
parmi les touristes

Traduit de l'anglais (Canada)
par Hélène Rioux

vlb éditeur

VLB ÉDITEUR
Une division du groupe Ville-Marie Littérature
1010, rue de La Gauchetière Est
Montréal (Québec) H2L 2N5
Tél. : (514) 523-1182
Téléc. : (514) 282-7530
Courriel : vml@sogides.com

Maquette de la couverture : Nicole Morin
Illustration de la couverture : © Todd Davidson, *Traveler Stepping Across World Globe*/Getty Images
Cartographie : Julie Benoit

Catalogage avant publication de Bibliothèque et Archives Canada
Grescoe, Taras
    Un voyage parmi les touristes
    Traduction de : The end of elsewhere.
    ISBN 2-89005-909-X
    1. Europe – Descriptions et voyages.   2. Asie – Descriptions et voyages.
3. Tourisme – Histoire.   4. Grescoe, Taras – Voyages – Europe.   5. Grescoe,
Taras – Voyages – Asie.   I. Titre.

G490.G7914   2005   914.04'56   C2005-940385-3

DISTRIBUTEURS EXCLUSIFS :

• Pour le Québec, le Canada
  et les États-Unis :
  LES MESSAGERIES ADP*
  955, rue Amherst
  Montréal (Québec) H2L 3K4
  Tél. : (514) 523-1182
  Téléc. : (450) 674-6237
  *Filiale de Sogides ltée

• Pour la Belgique et la France :
  Librairie du Québec / DNM
  30, rue Gay-Lussac
  75005 Paris
  Tél. : 01 43 54 49 02
  Téléc. : 01 43 54 39 15
  Courriel : liquebec@noos.fr
  Site Internet : www.quebec.libriszone.com

• Pour la Suisse :
  TRANSAT SA
  C.P. 3625
  1211 Genève 3
  Tél. : 022 342 77 40
  Téléc. : 022 343 46 46
  Courriel : transat-diff@slatkine.com

Pour en savoir davantage sur nos publications,
visitez notre site : **www.edvlb.com**
Autres sites à visiter : www.edhomme.com • www.edtypo.com
• www.edjour.com • www.edhexagone.com • www.edutilis.com

Édition originale :
© Taras Grescoe, *The End of Elsewhere. Travels Among the Tourists*,
Toronto, Macfarlane Walter & Ross, 2003.

À Karen, pour qui j'irais jusqu'au bout du monde.

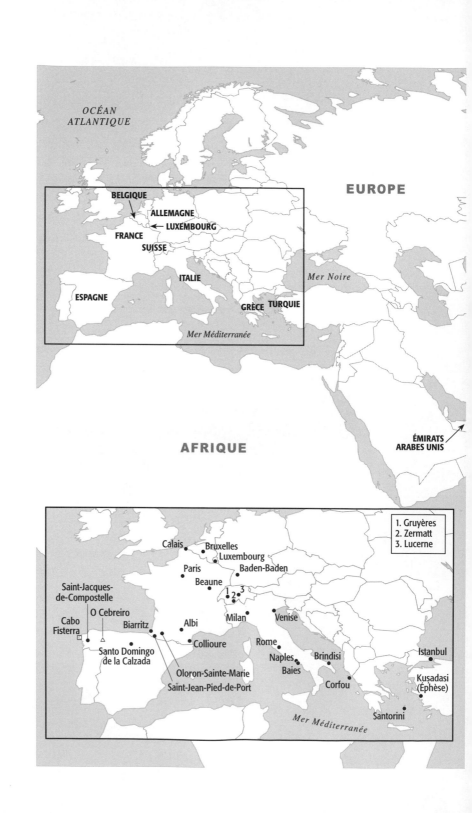

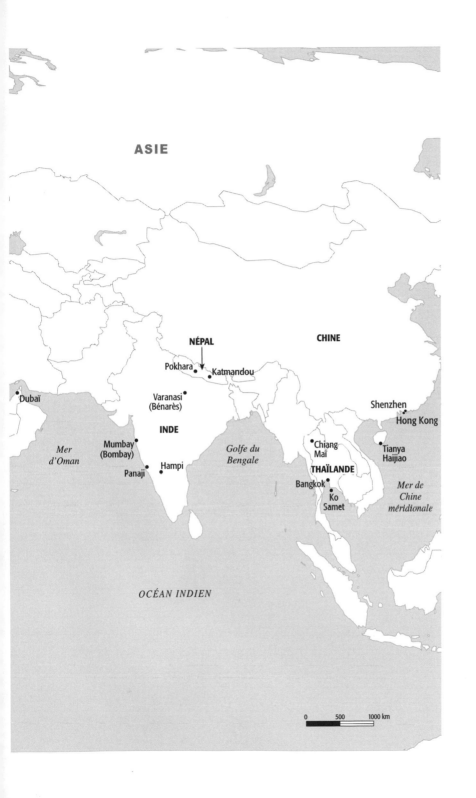

ASIE

NÉPAL

CHINE

Pokhara
Katmandou

Varanasi
(Bénarès)

Dubaï

Shenzhen

Hong Kong

INDE

Chiang
Maï

Tianya
Haijiao

Mer
d'Oman

Mumbay
(Bombay)

Golfe du
Bengale

THAÏLANDE

Panaji

Hampi

Bangkok

Mer de
Chine
méridionale

Ko
Samet

OCÉAN INDIEN

0   500   1000 km

L'hôtel au bout du monde

Une promenade au soleil couchant – Naufrages sur la côte de la Mort – Un hôtel au poste de signalisation – La dépendance au voyage et ses inconvénients – La longue route devant – Pourquoi le genre humain est malheureux – Cognac espagnol pour trinquer à l'errance

SI UNE RÉGION DE L'EUROPE EST HANTÉE, ce doit être Cabo Fisterra: *Finisterrae* en latin, *Finisterre* en castillan – quelle que soit l'orthographe, en Europe, c'est la fin de la route. Les pèlerins du Moyen Âge sont morts par centaines sur son promontoire, leurs bateaux ont été délibérément coulés par les *raqueiros*, ou naufrageurs, qui, les nuits de tempête, fixaient des lanternes aux cornes des vaches pour attirer les marins vers le rivage rocheux. Le cap de cinq kilomètres de long est entouré par les épaves submergées de cent quarante navires dont les noms – *Tang Castle, Nouveau Conselle, Skuld Stawanger, Good Lion, Ermoupolis* – évoquent un registre international du naufrage. Pas plus tard que le mois dernier, les corps de trois femmes ont été retrouvés sur la grève; les marées les avaient charriés sur des centaines de kilomètres après l'effondrement d'un pont d'autoroute au Portugal. Pour les cartographes médiévaux, Fisterra marquait le début de la *Mare Tenebrosum*; au-delà de ce cap, on ne trouvait rien d'autre que des dragons de mer et une grande chute du bout du monde, là où l'océan se déversait dans les espaces célestes.

Terminus : mon autobus s'arrête. Nous sommes dans la baie d'un village de pêche où des yoles bleues et rouges flottent dans le petit port. Je suis venu à la côte de la Mort espagnole pour voir le soleil se coucher au bout du monde, mais je commence à avoir l'impression que c'est lui qui va gagner la course à l'horizon. Déjà, sur la rive opposée, des pixels dorés scintillent dans les carreaux des fenêtres quand s'y posent les derniers rayons obliques de la lumière agonisante. Le chauffeur me suit dehors, il s'étire et m'indique laconiquement la route du Faro, un phare au toit argenté en forme de dôme perché au sommet du promontoire. Je prends mon sac à dos sur mes épaules et j'entreprends de gravir le chemin sinueux enlaçant une falaise couverte de chardons qui plonge dans l'Atlantique.

Bien sûr, Fisterra n'est pas l'unique bout du monde répertorié dans les atlas. L'Angleterre a le sien en Cornouailles, et il y a des Finistère en Bretagne et au large de Baja, au Mexique. Mais la version espagnole, à l'extrémité de la péninsule ibérique, possède un caractère définitif et lointain ineffable. Tout comme la Galice, cette terre celte que les Romains – tant les impérialistes que les catholiques – ne sont jamais parvenus à apprivoiser complètement, c'est un lieu dont les collines parsemées de lichen sont hantées par des sorcières volantes, des serpents à sept têtes et des kobolds. J'ai peur d'avoir vu deux de ces malicieux farfadets devant moi. Assis sur un rocher de granit, un sac de bouteilles de bière à côté d'eux, deux hommes éméchés vocifèrent en galicien.

Le chemin aboutit enfin au sommet du cap, juste avant que la terre ne se fonde dans un promontoire, et je suis payé de ma peine en voyant le panorama de ciel et d'océan qui s'offre à moi. La civilisation engloutie de l'Atlantide doit se trouver quelque part ici, avec les bombardiers disparus du triangle des Bermudes et les centurions noyés de Dugium, ville celte submergée. La lumière s'estompe, une désolante purée de pois la remplace, le soleil tourne au gris jaunâtre en se couchant

dans un lit de nuages qui bordent l'horizon, comme s'il se faisait avaler par quelque banc de brume venu du milieu de
l'Atlantique. C'est l'heure entre chien et loup et, tandis qu'un
vent frisquet souffle de l'ouest, je m'assois sur une gigantesque
marche de béton creusée dans le flanc de la colline pour réfléchir à la tâche qui m'attend.

À partir de maintenant, ma route me conduit vers l'est,
vers le soleil levant à l'autre bout du monde. Pendant la majeure partie de l'année, je voyagerai loin de chez moi, de mes
amis et de ma famille, depuis la pointe de l'Espagne jusqu'à
l'extrémité de la Chine, et je ne m'arrêterai qu'une fois arrivé
à un endroit appelé Tianya Haijiao sur l'île de Hainan – le
bout du monde dans la cosmologie de la Chine antique. Traversant le bloc continental eurasien, du soleil couchant jusqu'au soleil levant, cette route me conduira dans les hauts
lieux de l'histoire du voyage ; mais je poursuis également un
objectif personnel plus nébuleux.

Depuis mon adolescence, je ne cesse de quitter mes amis,
mes amours et ma famille pour me jeter tête baissée dans l'inconnu, parfois coincé dans un avion nolisé vers une destination
soleil, les genoux meurtris sur le dossier du passager devant moi,
parfois dans un autobus indien sans suspension, la colonne vertébrale secouée sur l'essieu arrière, d'autres fois penché par-
dessus la lisse d'un ferry grec cabossé, à rendre mes calmars à la
mer. De retour chez moi – une forêt de plantes vertes pétrifiées,
un vestibule jonché d'avis de débranchement –, je me sens
déraciné, coupé de mes vieux amis, je regrette déjà des idylles
étrangères brutalement interrompues, j'ai l'impression de flotter
dans un néant que j'ai moi-même créé. Cette maladie du voyage,
qu'aucune dose de Dramamine ne peut guérir, me coûte cher
et m'épuise ; j'éprouve le besoin irrésistible de bouger – une
euphorie que je paie ensuite par des maux de dos et des infec-
tions tropicales, des bagages et des amis perdus, un sentiment de
plus en plus aigu de désorientation et de déracinement. Il est
temps que je découvre, une fois pour toutes, ce que (ou vers
quoi) je fuis, et si je suis capable de renoncer à cette frénésie
d'errance pour apprendre à rester enfin tranquille.

Comme l'a écrit le philosophe Blaise Pascal, l'homme est malheureux uniquement parce qu'il ne sait pas comment rester tranquille dans sa propre chambre. Frissonnant sur des planchers d'auberge ou des ponts de ferry, bloqué sans billet de retour sur des îles tropicales, je me suis souvent posé cette question: pourquoi, bon Dieu, ne puis-je rester en place? C'est pour y répondre que j'entreprends ce voyage.

Pendant que la nuit tombe sur Cabo Fisterra, la question paraît plus pertinente que jamais. Les kobolds buveurs de bière ont remarqué ma présence et le vent du soir souffle ce qui ressemble à des hululements moqueurs dirigés vers ma personne. Pour retourner au village de Fisterra, il me faudra marcher deux kilomètres dans le noir sur ce chemin tortueux, et je suis sûr que ces deux rustauds vont me suivre à la trace. Dans un dernier sursaut d'espoir, je me dirige vers le Faro, dont les rayons qui balaient l'horizon sont en train de changer le monde en un vaste planétarium. Je distingue le dos éclairé d'une distributrice de boissons gazeuses et, au sommet d'un escalier de béton, la façade blanchâtre et les volets verts d'un édifice de pierre. À ma grande surprise, des lumières sont allumées à l'intérieur et des gens assis dans des fauteuils regardent la télévision pendant que, derrière le comptoir, une femme actionne des robinets à bière pression. Je pousse la porte, j'entre dans une salle remplie de fleurs séchées et j'aperçois des rangées de clés derrière un bureau.

Il y a un hôtel au bout du monde. Un hôtel plutôt respectable, d'ailleurs, et, comme nous sommes en basse saison, les chambres ne sont pas chères. La barmaid écrit le prix sur une serviette de papier; je hoche la tête et grimpe l'escalier qui craque jusqu'à une chambre spacieuse au plancher de bois verni, pourvue de tout le nécessaire: télé couleur, baignoire profonde et téléphone à côté de coquillages servant de cendriers. La gérante m'explique que, quarante ans plus tôt, avant que la nouvelle technologie ne l'ait fait tomber en désuétude, l'édifice était un poste de signalisation maritime. Il a récemment été transformé en havre d'*ecoturismo*, attirant les vacanciers de Saint-Jacques-de-Compostelle et de Madrid qui viennent y passer la fin de semaine. Comme je me serais contenté d'une paillasse crasseuse dans une auberge de jeunesse, j'ai presque envie d'improviser un numéro de flamenco pour exprimer ma gratitude.

De retour au rez-de-chaussée, je décide de célébrer ce cadeau des dieux. Il y a huit ans, j'ai renoncé à l'alcool et à d'autres formes plus graves de sybaritisme, quand j'ai pris conscience que j'avais tendance à porter l'ivresse à des limites dangereuses. Mais il s'agit maintenant d'une circonstance extraordinaire et je me promets que, dans les mois qui viennent, je marquerai mes progrès à travers les continents en goûtant à des échantillons d'alcools locaux – à des fins littéraires, cela va de soi. Après un repas de coquilles Saint-Jacques et d'un poisson appelé *san martiño* servi avec des petits pois et des tomates, je retourne au bar et commande un verre de cognac espagnol brun foncé. Le goût ressemble assez à celui du liniment Sloan's, me dis-je, avec une légère postcombustion de Sterno. En dépit de son bouquet cancérigène, la liqueur me rend joyeux et optimiste. Et voilà que la perspective de ces mois sur la route paraît moins décourageante que stimulante.

C'est ici, dans ce petit bar d'hôtel au bout du monde, la tête me tournant un peu à cause des vapeurs à indice élevé d'octane, que je jure d'aller jusqu'au bout, advienne que pourra. Dans un monde exploré dans ses moindres recoins, des pôles aux antipodes, des sommets de montagne jusqu'au fond des océans, un monde où un sous-genre littéraire se consacre à *répéter* les voyages de Shackleton et d'Hemingway, le temps est venu de revoir l'histoire du voyage et de comprendre comment tout ceci a commencé. L'itinéraire que je me suis imposé, une piste délibérément anachronique traversant les villes d'eau de la *Belle Époque**, les points chauds du tour d'Europe et les îles des Clubs Med, me précipitera dans des situations que j'évite d'habitude comme la peste. Si les auteurs

---

* Les passages en italique suivis d'un astérisque sont en français dans le texte. (*NDT*)

de récits de voyage tendent à rechercher les poches d'authenticité de plus en plus rares, je m'obligerai pour ma part à fréquenter les endroits où les ornières des touristes ont été le plus profondément creusées. En oubliant mon propre statut – que ce soit celui de touriste, de voyageur, d'explorateur ou d'anthropologue –, je serai mieux en mesure d'observer les conséquences que deux millénaires de tourisme ont eues sur la planète.

En dernier lieu, je comprendrai peut-être pourquoi je trouve si difficile de rester tranquille dans ma chambre.

Un pèlerin à reculons

Confessions d'un voyageur superstitieux – La pièce d'identité du pèlerin – Les risques de la marche à reculons – Un repas avec un voyageur snob désargenté – Comment saint Jacques est arrivé en Espagne – Arrêté au passage par un paysan galicien – Canicule et autoroute – Pris pour un pèlerin médiéval dans la cathédrale de Santiago – Le *Camino* des pèlerins en mal d'amour – Insomnie et ronflements germaniques – Les mérites des guides de voyage médiévaux – Conversation avec un commensal anarchiste – Mauvais présages et cauchemars – « Herbes orientales » et Templiers – Un lit partagé avec une ravissante pèlerine blonde – Les Pyrénées dans le brouillard

JE NE SUIS PAS CHRÉTIEN. La seule fois que, dans mon enfance, je fréquentai l'église du quartier, ce fut quand le prêtre de la paroisse proposa de donner des cours de bowling dans la salle de quilles située au sous-sol. Bien que né dans un milieu non croyant, j'ai toujours été, d'une façon morbide et complaisante, superstitieux. C'est peut-être parce que j'ai été exposé, trop jeune, à trop d'expressionnisme allemand, mais plus je voyage – et plus un voyage se prolonge – et plus mon inconscient devient involontairement la proie d'une horreur des mauvais présages. J'annule ma réservation de chambre quand je vois un chat noir se prélassant sur le rebord d'une fenêtre d'hôtel ; j'échange mon billet si j'apprends que l'express numéro 13 quitte l'embarcadère numéro 13 à 13 heures ; et un seul corbeau perché sur une pierre tombale au bord du chemin suffit à me faire changer de continent.

C'est ainsi que, avec un mélange de scepticisme profane et de terreur idiote, presque moyenâgeuse, j'ai entrepris de faire à pied le *Camino* de Santiago, un pèlerinage de 850 kilomètres à travers les sommets et les plaines du nord de l'Espagne. Depuis le milieu du Xe siècle, des chrétiens de tous les coins de l'Europe vont à Saint-Jacques-de-Compostelle pour se recueillir sur la tombe de l'apôtre Jacques dont les restes, croit-on, furent révélés au monde en 813, lorsqu'un cercle d'étoiles apparut au-dessus d'un champ galicien. Pour la plupart de ces pèlerins, Cabo Fisterra représente, officieusement, la ligne d'arrivée. Quant à moi, j'ai décidé de marcher en sens contraire, de l'océan Atlantique jusqu'à la frontière française, plutôt que de suivre l'itinéraire est-ouest favorisé par Charlemagne, saint François d'Assise, Isabelle de Castille et, en fin de compte, par tous les pèlerins qui ont, au cours du dernier millénaire, abordé ce chemin avec la gravité et le respect voulus.

Rebroussant chemin sur la route sinueuse qui longe la côte vers le village de Fisterra, je me demandai une fois de plus dans quoi je me lançais. Depuis sept ans, j'étais parvenu à me bricoler une existence comme pigiste, rédigeant des articles pour des revues de voyage qui m'envoyaient à quelques jours d'avis dans des coins reculés de la planète. Plusieurs relations prometteuses s'étaient dissoutes quand, à brûle-pourpoint, j'avais dû partir pour Hanoi, Barcelone ou La Havane. J'étais maintenant au milieu de la trentaine et je n'avais jamais possédé ni voiture ni condo. Je n'avais ni portefeuille d'actions ni hypothèque. J'avais même depuis peu renoncé au luxe d'un appartement : en prévision de ce voyage, j'avais entassé toutes mes possessions dans un entrepôt, préférant sous-louer un logement pour un mois ou deux, ou dormir sur un canapé chez des amis.

La valse-hésitation familière commença presque en même temps que mes premiers pas sur le chemin. J'aimais voyager, me dis-je, en laissant mon regard s'attarder sur la côte. Deux cents mètres plus loin, un caillou se glissa dans ma chaussure, me rappelant combien je détestais voyager.

Heureusement, une question plus urgente requérait mon attention : je devais trouver un prétexte plausible pour expliquer pourquoi je voyageais en sens inverse. Un bureau des pèlerins en France m'avait fait parvenir un *credencial*, ce passeport à volets grâce auquel les pèlerins peuvent dormir, gratuitement ou contre une somme symbolique, dans les auberges qui parsèment le chemin. Pour éviter que les pèlerins se contentent de traverser en autostop les vastes étendues du *Camino* («chemin», en espagnol), les autorités religieuses et les aubergistes exigent qu'ils fassent estampiller leur passeport dans les villes et les villages où ils passent la nuit. Les questionnaires que les pèlerins doivent remplir lorsqu'ils sollicitent cette pièce d'identité n'admettent que quelques motifs légitimes – d'ordre spirituel, religieux, culturel ou historique – pour entreprendre le pèlerinage. Le formulaire n'avait prévu aucune case pour l'objectif qui était le mien – rencontrer le plus de pèlerins possible et me faire une idée de ce qui a poussé les gens à entreprendre ce périple ardu au cours des âges. Je me doutais également que la raison invoquée pour faire la route à reculons – rencontrer le maximum de pèlerins en évitant de me retrouver coincé avec un groupe particulier de marcheurs – ne serait pas acceptable. Quel que soit le critère, j'abordais cette activité avec beaucoup de mauvaise foi : mon projet équivalait à sauter en sens inverse des aiguilles d'une montre autour d'un stoûpa himalayen, ou à m'arrêter à la porte de la Kaaba à La Mecque pour me coller une fausse barbe au menton.

Dans l'école minuscule qui servait également d'auberge des pèlerins à Fisterra, une jeune femme chaussée de bottes de caoutchouc balayait le plancher.

« *¿Peregrino?* s'enquit-elle.

– *¡Si!* » répondis-je sur un ton résolu.

Elle soupira, laissa tomber son balai et m'invita à la suivre dans une pièce attenante où il y avait un bureau couvert de paperasses.

« *Credencial, por favor.* »

Je lui tendis mon passeport de pèlerin. Quand elle vit qu'il n'était pas estampillé, elle ouvrit de grands yeux.

« Mais d'où venez-vous ?

– De Cabo Fisterra, répondis-je, à moins d'une heure de marche.

– Alors, où allez-vous ? reprit-elle, incrédule. Seulement à Santiago ? »

Je réfléchis quelques instants. Je ne pouvais pas vraiment lui dire que j'allais à Saint-Jean-Pied-de-Port, la ville frontalière qui était le point de départ de nombreux pèlerins français, car cet aveu révélerait que je marchais en sens inverse et m'exposerait à des accusations d'impiété perverse. Je ne voulais pas non plus me faire soupçonner de dilettantisme en révélant que je ne me rendais pas plus loin que Santiago.

« ¡ *Me voy a Roma !* » dis-je.

Ce qui était vrai. J'irais à Rome – en fin de compte, plusieurs semaines plus tard –, mais pas à pied.

« ¡ *Dios mío !* » s'exclama-t-elle en se signant.

Sur la première page de mon *credencial*, elle écrivit : « FISTERRA A ROMA » et la date. Puis, elle estampilla solennellement la dernière page avec un tampon en galicien qui se lisait ainsi : « *Fin da Ruta Xacobea – Concello de Fisterra.* » À l'envers, ce qui me parut aller de soi. Me suivant à la porte, elle dit à un homme édenté qui feuilletait un tabloïd sur un banc à l'extérieur : « Tu vois ce type ? Il va marcher jusqu'à Rome. »

Même si je n'étais pas particulièrement fier de mon bobard – ou de mon impardonnable hérésie, dépendant du point de vue –, je compris bientôt que je n'avais pas à m'inquiéter. Le *Camino* avait été emprunté par tellement de cinglés, de vagabonds invétérés, de criminels et d'hurluberlus imbus de Nouvel Âge, qu'un humaniste laïque sans aucune velléité missionnaire ne pouvait lui faire beaucoup de tort. D'ailleurs, ce n'était pas d'hier que le trajet s'effectuait à reculons. Tout pèlerin galicien venu de Fisterra devait se diriger vers l'est pour arriver à Santiago, et, à l'époque où la ligne nationale de chemin de fer RENFE, les autobus de pèlerins et l'aéroport Lavacola n'existaient pas encore, la plupart de ceux qui allaient à Santiago devaient revenir sur leurs pas pour rentrer chez eux. Loin d'être un hérétique anticonformiste, je serais le champion d'une authentique tradition médiévale. Et tel un antique téléphone de brousse, je refilerais aux pèlerins croisés en chemin des tuyaux sur les chiens méchants et les bonnes tapas qu'ils étaient susceptibles de trouver quelques kilomètres plus loin.

Mais je devais commencer par manger. J'aperçus un restaurant sur le port, le bar Miramar, où les plats du jour étaient inscrits à la craie sur une ardoise. Bon signe, me dis-je. Une petite femme avec un tablier autour de la taille sortit de la cuisine d'un air affairé – de mieux en mieux – et me demanda ce que je désirais manger. Sans me rappeler exactement de quoi il s'agissait, sauf que ça venait de la mer, j'optai pour les *chipirones*.

« Excellent choix, claironna derrière moi quelqu'un avec l'accent du sud de Londres. Je viens d'en manger. C'était rudement bon. »

Je me retournai et j'aperçus un rouquin d'une quarantaine d'années, les mâchoires couvertes d'une barbe roussâtre de plusieurs jours, un foulard à pois rouge autour du cou, qui me regardait à travers le verre épais de ses lunettes, les coudes plantés dans des décombres de miettes et de serviettes tachées. D'un geste, il m'invita à me joindre à lui.

« Oui, la nourriture est sublime en Galice. Hier soir, j'ai eu une longue conversation – entièrement en espagnol – avec un vieux pêcheur, et, d'après lui, les *gambas*, le *san martiño* et la pieuvre sont les meilleurs fruits de mer à commander à Fisterra. Tu ne t'es pas trompé en venant ici. Et ce n'est pas cher. »

Il s'appelait Stephen et il était venu à pied depuis la France. Les poches de sa chemise de lainage à carreaux débordaient de factures et de notes gribouillées d'une écriture tremblée.

« C'est de loin la meilleure partie du *Camino*. On ne rencontre pas trop de foutus pèlerins. Et puis il y a la mer – même l'air a un goût salin. » Il darda le bout de sa langue entre ses lèvres, comme s'il cherchait à attraper des cristaux de sel dans l'air. « J'ai dormi sur la falaise la nuit dernière, à côté du phare. Ça fait tellement de bien de ne pas être entourés de ronfleurs abrutis. »

Stephen me parut quelque peu asocial. En réalité, je me rendis vite compte que, pour lui, avoir l'air d'un pauvre hère était une question de principe. La cuisinière m'apporta mon repas, une assiettée de minuscules seiches baignant dans de l'huile d'olive, aux entrailles aussi tendres que de la ricotta chaude, le tout accompagné d'oignons frits. Je demandai à Stephen s'il était catholique.

« Oh ! Bon Dieu, non ! ronchonna-t-il. Mes intérêts sont d'ordre historique et culturel. En fait, continua-t-il en se curant les dents, j'ai fait le *Camino* beaucoup plus vite que les autres et j'essaie seulement de décider où passer le reste de la semaine. J'irai peut-être à Bilbao. »

Quand je mentionnai le musée Guggenheim de Frank Gehry, il roula les yeux.

« Écoute, je viens de passer vingt-cinq jours à visiter certaines des plus belles églises romanes du XIIe siècle au monde. Je ne me vois pas aller au Pays basque regarder quelques foutues installations vidéo. »

Bien. Je me trouvais en face d'un voyageur snob à petit budget, une catégorie qui sévit sur la route, un pédant qui prend son pied à t'informer de toutes les expériences authentiques qu'il a vécues – alors que toi, pauvre balourd inculte, tu t'es bien sûr arrangé pour les rater. Tout en réglant mon addition (ce n'était pas si bon marché que ça), j'annonçai à Stephen que je devais absolument reprendre la route.

« Oui, tu fais mieux, approuva-t-il d'un air piteux en tournant son attention sur la photocopie d'une carte du nord de l'Espagne. Tu n'arriveras jamais nulle part en commençant aussi tard. »

Au moins, pensai-je, j'arriverai quelque part où tu n'es pas.

C'est ainsi que, reprenant mon sac, je sortis dans cet après-midi galicien humide et nuageux, posai le regard sur la longue route de Santiago et me retrouvai bientôt perdu. Tandis que j'avançais sur les rochers glissants, refoulant l'image de mon corps étalé sur la plage déserte, les reins cassés, en train de se faire grignoter par les crabes noirs qui grouillaient au-dessous de moi, je me dis qu'il n'était pas étonnant que le premier pèlerin croisé sur ma route ait eu des motivations si peu dévotes. Le sentier de 85 kilomètres qui mène à Cabo Fisterra est une sorte de conclusion païenne au pèlerinage catholique et les dix pour cent de pèlerins de Santiago qui poursuivent jusqu'à la fin de la terre ont tendance à être de confession ésotérique ou profane. D'après ce que j'ai lu, même les croyants qui, au cours de l'Histoire, effectuèrent les pèlerinages traditionnels – qu'il s'agisse du *hajji* en route vers La Mecque ou du *henro* japonais allant se recueillir aux 88 lieux saints de l'île de Shikoku – n'étaient pas toujours poussés par des motifs d'une piété sans mélange. C'est vrai que certains pèlerins du Moyen Âge quittèrent leur foyer pour visiter de lointains sanctuaires, gagner des indulgences ou accomplir une promesse faite à un saint. Mais une foule d'autres cherchaient également à échapper à leurs créanciers, à fuir un mauvais mariage ou une routine abrutissante, à avoir des relations sexuelles avec des étrangères ou à simplement changer le mal de place. C'est en fait le même mélange de motifs qui pousse aujourd'hui les gens à partir en vacances sur une plage aux Bahamas, à traverser le Cachemire sur le toit d'un autobus ou à payer la moitié de leur salaire annuel pour escalader le K2. (Ou, dans le cas de Stephen, à faire une escapade en Espagne pour une bouchée de pain de façon à se sentir supérieur aux pauvres couillons une fois rentré chez lui.) Le pèlerinage peut être un moyen sincère de recherche de la lumière, de croissance spirituelle et d'expiation. Mais, quand on lit entre les lignes des vers de Chaucer et des haïkus bouddhistes, il ressemble également aux premières formes de voyage de loisir et évoque un ancêtre direct du tourisme de masse moderne.

Mais je ne le saurais pas avant d'avoir trouvé cette fichue route de Santiago. J'avais lu que le chemin était indiqué par des flèches jaunes tracées sur les granges, les clôtures de cimetière et les silhouettes de taureaux géants, choses qui semblaient rares en terre galicienne. Contournant un point, je tombai sur une longue plage en demi-lune où le sable se mêlait à la terre en un rideau de roseaux obliques et où la ligne de marée haute était parsemée de coquilles de pétoncle. Une vision de bon augure, me dit mon côté superstitieux : cette coquille, ou *concha de venera*, était l'insigne traditionnel du *Camino* et, au cours des âges, les pèlerins ont dépensé bien des pesetas dans les boutiques sur la route de Santiago pour rapporter une coquille en souvenir. Je m'arrêtai pour en fixer un spécimen gris bleu particulièrement seyant à mon sac à dos et je me sentis encouragé en voyant le premier des nombreux *mojones* – piliers de pierre blasonnés d'une coquille jaune, indiquant la distance de Cabo Fisterra. Seigneur ! J'avais déjà marché 4183 mètres.

Il ne m'en restait plus que 845 817 à parcourir.

SELON UNE LÉGENDE MÉDIÉVALE, un chevalier tomba à la mer au large de la côte galicienne et fut sauvé par un saint qui émergea des eaux, drapé dans des guirlandes de coquilles de coque. Ce saint était Santiago, c'est-à-dire l'apôtre Jacques, la quatrième des recrues de Jésus-Christ, que les rumeurs ont en partie reconverti en l'étoile du *Camino*. Si l'on en croit la tradition catholique, Jacques se rendit à la péninsule ibérique pour répandre la foi chez les sauvages dont il convertit un grand total de sept, et il eut la tête tranchée sur l'ordre d'Hérode Agrippa à son retour en Terre sainte en l'an 44. Ses amis déposèrent son corps décapité dans une barque de pierre, et cette barque, sans rames ni voiles, vogua jusqu'à Gibraltar, puis atteignit la Galice en l'espace de sept jours. Là, sa poignée de disciples espagnols l'enterrèrent au sommet d'une montagne. Près de huit siècles plus tard, ses restes furent découverts par un ermite appelé Pelayo et transportés dans un sanctuaire à Saint-Jacques-de-Compostelle. Depuis, ils sont devenus la principale attraction du site du pèlerinage le plus vénéré de la chrétienté après Rome et Jérusalem. Au cours des dernières années saintes, particulièrement depuis la fin de la dictature du général Francisco Franco, une centaine de milliers de pèlerins ont marché jusqu'à Santiago pour rendre hommage aux ossements de saint Jacques.

Quand je pensais à l'étrange retour de l'apôtre Jacques vers le nord de l'Espagne dans une barque qui se gouvernait toute seule, son histoire me semblait une légende boiteuse conçue exprès pour doter un obscur recoin de la chrétienté d'une aura biblique digne de respect. (Je préférais l'hypothèse des historiens profanes selon laquelle la responsabilité de tout cela incombait à un moine atteint de strabisme, lequel avait commis un *lapsus calami* en confondant *Hispania*, Espagne, en latin, avec *Hierosolyma*, Jérusalem, dans la même langue.)

Les choses se compliquèrent encore quand des mythomanes virent ultérieurement saint Jacques apparaître dans un nuage pendant la bataille de Clavijo en 852 et mener les cavaliers chrétiens à leur victoire contre les Maures. Cette apparition allait marquer le début de la reconquête de la péninsule ibérique – et la fin d'un royaume musulman bien irrigué, scientifiquement avancé, qui avait apporté une ère de justice et de tolérance peu commune dans un pays qui allait par la suite subir les affres de l'Inquisition et la dictature fasciste. Sur les porches des églises et les menus de restaurants, saint Jacques est dépeint comme un humble pèlerin coiffé d'un chapeau à large bord et portant une simple calebasse au bout d'un bâton – aussi débonnaire, à sa façon, que Ganesh, le dieu à tête d'éléphant qui préside aux pèlerinages hindous. Plus tard, dans des églises de Burgos et de Logroño, il deviendrait *Santiago Matamoros* (Jacques le Matamore, le « tueur de Maures ») brandissant son épée, une Kali sanguinaire piétinant des païens basanés et moustachus sous les sabots de son coursier blanc.

Attirés par la renommée de ce chevalier pèlerin, des voyageurs quittèrent leurs villages pour converger vers le réseau de routes se fondant à Santiago comme les vaisseaux capillaires conduisent aux veines et les veines, au cœur. Les Français empruntaient quatre chemins différents ; les Castillans suivaient la Vía de la Plata, la route d'argent ; et les Anglais – 925 bateaux en 1428 seulement – faisaient la majeure partie du voyage par mer, jusqu'à La Corogne, sur la côte nord. Les Arméniens et les Grecs, les gens venus de Venise et de Vienne, de Paris et de Francfort partageraient auberges, outres à vin et prostituées, apprendraient à se moquer de leurs coutumes respectives et retourneraient chez eux pleins d'une haine renouvelée ou d'un respect mitigé envers leurs voisins chrétiens. Pour reprendre la célèbre citation de Goethe, ce sont les voyages à Saint-Jacques-de-Compostelle qui ont formé l'Europe. Elle s'est aussi formée en piétinant les tombes des musulmans abattus, me dis-je.

N'éprouvant aucun désir de vénérer une icône raciste truculente, je résolus également de me montrer ouvert envers tout ce que la route aurait à m'offrir. Le premier jour, elle m'offrit de magnifiques paysages côtiers, des ciels clairs grâce auxquels ma nuque et mes avant-bras prirent bientôt une teinte rouge brique, et une totale pénurie de pèlerins. À la fin de l'après-midi, après avoir perdu une demi-douzaine de fois les *mojones* du *Camino* et n'avoir parcouru que 14 kilomètres, je finis par atteindre Cée, un petit port peuplé de chiens frénétiques et d'adolescents blasés. Cette nuit-là, je dormis sur un lit d'hôpital crasseux, unique pèlerin dans le sous-sol du centre local de défense civile, une école désaffectée où un pompier volontaire estampilla mon *credencial* en esquissant un sourire amusé.

Levé avant l'aube, je décidai d'entreprendre une bonne journée de marche. Encouragé par la vue de ma première *flecha amarilla* de l'autre côté d'un poteau de téléphone – ces flèches jaunes en viendraient à hanter mes rêves –, je quittai le chemin pavé et commençai à marcher entre les murets de pierre effondrés, dans les collines galiciennes. Tandis que je traversais des champs parsemés de fleurs sauvages violettes, bleues et jaunes et de chardons couverts de gouttelettes de rosée, une corne de brume lança son appel et soupira dans la baie derrière moi. Je passai devant d'étranges *hórreos*, silos rectangulaires surmontés de croix, posés sur des plateformes de pierre en forme de champignons, destinés à protéger le maïs et le blé de la vermine. Sur le flanc d'une colline, une femme trapue aux joues à la fois roses et tannées menait un troupeau de vaches au pâturage en lançant des « Ho! Ho! ». Plantant ses bottes de caoutchouc en face de moi, elle m'interrogea dans un flot de paroles en pur galicien – une langue qui me paraissait à mi-chemin entre le gallois et le portugais. Lorsqu'elle poursuivit par ce qui me sembla être une invitation à épouser sa fille et à coucher avec elle – une donzelle râblée qui se cachait derrière une génisse –, je haussai les épaules et lui indiquai d'un geste mon coquillage, espérant (peu judicieusement, comme j'allais l'apprendre) que cela serait interprété comme un symbole de chasteté. Le brouillard se dissipa et je vis que je me trouvais dans le paradis d'un écrivain voyageur : un sentier serpentant à travers un paysage sauvage où des paysans vaquaient à leurs occupations ancestrales et où l'architecture succombait pittoresquement à la mousse et à l'humidité.

La Galice a la réputation d'être aussi humide que l'Irlande, mais, à midi, j'avais l'impression d'être au milieu du désert de Mojave. Je pataugeai dans un ruisseau, surveillé avec circonspection par de minuscules grenouilles, et, le reste de la journée, je marchai avec un tee-shirt mouillé enroulé autour de la tête, mon sombrero rabattu sur mes yeux. Avec la chaleur, mon ravissement devant la joliesse celtique du paysage se transforma en irritation à l'égard de tout ce qui était espagnol. Tandis que je m'installais dans un pré pour manger le premier d'une série de *bocadillos* au thon, un fermier fit reculer son tracteur, actionna une manette et fit gicler des jets de fumier liquide fermenté qui décrivirent des arcs dans l'air avant d'atterrir en éclaboussures fétides à côté de mon terrain de piquenique. Sur une section d'autoroute de campagne, je reçus en plein visage les rafales produites par des camions transportant du bois de charpente qui roulaient en sens inverse et je me réfugiai derrière le talus quand une paire de yuppies en polo fonça à toute vitesse dans une Mercedes noire immatriculée à Madrid. Lorsque, juste avant le coucher du soleil, j'atteignis l'auberge du village appelé Vilaserio, j'avais parcouru 33 kilomètres du *Camino*. Si je tenais compte des erreurs de parcours et du nombre de fois où j'étais revenu sur mes pas, j'estimai que le total devait approcher les 40 kilomètres.

Cette nuit-là fut la première que je passai en compagnie de pèlerins. Assis sur une chaise de jardin à l'extérieur de l'hôtel, un Allemand dans la cinquantaine lisait un Nouveau Testament en format de poche et gribouillait des notes avec un mince crayon dans un minuscule journal de voyage.

«Cet endroit est dégoûtant, décréta-t-il. Il n'y a ni douches ni lits. C'est une honte. »

À l'intérieur, une demi-douzaine de pèlerins français et espagnols avaient étalé des rectangles de carton sur le plancher poussiéreux et ils y disposaient leurs sacs de couchage. À l'étage, je trouvai des cabinets envahis de toiles d'araignée et les preuves matérielles que des rongeurs du cru y avaient établi en toute impunité leurs pénates. C'était comme si nous étions des gitans et que les villageois nous avaient confinés dans un champ au bout du hameau pour éviter que nous ayons des contacts avec les gens respectables.

À mon réveil, j'étais tout seul – les pèlerins plus expérimentés s'étaient mis en route de bonne heure afin d'éviter la canicule. La journée commença comme une idylle bucolique, une randonnée dans des champs couverts de rosée où des limaces s'entortillaient en des orgies visqueuses. La chaleur montait et me rejoignit bientôt. J'appris plus tard qu'à la fin du printemps une vague de chaleur sans précédent avait incité la presque totalité des citoyens possédant une voiture à partir pour la plage cette fin de semaine-là. C'est-à-dire que j'allais devoir gravir les derniers kilomètres de la colline aux abords de Saint-Jacques-de-Compostelle en me tenant sur l'accotement étroit en béton d'une autoroute bondée de conducteurs ivres de soleil et de *cerveza* qui trouvaient particulièrement jouissif de terrifier le *peregrino* à leur retour de la plage.

Trempé de sueur, pas rasé, pas lavé, j'entrai enfin dans un parc bien entretenu à l'extérieur de la vieille ville, attirant sur ma personne les regards des familles endimanchées. J'avais l'impression d'être un voyou gitan ; j'avais l'impression d'être un poseur et un fou ; j'avais l'impression de me présenter à la réception d'un hôtel cinq étoiles. Mais, tandis que je distinguais pour la première fois les flèches tarabiscotées, couvertes de fleurs sauvages et de lichen de la cathédrale Saint-Jacques – évoquant un récif fantastique envahi d'anatifes surplombant les rangées de maisons de pierre –, il se passa quelque chose de curieux : j'eus aussi l'impression d'être un pèlerin. L'image des tours s'estompa, et, la gorge serrée, je dus baisser les yeux pour empêcher mon visage de se plisser sous l'effet des larmes. Exténué par la chaleur et le manque de sommeil, je fus submergé par le sentiment d'être relié à tous ceux qui, au cours des âges, avaient couru le risque de perdre leur foyer, leur famille et même leur vie pour suivre de folles rumeurs à propos d'un endroit merveilleux au bout de la terre.

Rien alors ne put me retenir d'aller à la cathédrale. Tandis que je gravissais l'escalier de pierre menant à la Praza do Obra-doiro, une place toujours encombrée d'autocars en face de l'église, un homme en bermuda et en chaussettes à mi-jambe me photographia – voilà que j'allais devenir une icône médié-vale, un élément pittoresque sur la photo d'un touriste. À l'intérieur, la cathédrale était une grotte fraîche et je m'y pro-menai, mon sac sur le dos, mon chapeau à la main, en con-templant l'autel doré de style baroque surmonté par un San-tiago à cheval, châtiant, selon son habitude, une petite troupe d'infidèles poltrons. Je m'approchais de la crypte des reliques où les restes de saint Jacques sont conservés dans un coffret d'argent, lorsqu'un gros homme chauve qui tenait un guide à la main me demanda d'où je venais.

« Du bout du monde », répondis-je en me rengorgeant.

Il eut l'air sincèrement ébahi.

« ¡ Qué fuerte ! peregrino. »

J'étais arrivé à temps pour la messe après l'Ascension et, alors qu'on chassait les touristes de la cathédrale, je m'assis sur un banc, déposai mon bagage à côté de moi et j'assistai à la céré-monie, mes mollets nus se contractant convulsivement quand je me levais et me rasseyais avec le reste des fidèles. Après avoir échangé une poignée de main avec la vieille femme en noir à mes côtés – et que je bénissais pour le gracieux sourire avec lequel elle avait accepté la puanteur de mon sac à dos –, je retournai dans les rues de Saint-Jacques. J'avais besoin d'un hôtel bon marché, d'une longue douche et de seize heures de sommeil. Il me restait encore beaucoup de kilomètres à parcou-rir à pied.

COMME IL FALLAIT S'Y ATTENDRE, mon épuisement coïncida avec un congé civique d'une semaine. Des fanfares et des étudiants ivres se relayaient sous mes fenêtres pour livrer des interprétations impromptues de *Guantanamera*. J'avais souvent idéalisé la vie dans les villes anciennes comme Saint-Jacques, mais le fait est que les sons sont drôlement amplifiés dans ces rues étroites, grouillantes de monde, bordées de façades de pierre. J'en conclus que le laudanum et les boules Quies devaient être des accessoires essentiels sur la table de chevet des citadins médiévaux.

Sorti de mon lit à midi, je me retrouvai dans la vieille ville de Saint-Jacques, un labyrinthe de rues piétonnières obliques. Les joueurs de cornemuse aux cheveux roux qui ronronnaient sur la Praza da Quintana témoignaient de l'héritage celtique que la Galice partage avec l'Écosse ; les policiers qui patrouillaient en vérifiant les cartes d'identité témoignaient pour leur part de cette longue tradition bourgeoise provinciale qui consiste à harceler l'itinérant. Dans la Rua do Vilar, une rue à arcades bondée d'*hostales*, conduisant à la cathédrale, se pressait une foule de promeneurs au nez pelé, échevelés, vêtus de tee-shirts fanés et de bermudas à poches multiples – des pèlerins comme moi, supposai-je. Plusieurs écrivaient des cartes postales aux terrasses des cafés ou examinaient les vitrines des boutiques de souvenirs où l'on vendait des tire-bouchons surmontés d'un saint Jacques à cheval, des ensembles de verres à liqueur décorés de la ligne d'horizon de Santiago et des chemisettes arborant des slogans insipides (« Une personne qui m'aime m'a rapporté ce tee-shirt de Santiago »). Une femme d'âge moyen me surprit en train d'évaluer un cendrier fabriqué dans une *concha de venera*.

« C'est terrible, la commercialisation qui sévit de nos jours, non ? me dit-elle avec un accent australien. Toute cette camelote est fabriquée à Hong Kong. »

Je n'aurais pu être moins d'accord avec elle. Non seulement ce cendrier était-il fabriqué au Portugal, mais le « commercialisme » qui sévissait à Saint-Jacques n'avait rien de particulièrement moderne : la ville était, depuis le IXe siècle, un

centre de services pour les pèlerins et il n'y avait rien d'étonnant à ce que les restaurateurs et les hôteliers locaux aient
hérité de ce don pour escroquer les étrangers. J'achetai un *bordón* – long bâton de marche en bois verni terminé par une
pointe de métal, très utile pour transpercer les serpents et repousser les chiens. Il n'y avait pas grand monde dans le Museo
das Peregrinacións, un musée consacré à l'histoire des pèlerinages ; sous une vitrine, j'examinai une panoplie de souvenirs
vendus au fil des siècles dans les boutiques de la Praza do
Obradoiro, dont de petites médailles représentant saint Jacques et des assiettes sur lesquelles des flèches d'église étaient
gravées à l'eau-forte.

Les souvenirs rapportés de pèlerinages ont une longue histoire dans les religions du monde. Les musulmans de la Turquie
et du Soudan rapportaient de la myrrhe, de l'encens et des
bijoux de La Mecque. Depuis longtemps, les hindous qui visitent les temples de Shiva à Varanasi rapportent des lingas ou
phallus de verre pour décorer leurs maisons. Le plus mémorable de ces souvenirs est peut-être la bouteille que le père Ci-
polla, dans le *Décaméron* de Boccace, rapporta de la Terre sainte.
Comme il l'affirma solennellement à ses interlocuteurs, elle
contenait le tintement des cloches du temple de Salomon.

À part une étrange pèlerine évoquant un oiseau qui vo-
letait d'une salle à l'autre et qui se percha à côté de moi
le temps de gazouiller : « À mourir d'ennui, non ? », j'étais
le seul visiteur du musée. Une carte murale mettait Saint-
Jacques-de-Compostelle en perspective interculturelle, indiquant son emplacement parmi les nombreuses destinations
sacrées du globe, dont Kandy, qui recèle la Dent du Bouddha,
et Médine, où Mahomet est inhumé dans la mosquée du
Prophète. S'il est vrai qu'un pèlerinage est un voyage vers un
but tenu pour sacré, la tombe de Jim Morrison à Paris – entourée de rois lézards italiens offrant un joint à de jeunes
Suédoises – se qualifie sûrement pour être marquée d'un
point sur la carte.

Le voyage sacré est une tradition dans la plupart des religions et un grand nombre de ces voyages ont précédé les

premiers pèlerinages chrétiens. Alors que les tribus européennes dansaient encore autour de rochers effilés, Ashoka, un empereur du IIIe siècle av. J.-C., récemment converti au bouddhisme, faisait distribuer des reliques associées à la vie du Bouddha dans 84 000 stoûpas à travers les Indes et construire un réseau de routes, d'abris et de postes de ravitaillement en eau destiné aux pèlerins. Les Jeux olympiques modernes tirent leur origine du festival de Zeus tenu au VIIIe siècle av. J.-C. ; à cette occasion, une trêve était déclarée entre les États en guerre afin de permettre aux pèlerins de tout le monde hellénique de se rendre à Olympie où les reliques en vedette étaient les ossements massifs du héros Pélops (on croit maintenant qu'il s'agissait de ceux d'un dinosaure). Longtemps avant la mention du premier pèlerinage chrétien, les Juifs allaient se recueillir devant l'Arche d'Alliance au temple de Salomon et les ascètes jaïnistes végétariens déambulaient nus comme des vers entre les sanctuaires de montagne.

En fait, c'est en 326, lorsque sainte Hélène, maman de l'empereur Constantin, se rendit en Terre sainte et déclara avoir découvert la vraie Croix, que débuta la véritable tradition du pèlerinage aux lieux saints. Même alors, les pèlerinages chrétiens avaient, comparativement parlant, une participation plutôt clairsemée. Tous les douze ans, pendant la célèbre Kumbla Mela indienne, jusqu'à 15 millions d'hindous se rendent à Allahabad pour se baigner au point de convergence du Gange et de la rivière Jumma. En ce qui concerne l'islam, dernière-née des principales religions du monde, le pèlerinage à La Mecque constitue une obligation doctrinale et deux millions de musulmans se mettent chaque année en route vers le lieu de naissance de Mahomet.

Relaxant devant un *café con leche* après ma visite du musée, je tombai sur un article dans *La Voz de Santiago*, un tabloïd local, qui allait m'aider à mettre le pèlerinage de Saint-Jacques-de-Compostelle dans son contexte. Le *Camino* qui traverse l'Espagne consiste en 31 étapes d'une journée chacune, bien que la majorité des marcheurs s'arrangent pour n'en faire que 5 et ne parcourir que 100 kilomètres. Au cours de la dernière année sainte – toute année où la fête de saint Jacques tombe un dimanche –, 1,4 million de touristes se sont rendus à la cathédrale en autocar. En comparaison, seulement 151 620 pèlerins ont fait le trajet à pied ou en vélo. C'est assez peu quand on songe, disons, aux huit millions et demi de personnes qui visitent chaque année le sanctuaire shintoïste d'Ise, au Japon – lequel attire un million de pèlerins au jour de l'An seulement.

De retour dans la cathédrale, je me mis derrière une file de touristes allemands venus par autocar, qui pressaient leur main aux doigts écartés sur le pilier central du Portico de la Gloria, rendu graisseux par la sueur de mille ans d'empreintes. Je passai la tête dans le bureau des pèlerins où une Hollandaise sanglotait en recevant son Compostela, un certificat encadré remis à ceux qui ont répondu aux exigences de l'Église et marché au moins les 100 derniers kilomètres du *Camino*. Réconcilié avec le fait que jamais un Compostela gagné en bonne et due forme ne serait suspendu à un mur de ma maison, je regardai un bénévole ajouter le *bordón* de cette femme à une collection de bâtons de marche abandonnés derrière le bureau. Sur le palier, des pèlerins fixaient des messages à un tableau d'affichage. J'en lus un, écrit au stylo Bic, qui donnait une idée du genre de drames secrets vécus le long du *Camino* : « ALICE, j'esperre qu'on se revoi. Je serais ici jusqu'à demin le 28. Essai de me contacter a Hostal Barbantes. Tu me manque baucou. De toute fason, apèle-moi. Marcelo Doyle. » Au bas du message, il avait laissé un numéro de téléphone au Brésil. Sans doute là où sa femme ne risquait pas de prendre l'appel.

IR ROMERO, Y VOLVER RAMERA – partir en pèlerin, rentrer en prostituée : c'est un des dictons du *Camino*. Je l'avais en tête quand je m'engageai avant l'aube dans les rues emmaillotées de brouillard, en direction de la France. La première fois que j'avais entendu parler du *Camino*, c'était par l'amie d'un ami, une fille de la côte Ouest, mi-hindoue, mi-presbytérienne, et qui se déclarait fièrement sorcière. Au cours de notre brève rencontre à Paris avant son départ pour l'Espagne, elle était manifestement en quête d'une histoire d'amour et, pendant les semaines qui suivirent, elle bombarda ses connaissances de courriels dans lesquels elle décrivait en détail ses chevilles enflées et son aventure avec un restaurateur brésilien marié. S'étant arrêtée dans une ville appelée Cacabelos, elle était tombée sous le charme d'un jeune Anglais qui dirigeait le *refugio* local et ils s'étaient installés au Canada après qu'elle eut rempli sa promesse de marcher jusqu'à Cabo Fisterra. Aux dernières nouvelles, ils étaient mariés et attendaient un bébé.

Rien d'étonnant, pensai-je, à ce que les pèlerinages chrétiens favorisent les rencontres amoureuses. Alors que, vêtus de chastes tuniques blanches, les musulmans jurent d'éviter transgressions et écarts de langage pendant toute la durée du *hajj* à La Mecque, les pèlerins de Saint-Jacques, en shorts et en tee-shirts, entretiennent leur libido par la marche au grand air avant de partager, le soir, des bouteilles de Rioja bas de gamme et d'aller se coucher dans des dortoirs mixtes. Plusieurs sont seuls, aux prises avec une crise de la quarantaine, quand ils entreprennent le pèlerinage ; ils finissent par se retrouver en couple et fuient les *refugios* pour louer une chambre d'hôtel sous un faux nom. Dès le IVe siècle, Grégoire de Nysse a reconnu les périls semés sur la route du pèlerin, en particulier celui de l'inconduite dans le cas des pèlerines et des membres de leur escorte. Dans les *Contes de Cantorbéry* de Chaucer, le vendeur d'indulgences n'hésitait pas à se qualifier de débauché : « Je ne travaillerai pas de mes mains, bégayait-il en quittant l'auberge du Tabard à Southwark pour se rendre à Cantorbéry. Non, je boirai le vin de la vigne / Avec une gentille donzelle dans chaque ville. » Dans les auberges espagnoles, reconnues pour être des lieux où le vin coulait à flots, on forçait les clients à dormir à au moins deux par lit et un certain nombre offraient les services de prostituées. Avant que les vols nolisés vers Ibiza et Cancún n'aient rendu tout cela trop facile, partir en pèlerinage était souvent la seule façon pour l'homme d'aller commettre quelques petits péchés loin de sa légitime.

Le lendemain matin, tandis que je dépassais un panneau de signalisation sur lequel une ligne rouge diagonale m'indiquait que je quittais Santiago, je croisai mes premiers pèlerins. Avec leurs blousons en polypropylène, leurs chandails en laine polaire, leurs shorts et leurs alpenstocks high-tech rétractables, les Européens du Nord avaient l'air partis pour faire une excursion dans les Alpes. Quelques Espagnols leur emboîtaient le pas : femmes volubiles, hommes portant de minuscules sacs à dos. Je les pris pour ces pèlerins honnis qui font transporter leurs bagages en voiture entre les *refugios*. Les Français étaient facilement identifiables : quand je les saluais d'un « *Hola* », ils me répondaient invariablement « *Bonjour** » – même s'ils marchaient depuis un mois sur les routes espagnoles, ils ne semblaient pas juger nécessaire de dire « *Buenos días* ». (Je reconnus également l'unique New-Yorkais, parce que quand je lui dis que je me rendais à Rome, il rétorqua : « Ouais, et moi, j'arrive de la mer de Galilée ! ») À mon arrivée au Monte del Gozo, ce Mont de la Joie balayé par le vent d'où les pèlerins ont leur premier aperçu de Santiago, j'avais compté 67 pèlerins ; à la fin de la journée, le total atteignait 168. N'ayant croisé que 14 marcheurs pendant mes trois premiers jours, ceci ressemblait à un torrent d'humanité.

Ce soir-là, j'entrai dans le petit village de Ribadiso da Baixo, où il n'y avait ni magasins ni restaurants. L'auberge des pèlerins était constituée d'un adorable groupe de maisons de pierre traditionnelles, entourées d'un terrain gazonné qui menait à un ruisseau sinueux. Dans un bâtiment qui, jadis, avait dû être une grange, une Brésilienne avait posé son pied couvert d'ampoules sur les genoux de son petit ami et elle hululait « Aïe ! Aïe ! Aïe ! » pendant qu'il coupait la peau morte sur ses orteils avec un coupe-ongles. Je m'assis à côté d'un couple pâle dans la vingtaine qui partageait en silence une bouteille de vin rouge.

« Ç'a l'air douloureux, non ? » dit le jeune homme en faisant un signe de tête en direction du pédicure amateur. Il s'appelait Kelvin, il venait de Manchester et elle était Michelle, de Melbourne. Ils avaient fait connaissance sur le

Camino, peu de temps après avoir traversé la frontière française. Étaient-ils amants ? Difficile à dire. Kelvin m'offrit du vin et, lorsque je refusai, il hocha la tête. « Je devrais me montrer à la hauteur de mon stéréotype culturel et me soûler à mort. Mais je suis trop crevé pour m'abrutir. Je garde ça pour Santiago. »

Kelvin m'expliqua que, après avoir obtenu son diplôme universitaire, il avait quitté son emploi à un standard téléphonique et s'était cherché quelque chose pour passer le temps avant de commencer à recevoir ses prestations d'assurance-chômage. Il avait brièvement songé à traverser l'Écosse à pied. (« Oh ! Peut-on faire de longues randonnées pédestres en Écosse ? l'interrompit Michelle. Quelle est leur spécialité, là-bas ? – Renifler de la colle », rétorqua Kelvin du tac au tac.) Se renseignant sur ce voyage à la librairie locale, il était tombé sur un exemplaire du *Lonely Planet* consacré à la marche en Espagne et avait alors décidé de se diriger vers le sud. « Il fait beaucoup plus chaud ici, non ? Et le vin est bien meilleur. »

Je leur demandai s'ils étaient catholiques. Ils secouèrent tous deux vigoureusement la tête. Michelle me confia qu'elle était physiothérapeute et sage-femme. « Il y a longtemps que je projetais un voyage en Europe, mais le dollar australien a été dévalué il y a environ un an et la plupart des pays d'Europe étaient au-dessus de mes moyens. La religion m'indiffère totalement ; j'avais juste l'impression que c'était une façon de prendre des vacances sans me ruiner, une manière différente de visiter un pays. »

Le soleil n'avait pas encore fini de se coucher, mais j'étais quand même de moins en moins capable de tenir une conversation cohérente. Invoquant la fatigue, je clopinai, les jambes raides, jusqu'à ma couchette. À l'intérieur, un couple d'Espagnols causait calmement au fond de la pièce. Tout à coup, une femme au visage empourpré émergea de son sac de couchage, comme Nosferatu de son cercueil. « Chut ! » siffla-t-elle. Cela n'ayant produit aucun effet, elle monta sur ses grands chevaux et, sûre de son droit, elle se mit à aboyer une interminable harangue en allemand. Une fois que son *Weltschmerz* eut tué dans l'œuf toute velléité d'*alegría*, elle se retourna et disparut sous son linceul. Quelques minutes plus tard, ses ronflements en vrille eurent raison de mes boules Quies flambant neuves.

Les ronflements se révélèrent être la pire malédiction du *Camino*. Entassés comme nous l'étions dans des dortoirs pouvant accueillir jusqu'à 100 pèlerins, dont un grand nombre étaient d'âge mûr et la majorité, épuisés et chloroformés par des demi-bouteilles de pinard espagnol, il fallait inévitablement s'attendre à un niveau quelconque d'émission nocturne. Je n'avais toutefois pas prévu ces petites symphonies tonitruantes avec leur cacophonie à 20 voix et les crescendo occasionnels évoquant le cri primal. À mon avis, il faudrait qu'un oto-rhino-laryngologiste fasse passer un examen obligatoire à la frontière espagnole et que tous ceux qui échoueraient soient marqués d'un symbole particulier – un groin de porc appliqué au sac à dos, par exemple –, afin que les victimes innocentes puissent choisir leur couchette en conséquence. On pourrait aussi désigner un *Camino* distinct pour les ronfleurs. Qui passerait par la Bulgarie.

À mon réveil, j'étais d'une humeur massacrante. Une fois de plus, j'étais parmi les derniers à partir, ce qui me permit toutefois de saluer Kelvin et Michelle.

« Santiago est de ce côté, camarade ! » cria Kelvin en me voyant me diriger vers l'est sur un pont de pierre.

« Ouais, mais Rome est de ce côté-ci ! » hurlai-je à mon tour en pointant le doigt vers le soleil levant, les laissant conclure qu'ils avaient eu affaire à un illuminé. Je parcourus 10 kilomètres avant de trouver un endroit où déjeuner et m'arrêtai dans une ville nommée Melide pour manger une tortilla de pommes de terre. J'avançais sur un étroit sentier entre des champs entourés de fils barbelés lorsque je fus interpellé par une voix amusée à l'accent américain.

« Salut ! Comment était Santiago ? »

Levant les yeux, je vis un homme à la fin de la vingtaine, coiffé d'une casquette de base-ball, les mollets pâles et le sourire détendu. Une femme aux longs cheveux noirs portant un corsage violet ajusté se tenait à côté de lui.

« Absolument sympa, répondis-je d'une voix traînante. Bons DJ, excellente ecstasy. Mais les flics ne sont pas commodes. »

Ils me dévisagèrent d'un air étonné, puis – heureusement – ils éclatèrent de rire. Nous nous assîmes à l'ombre d'un marronnier pour bavarder. Il avait quitté son emploi dans une firme de Boston spécialisée dans l'investissement bancaire pour voyager en Europe. Elle était danoise mais, ayant travaillé récemment aux États-Unis, elle parlait avec un irréprochable accent américain. Ils s'étaient rencontrés sur le *Camino* et ils marchaient ensemble depuis deux semaines. Ils eurent l'air un peu gênés quand je leur demandai comment ils avaient entendu parler du pèlerinage.

« Euh… nous avons tous les deux lu *Mon chemin*, avoua-t-il. Mais n'en conclus pas que nous sommes des adeptes du *Nouvel Âge* ou quelque chose du genre. » Je l'assurai que j'avais également lu le livre de la célèbre comédienne. Un sentiment latent de bienséance m'inciterait à donner des pseudonymes aux autres marcheurs littéraires du *Camino*. Mais, franchement, les auteurs de *Mon chemin de Compostelle* et du *Pèlerin de Compostelle* ne méritent pas autant de considération. C'est à cause de Shirley MacLaine et de Paulo Coelho (Oups! Ça m'a échappé!) que des dizaines de milliers de Nord-Américains crédules et autant de Brésiliens rêveurs se mettent en route chaque année. Leurs livres se lisent dans le temps de le dire, car il y a beaucoup d'espace blanc entre les lignes, et vraiment très peu de mots compliqués ou de détails historiques ardus. Celui de MacLaine, avec ses retours aux civilisations où des licornes à corne de cristal batifolaient avec des lémures androgynes amateurs de mangues, et celui de Coelho, avec ses descriptions de rituels franc-maçonniques et de déplacement astral dans le château de Ponferrada, donnent tous deux un cours intensif de cet amalgame indigeste de traditions religieuses qui définissent le Nouvel Âge. Tragiquement, c'est surtout à cause de ces deux livres qu'un grand nombre de pèlerins se retrouvent sur le *Camino*. J'allais tomber sur d'innombrables Latino-Américains qui répétaient les rituels décrits dans le bouquin de Coelho, enfonçant les ongles de leurs index dans leurs pouces quand ils avaient des pensées négatives, ou faisant semblant d'être une graine capable d'aspirer l'énergie de la terre. *Tous* les Américains que j'ai rencontrés – même les plus brillants – avaient lu le livre de MacLaine, même si la plupart l'avouaient de mauvaise grâce.

« Quand je l'ai lu, je n'ai pas trouvé que c'était un très bon livre, dit la femme. Maintenant que je fais moi-même le pèlerinage, je m'aperçois que c'était complètement nul. Vies antérieures et festins de mangues, quelles balivernes ! Je ne pense pas qu'elle ait fait tout le *Camino* à pied. Si oui, elle a fait la dernière partie en voiture. Et il y avait des gens pour porter son sac.

– Il paraît qu'au total elle n'a marché que six milles », renchérit son partenaire de marche avec le mépris d'un marathonien fraîchement diplômé.

Nous nous séparâmes en échangeant des tuyaux sur les *refugios* que nous allions trouver dans les prochaines villes et je jetai un coup d'œil sur la documentation pêle-mêle dans mon sac. J'avais un vade-mecum en anglais dont la prose – « à une route secondaire, CSO droit devant, tourner G 100 m plus loin ; CSO 2 ou 3 km, puis, à une jonction en T, tourner à D ; 300 m plus loin, prenez le sentier de chèvres à G » et ainsi de suite pendant 237 pages – en faisait une lecture absolument soporifique. Pour le marcheur qui faisait la route en sens inverse, ce guide était cependant presque inutile. (Je jonglai avec l'idée de lire les phrases de droite à gauche, comme dans *L'exorciste*, mais j'y renonçai : je forçais déjà ma chance.)

Mon livre préféré était une mince traduction du guide d'Aymery Picaud, le cinquième volume du *Codex Calixtinus* écrit au XIIᵉ siècle. Sans être d'une grande utilité en tant que guide, c'était une lecture passionnante – particulièrement pour un xénophobe paranoïaque. Picaud, un clerc originaire de Poitiers, y écorche les Basques, qu'il traite de difformes, de pervers, de perfides, d'apostats, de corrompus, de libidineux, d'ivrognes experts dans toutes les formes de violence, de féroces et de sauvages, de malhonnêtes et de dépravés et de la plupart des autres adjectifs que l'on peut trouver dans un thésaurus à la rubrique « vilenie ». Ses compatriotes sont au contraire rapides à la course, ils sont vêtus avec élégance, beaux de visage, ils ont le verbe facile, ils sont généreux et hospitaliers. Je soupçonnai les pèlerins contemporains d'adhérer aux préjugés de Picaud et de considérer l'absence de fromage La vache qui rit et de beaujolais nouveau dans les supermarchés comme une preuve supplémentaire de la barbarie espagnole.

Le Codex Calixtinus rejoignait les plus récents volumes du Nouvel Âge en contribuant à une tradition vieille comme le monde : creuser le sillon du touriste. Même à notre époque dominée par les représentations portées à l'écran, le voyage reste une affaire livresque. Ce sont encore, dans une large part, les périples relatés dans les romans et les récits de voyage qui incitent les gens à partir. En quittant leur maison, les pèlerins, les touristes et les explorateurs emportent dans leurs bagages des guides et des cartes, de même que les opinions de ceux qui les ont précédés.

Le problème, c'est que, ne parlant pas la langue du pays et ayant modelé leur vision dans la chaudière de la littérature, ils échouent souvent à voir la nouvelle terre avec leurs propres yeux. Un circuit émerge peu à peu spontanément, entretenu par les voyageurs ayant lu les mêmes livres ; la route se peuple de gens qui se conforment avec enthousiasme aux préjugés d'un autre. Prévenus par Picaud que les Navarrais les attendaient à proximité de cours d'eau empoisonnés, armés de couteaux effilés pour dépecer les cadavres de leurs chevaux, les Français finissaient la journée à déplorer la perfidie des Espagnols, blottis les uns contre les autres dans un refuge pour étrangers. Les Brésiliens d'aujourd'hui, à la recherche d'auras et d'épées mystiques, se murmurent des choses sur la signification de l'œil des francs-maçons peint sur le dôme de la cathédrale Saint-Jacques. Le *Camino* est l'un des itinéraires les plus durables existant en Europe ; il a été créé et colonisé par des idéologies successives et parfois coexistantes : le mysticisme franc-maçonnique des chevaliers du Temple, la vision d'un continent antimusulman comme moteur de la Reconquête de la péninsule ibérique et le bla-bla hiératique mercantile du Nouvel Âge. Heureusement, le défi personnel que représente le parcours du *Camino* rend à ces récits leur dimension littéraire réelle : limitée. Sauf dans le cas des idéologues les plus aveugles, accomplir un pèlerinage ancien constitue une aventure structurée qui transcende les prétentions étriquées de la doctrine.

J'arrivai tôt ce jour-là et laissai tomber mon sac dans une pièce bondée d'Allemandes dans la vingtaine qui écrivaient leur journal intime. Le même soir, je partageai un *menu del peregrino* avec un pèlerin qui me demanda de l'appeler Jacobo. Professeur de littérature andalouse né aux Pays-Bas, il me récita les premiers vers d'un poème d'Antonio Machado :

« *Caminante, no hay camino / Se hace camino al andar*, chuchota-t-il sur un ton intense. Cela pourrait se traduire par : "Marcheur, il n'y a pas de chemin, le chemin se trace en marchant", mais c'est beaucoup plus beau en castillan. »

Si nous étions en 1936, serait-il du côté des catholiques et des fascistes, ou de celui des républicains et des anarchistes ? lui demandai-je.

« La question ne se pose pas : je serais avec les républicains. Franco et les fascistes étaient passablement sanguinaires et l'Église les a appuyés tout le temps. Ils ont torturé Federico García Lorca avant de le tuer – ils savaient comment faire mourir un homme lentement. Mais les anarchistes aussi ont pris part à cette boucherie. Ce fut une guerre féroce, comme le sont toutes les guerres civiles. »

J'avais beau raffoler de l'architecture médiévale du *Camino*, elle symbolisait toutefois un contrôle social envahissant que j'aurais trouvé intolérable si j'avais vécu au temps de Lorca. Je savais que, si nous étions dans les années 1930, mon cœur aurait été avec George Orwell, le bataillon Mackenzie-Papineau et les républicains plutôt qu'avec l'Église catholique.

Les jours qui suivirent, j'eus des contacts visuels avec d'autres curieux personnages. M'arrêtant à un guichet automatique

dans un village appelé Gonzar, je bavardai avec Ariel, un Israélien roux de belle apparence qui, la chemise ouverte, était
allongé dans l'herbe d'un terrain de pique-nique. Marsha,
une jolie Hollandaise, avait posé la tête sur ses cuisses. Ils
s'étaient rencontrés sur le *Camino* et, après avoir passé trop de
nuits dans les lits grinçants de *refugios*, ils préféraient désormais dormir dans des granges. Tout en se moquant de ce qu'ils
considéraient comme le mercantilisme catholique – ces petites calebasses qu'on accroche aux rétroviseurs –, ils semblaient
pourtant souffrir de quelques lacunes par rapport à l'aspect religieux des choses. Quand je racontai à Ariel l'histoire de saint
Jacques – c'était la première fois qu'il l'entendait –, il m'interrompit pour me demander : « Qu'est-ce qu'un *apôtre* ? »

Je vis aussi des pèlerins qui paraissaient sortis tout droit du
Moyen Âge. À Portomarín, une ville qui avait été submergée
en 1960 par suite d'un projet hydroélectrique, pour être ensuite
reconstruite quelques centaines de mètres au-dessus du nouveau lac, je rencontrai un jeune ébéniste allemand vêtu de la
veste traditionnelle – noire à gros boutons – de sa guilde médiévale. Conformément à la tradition, m'expliqua-t-il, il devait rester à 100 kilomètres de sa ville natale pendant trois
ans – ses *Wanderjahre* –, s'il voulait rompre d'anciens liens et
apprendre de nouvelles techniques d'ébénisterie. Avec ses re-
tables et ses écrans gravés d'ornements, le *Camino* représentait
pour lui un vaste musée linéaire des techniques anciennes.
Tournant un coin dans le village de Ventas de Narón, je tombai sur une scène des *Contes de Cantorbéry* : un canasson ale-
zan était attaché à un arbre à côté d'une toute petite chapelle
de pierre ; son propriétaire lui avait retiré sa selle et brossait ses
flancs trempés de sueur. Il portait une casquette des Yankees
de New York, une barbe grise encadrait ses joues creusées de
rides profondes, et je vis qu'il avait la jambe droite maintenue
dans un cadre d'acier et de plastique.

Il me raconta son histoire dans un castillan viril et terre
à terre. Originaire du León, il s'appelait Segundo Borlán et
vivait désormais à Barcelone. La gangrène lui avait fait perdre
l'usage de sa jambe, mais sa vie avait été épargnée et, pour

exprimer sa gratitude, il avait marché jusqu'à Saint-Jacques avec un âne. Lorsque sa fille avait survécu à la leucémie, il avait répété l'exploit et écrit un livre sur le sujet (il me tendit une affiche annonçant un livre de poche intitulé, plutôt simplement, *1000 km del Camino de Santiago en burro*). Cette fois, il avait troqué l'âne contre une jument, Lorena, et il allait plus vite.

« Je fais 25 ou 30 kilomètres par jour, exactement comme une personne à pied, m'expliqua-t-il. Un mois pour me rendre à Santiago, au lieu de deux avec mon âne. »

Plus tard, je rencontrai une Brésilienne, une des rares personnes sud-américaines n'ayant *pas* été inspirée par le bouquin de Paulo Coelho. Menue, à la fin de la quarantaine, un teint d'argile, elle portait un *bordón* évoquant la crosse d'un évêque et qui avait une fois et demie sa taille. Elle cheminait dans ses chaussettes blanches et ses sandales, comme une grand-mère échappée de son foyer d'accueil. La chaleur était étouffante cet après-midi-là, mais elle ne voulut pas s'arrêter à une pompe installée à l'ombre dans un square municipal et elle n'avait pas l'air d'avoir apporté de l'eau. Une pèlerine française inquiète m'expliqua que, bien qu'ayant les pieds couverts d'ampoules atroces, cette femme refusait de s'arrêter. Elle avait été guérie de la pneumonie à São Paulo et le prêtre de sa paroisse lui avait fortement conseillé de marcher jusqu'à Saint-Jacques-de-Compostelle en signe de reconnaissance. J'eus l'impression que sa gratitude allait l'achever et qu'une nouvelle croix s'ajouterait à toutes celles qui commémoraient les pèlerins tombés sur le chemin.

Ces pénitents dévots rappelaient que le pèlerinage médiéval était censé être un chemin ardu et périlleux. En l'an 333, moins de dix ans après que sainte Hélène se fut rendue en Terre sainte, un marcheur surnommé le Pèlerin de Bordeaux mit plus d'un an à effectuer le trajet aller-retour de la France à Jérusalem, parcourant en moyenne 32 kilomètres par jour sur les routes romaines bien pavées. À partir de 638, l'année où le calife Omar entra dans Jérusalem sur un chameau blanc, et jusqu'au XXe siècle, l'accès des pèlerins à la Terre sainte a dépendu de l'humeur des musulmans qui occupaient la place. Les premiers pèlerins se rendirent à Jérusalem par voie de terre, en passant par les Balkans et Constantinople, mais les avancées des Turcs en Asie mineure obligèrent par la suite les voyageurs à traverser les Alpes et à confier à des capitaines de bateaux vénitiens, qui exigeaient souvent un prix exorbitant, le soin de leur faire traverser la Méditerranée orientale. Jérusalem ne resta que très brièvement entre les mains des chrétiens : en 1095, une première vague de croisés, ces guerriers du pape, investis de la mission sacrée de combattre les païens, massacrèrent les juifs et les musulmans de Jérusalem, mais le sultan Saladin d'Égypte reprit la ville moins d'un siècle plus tard. Bien que les pèlerinages en Terre sainte se soient poursuivis – les califes n'avaient aucune objection à gagner de l'argent aux dépens de petits groupes de touristes infidèles –, l'intérêt des pèlerins se tourna graduellement vers les sanctuaires plus accessibles de Rome et de Saint-Jacques-de-Compostelle.

Même ces pèlerinages européens comportaient des risques sérieux. Le voyage était loin d'être une sinécure au Moyen Âge. Vivants, les pèlerins valaient leur pesant d'or, mais on les appréciait encore plus quand ils étaient morts. Les opérateurs de bacs avaient tendance à surcharger leurs embarcations et, comptant sur le fait que peu de passagers savaient nager, ils en profitaient pour détrousser les noyés. Les riverains étaient autorisés à prélever une part du butin lors des naufrages – lorsqu'aucun membre de l'équipage n'avait survécu –, ce qui incitait les naufrageurs de la côte galicienne à envoyer de faux signaux, puis à assassiner les survivants hébétés qui débarquaient sur la grève. Et, sur terre, un dirigeant pouvait réclamer une partie de la marchandise d'une voiture lorsque son essieu touchait le sol ; il va sans dire que cette coutume avait un effet des plus dissuasifs en ce qui concernait l'entretien des routes et que l'étranger sans défense se retrouvait à la merci des voleurs de grand chemin. Avant la construction d'une chaussée conduisant au Mont-Saint-Michel, en France, il n'y avait qu'une façon d'atteindre le monastère normand : il fallait passer par des mares de boue traîtresses ; en 1318 seulement,

12 pèlerins s'enlisèrent dans les sables mouvants et 13 furent piétinés par la cohue qui se pressait dans le sanctuaire. Les pèlerins solitaires d'aujourd'hui, presque des protestants dans leur quête effrénée du voyage intérieur, auraient été considérés comme des hurluberlus téméraires au Moyen Âge, alors que la seule pratique sensée consistait à se regrouper pour se protéger contre les loups et les voleurs.

Ce genre de pèlerinage de jadis mena à des innovations qui allaient favoriser le voyage de loisir dans les siècles à venir. Les systèmes des monastères bénédictins et de l'abbaye de Cluny, qui offraient l'hospitalité aux voyageurs venus de loin, allaient se transformer en réseaux hôteliers précurseurs de la chaîne Holiday Inn. Les chevaliers du Temple, un ordre militaire riche et international établi pour assurer la protection des pèlerins en route vers Jérusalem, permettaient aux gens de déposer leur argent à un endroit et, une fois qu'ils étaient munis d'une lettre de crédit, de le retirer à un autre, un système précurseur des chèques de voyage et des guichets automatiques.

Au sommet de l'O Cebreiro, où le *Camino* grimpe à 1200 mètres et où la Galice rencontre le León, mon côté superstitieux me donna du fil à retordre. Ce soir-là, j'entrai dans une taverne et je m'assis avec des Américains qui me suggérèrent de goûter à l'aguardiente, l'alcool clandestin local conservé dans une bouteille sans étiquette – qui, pour une raison quelconque, contenait une petite échelle de plastique. Me rappelant que je m'étais promis d'expérimenter les spécialités locales, j'acceptai. On aurait dit un mélange de tequila et d'eau de bain. Le barman, très fier, insista pour me faire essayer une autre concoction encore plus forte, suivie cette fois d'un petit verre de jerez.

Lorsque je sortis en titubant, culturellement enrichi et intellectuellement appauvri, le brouillard était descendu sur le village, soufflant des nappes de vapeur semblables à des suaires entre les *pallozas* ancestrales, ces huttes de pierre au toit de chaume en forme de cloche que les Galiciens bâtissent depuis la nuit des temps. Sorti directement de Baskerville, un chien emmailloté de brume était assis sur une plateforme de pierre et aboyait pendant que grinçaient et cliquetaient des enseignes rouillées. Cette nuit-là, je ne cessai de me tourner et de me retourner dans mon lit, rêvant qu'un homme barbu et vigoureux – saint Jacques en personne, j'en ai bien peur – me barrait le chemin et que je l'assassinais en lui transperçant le cœur avec mon bâton de marche à pointe d'acier.

Le lendemain matin, tandis que j'enfilais mes chaussures boueuses, je vis l'*hospitalero* mettre à la porte un colosse à la tignasse noire, vêtu d'un chandail noir effiloché, portant un étui de guitare noir, tenant en laisse un énorme malamute noir et arborant une grosse coquille de pétoncle blanche au cou.

« C'est une sorte d'"artiste", pas un *peregrino*, m'informa l'aubergiste. Si je le laissais entrer, il volerait tous les portefeuilles. En partant, baisse la tête. Ignore-le. »

C'était sans doute un *coquillard** (du mot *coquille**), pensai-je, un de ces faux pèlerins qui, depuis le Moyen Âge, profitent de l'hospitalité des *refugios* du *Camino*. Alors que je quittais le refuge, le guitariste me fixa de ses yeux noirs andalous et se frappa la tempe avec un doigt.

« *Está loco*, dit-il en parlant de l'aubergiste. Je voulais seulement prendre une douche. »

Je haussai les épaules et me dirigeai vers l'est. Si j'avais été un pèlerin médiéval, j'aurais sans doute cru avoir rencontré un démon qui, ce matin-là, essayait de me détourner du droit chemin. Tandis que cette pensée me traversait l'esprit, je regardai dans le fossé de drainage et vis le cadavre en décomposition d'un faon, couvert de mouches. (Rien d'inhabituel.) Quelques centaines de pas plus loin, j'aperçus un lézard vert au milieu du chemin, mort lui aussi, sa tête en forme de flèche pointant dans la direction de Santiago. (Du calme. Encore un peu et je vais me mettre à croire aux Hobbits et aux lutins.) Une demi-heure plus tard, je tombai sur une coquille sur laquelle on avait peint une croix rouge, abandonnée au bord de la route. (Renonce à cette entreprise absurde, espèce de fou. *Va-t'en maintenant.*)

Lorsque j'arrivai à Ponferrada, ces présages avaient réussi à me convaincre que quelque chose de néfaste m'attendait sur la route. Je résolus d'éviter la partie suivante du *Camino*, la terrible Meseta, 200 kilomètres en terrain plat et nu sur lequel, d'après ce qu'on m'avait dit, on pouvait marcher toute la journée sans apercevoir un seul arbre. Les pèlerins brûlés par le soleil que j'avais rencontrés à O Cebreiro parlaient d'un record de chaleur pour le printemps – le mercure était parfois monté jusqu'à 42 degrés Celsius l'après-midi – et des nombreux marcheurs qui avaient déclaré forfait et avaient préféré rentrer chez eux. Je pris le train à Ponferrada et, pour commencer, j'éprouvai un sentiment d'euphorie à l'idée de couvrir toute cette distance en si peu de temps. Le train avait beau dégager des relents d'urine et de *sangría*, et ses couleurs (bordeaux et terre de Sienne) avaient beau rappeler la mode de 1975 (qui atteignit l'Espagne dix ans plus tard), c'était quand même un bond formidable dans ce qui pouvait ressembler à la modernité. J'allais brusquement à une vitesse 20 fois supérieure à celle du marcheur et les poteaux de téléphone défilaient devant mes yeux comme des piquets de clôture. À l'occasion, la voie ferrée longeait le *Camino* et des groupes de pèlerins nous saluaient en agitant leurs *bordones* ; penaud, je les ignorais. En trois heures et demie de train, j'avais éliminé dix jours d'usure de semelles. Pourtant, d'une certaine façon, ces 200 kilomètres de marche pesaient moins lourd dans la balance que les dix journées riches en expériences dont j'avais l'impression d'avoir été spolié.

Après ce voyage en train, je n'eus aucune peine à me réconcilier avec le *Camino*. À Burgos, je marchai dans les allées de la cathédrale gothique, maugréant devant l'échafaudage qui cachait la nef. Dans une ville nommée Santo Domingo de la Calzada – littéralement Saint-Dominique-de-l'Asphalte – en l'honneur d'un moine du XIᵉ siècle qui fit construire des ponts, des hospices et des routes pour les pèlerins –, je fis une halte devant un poulailler de pierre peint avec soin dans le transept de la cathédrale. Arrêtés devant ce poulailler, un groupe de pèlerins levaient vers le ciel leur regard plein d'espoir : selon la légende, si le coq chante, on réussira à se rendre à Saint-Jacques-de-Compostelle. De plus en plus impatients, ils se mirent à trépigner, à grommeler, et finirent par s'en aller. Dès qu'ils furent sortis par la porte latérale, le coq me gratifia d'un cocorico sonore (c'est-à-dire *quiquiriquí* en espagnol), non pas une fois, mais trois. Dans la situation, cela ressemblait plus à une observation qu'à une prédiction.

En ce qui concerne les gens rencontrés le soir dans les *refugios*, je constatai que je ne gravitais pas autour des catholiques d'âge moyen qui constituaient la majeure partie des pèlerins, mais que j'étais attiré par les exceptions et les excentriques. Dans la ville de Puente la Reina – où les deux branches de la route se fondent dans le *Camino Francés*, le Chemin français –, je descendis au sous-sol d'un hôtel, où se trouvait le *refugio*. Dans un coin de la pièce, un groupe de Français qui avaient enlevé leur chemise et exhibaient leur torse violacé, brûlé par le soleil, taquinaient un couple d'âge mûr en lune de miel. À l'autre extrémité, on avait allumé des chandelles autour des lits et un Don Quichotte gaulois accompagné de son Sancho Panza déballaient leur équipement de camping près d'une jeune fille tranquille aux cheveux blonds frisés.

Préférant l'ambiance à l'exubérance, je me dirigeai vers la gauche. Ce Don Quichotte s'appelait Hervé ; il était grand et maigre, et il souriait en montrant ses chicots entre ses favoris en broussaille. Il venait de quitter les Forces armées de l'air françaises, où il réparait des sièges éjectables d'avions de chasse, et il marchait depuis Tours, sa ville natale. Il traversait les Pyrénées quand il rencontra son Sancho, un marin costaud appelé Jean-Marie, originaire de Montpellier.

« Je fais le *Camino* celtique, m'expliqua Hervé en me montrant la bague en forme de triskèle qu'il portait à l'index. Quand les Templiers sont venus, ils ont bâti leurs églises aux endroits que les Celtes utilisaient depuis des siècles. Rivières, sources naturelles – ces gens n'étaient pas des imbéciles. On sent encore l'énergie. En chemin, je fais des expériences, je médite dans les églises, j'étudie la géométrie. Tu devrais venir avec nous. Je te montrerais des choses que tu n'as jamais vues.

– Lui, il se fait son propre cocktail de religions », grogna Jean-Marie, qui se considérait pour sa part comme un catholique non pratiquant.

Ils voyageaient avec Iris, une jeune fille de 20 ans au visage botticellien qui, partie d'une petite ville près d'Amsterdam, avait marché toute seule pendant trois mois. Les histoires que racontait Hervé sur les croix des Templiers et l'influence celtique, un aspect du *Camino* qui m'avait échappé, m'intriguèrent suffisamment pour que j'accepte de revenir sur mes pas une journée et de les accompagner à Estella.

Ils étaient d'un commerce agréable. Le lendemain matin, comme nous sortions de Puente la Reina, Hervé s'arrêta devant l'église romane del Crucifijo qui se dressait sur la longue rue principale de la ville. Il m'indiqua d'un geste les motifs ornementaux sur une arche du XIIe siècle. « As-tu déjà vu ça ?

– Peut-être, répondis-je. Ces oiseaux aux longues queues ressemblent à des gravures irlandaises.

– Oui, à celles du *Livre de Kells*, à Dublin. »

Après avoir traversé le gracieux pont à six arches, construit sur l'ordre d'une reine de Navarre afin de libérer les pèlerins de l'emprise des opérateurs de bacs qui les exploitaient, nous entrâmes dans la ville de Cirauqui (« nid de vipères », en basque), au sommet de la colline. Hervé pointa le doigt vers une croix trapue en pierre, sur laquelle des rosettes tarabiscotées étaient gravées, au pied d'une voûte d'entrée.

« Je parie qu'il y a quelque chose de l'autre côté, dit-il. Jette un coup d'œil. »

Je me penchai et, sur le côté le plus près de l'arcade, cachée à la vue, je vis une grosse croix des Templiers.

« Cela ne m'étonne pas, dit Hervé. Ils étaient partout sur le *Camino*. Ils bâtissaient leurs églises selon une géométrie précise, qui concentrait leurs forces. *Tu imagines** ! Ils avaient passé tellement de temps en Orient qu'ils en connaissaient tous les secrets. »

Nous nous arrêtâmes pour manger dans une ruelle par où passait le *Camino* entre les murs de la vieille ville. Pendant que nous coupions le pain et le fromage, les pèlerins se succédaient devant nous; nous vîmes notamment un homme à barbe blanche et au regard halluciné rappelant le Vieux Marin de Coleridge, la main droite agrippée au chapelet enroulé autour de son *bordón*. Les yeux grand ouverts et fixes comme ceux d'un fakir hindou, il refusa le café que nous lui offrions et poursuivit son chemin.

« J'ai parlé avec lui hier, dit Iris. Il marche depuis Rome. Il dit qu'il couvre jusqu'à 65 kilomètres par jour. Ses chaussettes étaient en loques, alors je lui en ai donné une paire des miennes. »

Lorsque nous eûmes remballé notre pique-nique, Jean-Marie annonça que c'était l'heure des herbes orientales. Il sortit de la mari d'un sachet de plastique et roula un joint géant qu'il partagea avec Hervé. Après cela, notre allure se trouva ralentie. Jean-Marie et Hervé furent fascinés en voyant quelques pavés irréguliers sur un segment de route romaine. Ils se mirent aussi à regarder par-dessus leurs épaules, convaincus d'être épiés par un groupe d'agents secrets de la *Guardia civil* qui, selon eux, les suivaient depuis les Pyrénées. Je leur dis qu'à mon avis ils étaient en train de devenir paranoïaques.

« *Écoute, mon vieux**, répondit Hervé d'une voix traînante, j'ai fait partie de l'armée. Je sais à quoi ressemblent les militaires. Après tout, nous avons traversé la frontière. Nous pourrions être des Bretons qui apportent des explosifs aux terroristes basques. »

Plus le temps passait et plus la lenteur du Quichotte celte et de son sardonique Sancho me tombait sur les nerfs. D'ailleurs, les connaissances d'Hervé en ce qui concernait les dessous mystiques du *Camino* me semblèrent plus superficielles quand je compris qu'elles étaient largement dues à l'usage de la drogue. À Lorca, après avoir fumé un autre joint à la porte de l'église, ils entrèrent et je jetai un coup d'œil pour voir ce qui retenait Hervé. Il faisait une autre de ses « expériences », c'est-à-dire qu'il était assis les jambes croisées devant l'autel, les yeux fermés, en train de s'éclater aux herbes orientales. J'informai Jean-Marie que j'avais l'intention d'arriver à Estella avant le coucher du soleil et je marchai le reste de l'après-midi avec Iris.

Je compris bientôt qu'en plus d'être une ravissante, charmante et amusante blonde aux yeux bleus Iris était courageuse et tout à fait admirable. Hypnotisé, je l'écoutai me raconter comment, invitée par un vieux noble décrépit, elle lui avait rendu visite à son manoir dans la campagne française.

« C'était très étrange. Il avait une cinquantaine d'années et il portait du fard à joues et du crayon à paupières. Il avait des problèmes psychologiques, je pense – il s'est lavé 30 fois les mains pendant que j'étais là –, et il m'a dit qu'il n'adressait plus la parole à sa famille. Mais j'étais gelée et il m'a offert un repas chaud et des vêtements propres. Il m'a fait prendre une douche avant le dîner, puis il m'a donné une sorte de parfum et des gouttes pour les yeux. »

Ça commençait à ressembler à un film d'Alfred Hitchcock – je m'attendais à ce qu'elle me dise que le portrait de son sosie était suspendu au-dessus de la cheminée.

« Ensuite, il m'a offert un grand lit et des draps frais. Évidemment, une fois les lumières éteintes, il s'est faufilé dans mon lit. J'ai crié : *"Non* !"* et, pour finir, j'ai dormi sur le plancher. »

L'histoire s'était bien terminée, conclut-elle : quand elle s'était levée le lendemain matin, saine et sauve, ses vêtements avaient été lavés et mis à sécher sur la corde à linge. Je lui conseillai, d'un ton avunculaire, de prendre garde aux hommes bizarres.

« Je savais ce qu'il voulait, *lui*, mais moi, je voulais un lit chaud, une douche et des vêtements propres. Et je les ai eus ! »

Nous arrivâmes à la vieille ville d'Estella et je commençai à me douter que les motifs invoqués pour retourner sur mes pas étaient moins abstraits et intellectuels que je l'avais cru – Iris et moi étions dangereusement attirés l'un par l'autre. C'était dangereux parce que je m'étais engagé dans une relation sérieuse avec une femme quelques mois avant mon départ et j'avais promis à ma petite amie, ainsi qu'à moi-même, de rester fidèle pendant toute la durée du voyage. C'était également dangereux parce que je marchais seul depuis trop longtemps dans des paysages espagnols stimulants. Dangereux, enfin, parce qu'au *refugio*, Iris et moi, nous choisîmes les deux couchettes du bas, qui avaient été rapprochées. Don Quichotte et Sancho finirent par nous rejoindre et Hervé, jetant un coup d'œil sur notre arrangement, laissa échapper un « *Ah ! oui, je vois** ! » insupportablement lourd de sous-entendus.

Cette nuit-là, quand les ronflements eurent commencé, Iris se tourna vers moi et me chuchota à l'oreille : « Oh ! J'aurais dû apporter une tente. Ça aurait été bien plus confortable.

– C'est vrai, répondis-je.

– J'espère qu'ils ne ferment pas la porte des auberges à clé pendant la nuit.

– Pas très pratique, en effet, marmonnai-je.

– Parce que cette nuit, ce serait merveilleux d'aller se promener au bord de la rivière. »

J'étais absolument d'accord. Et je n'eus aucune peine à m'imaginer penché sur Iris, baisant ses lèvres entrouvertes. Mais en pensant à la femme que j'aimais, je cherchai dans ma trousse de toilette un des somnifères que j'avais apportés en prévision de ce genre de cas d'urgence. Pendant qu'il fondait sous ma langue, j'entendis Iris soupirer trois fois. Ensuite, grâce à saint Jacques et à Stilnox, je sombrai dans l'inconscience.

LE LENDEMAIN MATIN, je pris une douche froide comme toujours dans les *refugios* et je l'appréciai vraiment pour une fois. Je trouvai Iris assise toute seule dans la cuisine, en train d'aspirer avec une paille le contenu d'une boîte de jus d'orange. Elle ne paraissait pas une journée de plus que ses 20 ans. Je lui dis que je voulais me mettre en route de bonne heure et elle hocha la tête quand je lui fis mes adieux en l'embrassant chastement sur les deux joues. Puis, je me dirigeai vers la route et levai mon pouce ; moins d'une demi-heure plus tard, une voiture me ramenait à Puente la Reina d'où j'étais parti la veille et je me retrouvai de nouveau seul à marcher vers la France, en sens inverse du *Camino*.

« *Ir romero, y volver ramera* », marmonnai-je. Connu depuis toujours comme le « maquereau » parmi les différents pèlerinages, le *Camino* avait presque changé une jeune pèlerine en prostituée de grand chemin.

Peu à peu, à mesure que j'approchais de la fin, je me mis à comprendre les avantages de la marche, la plus ancienne et la plus simple façon de voyager. Plus j'avançais, plus j'avais l'impression de me délester des considérations matérielles et l'image que je projetais me préoccupait de moins en moins. En entrant dans une nouvelle ville, je passai devant les boutiques Zara et Benetton sans éprouver aucun sentiment d'avarice et je me sentis plus intéressé par les armoiries antiques suspendues au-dessus des vitrines que par les publicités qui annonçaient les soldes du printemps. Je cherchai à me dépouiller de mes livres et de mes vêtements et donnai joyeusement mes lourdes pièces de monnaie à des mendiants ; je ne désirais qu'une chose : me remplir l'estomac d'aliments nutritifs. Je pris conscience que jamais auparavant je n'avais vraiment vu le monde défiler à cette allure humaine, à quatre kilomètres par heure, heure après heure, jour après jour. J'appris à reconnaître le vent chaud de l'ouest qui soufflait parfois juste avant le coucher du soleil, la fraîche *tramontana* qui soufflait du nord et la brise qui envoie dans les champs des ondes iridescentes, comme si des colonnes de lemmings à dos argenté fonçaient parmi les épis de blé.

En observant ainsi la lente transition qui s'opérait dans le paysage – champs labourés par des bœufs, puis forêts d'eucalyptus, puis vallées ondoyantes, puis vignobles de la Rioja –, j'en vins à appréhender les choses différemment. Les mouettes perchées sur les flèches des églises galiciennes, les cigognes sur les cheminées de la Rioja et les chiens de berger consciencieux du Pays basque m'aidèrent à comprendre l'Espagne, à comprendre comment sa culture dérive subtilement de traditions rurales toujours vivantes. Il faut aller à pied pour saisir ce genre de chose, il faut, comme le dit Robert Louis Stevenson, « sortir du lit de plumes de la civilisation et poser le pied sur le globe de granit jonché de silex acérés ».

En fin de compte, le *Camino* avait fait un nouveau converti. Je jurai de rechercher de nouvelles occasions d'utiliser la plus ancienne et la plus enrichissante façon de voyager : poser un pied devant l'autre.

Je pénétrai enfin en France dans un intense brouillard. Les Pyrénées étaient une illusion : des boucs et des vaches émergeaient parfois de la brume, de même que des huttes de berger et des croix de pierre. Juste avant la frontière française, sur un sentier forestier désert à 1300 mètres d'altitude, je tombai sur une voiture abandonnée, apparemment laissée là par des Espagnols en virée ; collée sur la fenêtre arrière, une étiquette sur laquelle se lisaient les mots « *Leicestershire Constabulary Vehicle Watch* », et un exemplaire vieux de six mois de l'*Observer* traînait sur la banquette arrière. (Pendant que j'y pense : le propriétaire d'une Ford Sierra verte immatriculée E601HJF aurait-il l'obligeance de venir chercher sa voiture au col Ibañeta ?) J'entrai dans Saint-Jean-Pied-de-Port, le village français d'où tant de marcheurs avaient commencé leur périple, et me dirigeai vers le bureau des pèlerins.

Le personnel était composé de bénévoles français, surtout des femmes dans la cinquantaine avec leur coiffe sur la tête – on n'était de toute évidence plus en Espagne. Une certaine Nicole estampilla pour la dernière fois mon *credencial*, tout en se plaignant du dernier cru des pèlerins. « *Oh là là* ! Les choses ont bien changé depuis que j'ai fait le pèlerinage. De nos jours, ils ont tous lu le livre de ce Brésilien. À présent, il y a une foule de Sud-Américains sur le *Camino* ; ils pissent contre les maisons et dorment à la belle étoile. *En effet, il est devenu un chemin de clochards* », conclut-elle en poussant un soupir mélodramatique.

Un chemin de clochards. Plutôt vrai. Mais c'était aussi un chemin de pèlerins reconnaissants d'avoir survécu à la pneumonie et à la gangrène, de *coquillards* et d'ébénistes médiévaux, de commis blasés à la recherche de l'amour, de Don Quichotte et de Sancho Panza, de gredins et de héros.

Quand on y pense, les choses n'ont pas beaucoup changé depuis le XIIe siècle.

CHAPITRE II

Mille bornes

Mal aux pieds en France – Biarritz sans Baedeker – Le guide Michelin 1900 – Charmé par le système des étoiles★★★ – Une brève histoire du guide de voyage – Le roi de la route en Citroën – Routes françaises et conducteurs français – Marchands de caoutchouc en Auvergne – Bergers en auto-stop – Encore des cartes à Pau – Confessions d'un mordu du cassoulet – L'alcool améliore la conduite automobile en France – Des anchois qui ont bon goût – Quand laisser le Michelin à l'hôtel

MAUDITS PIEDS ! grommelai-je. Mes pieds puants, calleux, aux orteils meurtris, pâles comme du saindoux. Après avoir marché pendant trois semaines, j'avais besoin d'enfiler une chemise propre, de me raser et de trouver l'adresse de quelques bons restaurants. Par-dessus tout, j'avais besoin de roues.

À la minuscule gare de Saint-Jean-Pied-de-Port, je laissai trois jours de poils de barbe dans un lavabo et mon *bordón* dans un coin – et j'eus l'impression d'avoir le cœur presque aussi dur que celui qui abandonne un ourson à la consigne de la gare de Paddington. Assis dans un train couvert de graffitis qui suivait les méandres de la Nive, je regardais s'éloigner les pics peu élevés des vertes Pyrénées tout en réfléchissant à la prochaine étape de mon plan : j'allais passer carrément du XIIe siècle au début du XXe en explorant le sud de la France dans une voiture de location. Après tout, c'est en France que l'automobile de tourisme a été inventée. C'est vrai que les États-Unis, foyer de la chaîne Motel 6 et des drive-in Big Boy, de la Ford Modèle T et du Winnebago, peuvent prétendre être les pionniers de la route. En fin de compte, les Américains ont pavé leur pays avec un réseau routier de 68 000 kilomètres, s'assurant que tout ce qui avait un certain intérêt pouvait être atteint par quiconque était intéressé (et rendant par le fait même tout cela un peu moins intéressant).

Mais la France a eu Michelin. Les aventuriers de l'autoroute Lincoln 1913, la première autoroute reliant l'Atlantique au Pacifique, ne pataugeaient pas encore dans la boue de l'Iowa, que de riches *automobilistes** lyonnais et parisiens décodaient leurs cartes Michelin exquisément détaillées, roulaient sur des pneus Michelin démontables et suivaient les panneaux indicateurs offerts par Michelin jusqu'aux hôtels recommandés par Michelin. Je m'étais déjà servi de ces guides – quand je furetais autour des remparts de Saint-Malo ou quand je cherchais un bistrot une étoile dans Montmartre –, mais jamais pour ce pourquoi on les avait conçus, c'est-à-dire pour accompagner l'automobiliste en promenade. Pour une certaine classe d'Européens, le *bonheur**, c'est une Citroën d'un modèle récent avec un coffre à gants rempli de cartes et de guides Michelin et une semaine pour se promener en Provence. J'allais devenir ce gentleman-automobiliste et baguenauder d'un village à l'autre en empilant les produits de la gastronomie locale sur la banquette arrière, me laissant guider dans la campagne française parsemée d'étoiles décernées par Michelin.

Aux États-Unis, une expérience d'une telle richesse culturelle aurait été possible à la *Belle Époque Raisins de la colère* des repas en famille, avant que, dans chaque comté, de super-autoroutes ne confèrent aux Nord-Américains le droit inaliénable de magasiner chez Wal-Mart et de manger un beigne chez Krispy Kreme. Également hachurée de routes asphaltées, la campagne française paraît infiniment plus variée et, derrière chaque colline, on s'attend à découvrir une nouvelle tranche du terroir, une nouvelle bière brassée par des moines, un fromage de chèvre encore plus piquant ou un cassoulet encore plus gras. C'est la faute de la compagnie de pneus, une multinationale dirigée par une famille de Clermont-Ferrand : ces gens ont déployé une incroyable énergie pour s'assurer que les conducteurs français auraient des routes et, surtout, qu'ils y trouveraient quelque chose.

J'arrivai à Biarritz après un lent trajet à bord d'un *train à grande vitesse**. Les magasins étaient fermés et j'errai au centre-ville avec mon sac à dos, scrutant les petites rues à la recherche d'enseignes d'hôtel, contemplant, plein de convoitise, un étalage de guides Michelin derrière les portes de verre verrouillées d'une *librairie**. Heureusement, la loi française oblige les hôtels et les restaurants – qu'il s'agisse du Crillon ou du coupe-gorge le plus sordide de Pigalle – à afficher leurs tarifs à côté de la porte, une mesure très civilisée qui épargne aux touristes comme moi de répéter interminablement les mêmes démarches humiliantes. Un coup d'œil me permit de constater que je pouvais me permettre une *chambre simple** à l'hôtel Villa Etche Gorria, sans *w/c**, mais avec un lavabo *en suite**. Après avoir traversé un petit jardin semé d'hortensias roses et grimpé un escalier de bois en colimaçon, j'arrivai dans une chambre au dernier étage depuis laquelle j'aurais eu une fantastique vue sur la mer si un hôtel beaucoup plus gros et beaucoup plus près de la plage ne s'était pas trouvé dans le chemin. Le lit était ferme et ce manoir du XIXᵉ siècle était décoré comme autrefois. Ravi, je me dis que les guides approuveraient sûrement mon choix.

Mais pas Michelin, hélas. Au kiosque à journaux, je farfouillai dans un présentoir métallique débordant de cartes et choisis la *4064 Pyrénées-Atlantiques*, à une échelle de 1 : 200 000. J'achetai ensuite la dernière édition du *Guide Rouge* – le *Guide Michelin* ayant récemment changé son nom – avec ses 1728 pages finissimes de recommandations d'hôtels et de restaurants, ainsi qu'un *Guide Vert* de l'Aquitaine, la région de la côte atlantique comprenant Bordeaux, Bayonne, Biarritz et Pau. J'empilai mes achats sur un comptoir carrelé dans le marché couvert de la ville, je sirotai un *express** et j'appris, à ma grande surprise, que mon hôtel n'avait pas franchi la barre. Ma charmante villa n'était apparemment rien de plus qu'une médiocre hôtellerie bon marché. Sans Michelin, je me retrouvais rétrogradé au niveau de ces étrangers peu exigeants, ridiculement ignorants des adresses dignes d'intérêt.

Mon *Guide Rouge* venait avec une prime : un fac-similé du premier guide Michelin, daté de 1900, collé à la couverture. Compact comme un livre de cantiques, il consacrait 178 de ses 399 pages à des avis concernant le voyage en voiture à la *Belle Époque** – publicités de voiturettes Renault, instructions pour le changement de pneus des *vélocipèdes**, tableaux pour noter la consommation quotidienne de produits pétroliers rivaux comme Moto-Naphta et Automobiline, retirés depuis du marché. Le cœur du bouquin consistait en une liste alphabétique des villes françaises, d'Abbeville à Yvetot, avec la population, la distance de Paris, et, dans le cas des villes importantes, une carte des rues principales. En ouvrant le livre à la lettre B, j'appris que, au tournant du siècle, Biarritz avait une population de 10 544 habitants, une gare, un centre de téléphone et de télégraphe (un appel à Paris coûtait 2 francs et 25 centimes la minute), et trois hôtels importants, dont deux comprenaient une chambre noire permettant aux clients de développer leurs photos de vacances. La « pictogrammomanie » de Michelin a commencé de bonne heure : un symbole (petit hôtel à trois toits de style Monopoly) suivi de trois astérisques indiquait que l'on pouvait s'attendre à payer plus de 13 francs par jour (vin compris) à l'Hôtel du Palais, la meilleure adresse en ville.

Dans la dernière édition, la publicité avait disparu, les conseils sur l'entretien des pneus étaient rassemblés dans 36 pages encadrées d'une bordure bleue à la fin du livre et le symbole des toits en rangs serrés indiquait le relatif confort d'un hôtel. Le Palais avait maintenant cinq toits Monopoly, indiquant un hôtel « de luxe » (comparé à un hôtel offrant un « confort de classe supérieure » ou, au bas de la liste, un « confort simple »), où une chambre pour deux vous coûterait 465 euros/ 3050 francs (le vin n'étant, hélas, plus compris). Qui plus est, les toits Monopoly étaient dessinés à l'encre rouge, indiquant un hôtel « particulièrement agréable », et la petite silhouette bedonnante dans une berçante indiquait un « endroit calme et retiré ». À mon avis, répondre aux colles d'un jeu questionnaire portant sur la sémiologie de ces entrées dans le guide Michelin doit être le secret pour être admis dans la *haute bourgeoisie** française (avec des points supplémentaires quand on peut le faire en changeant de voie sur le *périphérique** parisien).

Je ne louerais pas de chambre au Palais. Je ne mangerais pas non plus au Café de Paris – l'un des trois meilleurs restaurants de Biarritz – dont les quatre cuillers et fourchettes croisées qui le distinguaient dans le guide indiquaient un « confort de classe supérieure ». J'éprouvais un respect convenable pour les rosettes – ou « macarons », comme les appellent les hôteliers français – culinaires de Michelin, introduites en 1926 : après tout, certains chefs se sont suicidés après les avoir perdus. (En 1966, lorsque les inspecteurs déclassèrent le Relais de Porquerolles à Paris après avoir décrété que sa fameuse bouillabaisse n'était plus ce qu'elle avait coutume d'être, le chef Alain Zick se tira une balle dans le cœur.) Il fallut attendre jusqu'en 1982 pour voir un restaurant anglais gratifié de trois étoiles. Et même alors, le chef du restaurant Le Gavroche de Londres était un Français – le premier chef né en Angleterre n'obtiendrait sa troisième étoile qu'en 1995. (Ce sont pourtant les Britanniques qui ont eu le dernier mot. Le rédacteur en chef du *Guide Rouge* est à présent Derek Brown, un Anglais.) Des 4116 restaurants recommandés dans le guide Michelin concernant la France, seulement 21 étaient des établissements à trois étoiles et, si je ne voulais pas être acculé à la faillite, je devais tous les éviter.

Depuis les années 1980, quand les chefs vedettes faisaient tournoyer leurs étoiles Michelin dans les empires culinaires, il fallait, pour dîner dans la plupart des restaurants trois étoiles français, réserver sa table six mois à l'avance et supporter les corrections de serveurs de carrière hautains. (En tout cas, c'était ce qu'on m'avait dit. J'aurais encore dû débourser 500 dollars pour le *foie gras** du Grand Véfour ou le homard chez Lucas

Carton.) Ma stratégie d'utilisation du guide Michelin serait simple : je chercherais dans les marges le symbole « Bib Gourmand », le buste du bonhomme Michelin souriant indiquant de « bons repas à des prix modérés », en espérant arriver à me débrouiller pour avoir une place.

En premier lieu, je voulais étrenner mon *Guide Vert* pour explorer Biarritz. En 1917, les patriotiques frères Michelin publièrent leur premier guide des champs de bataille – une décision éditoriale plutôt optimiste quand on sait que les armées du Kaiser occupaient encore une grande partie de la France. (Parmi les autres bizarreries dignes de figurer dans une collection, mentionnons le *Guide aérien* de la France et de l'Afrique du Nord, qui, en supposant que les avions privés constitueraient, après les voitures, la vague suivante dans l'industrie du tourisme, recommandait des hôtels et des restaurants situés à proximité des pistes d'atterrissage.) Ces séries finiraient par comprendre des guides plus conventionnels consacrés aux régions de France et aux pays étrangers, et deviendraient ces guides verts à longue épine – se concentrant sur les églises, les châteaux et les curiosités –, dont le premier volume (*Paris*) parut en 1946.

Pendant la majeure partie du XXe siècle, le *Guide Vert* fut un livre sobre, avec des façades d'église finement dessinées, égayées à l'occasion par une gravure représentant le bonhomme Michelin coiffé d'un béret en train de saluer un flamant avec une baguette, ou autre chose de tout aussi saugrenu. Je fus un peu consterné en constatant que Michelin avait depuis peu succombé à l'attrait des logiciels modernes de mise en page et que mon guide de l'Aquitaine contenait des photos couleur, des marges larges et des liens hypertextuels. *Plus ça change, plus c'est de la merde**, ronchonna quelque chose de réfractaire dans mon cœur.

J'ouvris mon livre et commençai ma lecture en me dirigeant vers la plage. « Au début du XIXe siècle, Biarritz était un simple port baleinier où les gens de Bayonne venaient à dos de mulet pour se baigner. » Les mules furent virées quand l'empereur Napoléon III séjourna dans la ville en 1854 et fit bâtir la

Villa Eugénie pour sa femme. Au tournant du XXe siècle, on construisit deux casinos (j'en vis un, un machin Art déco aux lignes aérodynamiques), attirant des célébrités des années folles comme Stravinsky, Cocteau et l'omniprésent Hemingway. Pendant le tournage, dans la région, de l'adaptation cinématographique du *Soleil se lève aussi*, le scénariste américain Peter Viertel fit venir de Californie une « drôle de planche qui nargue les vagues » et c'est ainsi que Biarritz devint la capitale européenne du surf.

J'arrivai à la Grande Plage en demi-lune, « un point chaud de l'animation biarrote tant le jour que la nuit », et je scrutai les vagues à la recherche de surfeurs ou de quelque signe d'animation. Le temps était couvert et venteux et je ne vis que quelques Polonais étiolés pourchassant l'occasionnelle flaque de soleil autour de la plage. À l'aide de la petite carte en couleur de mon guide, je suivis une promenade longeant le front de mer jusqu'au rocher de la Vierge, un rocher au large, relié à la terre ferme par une passerelle métallique construite dans les ateliers de Gustave Eiffel, et je hochai la tête pour dire *bonjour** à la « statue immaculée de la Vierge, en quelque sorte le symbole de Biarritz ». En proie à une petite fringale, je me pointai à la boutique Chocolats Henriet, « une référence quand on parle de chocolats », où j'achetai un sachet de *rochers de Biarritz**, une friandise croquante concoctée à partir de chocolat amer, d'amandes et de zeste d'orange. Jusqu'à présent, c'est ma référence quand il s'agit de rochers en chocolat.

Michelin ne se contente pas d'accorder des étoiles aux restaurants raffinés et aux palaces, mais il en met également pour attirer l'attention sur les points forts – jubés, grottes, ossuaires – des édifices et du paysage. Cela me plaît. Je marchai sur une promenade maritime appelée « La Perspective » à la recherche de la vue★★ des « trois derniers sommets de la côte basque : la Rhune, Trois Couronnes et Jaizkibel ». Je me mis bientôt à effectuer mon propre triage subjectif : impossible de résister. Des étoiles apparurent à côté de mon premier express★★ de la journée, de l'exemplaire de l'*International Herald Tribune*★ que quelqu'un avait laissé sur une table et des toilettes pour hommes★★★ gratuites au marché. En fait, cela me prit toute ma volonté pour réprimer le plaisir que me procurait cette invention métatextuelle et me résoudre à l'utiliser avec modération.

BIEN ENTENDU, le guide Michelin ne fut pas le premier guide à classer les attraits du monde pour accommoder les touristes. Au IIe siècle, Pausanias, un Grec qui vivait sous l'Empire romain, voyagea autour de la Méditerranée en cataloguant les temples et les monuments de la civilisation hellénique, expliquant de façon détaillée comment accéder aux trésors locaux et ne se gênant pas pour en rejeter certains avec un mépris revêche. À propos de Corinthe, par exemple, il fit ce commentaire : « Derrière le sanctuaire du héros d'Aratos, on trouve un autel consacré au Poséidon Isthmios, de même qu'un Zeus pacifique et une Artémis ancestrale fabriqués sans le moindre talent. »

Au XVIIIe siècle – Tokyo s'appelait alors Edo –, le voyage de loisir battait son plein et les touristes japonais se déplaçaient avec des guides imprimés au dos d'éventails, ou pliés comme des cartes géographiques. Le plus célèbre, le *Ryôkô Yôjinshu*, donnait ce conseil aux pèlerins en route vers le sanctuaire d'Ise : « Le soir, appliquez des excréments de bœuf sur les semelles de vos sandales de paille afin d'éloigner les bêtes sauvages, les serpents, les vipères et les insectes vénéneux. » Quand la presse à caractères mobiles, utilisée pour la première fois en Europe en 1455, rendit les livres plus accessibles, de jeunes et riches gentlemen commencèrent à apporter de minces volumes dans leurs bagages. Dans cet ordre d'idées, mentionnons, par exemple : *Instructions for Forreine Travell*, publié en 1642, dans lequel James Howell, clerc du roi Charles II, conseillait au voyageur se dirigeant vers l'est d'aller « à Venise, où il pourra s'entendre avec un janissaire pour se faire conduire, en compagnie d'une caravane, à travers toute la Grèce, jusqu'à Constantinople ».

Les guides conçus pour un marché de classe moyenne, et, avec eux, le système de classement par étoiles, firent leur apparition à la fin des guerres napoléoniennes. Le premier auteur professionnel de guides de voyage, une voyageuse britannique nommée Mariana Starke, publia en 1820 son *Guide for Travellers on the Continent*, dans lequel elle évaluait les tableaux dans les principaux musées en leur accordant de un à quatre points d'exclamation. Son éditeur, John Murray, fit paraître en 1836 son *Hand-Book for Travellers on the Continent*, « conçu de façon à intéresser le voyageur anglais intelligent » et promettant des « descriptions réalistes de ce qui *doit être vu* à chacun des endroits ». Si Karl Baedeker, un éditeur et libraire de Coblence, fit réimprimer un guide du Rhin un an avant la parution du premier manuel de Murray, il ne lança sa série de guides allemands qu'en 1839. Bientôt traduits, les guides Baedeker furent les premiers à classer les attraits touristiques selon un système d'étoiles. Avant peu, on put voir des touristes anglais et allemands – puis américains –, le nez dans leurs petits manuels rouges, suivre d'invisibles constellations dans le firmament de France et d'Italie. Ces guides finirent par influencer la réalité qu'ils tentaient de décrire : pour le kaiser Guillaume Ier, par exemple, il était indispensable de se trouver à une fenêtre particulière de son palais à midi parce que, expliquait-il, « c'est écrit dans le Baedeker que je regarde la relève de la garde ». Au cours des « raids Baedeker » de 1942, la Luftwaffe bombarda York, Bath, Exeter et Norwich, qui avaient tous obtenu des étoiles dans les guides de voyage allemands d'avant la guerre.

Comme il fallait s'y attendre, cette dépendance à l'égard des guides suscita une réaction romantique anti-touriste, un discours ennuyeux et tenace. Ainsi, après avoir bu trop de chianti, de robustes bas-bleus – habituellement des excentriques, souvent des Anglaises – haranguaient les voyageurs – *carpe diem*, les exhortaient-elles – et les suppliaient de renoncer à leurs guides et de vivre, oui, de *vivre* ! Prenez l'héroïne du roman de E. M. Forster, *Chambre avec vue*. Elle se fait admonester par une compatriote plus âgée. « Vous ne devez pas, non, vous ne devez pas consulter votre Baedeker, lui dit-elle. Donnez-le-moi. Je ne vous permettrai pas de l'apporter. Allez à l'aventure, tout simplement. » Bien entendu, après avoir

abandonné son fiable *Handbook to Northern Italy* et dérivé
à l'aventure dans le quartier Santa Croce de Florence, Lucy
Honeychurch est témoin d'une bagarre au couteau sur la Piazza
Signoria, ce qui prouve que la vraie vie est tapie juste à l'extérieur des marges des livres de voyage. Pour dire la vérité,
quand je renonce à mon guide, voici habituellement ce qui se
produit : 1) je me trompe de chemin et passe un après-midi
enrichissant à explorer une banlieue industrielle ; 2) je prends
le métro pour me rendre au musée et, une fois sur place, j'apprends qu'il est fermé le mardi ; 3) cédant à une fringale, je
dévore une pizza médiocre dans un casse-croûte pour découvrir, quand je reprends mon guide, que j'aurais pu me régaler
de gnocchis au pesto dans une modeste trattoria située dans
une petite rue à proximité.

L'originalité de Michelin n'était pas une affaire d'étoiles (publié en 1787, l'unique guide de la France de Thomas
Martyn a battu même Baedeker dans ce domaine) ; ce n'était
pas non plus son style lapidaire. Non, Michelin était original en
ce qu'il s'adressait à un nouveau type de voyageur : le touriste
motorisé. Le premier tirage de 35 000 exemplaires était sans
doute follement optimiste – surtout quand on sait que, en
1900, il n'y avait que 2897 automobiles en France –, mais
c'était un mouvement éditorial prémonitoire. Les guides de
Baedeker et de Murray avaient été conçus pour les voyageurs se déplaçant en train. L'existence même des guides
Michelin provoqua une popularité accrue du tourisme en voiture, en permettant aux automobilistes de découvrir, par exemple, d'exceptionnelles crêpes au Grand Marnier au bistrot de
la Mère Brazier à Col de Luère, ce qui, à son tour, amena les
gens à exiger de meilleures routes à partir de Lyon. En 1920,
le *Guide Rouge* comptait 815 pages et la compagnie annonça
qu'elle ne donnerait plus le livre (une décision prise à la hâte
lorsque l'un des fondateurs en trouva une pile utilisée pour
consolider une table bancale dans un garage de province).

Pour une raison quelconque, j'étais encore à pied. Sans
une voiture et un coffre à gants pour le ranger, mon guide
Michelin commençait à avoir l'air d'un accessoire inutile, un

peu comme si j'acquérais un modem à haute vitesse pour ma machine à écrire Underwood. Biarritz était une jolie ville – du genre Disneyland avec des reflets bleutés –, mais j'avais, en Espagne, suffisamment exploré de jolies villes à pied. Je voulais maintenant vivre pleinement l'expérience du voyage en auto : voir le chocolat de mes biscuits Petit Écolier se liquéfier lentement sur la banquette arrière, appuyer frénétiquement sur les boutons de la radio, calculer la distance en kilomètres jusqu'à la prochaine halte routière par rapport à la capacité de ma vessie en millilitres. Je pris donc un autobus jusqu'à l'aéroport de Biarritz et posai ma carte de crédit sur le comptoir d'une agence de location de voitures. Le préposé me conduisit au stationnement où m'attendait une pimpante petite Citroën Saxo – verte, pour aller avec mon guide, et chaussée, à ma grande satisfaction, de pneus Michelin à carcasse radiale. Dix minutes plus tard, je faisais une entrée en catastrophe sur l'autoroute 63, filant vers le nord, vers Bordeaux, à 140 kilomètres à l'heure. Quand, en réalité, je voulais aller en direction de Pau, vers l'est, à une vitesse d'à peu près 50 kilomètres à l'heure.

Pour dire vrai, je n'avais nullement envie de rouler sur l'autoroute. J'avais prévu passer le début de l'après-midi dans la région de Bayonne★★ et visiter particulièrement le cloître★ de la cathédrale Sainte-Marie et le musée Bonnat★★ où je pourrais admirer des tableaux de Goya. Mais un détour m'avait mené à un autre, une vieille chanson des Négresses Vertes★★★ tournait à la radio, le soleil brillait, j'avais fait le plein de Moto-Naphta, hum, de diesel, et l'autoroute française si bien entretenue m'invitait à suivre ses courbes gracieuses.

Je m'étais à peine mis en cinquième vitesse que j'étais devenu le Hyde que mon piéton Jekyll bien élevé méprise tant : le conducteur. Les voitures ont toujours fait ressortir un côté de moi qui m'horripile – une sorte de Parisien intérieur impatient et arrogant –, ce qui explique peut-être pourquoi je n'ai jamais possédé de véhicule. (Oh ! Et puis il y a aussi le fait qu'une voiture coûte horriblement cher et qu'elle émet des gaz à effet de serre précipitant un catastrophique changement climatique.) Ma transformation était telle que si j'avais rencontré un pèlerin un peu crado suant à grosses gouttes au bord de la route, j'aurais été capable de le faire dévier un peu, juste pour insuffler en lui la crainte de Dieu.

En cinq minutes, j'avais couvert 12 kilomètres – ce qui, à pied, m'aurait pris l'avant-midi –, même si c'était dans la mauvaise direction. Je m'engageai dans l'aire de repos d'une station-service et je dépliai la carte 4064 – qui se révéla être de la taille de la couverture de pique-nique de la famille Von Trapp. Je compris que, si je laissais l'ondulante ligne rouge et jaune sur laquelle je me trouvais actuellement, prenais l'*échangeur** 7 en forme de paquet de vermicelles entremêlés et suivais la N10 en direction de Saint-Vincent-de-Tyrosse, je me retrouverais en peu de temps sur la ligne rouge ombrée de vert gribouillée sur ma carte, ce qui voulait dire – attendez –: «*itinéraire agréable-Reizvolle Strecke-scenic route*». Ça m'avait l'air sympathique. Après avoir lancé une pièce de monnaie dans un panier au poste de péage, je fus libéré de l'enfer qui reliait les villes et je me mis à rouler sur des ponts de pierre en chantant à tue-tête *C'est magnifique* de Louis Jourdan.

Les routes françaises sont belles, me dis-je, pendant que les faucons tournoyaient au-dessus des champs parsemés de meules de foin et que la chaussée suivait les méandres du gave d'Oloron. On passe devant des affiches lépreuses annonçant Dubonnet, Suze, Byrrh et d'autres apéritifs en voie de disparition s'écaillant des murs d'anciennes boulangeries. Il y a toujours à l'horizon quelque château à encorbellement, quelque ferme vendant son propre Poiret, son propre fromage ancestral racorni, ces enseignes en forme de cigare indiquant un *tabac**, quelque type coiffé d'un béret noir signalant son intention de tourner à gauche en sortant son bras par la fenêtre d'une 2 CV rongée par la rouille. Des bornes en forme de pierre tombale bordent toujours la route. Elles me font toujours penser au jeu de Mille Bornes, ce jeu de cartes français dans lequel d'excellentes cartes – «Increvable» ou «As du volant» – vous permettent d'être le premier à accumuler 1000 kilomètres. Tout aurait été parfait sans ces Terence Conran en herbe que je sentais tapis dans les coins, en train de dévisser des enseignes Primagaz aux stations-service pour les rapporter dans leurs boutiques à Notting Hill.

Les conducteurs français sont, malheureusement, moins sympathiques et cela me revint quand la première d'une longue série de voitures me dépassa dans un virage masqué. C'est un tel cliché que je n'ai pas envie de m'y attarder, mais il est intéressant de souligner comment, exactement, ils sont antipathiques. Alors que les Italiens et les Espagnols conduisent vite pour le seul plaisir de la vitesse et que tout cela est une sorte de jeu – *fantastico, ¿no, Señor?* –, les Français, eux, sont résolument désobligeants : ils veulent que vous sachiez qu'ils vous ont dépassé.

Je roulais sur la D936 lorsqu'une Renault arriva en trombe derrière moi, me dépassa sur un pont, puis ralentit si brusquement que je dus appuyer à fond sur la pédale de frein pour éviter de l'emboutir. Le conducteur attendit que je sois forcé de reconnaître sa fabuleuse célérité et son infinie dextérité – ouais, n'importe quoi, François – pour poursuivre son chemin. C'est l'infâme *queue de poisson** – le poisson plus rapide administrant un coup de queue à la limace de mer qu'il vient de dépasser –, une manifestation d'arrogance qui explique à elle seule pourquoi les Australiens, les Irlandais, les Américains (et toutes les autres nationalités fières de leur candeur) détestent les Français. Cela pouvait aussi expliquer la popularité gauloise du jeu de Mille Bornes qui, comme je m'en suis rendu compte, représentait la quintessence du caractère français en vous encourageant à abattre des cartes qui mettent vos adversaires en danger : panne d'essence, crevaison et, ma préférée, accident. *Chacun pour soi** et je vais siroter mon *apéro** à Saint-Tropez avant toi, *mon vieux**.

Il restait encore assez du pèlerin en moi pour que je me moque de telles peccadilles avec le détachement d'un bénédictin apiculteur. D'ailleurs, une bonne partie des conducteurs qui me dépassaient allaient finir aplatis contre les platanes qui bordaient la route – pièges pour existentialistes d'une efficacité redoutable. À Biarritz, j'ai lu dans *Libération* qu'en signe de protestation un homme avait récemment endommagé 96 de ces arbres avec une tronçonneuse après qu'un de ses amis eut perdu le contrôle de sa moto et se fut fracassé contre une de ces colonnes. Tout en admettant que 38 % des 7000 accidents de la route qui se produisaient chaque année en France fussent causés par ce genre d'obstacles latéraux, l'éditorialiste sentimental suppliait qu'on sauve ces vieux arbres ayant donné de l'ombre tant aux carrosses de Louis XIV qu'aux cyclistes du Tour de France (sans parler – et, bien sûr, il ne l'a pas fait – de toutes les cohortes de soldats allemands envahisseurs).

C'est ce qui, disons, distinguait les Français des Suisses génétiquement prudents ou des Américains chicaniers : ils étaient prêts à renoncer à des bagatelles comme la sécurité publique pour l'amour de la beauté. Même les routiers français avaient du style, remarquai-je, en voyant une semi-remorque apparaître dans mon rétroviseur. Un bonhomme Michelin hydropique était vissé au toit et le chauffeur avait enroulé autour du cou de sa mascotte un foulard rayé qui claqua avec désinvolture dans le sillage du camion quand celui-ci me dépassa et me força à freiner comme j'en avais maintenant l'habitude.

LE BONHOMME MICHELIN a bien sûr un nom : il s'appelle Bibendum, de l'expression *Nunc est bibendum*, ce qui signifie : « À présent, buvons ! » (Je me rendrais compte plus tard à quel point cette devise convient aux routes françaises.) Horace prononça ces mots à l'occasion de la défaite d'Antoine et de Cléopâtre à la bataille d'Actium. Toutefois, dans la publicité de Michelin au tournant du siècle, le slogan apparut au-dessus d'un bonhomme formé d'une pile de pneus à flancs blancs, portant un pince-nez. Le monstre tenait un cigare dans une de ses mains gantées ; de l'autre main, il levait un verre rempli de clous, de morceaux de verre et de fers à cheval. C'était une façon détournée d'illustrer le slogan : « Le pneu Michelin avale les obstacles ! » Bibendum fut créé par André Michelin qui, avec son frère Édouard, avait quitté Paris pour s'installer à Clermont-Ferrand, une ville de province, afin de sauver l'usine de caoutchouc familiale qui périclitait. En 1890, ils fondèrent Michelin & Cie où, en plus de vendre des balles rebondissantes et des plaquettes de freins, ils effectuaient de petites réparations aux produits en caoutchouc.

Quand un personnage du cru appelé Grand Pierre se présenta avec un des premiers modèles de bicyclette dont les pneus Dunlop étaient crevés (les pneus gonflables avaient été brevetés, mais non perfectionnés, par un Écossais en 1845), les frères Michelin passèrent presque une journée entière à les décoller, puis à les rattacher à la carcasse de bois. Séduits par l'idée de rouler sur un coussin d'air, ils se jurèrent de créer un *pneumatique** – ou pneu gonflable, différent des solides modèles en caoutchouc pour vélocipède qui avaient cours à l'époque – qui serait plus facile à réparer. Le prototype qui s'ensuivit, le pneu démontable, fut testé en 1891 à l'occasion d'une course cycliste entre Paris et Brest. Le coureur que les frères Michelin commanditaient franchit la ligne d'arrivée neuf heures avant les autres (malgré les clous qu'ils avaient semés le long du parcours pour montrer la rapidité avec laquelle ils pouvaient changer leurs pneus). La nouvelle invention fut alors lancée et, en l'espace d'un an, 10 000 cyclistes roulaient sur des pneus Michelin. La première automobile pratique dotée d'un moteur à combustion interne avait été testée par Karl Benz en 1886 et des pneus Michelin ornèrent bientôt les voitures du tsar Nicolas II, du roi Édouard VII et de la nouvelle classe d'automobilistes qui émergeait alors en Europe.

Cet après-midi-là, j'avais décidé de me rendre à Oloron-Sainte-Marie – 11 067 habitants, à 224 mètres d'altitude –, une ville « quelque peu austère », s'il fallait en croire mon *Guide Vert*, « semblable à celles qu'on retrouve souvent dans les montagnes, qui a l'air de chuchoter ses secrets de famille entre les murs de hautes maisons coiffées de toits d'ardoise ». Autrefois une étape sur le chemin de Saint-Jacques-de-Compostelle, la ville était célèbre pour ses bérets basques, une friandise appelée le *russe** et le magnifique portique**** roman de son église Sainte-Marie. Je m'arrêterais à Oloron pour déjeuner. Je quittai la D936 et m'engageai dans la rue

Casamayor-Dufaur. Je m'imaginais, un béret noir coquette-
ment incliné sur la tête, en train de dessiner les flèches de
l'église depuis la terrasse d'un bistrot où l'on se régale à bon
prix, tandis que les beautés provinciales aux yeux noirs échan-
geraient leurs secrets de famille à la table voisine.

Ça ne se passa pas tout à fait comme ça. Après avoir laissé
ma voiture à côté du terrain de *pelote** local, je constatai, pour
commencer, que le portique★★ de l'église Sainte-Marie était
complètement caché derrière un échafaudage en polyéthy-
lène ; puis, la fabrique de bérets, bien que située dans la charmante Maison Beighan, une bâtisse en brique avec une cheminée près d'un parc municipal aux multiples fontaines, était
fermée à double tour et rien n'indiquait qu'elle eût jamais
vendu ses créations au passant ; enfin, une investigation plus
poussée m'amena à la conclusion que les seuls bistrots recommandés par Michelin à Oloron se trouvaient en réalité à au
moins 15 kilomètres. Pour empirer encore les choses, tous les
restaurants qui entouraient le square étaient fermés jusqu'au
dîner et une odeur envahissante de chocolat me faisait saliver
comme un chien de chasse hypoglycémique. Lorsque je demandai à une petite femme en cardigan où se trouvait la boulangerie, elle réfléchit quelques instants.

« *Ah ! oui**, dit-elle finalement. Ce que vous sentez vient
de la fabrique Lindt sur la colline. Il y a toujours une odeur de
chocolat par ici. »

Merde, alors. Une ville dont les rues sont parfumées au
chocolat : digne de Willy Wonka. Je décidai de retourner vers
la place de l'église où, me promettait mon guide, je pourrais
à tout le moins acheter un *russe**, « spécialité de la maison
depuis trois générations, un gâteau préparé avec des amandes
et de la crème pralinée dont la recette reste un secret de
famille », à la Maison Artigarrède. J'espérais vaguement être
entraîné dans l'arrière-boutique par une Juliette Binoche★★★
aux yeux brillants. Hélas ! Je fus accueilli par l'habituel
« *Bonjour, monsieur** » psalmodié d'un ton dédaigneux – le gâteau dans la boîte, la monnaie jetée dans le plateau – et « *Au
revoir, monsieur** ». Désenchanté, je retournai vers ma voiture,

farfouillai dans mon sac à dos où je trouvai une conserve de thon à la catalane★, vestige de mon pèlerinage, et m'offris un pique-nique sans joie, les jambes sortant par la portière du passager. Le *russe** se révéla être un minuscule rectangle couvert de sucre en poudre, un genre de *millefeuille** peu convaincant, doucereux et glissant, dont la famille ferait bien de ne pas révéler la recette à la prochaine génération.

Une sensation familière me submergea pendant que je démarrais la Saxo en étalant du sucre en poudre sur le levier de changement de vitesse. En voyageant en auto, je laissais passer l'essentiel. Si j'étais arrivé à Oloron en pèlerin, j'aurais flâné une demi-heure dans l'église, j'aurais fini par trouver une boulangerie et un supermarché ouverts, et j'aurais pique-niqué tranquillement au bord d'un ruisseau cascadant à l'extérieur de la ville. Au lieu de cela, j'étais entré à Oloron en coup de vent avec une liste de choses à faire inspirées par mon guide et je me hâtais de quitter la ville, en colère contre ce charmant petit endroit parce qu'il ne m'en avait pas donné pour mon argent pendant la demi-heure que je lui avais accordée. C'est le problème avec le tourisme en voiture : on n'a jamais l'impression d'être pleinement quelque part. La liberté de mouvement réduit notre attachement à un lieu et, si on est légèrement déçu par une partie de la topographie, on peut se retrouver ailleurs en dix minutes. Pèlerin, j'avais eu l'impression de faire partie intégrante de l'environnement ; à présent, je n'étais qu'un consommateur de paysages, avalant indifféremment kilomètres et spécialités régionales.

Des scènes d'un voyage en Europe effectué après le cours secondaire, gracieuseté d'un ami dont le père dirigeait une agence de location de voitures, me revinrent à l'esprit. Je nous revoyais, cherchant en vain une place pour garer notre Opel Kadett, tourner interminablement dans le centre de villes médiévales pendant que *Take on Me* et *Summer Holiday* jouaient à Radio-Luxembourg. Je revoyais le trio de gendarmes qui tapaient à notre fenêtre et nous demandaient nos *cartes d'identité** la fois où, après avoir vidé deux bouteilles de vin, nous nous étions endormis dans nos sièges à l'ombre de la tour

Eiffel. Et je réentendais les histoires de jeunes Suédoises rencontrées dans des *wagons-lits**, racontées par des amis qui avaient visité l'Europe de la *bonne* façon : avec un sac à dos et une passe de train. J'éprouvais le même sentiment de rancœur et d'aliénation. Il y avait manifestement un art de maîtriser cette tradition française du tourisme en voiture.

De plus, je commençais à m'ennuyer. Après la camaraderie bon enfant du pèlerinage, je trouvais difficile de m'ajuster à un répertoire qui se résumait inexorablement à « *Faites le plein, s'il vous plaît** », et « Essaie donc de me dépasser, espèce de *trou de cul**. » C'est pourquoi, quand je vis un couple au bord de la route avec un écriteau sur lequel « Pau » était écrit à la main, je me rangeai sur le côté et leur annonçai que j'allais à Pau.

« Vous allez à Pau ! *Génial** ! » s'écrièrent-ils en chœur en s'installant sur la banquette arrière – ce qui me donna aussitôt l'impression d'être un chauffeur de taxi.

Jetant un coup d'œil dans le rétroviseur, je vis qu'il n'était pas rasé, qu'il portait un tee-shirt noir et qu'il avait une tignasse rousse afro, qu'elle était maigre et avait des cheveux blonds sales, et qu'ils étaient tous deux très bronzés. Ils étaient des apprentis bergers, ils venaient de terminer leurs cours et ils allaient passer deux mois à travailler sur le terrain. Cela me parut à la fois étrange et merveilleux. Le métier de berger ne se transmettait-il pas de père en fils en même temps que la houlette familiale et la recette d'*eau-de-vie** d'armoise de *pépé** ?

« *Non, non, non** ! » protestèrent-ils. Il était originaire de Paris, elle, de Bordeaux et, comme pour tout le reste dans cette Europe bureaucratique, pour devenir berger, il fallait maintenant suivre deux ans de formation et obtenir un certificat aux initiales imprononçables. Le plaisir rustique du métier s'en trouve quelque peu émoussé, surtout quand un inspecteur bruxellois peut se présenter à tout moment pour vous demander votre permis de berger et renverser vos brebis afin de vérifier rapidement l'état de leurs pis. Pourtant, à les entendre me décrire des banquets dans les Pyrénées espagnoles, des concerts de luth imbibés d'hydromel et les cabrioles de fidèles chiens de berger, j'eus l'impression que la vie pastorale existait encore par moments.

« Vous ne pouvez pas partir avant d'avoir goûté au fromage de brebis ! » crièrent-ils joyeusement lorsque nous nous séparâmes dans un grand stationnement au centre de Pau.

On était loin du Montana, pensai-je. Là-bas, le meilleur conseil culinaire qu'on pouvait espérer recevoir d'un auto-stoppeur serait comment se rendre au Denny's sur la I-90. Une fois qu'il vous aurait attaché les poignets, pris vos clés et intimé l'ordre de ne pas bouger avant d'avoir compté jusqu'à mille.

Loin de soulager ma solitude, ce bout de chemin partagé avec deux auto-stoppeurs insouciants me donna le sentiment d'être un hurluberlu esseulé, disposant de trop de revenus discrétionnaires, et je m'armai de courage pour affronter un repas en solitaire. Consultant mon *Guide Rouge*, je constatai que la plupart des neuf restaurants recommandés à Pau étaient fermés pour le déjeuner, que quelques-uns étaient fermés pour le déjeuner le mardi et que d'autres étaient fermés pour le déjeuner le mardi durant leurs vacances annuelles, du 30 avril au 13 mai. Qui plus est, ce n'était plus exactement l'heure du déjeuner. Il était plus de deux heures, une tranche horaire inconfortable, alors que les serveurs vous regardent, l'air de dire : « *Ce n'est pas un fast-food ici, monsieur**. » Et c'est exactement ainsi que je fus accueilli quand je m'installai dans un bistrot d'apparence médiocre de la rue du stationnement et que j'indiquai mélancoliquement la *gratinée** de fruits de mer annoncée sur le menu des sandwiches sur le trottoir. « Je crois qu'il m'en reste une », dit la serveuse, et je crus l'entendre fourrager dans le frigo à la recherche d'un de ces repas surgelés de supermarché qu'on garde pour les cas d'urgence. Cela m'était maintenant égal, et je refoulai mes tremblements provoqués par le sucre du *russe** en mangeant une insignifiante casserole de crabe et d'emmenthal réchauffée au micro-ondes. J'étalai mes cartes et mes guides sur la table (la serveuse, qui avait commencé par me prendre pour un touriste et me détester, me prenait maintenant pour un simulateur et me méprisait ouvertement) et je compris bientôt que ce que j'avais ne suffisait pas.

Dans une librairie, j'achetai une carte du sud de la France à l'échelle 1 : 1 000 000 ainsi qu'un guide vert en anglais intitulé *Languedoc-Roussillon-Tarn Gorges*. À mon grand plaisir, les guides en anglais avaient des pages pleines, des traductions presque imperceptiblement non idiomatiques («au milieu des plantations de chênes-lièges, un groupe d'anciens coupeurs de liège ont fondé un musée du liège») et accordaient une attention obsessive à la date (en siècles) de la construction des châteaux, à la hauteur des montagnes (en mètres et en pieds) et au style des cathédrales (roman ou gothique). Je trouvai aussi un café Internet en face du Musée des beaux-arts. Là, je vérifiai si j'avais des messages (j'en avais un, urgent, concernant la tisane de Viagra) et je tombai immédiatement amoureux du site web de Michelin. Je tapai l'endroit où je me trouvais et je reçus des indications précises sur la façon de me rendre du stationnement à Pau jusqu'à ma prochaine destination, Albi★★★. On me donnait même le montant que j'aurais à payer pour l'autoroute (six livres britanniques), la température (actuellement, il faisait 24 degrés à Albi), la visibilité (10 000 mètres, vents du NE) et une ligne violette à toute épreuve entourant une carte que je pouvais voir en gros plan et qui m'indiquait, jusqu'à la dernière sortie, les routes à emprunter pour me rendre à Albi. Le trajet allait me prendre deux heures et vingt-huit minutes, le tout – moins dix-sept minutes – sur l'autoroute. C'était l'équivalent contemporain du Bureau de tourisme à Paris au siècle dernier – là où les automobilistes pouvaient consulter gratuitement des cartes dans une salle de lecture bien aménagée et sortir avec un itinéraire fait sur mesure –, et c'était formidable.

AVANT QUE MICHELIN eût entrepris d'apprivoiser le réseau routier européen, voyager en voiture devait être une perspective plutôt décourageante. Il y a cent ans, les meilleures cartes disponibles étaient celles du service géographique de l'armée française, conçues davantage pour creuser des tranchées que pour dénicher des hôtels. Les routes étaient balisées depuis l'époque romaine avec un ensemble déconcertant de poteaux indicateurs conçus pour des piétons et des ingénieurs plutôt que pour des automobilistes. Introduites sur le marché en 1909, les cartes Michelin, en quatre couleurs, à une échelle de 1 : 200 000, pliées en accordéon, indiquant à l'aide de symboles particuliers les chemins de terre et les obstacles susceptibles d'endommager les essieux, ouvrirent des routes panoramiques dans l'arrière-pays pour les vacanciers qui, jusque-là, avaient préféré aller en train au bord de la mer.

En 1912, Michelin commença à doter les routes françaises de panneaux distincts fabriqués en roche volcanique des carrières auvergnates. Les cartes Michelin étaient si précises que, dans les années 1930, l'armée française les adopta et en fit ses cartes routières officielles ; les officiers américains qui débarquèrent en Normandie reçurent un exemplaire du *Red Guide France* de 1939, sur lequel on avait estampillé « Pour usage officiel seulement », pour les aider à conduire leurs chars d'assaut dans les rues des villes médiévales. Le site web était le dernier-né d'une série de services apparemment altruistes que Michelin offrait au voyageur, ce qui m'amena à me demander, l'espace d'un instant, pourquoi la compagnie n'avait pas remporté une sorte de prix Nobel du tourisme – jusqu'à ce que je me rappelle que tout cela n'était qu'un infâme complot pour vendre des pneus de caoutchouc.

Après avoir imprimé mon itinéraire, je me mis en route. Conformément aux instructions, je venais de tourner à droite pour m'engager sur le 0,64 kilomètre de route au nord de Pau qui m'amenait à l'autoroute, avant d'émerger sur la A64 en direction de Toulouse, quand je m'aperçus que j'avais négligé de voir la cathédrale Notre-Dame★, le château du XIVe siècle★★, la vue panoramique★★★ des Pyrénées, en fait, tout ce qu'il y avait à voir à Pau★★, à l'exception d'un stationnement, d'un mauvais restaurant et d'un café Internet. Malgré le conseil des auto-stoppeurs, je n'avais même pas pris de fromage frais de brebis. Une voix irrationnelle, que j'avais déjà entendue à l'occasion d'autres voyages en voiture, m'empêcha de faire demi-tour : il fallait que je garde la moyenne, *gardelamoyenne*, sans quoi je ne trouverais jamais un endroit pour dormir ce soir-là.

Roulant dans le sens contraire des aiguilles d'une montre sur le *périphérique** de Toulouse, j'apercevais de ravissants toits rouges et des clochers d'église luisants de pluie. Pris dans les embouteillages de l'heure de pointe qui bousillaient la prédiction de Michelin – le trajet était censé me prendre cent quarante-huit minutes –, je bouillonnais de rage. Obligé de ralentir à une allure inconcevable de 60 kilomètres à l'heure, je tapotais le volant, au bord de la crise de nerfs. La liberté de la route était un mythe et, moi, j'étais devenu ce touriste motorisé qui, parti pour échapper aux engrenages des migrations quotidiennes, s'aperçoit que, même en vacances, il doit se battre avec d'autres migrants en quête de liberté pour trouver une place de stationnement, une chambre d'hôtel et un genre de fausse préséance sur la route. Dans leur cocon de métal et de verre, les gens autour de moi n'étaient plus des compagnons de voyage, des camarades potentiels avec qui partager une aventure, comme l'avaient été les marcheurs du pèlerinage. Ces conducteurs étaient des obstacles à mon bien-être – et ceux qui roulaient dans une voiture de location étaient là pour me voler ma chambre d'hôtel cette nuit-là.

Albi avait l'air d'un endroit charmant, remarquai-je en entrant dans la ville (trois heures et vingt-deux minutes après mon départ de Pau), mais je m'occuperais de cet aspect plus tard. Suivant une série de stationnements en montée et en descente jusqu'au Tarn, je finis par trouver une place dans un terrain isolé, mal éclairé, occupé par une autocaravane d'aspect louche dont je vis bouger les rideaux quand je lançai mon sac à dos dans le coffre arrière. Mon *Guide Rouge* à la main, j'explorai le centre de la ville médiévale et revins bredouille : le seul hôtel recommandé dans la catégorie modeste, l'Hostellerie du Vigan, affichait *complet**, comme m'en informa le commis de la réception avec une grimace qui voulait dire : « Eh bien, à quoi vous attendiez-vous ? » Les autres conducteurs étaient arrivés avant moi et j'allais devoir dormir avec les gitans. Ou bien je pourrais renoncer à mon Michelin et louer une chambre dans le charmant Hôtel Saint-Clair que j'avais vu dans une rue piétonnière étroite et qui, à en juger par les clés qui pendaient à la réception, était à moitié vide et sûrement deux fois moins cher que n'importe quel autre établissement cité dans le guide. On m'octroya une chambre avec une belle vue sur un mur de briques rouges – en fait, c'était moins terrible que ça en a l'air, puisque c'était un mur couvert de lierre, éclairé par le soleil, dans le midi de la France. Je me dis qu'il était temps de revoir ma politique : voyager au petit bonheur, sans réservations, n'était pas de tout repos.

Miraculeusement, je me fis offrir une table d'angle au Vieil Alby, un restaurant situé à côté de la maison natale d'Henri de Toulouse-Lautrec. Ses deux couteaux et fourchettes croisés indiquaient un établissement « confortable » et le guide précisait qu'il offrait un « menu traditionnel ». Ici, par « confort », on entendait une sorte de componction typiquement française, avec des couples d'âge moyen assis à des tables couvertes de nappes roses, faisant rouler du vin dans leurs verres, les yeux dans le vague, dans un silence funèbre. « Tradition » s'appliquait au plat favori du Midi, le cassoulet, « un ragoût consistant et somptueux composé de haricots, de saucisses, de porc, de mouton et de confit d'oie ». En dégustant les premières bouchées, j'étais au paradis : un festin riche et succulent servi dans un plat en terre cuite. Aux dernières bouchées, j'étais descendu au purgatoire : après une analyse plus poussée, le cassoulet se révélait être un tas de haricots blancs adipeux éclatant hors de leur peau pâle, plongés à trois reprises dans une bassine de graisse fondue. L'enfer m'attendait sur le chemin du retour : j'avais envie de héler la première brouette et de demander qu'on me laisse dans la ruelle à côté de mon hôtel.

Le lendemain, je me sentais, comment dire, apathique. En plus de pratiquer une demi-abstinence, je suis presque végétarien et mon estomac a l'habitude de se contenter de poisson et de tofu pendant des mois, puis de subir un assaut soudain de burger de bison* ou de steak de cobra. Mais le cassoulet était quelque chose de différent et, pendant les vingt-quatre heures qui suivirent, j'eus la sensation d'avoir avalé une livre de

Crisco. Au musée Toulouse-Lautrec★★, je me retrouvai en train de comparer à de la graisse d'oie la chair compacte des corpulentes prostituées de Montmartre représentées sur les toiles. Je contemplai, morose, la canne évidée★★★ que l'artiste avait utilisée pour faire entrer clandestinement de l'alcool au sanatorium, en me demandant si le fait d'avaler une demi-bouteille de calvados suffirait à déloger la graisse figée dans mes boyaux. Dans la vaste cathédrale en brique d'Albi, je savais que j'aurais dû passer plus de temps à inspecter le jubé★★★, un chef-d'œuvre du gothique flamboyant, en dentelle de pierre. Au lieu de cela, je restai rivé devant une fresque boschienne du XVe siècle – dépourvue d'étoiles – derrière l'orgue, où des démons lorgnaient les pécheurs et leur infligeaient des châtiments correspondant aux sept péchés capitaux. Je compris le symbolisme : aux gloutons, on mettait un entonnoir dans la bouche et on faisait descendre dans leur gorge le contenu d'une terrine de cassoulet. Et c'étaient de toute évidence des haricots qui sortaient de la bouche ouverte des avares livides et nus qu'un démon, qui était manifestement un hybride de l'oie et de la truie, faisait tourner dans une marmite. Le Jugement dernier n'était rien d'autre qu'une allégorie médiévale de l'indigestion, allégorie inspirée par le plat favori des méridionaux.

Je me dis qu'un peu d'exercice allait peut-être dissiper les vapeurs de mon cerveau et je décidai de faire le tour du vieil Albi★★ recommandé par le guide Michelin (une heure à pied). Centre prospère de l'industrie textile au XVIe siècle, Albi était fière de sa jolie promenade le long des eaux vertes et turbides du Tarn, qui offraient un beau contraste avec les manoirs Renaissance des marchands de guède. Nous nous trouvions chez les Albigeois, une secte hérétique médiévale de zélotes végétariens convaincus que, si Dieu gouvernait le monde spirituel, Satan était quant à lui responsable de tout ce qui se produisait dans le royaume matériel (le cassoulet, entre autres). Également connus sous le nom de Cathares, ils étaient de puissants seigneurs et des marchands qui, par leurs affaires avec des négociants levantins, étaient sans doute entrés en contact avec une obscure secte orientale prêchant la patience, l'humilité et la chasteté, des idéaux plutôt en désaccord avec la pratique quotidienne du clergé catholique romain au XIIe siècle. Sous les ordres du pape Innocent III, le chevalier parisien Simon de Montfort assiégea les forteresses cathares dans les collines au sud d'Albi et, après une série de sièges spectaculaires, le dernier « parfait » périt sur le bûcher en 1321.

Tout cela aurait été rafraîchissant et évocateur sans les autres touristes que je ne cessais de croiser sur mon chemin, qui lisaient exactement la même histoire à donner la chair de poule dans *Der Grüne Reiseführer*, *La Guía Verde* et *De Groene Gids*. Peu importe le *frisson** que cette hérésie aurait pu faire naître dans mon âme superstitieuse, il se changea vite en un haussement d'épaules quand je constatai que le tout avait été converti en un forfait touristique préemballé. Je lus dans le guide Michelin que « Pays Cathare » était désormais la marque de commerce du Conseil général de l'Aude. Je pouvais visionner un spectacle multimédia – *Catharama* – dans une citadelle à proximité, ou participer à un repas (sans couteaux ni fourchettes) de viandes rôties à la broche dans les écuries du château, sur le site des immolations cathares. En prévision d'un festin kitsch, j'allai au supermarché pour me faire des réserves de Yop Énergie★, de brownies Lu Hello★★★, de fromages Babybel★★ sous leur coquille de cire et d'autres produits de base pour la route, à haute teneur en calories, qui me permettraient d'affronter les conducteurs français. Du moins, je l'espérais.

Le trajet plein sud jusqu'à la ville fortifiée de Carcassonne★★★, qui s'achevait à l'ombre des platanes le long d'une portion du canal du Midi – reliant l'Atlantique à la Méditerranée –, fut peu stressant. Non pas parce que les chauffeurs étaient moins impatients – ils ne l'étaient pas et je leur souhaitais à tous des cartes d'accident ou de pneu crevé –, mais parce que j'avais eu le bon sens de réserver une chambre d'hôtel. Je me sentis passablement rusé lorsque je me pointai à l'Hôtel du Pont Vieux juste avant le coucher du soleil. « Votre recommandation parle d'elle-même si vous avez votre guide à la main en entrant dans un hôtel », est-il écrit en rouge dans le *Guide Rouge* ; en effet, quand je traversai avec désinvolture le hall évoquant un pavillon médiéval et posai mon guide sur le comptoir de la réception, le propriétaire, un barbu jovial, sembla deviner que j'avais connu son établissement grâce au Michelin. Je lui demandai s'il utilisait lui-même le guide.

« Ah ! Michelin, soupira-t-il. Une valeur sûre s'il en est ! » (Évidemment : son hôtel y était recommandé.) Il se montra plein de mépris à l'égard des autres guides, dont une série populaire auprès des baby-boomers français.

« Il faut payer pour avoir leur absurde vignette, sinon ils retirent votre nom du guide. Ce n'est pas le cas avec Michelin. Vous remarquerez qu'il n'y a pas de plaque Michelin à l'extérieur de mon hôtel – ils n'en offrent pas. Si, dans votre publicité, vous indiquez que vous êtes inscrit dans le guide, vous en serez exclu à tout jamais. »

Après ça, il m'octroya une chambre spacieuse, dotée d'un balcon privé et d'une vue époustouflante sur la Massada française. Alors voilà : j'allais me faire faire une fausse carte d'identité d'inspecteur Michelin, ce qui me garantirait les meilleures chambres et le respect des maîtres d'hôtel pour le reste de mes jours.

(Maintenant que j'y pense, je serais sans doute capable de jouer avec assez de talent le rôle d'un inspecteur. J'en ai rencontré un quand je rédigeais, pour un magazine américain, un article sur les hôtels bon marché en France. Insignifiant, vaguement cordial, portant une cravate jaune et louchant derrière le verre épais de ses lunettes, il me dit qu'il s'appelait Bernard Renaud – ce qui, je m'en aperçus par la suite, était la version française de John Smith. « Renaud » avait l'air d'un commis-voyageur, le genre de type qui doit trimballer des échantillons de produits alimentaires ésotériques mais chérots dans son attaché-case. Quand il montra sa carte d'identité avec le logo Michelin, le commis à la réception d'un hôtel en face de l'Opéra-Comique, sur la rive gauche, se figea comme un cochon du Périgord surpris en train d'avaler une truffe. Renaud m'expliqua qu'il faisait partie de la vingtaine d'inspecteurs d'hôtels qui ratissaient le pays et il me permit de jeter un coup d'œil à ce qui ressemblait à une liste de contrôle avant le vol de la navette spatiale, avec des points très précis concernant l'état de la moquette du couloir et la rotation des matelas. En voyant la photocopie de mon questionnaire écrit à la main, avec des questions comme : « Séchoir à cheveux ? Oui / Non », il ricana avec condescendance.)

LE LENDEMAIN MATIN, j'explorai Carcassonne, qui, en réalité, devrait s'appeler Terre cathare. En 1209, cette ville apparemment imprenable – la plus importante forteresse d'Europe – fut vaincue par l'armée du pape après seulement deux semaines de siège parce que, semble-t-il, les « parfaits » avaient oublié que même eux devaient boire de l'eau. Huit siècles plus tard, la ville était encore assiégée, mais par un ennemi beaucoup plus redoutable : les touristes du monde entier.

« *S'il vous plaît**, entrez, criait aux passants le bonimenteur du musée local de la torture. C'est le plus beau musée de Carcassonne, avec tous les instruments de torture cathares, vous ne serez pas déçus… »

Quand je m'arrêtai pour lancer un regard courroucé aux boîtes sur le trottoir remplies de massues en plastique, de piques et de tabards ornés de la croix des Templiers, un Anglais qui avait déjà ingurgité une couple de pintes de 1664 sortit une épée de caoutchouc de son fourreau et m'invita à me battre en duel avec lui. Je me penchai pour examiner une barbacane et une touriste slave à quelques mètres de moi me cria que je lui bloquais la vue : elle était en train de photographier les toits de la ville en contrebas. J'appris sans surprise que la vieille ville ne comptait que 139 habitants – seuls les sourds avaient sans doute décidé de rester. Puis, je tombai sur la Maison du cassoulet, sur la façade de laquelle une affiche éclairée par-derrière montrait un bol de haricots luisants de graisse, et je compris qu'il était temps de partir. Pendant que je réglais ma note à l'Hôtel du Pont Vieux, le propriétaire me donna quelques tuyaux sur le pays cathare.

« J'ai travaillé comme guide dans les environs. Ici, on ne trouve pas grand-chose d'intéressant. Tous les Anglais vont à Rennes-le-Château, par exemple. »

J'avais moi-même songé à m'y rendre : j'avais lu que, en 1891, le prêtre de la localité s'était mis à afficher un luxe fabuleux – certaines personnes disaient qu'il avait découvert un trésor médiéval.

« Vous remarquerez que le guide Michelin ne lui accorde aucune étoile. C'est parce qu'il n'y a *strictement* rien là-bas. À moins que vous n'ayez envie de voir un tas de librairies Nouvel Âge et quelques *rosbifs** armés de détecteurs de métal, qui cherchent le trésor des Cathares. Vous feriez mieux d'aller à Lagrasse. Vous pourrez au moins visiter quelques belles caves à vin. »

Grâce au conseil de l'aubergiste, je connus pour la première fois une journée parfaite de tourisme motorisé. Le village de Lagrasse, comme je l'appris, était considéré comme l'un des plus beaux de la France. Après avoir visité son abbaye tentaculaire, je m'arrêtai sur un boulevard planté d'arbres où je sirotai ma nouvelle boisson favorite, un *diabolo anis** – eau citronnée pétillante aromatisée avec du sirop de réglisse – qui me donna l'impression d'être un adolescent dans un film de Jean-Luc Godard. Avant de partir, je fis une pause à la boutique du Domaine du cadran – un établissement vinicole de quarante hectares –, sur la grand-rue. Quand Édouard, le jeune propriétaire, me serra la main, sa pression plus que chaleureuse suggérait qu'il avait testé son produit sans cracher. Il déboucha une bouteille de vieux vin Carignane et en versa dans un verre posé sur un tonneau.

« *Nunc est bibendum !* » dis-je en haussant les épaules ; c'est contre mes principes de refuser un verre offert dans un esprit d'hospitalité. Le vin était exquis.

« Nous sommes déjà dans le guide Gault et Millau, me dit-il, radieux, et nous ne sommes ouverts que depuis quatre ans. » Par politesse, j'achetai une bouteille à un prix ridiculement bas et il m'offrit un verre de rosé. Je protestai : je conduisais, dis-je.

« *C'est pas grave**, répondit-il avec insouciance. La plupart des Français aiment conduire avec un petit coup dans le nez. » Ah ! Voilà qui explique pourquoi ils se servent de leurs voitures comme un bambin de quatre ans se sert d'un crayon.

« C'est vrai. Vous devez faire un peu attention quand vous tournez les coins. »

Sage conseil, pensai-je : conduire dans une région vinicole française après le déjeuner, même par un jour ensoleillé de printemps avec une visibilité de 10 000 mètres, est un exploit qui relève de la pure insouciance. (Conduire dans la région du Calvados dans le brouillard, comme c'est universellement connu, est un appel à l'aide désespéré.) Les Français sont, par kilomètre de route, les conducteurs européens les plus susceptibles d'avoir un accident et j'appris à privilégier l'accotement dans la plupart des tournants, même si cela signifiait frôler à l'occasion les mollets musclés des aspirants au Tour de France.

Les deux jours qui suivirent remplirent les promesses des guides Michelin par rapport au tourisme en voiture. J'optai pour les petites routes qui conduisaient à d'anciens aqueducs et à des croix de chemin, et un chien de berger se mit à japper lorsque je fis un long détour pour m'approvisionner en *pélardon**, un odorant fromage de chèvre, que j'achetai directement à la ferme. Des étendues de genêts barbouillaient de jaune les collines exhalant un parfum de *bouquet garni** et je passai mes après-midi à suivre des routes qui serpentaient vers les châteaux cathares de Quéribus* et de Peyrepertuse★★★, ces « citadelles du vertige » qui offraient des vues époustouflantes du plateau des Corbières.

Un soir, j'entrai dans Cucugnan, un village perché sur un rocher au milieu d'un océan de vignes. Malgré une population de seulement 128 habitants (établis à l'année), le hameau comptait deux établissements recommandés par Michelin. Je visitai une église abritant l'une des rares statues de la Vierge enceinte, puis je me présentai à l'Auberge de Cucugnan ; là, je ne pus faire autrement que d'être d'accord avec Michelin qui avait attribué à l'endroit un petit bonhomme dans une berçante dessiné à l'encre noire, indiquant un « endroit tranquille ». Pendant que j'arpentais le labyrinthe des rues et émergeais dans l'herbe au sommet de la colline, le soleil disparut au bout de la vallée, et les seuls bruits étaient les aboiements d'un chien dans le lointain et les roucoulements des colombes tout près. C'était Bibendum au paradis, l'apothéose du tourisme en auto : excellente cuisine, hébergement de catégorie supérieure, panoramas pittoresques, charmantes curiosités. Et, surtout : stationnement gratuit★★★.

LE LENDEMAIN, succombant à l'appel de la plage, je roulai jusqu'à un village de pêcheurs, Collioure★★, dont on disait le plus grand bien, et où Matisse, Braque et Picasso passaient jadis leurs étés. Aux abords de la localité, je fus entraîné dans les tournants centrifuges des autoroutes à trois voies aussi congestionnées que celles du sud de la Floride. Une nouvelle angoisse m'attendait à Collioure : trouver une place pour me garer. Pendant les deux minutes que je mis pour porter mes sacs à la réception de mon hôtel sur le front de mer, un policier à mobylette était apparu et m'avait ordonné de dégager, m'indiquant un vaste stationnement à côté du Château royal qui surplombait le port.

Les tarifs de ce stationnement étaient en progression ascendante, chaque heure coûtant plus cher que la précédente ; y laisser ma Saxo vingt-quatre heures allait me coûter pas mal plus cher que mon propre hébergement. Pour réduire les coûts, je revins à minuit, une fois les rues libérées des dîneurs venus passer la journée, et je sillonnai pendant quarante-cinq minutes le dédale des petites rues à la recherche d'une place libre. À la fin, j'entrepris une de ces manœuvres de stationnement en douze points qu'on réussit mieux quand on est armé d'un tube de vaseline et d'un chausse-pied. Je passai le reste de mon séjour à Collioure à faire d'obsessives visites à ma Saxo pour m'assurer que les véhicules entre lesquels je l'avais coincée n'avaient pas comploté de l'écrabouiller.

Collioure était une jolie ville. Dans son port minuscule, on trouvait des plages de galets et des bateaux de pêche catalans peints en couleurs vives et brillantes; le point fort était Notre-Dame-des-Anges, dont la tour de l'horloge, un cylindre de pierre, et sa situation sur le bord de la Méditerranée la faisaient ressembler davantage à un phare qu'à une église. Des peintres avaient installé leurs chevalets sur la promenade de la plage et les galeries d'art du vieux quartier de Mouré vendaient des tableaux néo-impressionnistes. Les touristes déambulaient avec des cornets de crème glacée ou faisaient la queue pour embarquer sur de petits bateaux qui allaient en Espagne. L'employée d'une épicerie fine esquissa un sourire narquois quand je lui demandai où je pourrais trouver de bons fruits de mer.

« Pas à Collioure, dit-elle. Essayez à Port-Vendres. C'est un vrai village de pêcheurs. »

Et Collioure n'en était pas un? Alors, que penser des bateaux de pêche dans le port? Collioure n'était-il pas le centre de la pêche à l'anchois?

« La pêche à l'anchois! se moqua-t-elle. Ces bateaux sont là pour les touristes. Ici, on traite les anchois, on les vend, mais on n'en a pas pêché depuis la nuit des temps. »

Quand on y regardait de plus près, les ailes des moulins à vent sur les buttes arides qui entouraient le port n'avaient jamais l'air de bouger et les artistes dont on vendait les œuvres dans les galeries étaient tous américains ou britanniques. Collioure était un autre de ces lieux fabriqués – comme Carcassonne, les centres-villes reconstruits de certaines villes allemandes et une grande partie du quartier latin à Paris – soigneusement maintenus en place pour attirer les touristes.

Dans sa célèbre déconstruction du *Guide Bleu*, un concurrent du guide Michelin, Roland Barthes considère le guide de voyage comme un album de la mythologie bourgeoise de l'humanité. Pour lui, cela masque le véritable spectacle des luttes de classes et des conflits sociaux en faisant du peuple le figurant d'une sorte de vaste ballet classique, toile de fond à ce que le touriste de classe moyenne apprécie vraiment dans un pays: ses monuments. C'était vrai: quand j'envisageai de parcourir la France avec un guide Michelin, mon esprit se fixa sur les restaurants à étoiles et les églises romanes plutôt que sur les Français eux-mêmes – qui, en fait, constituaient une note de bas de page potentiellement fastidieuse pour mon expérience idéalisée de tourisme motorisé. Le voyage Michelin idéal, permettant un temps de trajet optimal sans avoir à réserver six mois à l'avance pour manger dans un restaurant à trois rosettes, se ferait dans une France anéantie par une pluie de bombes à neutrons; le bombardement sélectif n'aurait épargné que les chefs à toque et les châteaux. Dans cette perspective, Collioure était un énorme plateau de tournage, une ville figée dans l'ambre du modernisme tardif. Charmante, pittoresque, la ville méritait ses étoiles. Pourtant, en fin de compte, je ne voulais pas des anchois de bon goût, je voulais des anchois qui goûtaient *bon*.

Dans la ville, il n'y avait qu'un seul restaurant recommandé par Michelin, Le Neptune, en face du port. Il n'avait pas de rosette, mais trois couteaux et fourchettes croisés, ce qui laissait présager beaucoup de prétention et une addition salée. Une mention dans le Michelin semblait transformer de nombreux restaurants en aspics, les enfermant dans un menu de spécialités, un décor insignifiant et pompeux, conçu pour flatter la sensibilité d'anonymes M. Renaud. J'en avais plus qu'assez de suivre le guide, puis de subir un repas solitaire à proximité des *waters**. Je laissai Bibendum dans ma chambre d'hôtel et, dans une sandwicherie, je demandai à une jeune femme un peu hippie de me dire *où* elle allait manger. Elle me fit une description enthousiaste d'un bistrot un peu plus loin. « Il ne paie pas de mine, mais les tapas sont fantastiques. »

Je pris place au comptoir; les gens fumaient et riaient pendant que Manu Chao beuglait ses derniers tubes. Le serveur nota ma commande sur le comptoir avec un crayon gras, puis un chef souriant aux longs cheveux noirs attachés sur la nuque m'apporta une série de plats – pieuvre grillée, *anchoïade*★★★ saturée d'ail, olives épicées★★ et calmars frits★★. Un inspecteur Michelin aurait décampé à la seconde même où il aurait vu le tee-shirt sale du cuisinier, mais qui a envie de fréquenter un inspecteur Michelin ? Je participai à une discussion sur la différence entre le romantisme et le romanesque avec un groupe de DJ à une table voisine, et les laissai me persuader de goûter à la spécialité locale, le banyuls, un vin de dessert. (Le goût me fit penser à du Robitussin fermenté.) Pendant au moins une heure, je sortis de mon cocon, le monde de Michelin constellé de panneaux routiers et de symboles, un monde dont il avait avec tant de diligence évalué, mesuré et classé par ordre alphabétique chaque particularité touristique. C'est vraiment une bonne chose que de savoir se servir d'un guide. Mais c'est encore mieux de savoir quand le laisser de côté.

LE LENDEMAIN MATIN, je me ruai vers ma voiture avec, à la main, un itinéraire imprimé au laser. Le fromage de chèvre puait sur le siège arrière, le Yop était périmé et j'eus le sentiment que j'allais devoir répéter le marathon en automobile de mon adolescence. J'avais oublié que j'avais, dans moins de vingt-quatre heures, rendez-vous avec un autobus à Calais et j'avais appris dans un café Internet que Collioure, sur la côte méditerranéenne, était, en France, le point à peu près le plus éloigné de la Manche. Selon le site web de Michelin, je devrais parcourir 1179 kilomètres, pratiquement la longueur du pays. Pour un Nord-Américain, fanfaronnai-je – sans toutefois réussir à me convaincre –, c'était comme une balade dominicale. Avec une bonne provision de Moto-Naphta, une série complète de cartes Michelin et une carte d'As du volant*** sur mon tableau de bord, j'y serais avant le coucher du soleil.

CHAPITRE III

Sept jours, sept frontières

Mon autobus m'attend – Thomas Cook : l'homme à qui l'on doit tout ça – Mon compagnon de chambre pense que je suis gay – Notre guide est une alcoolique – Comment visiter Bruxelles sans voir le Manneken-Pis – S'il est 10 h 45, ce doit être le Luxembourg – Sol acide, première partie – Manger dans des haltes routières – Une brève histoire de la musique américaine – Sol acide, deuxième partie – La photo parfaite – Frank joue du cor des Alpes – L'Égypte sous la férule de Cook & Son – Gruyères sans le fromage – Beaune sans le vin – Un lit à une place à Paris – Les dangers des spécialités locales – Scandaleux cancan – Frank organise sa propre visite de Fontainebleau

L'HISTOIRE DU VOYAGE est l'histoire de vagues désirs, de promesses fallacieuses et d'espoirs frustrés. Engendrés au fond du terreau de la psyché, les désirs tendent à s'estomper quand on commence à se déplacer sur la terre ferme. Ce fut en voyant un randonneur au visage constellé de taches de rousseur, son sac sur le dos, dans le morne Munich de Thomas Mann, que Gustav von Aschenbach se mit à rêver d'un tigre tapi dans un marais tropical sous un ciel brumeux, de la vague poursuite d'un jeune Polonais au Lido, d'une pathétique mort à Venise. Dans son *Voyage sans cartes*, Graham Greene tenta d'expliquer pourquoi il préférait voyager en Afrique occidentale plutôt qu'en Suisse ; voici comment il décrit sa frustration : « Les mots et les images, les sorcières et la mort, le malheur et la gare Saint-Lazare, l'énorme viaduc enfumé au-dessus d'un faubourg parisien, tout cela se bouscule et bloque le passage à la pleine conscience. » Les récits de voyage, les brochures sur les croisières et les affiches de palmiers sont les parasites de nos besoins inconscients en nous offrant de combler des manques que nous sommes rarement capables de définir tout à fait. Mais des générations de voyageurs succombent, attirés outre-mer par les récits où Sir John Mandeville décrit des hommes au visage de chien et des oies bicéphales ou par le dernier site web d'une île paradisiaque promettant le sexe sur la plage et autres cocktails érotiques. Faux et archifaux.

Je me réveillai ballot et tremblant après avoir dormi six heures dans une halte routière à 100 kilomètres de Calais, maudissant le nébuleux désir de liberté qui avait fait paraître attrayant un voyage sur les routes de France. J'étais là, fourbu, le teint vernissé après toute cette route, piteux comme un adolescent qui a gaspillé l'argent de sa passe d'autobus dans les jeux vidéo. J'allai régler ma note à l'agence de location de voitures à côté de la gare maritime, puis je jetai mon *Guide Rouge* et sortis de mon sac à dos un autre de ces appels frauduleux à mes désirs inconscients : l'étui en plastique de Global, une compagnie qui organise des voyages en autocar, et sa brochure détaillant l'excursion d'une semaine baptisée « Le goût de l'Europe ». J'avais réservé ce voyage une semaine avant mon départ de chez moi.

« Service d'accueil sur le continent, avait lu à voix haute Maria, mon agente de voyages basque. Huit petits-déjeuners continentaux, trois dîners, autobus privé de première classe, climatisé, croisière sur le lac de Lucerne, visites du château de Chinon et de Paris avec des guides locaux. Ça m'a l'air pas mal. » L'itinéraire semblait également plutôt prometteur : « Visites du Luxembourg, de Lucerne, d'Interlaken, de la fromagerie et de la ville de Gruyères, de Lausanne et de Beaune. Paysages magnifiques : les Alpes suisses et la région des lacs. »

Après avoir téléphoné au siège social, Maria m'avait dit qu'ils acceptaient de satisfaire à mon étrange requête de commencer le voyage à Calais plutôt qu'à Londres. « Ils doivent être désespérément en mal de clientèle », avait-elle ajouté.

Le prix avait semblé honnête – le slogan de Global était « Tourisme de qualité à prix réduit » – et, grâce à leur programme de chambre partagée, je n'aurais pas à payer le supplément « personne seule ». On avait également soustrait le coût de deux nuits d'hôtel à Londres et de la traversée de la Manche en ferry. « Vous aurez probablement de la place dans l'autobus pour prendre vos aises, m'avait dit Maria en me tendant mes billets. J'espère seulement que vous aurez un compagnon de chambre sympathique. »

Je traversai le vaste stationnement de la gare maritime en direction du débarcadère du *Provence* de la P & O Stena Line. Chemin faisant, le soulagement que j'avais éprouvé en abandonnant ma voiture fut neutralisé par le sentiment que j'étais sur le point de renoncer à l'autonomie chèrement acquise de l'âge adulte pour subir une horrible régression vers l'adolescence. La vue de dizaines de pêcheurs sur la longue jetée qui se terminait par un phare vert avait provoqué un accès de *déjà-vu** : j'étais allé à Calais à l'âge de 14 ans, à l'occasion de mon premier voyage en Europe. Ce voyage devait être une croisière sur la Méditerranée, mais, deux semaines avant le départ, notre bateau avait été réquisitionné pour servir au transport des troupes pour la guerre des Falkland. L'*Uganda* de la HMV avait été troqué contre un autocar et j'avais passé deux semaines avec 40 autres Nord-Américains postpubères à me familiariser avec les machines distributrices remplies de Heineken aux haltes routières le long des *Autobahne*, des *autostrade* et des *autoroutes**.

Parmi les moments forts de ce voyage, je me souviens du matin où l'on nous avait priés de ne pas « pisser dans le bidet » comme Kurt et de la nuit où quelques filles, après avoir découvert que le minibar de leur chambre n'était pas verrouillé, avaient vomi leur fondue par-dessus le balcon d'un hôtel quatre étoiles à Zurich. C'est à peine si j'avais remarqué le plafond de la chapelle Sixtine – je passais mon temps avec la clique qui tourmentait Greg, la tête de Turc de notre dynamique de groupe, un garçon aux cheveux gras, fils d'un policier. Pour mon ami Bill et moi, il n'y avait rien de plus cool que les punks londoniens et nous exaspérions tout le monde par nos imitations maladroites de Johnny Rotten et de Sid Vicious. Nous avions essayé de faire sortir clandestinement une gargouille brisée, tête première, de la tour du clocher de Notre-Dame et passé la majeure partie d'un après-midi libre à Venise à essayer d'acheter des couteaux à cran d'arrêt. Ma vie de voyageur commençait mal, mais c'était aussi mon premier contact avec la moutarde de Dijon, les Italiennes volages (après mon retour, je reçus pendant des mois des lettres dégageant un parfum bon marché, scellées avec des traces de rouge à lèvres rose), et le Musée des offices.

C'était aussi remarquablement semblable à l'itinéraire des circuits continentaux organisés par le pionnier du forfait, Thomas Cook. Un matin de 1841, cet ébéniste baptiste fut frappé par une idée tandis qu'il parcourait 14 milles à pied pour se rendre à la réunion d'une ligue antialcoolique. Pourquoi ne pas utiliser le système ferroviaire généralisé depuis peu et organiser pour les abstinents comme lui une excursion en train ? Après avoir négocié la chose avec la compagnie Midland Counties Railway, il rassembla un groupe d'environ 570 voyageurs à qui il fit payer un shilling chacun pour une excursion d'une journée à Loughborough. Là, ils passèrent un après-midi de plaisir anémique à boire de la bière de gingembre, à manger des biscuits et à jouer à « J'ai perdu ma pantoufle » (plutôt que de participer aux activités populaires dans les débits de boisson de la révolution industrielle, telles que le *bull-baiting*, les combats de boxe et « J'ai perdu mon lunch »).

Stimulé par son succès, Cook fit imprimer le guide d'un voyage en train *Special Pleasure* vers Liverpool, qui permettrait à 350 « excursionnistes » de visiter Caernarvon et d'escalader le mont Snowdon sans l'aide du démon Alcool. Des excursions à l'île de Man, au pays de Galles et en Écosse suivirent. Cook amena des groupes aux Hébrides où, en 1861, la pauvreté locale était telle que les touristes se cotisèrent pour faire construire une flotte de bateaux de pêche, dont l'un fut baptisé *Thomas Cook*. (La même année, ce dernier provoqua un

scandale en abattant un aigle royal, un oiseau rare – le premier, de mémoire d'homme, à s'être posé sur l'île –, ce qui laissait clairement présager l'impact économique et écologique du
tourisme de masse.)

En 1855, Cook avait acquis suffisamment de confiance en
lui pour organiser sa première expédition au-delà de la Manche ;
il amena 25 excursionnistes visiter les boutiques des diamantaires à Anvers et la cathédrale de Cologne, naviguer sur le
Rhin et se promener sur les Champs-Élysées. Le moyen de
locomotion utilisé constitua la principale différence entre
l'odyssée de mon adolescence et le Tour Cook du XIXᵉ siècle – si
l'on excepte la quantité d'alcool consommée. Immédiatement
après la Première Guerre mondiale, Cook & Son avait commencé à organiser des visites des champs de bataille – six jours
en autocar – et, dans les années 1920, l'autobus était en passe
de supplanter le train comme moyen de transport privilégié
pour ce genre de voyage. La dignité du chemin de fer céda
devant la banalité du caoutchouc sur route et des files d'autocars Contiki et Wallace Arnold se mirent à cracher du diesel
et à encercler sans vergogne le monument Nelson et la cathédrale Notre-Dame.

PRÈS DU FERRY, je marchai le long d'une rangée d'autocars
Setra orange et blanc dans lesquels montaient des passagers.
Debout à côté de celui sur lequel était inscrit « Tour 4520 », le
chauffeur – une femme – chargeait des valises sous le regard
vigilant d'un groupe de touristes. « Donnez-le-moi, *love*, dit-
elle en attrapant mon sac, à moins que vous n'ayez envie de
passer la semaine avec le même chandail sur le dos. »

Nous montâmes dans l'autobus et un représentant de Global coiffé d'une casquette rouge nous annonça que notre guide
et un nouveau chauffeur nous attendaient à Bruxelles. Il nous
conseilla également d'utiliser les toilettes à l'extérieur. Un
petit homme dont le visage excessivement ridé évoquait les
premières phases de dessiccation d'une poupée à tête de pomme
bondit comme s'il venait d'attraper un choc électrique et

s'écria : « Bonté divine ! Je dois aller faire pipi ! » Dehors, il avait raconté à tout un chacun qu'il s'appelait Frank et qu'il venait de Kalamazoo, au Michigan. Ayant jeté un coup d'œil sur le manifeste des passagers ouvert à côté du siège du chauffeur, j'avais remarqué, avec un sentiment prémonitoire de catastrophe, que j'allais partager une chambre avec un certain Mathers, F., nationalité : américaine.

« Voyons voir si cette vieille Gertie veut bien démarrer », dit notre chauffeur, Ruth, avec un pur accent cockney. Plus tard, tandis que nous roulions sur les routes côtières sans relief du nord de la France, Ruth se mit à badiner avec Frank (qui avait pris place sur le siège de l'accompagnateur) à propos de la gouvernance, du clonage, des mérites des fruits frais et des vicissitudes de l'industrie automobile américaine. Elle avait des opinions particulièrement arrêtées en ce qui concernait la royauté.

« La reine va s'accrocher à la couronne le plus longtemps possible. Ils vont devoir installer un soluté le long de la façade du palais avant qu'elle quitte les lieux. » Après avoir pratiquement pris une Mercedes en écharpe (et marmonné « Pauvre conne ! » quand la conductrice eut l'outrecuidance de klaxonner), Ruth poursuivit sur sa lancée : « Charles, c'est le boulet au pied de sa mère, voilà. Imaginez-le en roi – il va passer son temps à errer autour du château en parlant à ses plantes ! Mille ans sur l'île et on se retrouve avec une nullité pareille !

– Ce prince Charles est né avec une cuiller d'argent dans la bouche, dit Frank, qui affichait un mépris tout républicain à l'égard de la monarchie.

– Votre George W. Bush aussi ! rétorqua Ruth. Et j'espère qu'ils vont tous les deux s'étouffer avec !… Et où est votre femme ? reprit-elle en jetant à Frank un regard appréciateur.

– Je l'ai laissée à la maison. J'ai mon compte bancaire et elle a le sien. C'est mon troisième mariage. Elle a sept ans de moins que moi, n'empêche que je l'échangerais bien contre un autre modèle… Ha ! Je plaisantais. Après vingt-cinq ans de bagarres, nous avons appris à profiter de la vie. » Pas en même temps, semblait-il.

Je regardai nonchalamment deux dignes Indiens en complet, devant moi, manger d'appétissantes boulettes et déballer des friandises au chocolat et à la mangue, sans se soucier de Ruth qui se plaignait des passagers qui salissaient son autobus.

« Ils mettent des cœurs de pommes dans les cendriers, c'est dé-goû-tant, cracha-t-elle. Ils ne feraient jamais ça chez eux. Ils mettent des couches dans la cuvette des toilettes. Dé-goû-tant. »

Un petit panneau bleu sur lequel était écrit le mot *België* nous informa que nous venions d'entrer dans la partie flamande de la Belgique. Le paysage consistait en une suite de sorties d'autoroute vers des villes évoquant les éructations d'un picoleur affligé d'un ulcère d'estomac : Gistel, Jabbeke, Brugge, Oostkamp, Beernem, Burst, Erpe. Pour passer le temps, je me plongeai dans la lecture d'un ouvrage d'Evelyn Waugh, *Bagages enregistrés*.

« Qu'est-ce que tu lis ? me demanda Frank en se penchant au-dessus de l'allée. *Comment prendre du poids ?* » L'air jovial, il me donna une claque sur la cuisse. « Ha ! C'est une blague, mon vieux. Je m'appelle Frank. »

Je serrai la main qu'il me tendait. Je lui dis que je pensais que nous partagerions une chambre cette nuit-là, ce qui sembla l'inquiéter gravement. Il reprit bientôt contenance.

« Ne t'en fais pas, chuchota-t-il en aparté. Je ne suis pas comme ça ! » ajouta-t-il en laissant pendre son poignet gauche.

Perplexe, j'écarquillai les yeux, espérant qu'il élabore un peu.

« Tu sais ce que je veux dire ! »

Il me regarda longuement. Je suis grand et mince, j'ai les cheveux perpétuellement ébouriffés. J'ai le genre artiste, pas celui du bon gars digne de confiance. Frank perdit son air guilleret et il se poussa un peu sur son siège.

Hum, pensai-je. Il me prenait pour un maigre rat de bibliothèque gay. La semaine risquait d'être intéressante.

Ruth nous fit entrer dans la banlieue de Bruxelles deux heures après notre départ de Calais et nous déposa au Holiday Inn en face de l'Atomium rouillé, un modèle amplifié d'une molécule de cristal de fer, *chef-d'œuvre** kitsch futuriste de l'Exposition mondiale de 1958. Dans le hall de l'hôtel, une Anglaise blême d'une vingtaine d'années, les cheveux noirs, les yeux marqués par des cernes comme tracés au khôl – un signe d'insomnie due à sa profession –, nous apprit qu'elle s'appelait Emma et qu'elle serait notre guide pour la durée du voyage.

« Après avoir déposé vos bagages dans votre chambre, vous voudrez peut-être dîner. En fait, ce soir, le repas n'est pas inclus dans votre forfait. Vous pourrez toutefois déguster des moules et des frites de l'autre côté de la rue, au Bruparck, près du stade. Les Belges sont réputés pour leur dentelle, leur tapisserie et leur chocolat, mais aussi, comme vous serez heureux de l'apprendre, pour leur *bière*. Il existe environ 464 bières différentes en Belgique, en fait, et elles sont toutes servies dans des verres différents. » Si Emma adorait le mot « bière » – un amour sans doute exacerbé parce que Global interdisait aux guides de boire pendant le travail –, elle aimait tout autant l'expression « en fait ». Abondamment assaisonnés de détails puisés dans de vieux exemplaires de guides verts Michelin, les propos d'Emma pouvaient se résumer par l'expression : « L'alcool, en fait. » Ce que je pris pour une pathétique réponse à la question jamais posée : « Qu'est-ce qui vous manque le plus quand vous travaillez ? »

Emma regarda son manifeste et me confirma mes pires craintes : Frank et moi allions vraiment partager une chambre. Nous allâmes l'inspecter – une version vieillotte d'une chambre d'hôtel américaine, avec des lits étroits juste assez éloignés l'un de l'autre pour étouffer l'homophobie naissante de Frank –, puis je lui demandai où il allait dîner.

« Je vais aller faire un tour à cet Atomium, de l'autre côté de la rue. »

Je lui dis que j'essaierais pour ma part de trouver un restaurant dans le centre-ville de Bruxelles. Comme nous devions partir le lendemain matin, ce serait notre seule chance de voir la ville.

« Vas-y, mon vieux. Tu me raconteras ça demain. » Il m'imaginait probablement en train de lui faire du pied sous la table.

Je traversai la rue pour aller prendre le métro et je vis sur un plan apposé au mur que l'hôtel où nous logeait Global se trouvait au bout de la ligne – pratiquement à l'aéroport – et que le centre-ville était une bonne dizaine d'arrêts plus loin. Après un tour dans le petit métro carré, je flânai le long des immeubles bourgeois à façade dorée et des bars de la Grand-Place, puis je mangeai dans un restaurant vietnamien où je fus sérénadé par un accordéoniste ambulant et ignoré par les marchandes de roses (l'un des rares avantages de dîner en solitaire dans les capitales européennes). Je pris le dernier métro pour rentrer à l'hôtel et me retrouvai assis en face d'une victime de la bière trappiste qui ne pouvait s'empêcher de roter toutes les vingt secondes. «Gistel!» eus-je l'impression de l'entendre éructer. Puis: «Jabbeke!… Brugge!» Trois heures dans le minuscule centre-ville de Bruxelles, c'était mieux que rien, me dis-je pour me consoler tandis que le wagon se vidait de ses passagers à chaque nouvel arrêt. («Oostttttkamp!») Même si, une fois de plus, j'avais raté l'emblème bien-aimé des boissons diurétiques de la Belgique: le Manneken-Pis. («Burst! Erpe!»)

«DEBOUT, LÀ-DEDANS!»

Frank était un matinal, constatai-je avec consternation, et il émergeait invariablement à la conscience en proférant des propos sans suite tirés des profondeurs d'une psyché sans histoire.

«Ouais, on avait deux épagneuls springers et on les avait baptisés Duke et Duchess en l'honneur de Wallace et d'Édouard VII.»

Je jetai un coup d'œil sur le radio-réveil: il était 5 h 59.

«Qu'est-ce que tu as dit?

– Évidemment, on n'a pas de monarchie aux États-Unis, mais j'ai fait remonter mon arbre généalogique jusqu'à la vingtième génération et je descends d'Henri VIII. Tu sais, le faiseur de bâtards!»

Frank, j'allais vite le comprendre, ne s'attendait pas à ce que je réponde, mais à ce que je hoche parfois la tête ou émette un grognement pour l'encourager à lâcher ses secrets. Je pouvais prendre une douche, aller m'acheter une boisson gazeuse à la distributrice dans le corridor, j'étais sûr, à mon retour, de trouver Frank en train de poursuivre son soliloque.

Dans la salle à manger, après avoir navigué à travers un buffet de viandes froides grisâtres et de piles de pruneaux, je pris place à une table avec dix autres passagers de mon autobus. Ina, une boulotte pimpante originaire de Goa, convertie à la religion chrétienne, et qui dirigeait maintenant une entreprise de nettoyage de bureaux à Mumbay, trouvait les prix locaux exorbitants.

« Tout est tellement cher en Europe ! me dit-elle en branlant la tête d'un air incrédule. J'ai déjà dépensé des tas de roupies pour ces vacances. Si, au moins, la nourriture n'était pas si fade. Pommes de terre et mayonnaise – tout ce qu'on mange est blanc ! Ils ne connaissent pas les épices ici ? » Comparant mentalement le pain grillé et l'œuf à la coque dans mon assiette à une délicieuse *masala dosa*, j'étais plutôt porté à être d'accord avec elle.

À l'exception d'un couple d'Australiens, John et Mary, personne ne semblait avoir vraiment visité Bruxelles pendant le temps qui nous y avait été alloué ; ils avaient préféré manger à la foire alimentaire recommandée par Emma. Rien d'étonnant sans doute, vu que notre hôtel devait se trouver plus près de Gand que du centre-ville de Bruxelles.

Dans l'autobus, Emma prit le micro et – même si personne n'avait l'air de souffrir de la gueule de bois – elle commença la journée par une annonce facétieuse.

« Bon, j'espère que vous n'êtes pas trop nombreux à vous remettre de vos expériences avec la Chimay, la Leffe et autres bières belges… Si c'est le cas, nous avons des paracétamols à votre disposition ! » Malgré le silence éberlué des passagers, elle continua sur sa lancée : « Vous remarquerez que nous avons un nouveau chauffeur aujourd'hui, Manu – dites bonjour, Manu –, qui, en fait, est originaire de Belgique. Et vous remarquerez aussi que nous avons un nouvel autobus. En fait, nous n'avons pas de toilettes » – chœur de grognements –,

« mais, comme ceux qui ont des habitudes de nicotine seront également heureux de l'apprendre, nous ferons des pauses régulières. Il est interdit de manger dans l'autobus. Seules l'eau et les friandises sont autorisées. Avec un peu de chance, nous passerons une semaine sans sécurité... oups !... je veux dire une semaine en toute sécurité. »

Emma nous demanda de lever la main pour indiquer notre lieu d'origine. Frank et une femme du New Jersey aux cheveux noirs clairsemés bouffants représentaient les États-Unis ; le groupe des antipodes était composé du couple australien et d'une hôtesse de l'air blonde qui passait son temps à taper des messages sur un téléphone cellulaire ; l'Extrême-Orient était bien représenté par plusieurs Vietnamiens, Coréens, Malaisiens et un couple thaïlandais, et, même si nous dûmes rappeler notre existence géographique à Emma, nous étions quatre Canadiens. Trente-trois passagers au total, dont la majeure partie venaient de l'Inde. Nous formions un groupe postcolonial des plus réconfortants, revenant des postes reculés de l'empire pour visiter, à prix économique, les colonisateurs humiliés.

Nous formions aussi un contraste singulier avec la clientèle de Thomas Cook du XIXe siècle, principalement composée d'Anglais qui, grâce à leur nouvelle richesse, exploraient un monde terrorisé et unifié par la *Pax Britannica*. C'était l'époque de la croissance du chemin de fer – le premier service à vapeur destiné au transport de passagers entra en opération entre Liverpool et Manchester en 1830 –, ce qui marqua le début de la démocratisation du voyage. Jusque-là, seuls les Anglais de l'aristocratie pouvaient se permettre le tour d'Europe en diligence hors de prix et ils ne se déplaçaient pas plus vite que les sénateurs romains l'avaient fait à cheval deux mille ans auparavant. À mesure que le chemin de fer se développait sur le continent, le voyage devint non seulement plus rapide, mais aussi moins cher. Cook, qui fit son entrée en scène à la période propice de la paix ayant suivi les guerres napoléoniennes – une ère qui vit naître des néologismes anglais comme *tourism* (1811), *guidebook* (1814) et *sightseeing* (1824) –, se montra très efficace au moment de négocier des forfaits avec les nouvelles compagnies ferroviaires. Le billet direct – en 1861, par exemple, le voyageur payait 1 livre pour un voyage aller-retour à Paris en troisième classe, ou 18 livres, en 1870, pour un aller-retour à Alexandrie en première classe – fut la plus importante innovation de Cook. Cela permettait d'éviter beaucoup de marchandage aux guichets des compagnies de ferries et aux gares étrangères.

Premiers entrepreneurs à avoir démocratisé le voyage, Thomas et son fils John Mason Cook firent l'objet de critiques virulentes; on leur reprocha notamment d'avoir bondé les cathédrales et les beaux sites de l'Europe de troupeaux de cockneys et de gouvernantes. Mais rendons à César ce qui appartient à César: Cook & Son n'ont inventé ni le voyage organisé ni le billet tout compris. Au XVe siècle, les pèlerins en route vers Jérusalem pouvaient verser à Agostino Contarini ou à son rival Pietro Lando, qui avaient pignon sur rue à Venise, place Saint-Marc, 60 ducats d'or pour une croisière en Terre sainte; cette somme couvrait le salaire des guides, les pourboires et deux repas chauds par jour, vin compris. (Apparemment, les clients vivaient un genre de « Si c'est le Mardi gras, nous devons être à Bethléem », et se plaignaient de visiter au pas de course – en moins d'une semaine – les sites du littoral.) La première excursion par train, à prix réduit, organisée pour un groupe, eut lieu cinq ans avant celle de Cook en 1841 et Henry Gaze, le principal concurrent de Cook, organisa dès 1844 des voyages à Paris. Ce fut probablement l'exemple de Gaze qui incita Cook à instaurer un système de coupons – billets payés à l'avance, 8 shillings en 1872, grâce auxquels le voyageur avait droit à une chambre et deux repas par jour, service compris, dans 150 hôtels du continent.

Après les premières excursions altruistes de commis et d'ouvriers, la majorité des clients de Cook voyagèrent de façon autonome, sans guides; ils apportaient leurs billets dans un étui vert, en cuir ou en tissu, sur lequel étaient blasonnés les mots COOK'S TOURIST TICKETS – un peu comme ceux qui voyagent aujourd'hui avec une Eurailpass. (Dans les années

1890, leurs billets de crédit, à l'origine des chèques de voyage American Express, étaient encaissables dans les hôtels approuvés par Cook, un système qui allait perdurer jusque dans les années 1920, alors que la fluctuation des taux de change rendit le système peu pratique.) Cook & Son (qui deviendrait la plus importante agence de voyages au monde) allait simplifier et réduire les coûts des voyages à l'étranger, et transformer le voyage pour les *happy few* en tourisme de masse. En 1872, Thomas Cook pouvait se targuer d'avoir lui-même conquis le monde ; il avait personnellement guidé un groupe jusqu'aux Rocheuses, à Singapour et au Tāj Mahal au cours d'une odyssée de deux cent vingt-deux jours autour du monde en train et en bateau. On pouvait se réjouir de voir que, au XXIᵉ siècle, les classes moyennes de l'Inde et de l'Extrême-Orient étaient désormais en mesure – les taux de change le permettant – de retourner le compliment et de voyager en Angleterre et sur le continent.

Pour moi, Thomas Cook était responsable de ce style de tourisme en tornade – le style de Global. À cause de lui, la première et dernière activité de notre journée en Belgique consista à *quitter* la Belgique.

« Imaginez ! dit Emma dans le haut-parleur. Vous pourrez raconter à vos amis que vous avez pris le petit-déjeuner en Belgique, un café – ou une *bière*, en fait – au Luxembourg, le déjeuner en France et le dîner en Suisse. En passant, j'ai été jusqu'à présent très impressionnée par votre ponctualité. Si vous continuez comme ça, vous me verrez un sourire aux lèvres plutôt que les sourcils froncés. »

Un chroniqueur du *New York Times* avait longtemps auparavant commenté cette tendance à infantiliser les touristes. Comme il l'avait observé en 1872, « chez Cook, le touriste moyen a l'impression de se retrouver sur les bancs d'école ; on raconte que les touristes se sont abstenus de fumer, sinon en cachette, et que certains se sont même échappés la nuit des hôtels où ils avaient été consignés, avec le vague projet de rentrer à Londres par leurs propres moyens et de faire appel à la charité d'oncles prospères ». Dans la tristesse d'un matin de pluie sur une autoroute ardennaise, alors que j'entendais Frank répéter à tout le monde qu'il était l'arrière-arrière-arrière-petit-etc. d'Anne Boleyn, je pris conscience que j'étais en train de me transformer en un bambin débile, capable de jouer des tours pendables mais incapable de penser par lui-même. J'avais été un fier pèlerin à pied, puis, plus récemment, un automobiliste judicieux avec son guide Michelin et voilà que j'étais en train de devenir un touriste timoré coincé avec son groupe. Comme d'habitude, je m'étais infligé ça tout seul.

LE LUXEMBOURG, un pays halte routière, est fait sur mesure pour les voyages en autocar. Il est doté de vastes stationnements, de toilettes gratuites et d'une pléthore de boutiques de souvenirs, et il est trop petit pour que même la personne la plus dénuée du sens de l'orientation puisse s'y perdre. Une petite dose de pittoresque, on entre et on ressort, une demi-heure au maximum. Nous étions malheureusement sur le point de partir quand je lus dans une brochure de l'office de tourisme que j'avais raté l'ascenseur qui, grimpant le long de la falaise, conduit aux Casemates du Bock, un réseau de passages souterrains courant sur 23 kilomètres sous le château de la ville. Mais, ne voulant pas voir ses protégés s'aventurer trop loin, Emma négligea de mentionner cette attraction touristique quand nous fîmes une pause au bord de la falaise qui surplombait les nonchalants méandres de la Pétrusse.

« La ville de Luxembourg est la capitale du grand-duché de Luxembourg. Vous y trouverez de nombreuses banques ainsi que plusieurs bureaux du gouvernement. Nous allons vous conduire jusqu'à l'office de tourisme, où vous pourrez faire estampiller vos passeports. Et, aujourd'hui, nous vous ferons économiser de l'argent, parce que, en fait, c'est dimanche et la plupart des magasins sont fermés. »

Elle aurait pu ajouter qu'il pleuvait, que les rues étaient parsemées de vaches en *papier mâché** grandeur nature aux couleurs invraisemblablement farfelues et qu'on ne pouvait même espérer prendre un express aqueux à la place d'Armes parce que les cafés n'étaient pas encore ouverts.

Nous suivîmes le parapluie levé d'Emma jusqu'à l'office de tourisme (où Frank me filma en train de faire estampiller un très peu convaincant « Office de tourisme de la ville de Luxembourg » dans mon passeport), puis notre groupe se sépara. Quelques couples se dirigèrent directement vers le Pizza Hut sur la place, mais la plupart allèrent faire du lèche-vitrines dans les rues désertes. Je mis environ douze minutes à réaliser que, à part comparer les graphiques des guichets automatiques et slalomer entre les vaches, il n'y avait absolument rien à faire au Luxembourg à dix heures le dimanche matin.

Pendant que nous roulions devant les concessionnaires Lexus et les magasins Ikea qui bordent la route vers la frontière française, Emma nous distribua des dépliants exposant les nombreuses excursions facultatives du forfait. Si le prix demandé par Global semblait moins élevé que celui de ses concurrents, c'était parce qu'à peu près toutes les activités étaient considérées comme des extras. Désirait-on escalader une montagne en Suisse, visiter Versailles ou même dire au revoir à nos compagnons de route à l'occasion du dîner d'adieu à Paris ? Il fallait alors signer à l'avance et allonger 60 dollars, sans quoi on risquait de passer la soirée tout seul dans sa chambre d'hôtel. La soirée au cabaret suscita beaucoup de discussion ; la brochure mentionnait des scènes de demi-nudité réservées à un public adulte et conseillait un avis parental. Allison et Andrew, un jeune couple malaisien, débattirent interminablement de l'opportunité de réserver l'excursion *Ice Flyer* sur le mont Titlis.

« Nous n'avons jamais vu la neige, finirent-ils par m'expliquer. Pensez-vous que nous aurons besoin de gants ? » Je leur répondis qu'ils s'en tireraient probablement en gardant leurs mains dans leurs poches pendant une heure.

« Vous remarquerez que nous sommes maintenant en France, annonça Emma, où nous nous arrêterons bientôt pour le déjeuner. Certaines personnes prétendent que les Français sont malcommodes, mais si vous essayez de leur dire quelques mots en français, ils se montreront très gentils avec vous, en fait. Et, ne vous inquiétez pas, si vous leur dites le mot *beer*, ils le comprennent dans toutes les langues et ils vous apporteront un beau verre de bière bien fraîche. » L'espace d'une seconde, j'eus l'impression d'entendre un léger mais insistant cliquetis en provenance d'outre-Manche : Thomas Cook, membre d'une ligue antialcoolique, grinçait des dents dans le cimetière de Leicester.

Nous nous arrêtâmes dans une halte routière à côté d'une énorme centrale électrique, dont les fils à haut voltage s'étiraient au-dessus des prés verdoyants sur des collines parsemées de fleurs jaunes.

« Ouais, de la moutarde sauvage, annonça Frank, pour la deuxième fois. On en plante quand le sol devient acide. » (J'aurais fait davantage confiance à son bon sens campagnard s'il ne m'avait pas confié avoir travaillé toute sa vie dans une usine General Motors.) Au restaurant de la halte routière, où l'on trouvait l'habituelle collection de brosses à dents vendues à un prix exorbitant et les machines distributrices d'express cuvée 1970, nous fîmes la queue pour recevoir une portion de frites pas assez cuites et de ratatouille nageant dans une huile jaunâtre. Je retrouvai Allison et Andrew assis à une table couverte de linoléum, en train de repousser des morceaux de jambon froid autour d'une assiette de riz, déplorant avec Ina la mauvaise qualité de la nourriture.

« C'est la première fois qu'on nous sert du riz depuis notre arrivée en Europe, dit Allison. Ici, la nourriture est tellement insipide et graisseuse. Nos chilis nous manquent. » Frank, qui s'était joint à nous, se régalait de ses frites molles. Il dévisagea Ina pendant une seconde, l'air interdit, jusqu'à ce que son origine ethnique vînt frapper quelque neurone enfoui dans les profondeurs de son cerveau.

« J'étais un gamin quand ce Mahatma Gandhi est mort, dit-il. À l'époque, ça a fait tout un boucan. Qu'est-ce qu'il essayait de renverser ? Le gouvernement ? Il essayait bien de renverser quelque chose. » Ina n'en crut pas ses oreilles, mais, tout en écarquillant les yeux, elle ignora diplomatiquement la question. Je commençais à l'apprécier.

Ce premier contact avec la cuisine française en fit ronchonner plusieurs. John, l'Australien, qui souffrait d'embonpoint, semblait particulièrement déçu.

« De tous les endroits où nous aurions pu manger en France, ils ont choisi de nous amener à une minable cafétéria de station-service », dit-il.

« J'espère que tout le monde a apprécié notre arrêt, dit Emma dans le micro. Maintenant, je vous en prie, essayez de profiter du paysage français et, bientôt, vous pourrez apprécier un paysage suisse. »

Pendant que Frank photographiait tout ce qu'il pouvait, sans se préoccuper des reflets dans la vitre, je me disais que le paysage, avec ses vaches grasses, ses jolies maisons au toit pointu et ses prés ondoyants, aurait été tout à fait ravissant sans l'énorme et laid autobus plein d'yeux avides qui se trouvait au milieu.

Alors que nous approchions de Bâle, Emma claironna : « Nous venons de traverser une autre frontière. Nous sommes maintenant en Suisse. Sentez-vous une différence ?

– Nous avons mal aux fesses ! » s'exclama Ina, puis, d'un geste charmant, elle se couvrit la bouche en rougissant. Frank mit le menton sur l'appuie-tête du siège devant lui et demanda à Emma si elle était mariée.

« Non. En fait, je cherche encore mon soupirant riche et prospère.

– Que pensez-vous du prince Charles ?

– Il est juste un petit peu trop vieux pour moi, vous ne trouvez pas ?

– L'âge n'est qu'un chiffre ! beugla Frank. J'ai 68 ans, mais vous savez ce qu'on dit : il y a peut-être de la neige sur le toit, mais le feu brûle encore dans la fournaise ! » Il se tourna vers les gentlemen indiens de l'autre côté de l'allée. « Ha ! C'est ce que je dis aux jeunes filles. Pour leur fait croire qu'elles ont peut-être une chance avec moi. »

Autre pays, autre halte routière. Celle-ci portait le nom de Passagio – évoquant l'Italie – et faisait penser au Ponte

Vecchio en ce sens qu'il y avait des escaliers aux deux extrémités permettant d'accéder aux boutiques. (La ressemblance avec le pont florentin aurait été parfaite si celui-ci avait été en plastique coloré de style Lego plutôt qu'en pierre, s'il avait enjambé une autoroute suisse plutôt que l'Arno et si on y achetait des röstis réchauffés au micro-ondes plutôt que de l'artisanat étrusque en or.)

Dans la cafétéria, j'observai Manu, notre chauffeur, qui d'un air absent regardait les voitures rouler sur six voies audessous de nous. C'était un francophone efféminé avec une voix de castrat, vêtu d'un cardigan blanc fané ; ses cheveux étaient lissés sur son front avec de la brillantine et il semblait devenir de plus en plus blafard et bedonnant au fil des jours, comme si à force d'avaler tous ces kilomètres d'autoroute européenne dans sa carapace de métal et de verre, il était sur le point de se transformer en moule belge géante. Il me confia qu'il était chauffeur d'autobus professionnel depuis quinze ans, dont quatre à l'emploi de Global. Je lui demandai comment il voyageait quand il prenait ses vacances.

« Jamais en autocar. » Il posa une paume sur l'autre pour imiter un avion en train de décoller. « Dans deux ans, je vais aux îles Cook, au nord de l'Australie, dit-il. Là, je vais me coucher dans un hamac entre deux palmiers. Pas d'autoroutes, pas de haltes routières, pas de stationnements. »

D'après le ton de sa voix, je compris qu'il était désillusionné quant au prestige lié à une carrière dans l'industrie du voyage. J'espérai que le fait que nous pouvions communiquer en français nous amènerait à garder le contact. Mais, le lendemain, il me surprit dans son autobus avec le bout de ma chaussure sur un appuie-bras et, devant le regard outré qu'il me lança, je compris qu'il n'aurait plus jamais confiance en moi.

Entre-temps, Frank se liait d'amitié avec un jeune Indien que j'avais d'abord pris pour un gamin de 11 ans, mais qui en avait 16. Son père raconta à Frank que l'adolescent était déprimé parce que, sur le ferry qui traversait la Manche, il s'était fait voler son portefeuille bourré de dollars américains.

« Mon Dieu, quel dommage ! Viens donc t'asseoir près de moi, dit Frank en tapotant le siège à côté de lui. Comment t'appelles-tu ?

– Vikram », répondit le garçon avec un sourire timide.

Frank fut déconcerté. « Victor ? Non ? Vincent ? Non ? Eh bien, tu as un nom trop difficile à prononcer pour moi. Je vais t'appeler fiston. Tu vois ces fleurs jaunes là-bas, fiston ? Ça veut dire que le sol est devenu acide. »

Nous fîmes une pause à une station-service pour permettre aux deux messieurs indiens d'aller uriner – dans l'autobus, ils avaient bu en cachette de grandes cannettes de bière Beck's – et j'entendis Frank raconter à Vikram l'histoire de la musique américaine.

« Pour commencer, on a eu le country. Gene Autry, Roy Rogers, Hank Williams.

– J'aime bien Guns N' Roses, murmura Vikram.

– C'est bien, fiston. Ensuite, on a eu des chanteurs à voix comme Frank Sinatra et Tony Bennett… » Le monologue ne prit fin qu'au moment où nous émergeâmes d'un tunnel de 10 kilomètres creusé dans une montagne près de Lucerne. Nous étions maintenant cernés par les hautes montagnes suisses, aux sommets couverts de neige. À cette vue, Andrew et Allison se raidirent involontairement.

Ce soir-là, nous étions logés dans un pavillon de bois, dans un village appelé Sisikon, sur la berge orientale de l'Urner See, un lac tortueux de montagne qui se joint à un autre lac plus grand, le Vierwaldstätter See. D'un côté, il y avait une autoroute et, de l'autre, glissaient des trains électriques rouges. Autrement, l'endroit était idyllique. Je me promenai dans le village, où un torrent cascadait dans un canal de béton à côté de l'église. C'était propre et ravissant et, avec l'air frais et les sommets imposants qui se dressaient au-dessus du lac, Sisikon aurait été le lieu idéal pour passer la nuit dans un village suisse typique – si, dans les rues, le nombre des touristes voyageant en autocar n'avait pas été deux fois supérieur à celui des villageois. Constatant qu'il n'y avait rien d'autre à faire que de suivre l'exemple de mes compagnons de voyage et d'aller me coucher, je retournai à ma chambre.

Frank était dans son lit, l'œil ouvert. « Cette nuit, je m'ennuie vraiment de ma femme, dit-il. Bonne nuit, mon vieux. »

Je remarquai qu'il avait érigé une barrière de chaises et de valises entre nos lits.

« DEBOUT, LES BRAVES ! » tonitrua Frank. Il était 6 h 01 à mon réveille-matin. « Ouais, ils vont bientôt inaugurer une nouvelle usine au Salvador. Ils prennent de l'expansion, pas de doute. »

Autre jour, autre suite de propos décousus. « De quoi s'agitil, Frank ? marmonnai-je en bâillant.

– Ma compagnie. Ils fondent des usines un peu partout. »

J'étais de fort mauvaise humeur ; j'avais mal dormi malgré tout le silence de la Suisse et l'incarnation de *Good Morning America* par Frank ne m'amusait pas du tout. Dans l'autobus, nous fûmes accueillis dans notre matin suisse par le meuglement d'une vache : Emma avait posé près du micro une de ces boîtes de conserve qui imitent le cri d'un animal de la ferme. D'après notre itinéraire, nous nous rendions à Lucerne en retraversant le tunnel de 10 kilomètres. L'exécrable musique *soft rock* de Manu – *I Write the Songs, Seasons in the Sun* et *I Just Called to Say I Love You* – fournissait un fond sonore aux moutons qui se pressaient banalement dans les pâturages de montagne. « Allons, touriste, grommela John l'Australien en me voyant faire semblant d'être malade lorsque nous descendîmes de l'autobus au bord de la Pfistergasse à Lucerne.

– Touriste toi-même », ripostai-je.

En vérité, mon statut de mâle célibataire dans la trentaine – dans ce genre de voyage organisé, les passagers solitaires sont habituellement des femmes dans la cinquantaine – qui parlait couramment le français suscitait beaucoup de commentaires chez mes compagnons de voyage. Et puis, ils me voyaient constamment gribouiller dans mes petits calepins. La veille au soir, l'un des Indiens plus âgés m'avait pris à part dans la salle à manger de l'Hôtel Éden.

« Je me demandais si vous pouviez me rendre un service, avait-il commencé, sur un ton excessivement empressé.

– Ça dépend, avais-je répondu avec circonspection.

– Auriez-vous l'obligeance de me prêter vos écrits à la fin du voyage, afin que je puisse noter tous les temps et les distances ?

– Franchement, je ne crois pas que vous pourrez déchiffrer mon écriture », bafouillai-je. Convaincu qu'il allait protester, j'ajoutai : « D'ailleurs, j'écris surtout des notes et des impressions. Pour mon journal de voyage. Et c'est personnel. »

Il accepta ma réponse, mais je voyais bien que ma pseudo-identité – chroniqueur de spectacles pour un hebdomadaire montréalais – ne satisfaisait pas tout le monde. Frank, un paranoïaque, n'était pas un problème : je pouvais tout simplement jouer le faux ingénu monté en graine, dont les hormones déchaînées allaient bientôt obliger son infortuné compagnon à se barricader dans la salle de bains. Mais John, qui avait travaillé pour la police militaire et qui avait émigré de l'Angleterre en Australie à l'âge de 15 ans, ne semblait pas convaincu. Après tout, j'avais l'âge de voyager en auto-stop, de courtiser les jeunes Françaises et de vivre des aventures, plutôt que de me promener en autocar douillet. J'invoquai le fait que je menais une vie sédentaire et que je désirais avoir un aperçu rapide de l'Europe avant de revenir pour approfondir mes connaissances.

Notre avant-midi à Lucerne se résuma à une excursion dans les magasins. On nous encouragea à entrer dans la boutique d'H. Rüttimann, horloger. Je jetai un coup d'œil sur les montres Swatch et sur les cloches à vaches, puis je pris une carte offerte gratuitement et j'allai flâner vers les fortifications de la ville. Je conclus que la Suisse était le genre de pays où l'on repeignait chaque matin les lignes blanches sur la route. Quand je revins à l'autobus, tout le monde était en train de se montrer ses nouveaux achats. Cindy, une compatriote, avait acheté un couteau de l'armée suisse sur lequel on avait gravé son prénom. Ina m'offrit un bonbon qu'elle prit dans un grand sachet de chocolats suisses. Le bureaucrate nord-vietnamien au visage de grenouille et portant un costume trois-pièces, qui voyageait avec deux camarades qui avaient également l'air de ne parler aucun anglais, avait acheté une montre Longines. Pour ma part, je montrai fièrement à John les boules Quies que j'avais trouvées dans une pharmacie.

« Tu partages une chambre avec Frank ? demanda-t-il. Pauvre type. Tu n'as jamais été tenté d'aller fouiller sous son manteau pour voir si tu ne pourrais pas tourner le bouton du volume ? »

On nous conduisit à un quai situé à côté de la gare, 300 mètres plus loin et, là, on nous entassa sur le pont supérieur d'un bateau pour une petite croisière. Pendant que nous faisions une boucle sur le lac, chacun agitait la main pour s'assurer qu'aucune tête de touriste n'allait ruiner ses photos. Pour moi, c'était là l'essence même du tourisme : chercher à tout prix à faire croire qu'on a vécu une expérience unique. Depuis des générations, la Suisse facile d'accès et peu dépaysante est visitée principalement par des touristes plutôt que par des voyageurs. Mais même les touristes ont maladivement envie d'authenticité, ils veulent prouver qu'ils ont eu une véritable rencontre avec l'étranger. Alors, quand ils parviennent enfin à la Tour penchée, au mont Rushmore ou à la Jungfrau dont ils rêvaient depuis si longtemps, ils ont peine à contrôler leur colère face au marché de dupes qui en a rendu l'accessibilité directement proportionnelle au nombre de touristes qui leur bloquent la vue. Comme le dit le vieil adage : *vous* êtes le voyageur ; le touriste, c'est l'autre. À présent que j'étais en compagnie de gens qui étaient manifestement et indéniablement des touristes, je trouvais intéressant de constater que même *eux* semblaient haïr les touristes.

CE SOIR-LÀ, j'eus droit à une forte dose de kitsch touristique administrée sans vergogne. J'avais réservé une place pour la soirée folklorique suisse facultative et, après avoir dîné rapidement à l'Hôtel Éden, je rejoignis Frank, en veston sport et nœud papillon, et une douzaine de membres de notre groupe dans le hall. Un sentiment de consternation nous envahit lorsque nous prîmes place dans un autre autobus Global, plus grand et plus confortable, et qui, en plus d'être équipé de toilettes, était conduit par un chauffeur italien qui avait un léger sens de l'humour.

De retour à Lucerne, nous nous garâmes à côté de cinq autres autocars à l'extérieur du restaurant Stadtkeller, une brasserie caverneuse pouvant accueillir plusieurs centaines de clients. Pendant que nous défilions devant des touristes de toutes les nationalités, assis à de grandes tables de bois couvertes de chopes de bière, l'animatrice de la soirée, une femme en pantalon noir et corsage orné d'un col de dentelle blanche, joignit les mains sous son menton en voyant Ina, qui portait un élégant *salwar kameez* de couleur or. « *Namaste* », dit-elle en faisant la révérence. Lorsqu'en criant « Bon appétit ! » on déposa trois chiches caquelons de fondue sur notre table, le couple mélancolique d'Indiens originaires de Chennai, assis à côté de moi, regarda d'un air inquiet la casserole de fromage bouillonnant. John commanda sans plus attendre une énorme chope de bière.

Sur la scène, qui était flanquée de drapeaux suisses ondulés et de gerbes de roses, Trudi, l'animatrice, montra qu'elle pouvait être une femme impitoyable. N'ayant pas obtenu un silence immédiat lorsqu'elle eut présenté le joueur de cuiller, elle proféra un cinglant « Merci de votre bienveillante attention ! » à l'intention d'une tablée de salariés japonais tapageurs bien imbibés de kirsch. Cette performance fut suivie d'un numéro de danse à claquettes avec accompagnement de cuillers, puis d'une pièce instrumentale où le musicien chaussé de mocassins joua à l'égoïne le thème du *Docteur Jivago*. Ensuite, Trudi elle-même refit son apparition et lança des regards assassins aux convives bruyants jusqu'à ce que le silence se fasse. Alors que je cherchais désespérément comment m'évader de cette prison folklorique, la partie réservée à la participation du public débuta. Frank n'eut pas à se le faire dire deux fois : quand on amena un cor des Alpes de la taille d'une rampe d'escalier, il bondit sur la scène.

« Attention, dit Trudi à une file de volontaires, vous devez avoir beaucoup de *souffle* ! »

Un mangeur de fromage du Wisconsin, à la bedaine proéminente, ne parvint qu'à arracher un rot presque inaudible à l'instrument, mais j'éprouvai un étrange sentiment de fierté lorsque les poumons performants de Frank provoquèrent une éructation sonore, évoquant les annonces exaltantes qu'il vociférait au réveil. Après un concours de buveurs de bière, une vache dansante surgit des toilettes pour hommes et mena le groupe – un Frank bondissant à la queue du cortège avec un homme d'affaires japonais rubicond – en une danse en ligne ondulante.

Pour les anthropologues sociaux, ce genre de tradition réchauffée serait de l'authenticité mise en scène, mais la version helvétique était si grossière qu'elle se parodiait toute seule. Qui peut vraiment croire que les Suisses tranchants et ponctuels yodlent toujours dans des chalets de tourbe ? Pourtant, les gens qui vont dans des villages folkloriques hawaïens regarder des Philippins avec leurs cerceaux semblent également capables d'avaler la reconstitution de danses traditionnelles accompagnée de caquelons de fondue tiède – spectacle qui fait la fortune d'un restaurateur. Un plaisir sain, comme me le fit remarquer John, dont le sourire aviné suggérait qu'il avait fini une deuxième chope de bière. Il haussa les épaules, l'air de dire : « Mon Dieu, que veux-tu ! » Ouais, jusqu'à ce que l'emmenthal se fige dans ton estomac, pensai-je, et que le fait d'avoir utilisé tout le crédit de ta carte pour passer une semaine à faire rire de toi, à te faire traiter avec condescendance et à te faire bousculer ici et là comme un enfant rebelle te reste sur le cœur. Dans ces circonstances, mieux vaut rester la tête pleine de bière. Je remarquai que ce fut à partir de ce moment-là que John commença à augmenter sa consommation d'alcool.

« OUPS ! Hier soir, notre autobus était une Mercedes. »

Il était six heures et demie du matin.

« Je dormirais bien encore une heure, grommelai-je.

– Crois-moi, répondit Frank. Ce genre de gros autobus…
Ça explique pourquoi Chrysler se retire des affaires. »

Je compris que Frank avait ce rêve inconscient : passer vingt-quatre heures sur vingt-quatre dans une salle de jeu en Meccano remplie d'énormes camions et de chaînes de montage.

Dans l'autobus, la femme de Rajput se balançait d'avant en arrière en psalmodiant sa *puja* matinale.

« Interlaken est une ville fabriquée par l'homme », annonça Emma une couple d'heures plus tard, pendant que nous nous rangions à côté d'une douzaine d'autres autocars.

Ça vaut mieux qu'une ville construite par des spermophiles. Tout en essayant de tuer une heure à demander le prix des cloches à vache sur un ruban dans la boutique Heidi et à lire le menu du Schwyzer Country and Western Pub (« Vous aurez l'impression d'entrer dans un bon vieux saloon du Far West. Belles peintures murales, solides tables de bois, portes de saloon classiques et prison véritable »), je changeai d'idée : si les spermophiles étaient des urbanistes, ils bâtiraient une ville très semblable à Interlaken. Avec ses vieilles voies ferrées à roues dentées, des horloges de fleurs et le Grand Hôtel Beau-Rivage de style *Belle Époque**, l'endroit aurait touché la sensibilité d'un rongeur conçu par Disney. J'appris sans étonnement que, avec sa situation lacustre à distance de marche de la Jungfrau, Interlaken était une villégiature de prédilection auprès des premiers clients de Cook. Le père de Virginia Woolf, Leslie Stephen, se consola en observant que ces lieux de vacances dans les Alpes évoquaient le papier tue-mouches. En attirant les Américains et les cockneys, disait-il, s'ils ne réduisaient pas le fourmillement des insectes envahisseurs, ils réussissaient à tout le moins à les confiner dans un seul endroit.

Stephen parlait de l'établissement progressif d'un itinéraire victorien, favorisé principalement par le système de coupons (place dans le train et chambre d'hôtel) mis au point par Cook. Si, auparavant, les groupes de dandys voyageant en Europe prétendaient au moins le faire pour apprendre les coutumes étrangères, les touristes de Cook – appelés *Cookies* par les snobs, *i Cucchi* par les Italiens et *i Cookii* par les Égyptiens – répandaient dans le monde les goûts bourgeois des Anglais et la réputation tapageuse de John Bull. Ils mangeaient des rillettes de saumon, du Yorkshire pudding et du jambon anglais sous la tente en Palestine, organisaient des combats de boules de neige au Saint-Gotthard et des baignades collectives sur la côte italienne. Aimés pour leur argent et détestés pour leur vulgarité, les *Cookies* furent bientôt omniprésents.

À la fin du XIXe siècle, un touriste Cook pouvait aussi voyager dans un monde qui semblait avoir été construit par la firme Cook & Son elle-même. La voyageuse – la clientèle était en majorité composée de femmes – pouvait emprunter le funiculaire Cook pour grimper au sommet du Vésuve, évitant ainsi de ramper péniblement sur des éboulis et des cendres. Elle pouvait acheter des billets de crédit au siège social de Cook à Ludgate Circus et les encaisser aux différentes succursales de Yokohama, Hong Kong et New York. À son arrivée en Égypte, la touriste observatrice remarquait que le pays entier semblait être le domaine de Cook & Son. À Alexandrie, elle était accueillie par un drogman enturbanné portant une tunique bleue sur laquelle les mots *Cook's Porter* étaient inscrits en relief. Elle pouvait se rendre du Caire à Assouan à bord d'un train climatisé – la température gardée à 25 degrés Celsius par de l'air soufflé sur 135 kilos de glace –, ou opter pour l'un des 24 steamers de la compagnie Cook qui voguaient sur le Nil et dont on nettoyait les ponts avec des balais en plumes d'autruche. Et elle séjournerait probablement dans l'un des luxueux établissements de la chaîne hôtelière Cook, le Semiramis au Caire, ou le Winter Palace à Louxor. De nombreux Égyptiens étaient sous l'impression que John Mason Cook était le roi d'Angleterre.

Comme les routes de pèlerinage à Saint-Jacques-de-Compostelle et à Jérusalem et comme les sites étoilés dans les guides Michelin, l'infrastructure mise en place par Cook & Son favorisa l'établissement d'un itinéraire durable. Même sans faire partie d'un groupe guidé, les voyageurs victoriens en Europe, munis de billets de crédit encaissables uniquement aux quelques centaines d'hôtels approuvés par Cook et se déplaçant par train selon des itinéraires préétablis, étaient assurés de passer une grande partie de leur séjour à l'étranger en compagnie de compatriotes. L'émergence de ce tourisme de classe moyenne était l'expression d'un déséquilibre économique ; les Britanniques pourvus du pouvoir financier étaient libres de se balader dans les pays des moins puissants – Suisse, Italie, Égypte, Indes –, de la même façon que, après la Deuxième Guerre mondiale, les Américains batifoleraient dans une Europe à cinq dollars par jour avec ses cartes de rationnement et le rétablissement du plan Marshall. Armés de guides confirmant les préjugés nationaux, trimballés en autocar et regroupés dans des enclaves comme Interlaken, les touristes de l'agence Cook et leurs successeurs vivaient une expérience de l'étranger principalement visuelle, comme s'ils visionnaient un diaporama de paysages et de façades d'église en trois dimensions.

« C'était, bien sûr, Interlaken, dit Emma au moment du départ, pendant que la portière de l'autocar se refermait. Et certains d'entre vous ont peut-être visité le Casino, où de nombreuses personnes vont pour gagner des francs suisses, parce que, bien sûr, les choses coûtent beaucoup plus cher en Suisse. »

Ce serait étonnant, me dis-je, vu qu'on ne nous avait accordé qu'une heure de visite et qu'Emma ne nous avait pas mentionné l'existence d'un quelconque casino. Contemplant les sommets de l'Oberland bernois, je comparai la fenêtre de l'autocar à un écran de télévision qui transformait un paysage réel en un défilement d'images sur verre et le touriste en un spectateur, un voyeur passif incapable de véritable interaction. Sauf, bien sûr, avec ses co-spectateurs – comme Vikram, qui me demanda s'il pouvait s'asseoir à côté de moi. Il passa son temps à me raconter des blagues.

« Qu'est-ce que tu fais quand un sikh te lance un anneau ? me demanda-t-il d'une voix haletante. Sauve-toi, c'est une goupille et il a une grenade dans la bouche ! Elle est bonne, non ? »

J'appris que son père, qui était assis devant nous, travaillait pour l'Institut indien de technologie et que Vikram fréquentait une école privée très chère à Mumbay. Cela ne m'aurait pas dérangé si je n'avais pas entendu l'homme se vanter qu'il s'assurait de passer plus de six mois par année à l'extérieur de l'Inde pour ne pas payer d'impôts. Autrement dit, dans un pays où 60 % des enfants souffrent de malnutrition, le père de Vikram ne dépensait pas une roupie pour améliorer les conditions de vie de ses compatriotes. Au lieu de cela, il utilisait son argent pour payer à sa famille des vacances en Europe, où son fils pouvait raconter des blagues racistes aux étrangers.

« J'en ai une autre, dit Vikram en pouffant de rire. Comment un étudiant sikh est-il devenu le premier de sa classe ? Quelqu'un a tiré fort sur son turban ! »

Vikram était un garçon sympathique et je l'aurais peut-être jugé moins sévèrement en d'autres circonstances, mais nous avions déjà couvert 1100 kilomètres et j'en avais par-dessus la tête. J'avais vaguement hâte d'arrêter à Gruyères, d'où la fondue au fromage tire son origine. Quand nous quittâmes l'autoroute pour nous garer dans le stationnement d'une fromagerie de démonstration et qu'on nous invita à manger dans une cafétéria d'apparence stérile, je me sentis devenir nerveux. J'entendis le père de Vikram demander à Emma où se trouvait le village de Gruyères.

« C'est à environ une heure de marche d'ici, répondit-elle. Et, malheureusement, comme certaines personnes sont arrivées en retard ce matin, nous ne pouvons nous arrêter plus de quarante-cinq minutes. »

Dans le stationnement, je demandai à un vieux Suisse ce qu'était le château aux murs blancs que je voyais perché sur une colline basse, comme un camembert sur un plateau à fromages, moins d'un demi-kilomètre plus loin.

« *Ça ? C'est le village de Gruyères* * », dit-il.

Je grimpai la colline au pas de course et, cinq minutes plus tard, j'étais dans une charmante petite ville médiévale. Entourée par des remparts datant du XIIe siècle, la rue principale de Gruyères était bordée de boulangeries et de restaurants et conduisait à un château avec des tours et une cour remplie de fleurs. Après m'être fait couper une tranche de gruyère dans une épicerie familiale, je fis un rapide pique-nique de baguette et de fromage sur les remparts, puis je retournai à grands pas vers l'autocar. Quand j'arrivai, mes compagnons n'avaient pas encore fini de payer leurs additions.

« Où étais-tu passé ? » me demanda John tandis que je montais dans l'autobus. Je lui parlai de Gruyères. « C'était si près ? maugréa-t-il. J'ai visité ce village la dernière fois que nous sommes venus en Europe. C'était ravissant. C'est une des principales raisons qui nous ont fait choisir ce voyage. »

Bruxelles sans le Manneken-Pis, le Luxembourg sans son château, Gruyères sans le fromage. L'horaire impitoyable de notre voyage organisé, conçu pour que les touristes en aient pour leur argent (de paysages), avait été établi par un homme qui, au début de sa carrière, était célèbre pour commander des groupes avec des ordres comme : « Châle sur épaules ! Ramasser sacs ! En avant, marche ! » Emma et Global poursuivaient la tradition de Cook. En nous entendant rouspéter un soir contre un autre lever à six heures le lendemain matin, notre guide nous avait grondés avec hauteur : « Vous n'êtes pas en vacances, vous faites un voyage organisé ! » avait-elle proféré. La désinformation faisait manifestement partie de l'arsenal de techniques de contrôle des foules, en évitant au chauffeur et au guide surmenés l'inconvénient de se lancer à la recherche des clients partis à l'aventure.

Cette nuit-là, nous dormîmes à Vevey, cette villégiature lacustre sans charme où Charlie Chaplin était allé lécher ses plaies après ses peccadilles hollywoodiennes. Pour la première fois, nous séjournions dans un respectable hôtel deux étoiles et je vis trois hommes d'affaires dans des sofas rouler les yeux avec effarement et quitter le hall en voyant notre groupe se presser à la réception pour recevoir leurs clés de chambre. Une moitié de moi – le touriste qui voulait juste prendre une douche et faire un somme – pensa : « Allez au diable, espèces de snobs ! Moi aussi, j'ai le droit d'être ici. » L'autre moitié – le voyageur qui avait lui aussi ronchonné en voyant un autocar se garer à côté d'une piazza tranquille – sympathisa tout à fait. J'ai lu suffisamment de perles du discours antitouriste victorien archi-rebattu et je n'ai pas l'intention de gaspiller mon temps à enrichir le canon. Charles Lever était plein de mépris à l'égard des *Cookies* : « Je n'ai jamais rien vu d'aussi fruste : la plupart des hommes sont mornes, et les femmes, un peu plus jeunes, sont ballottées, mais intensément vivantes, très éveillées et facétieuses. » Le Révérend Francis Kilvert était hyperbolique : « Vulgaires, mal élevés, agressifs et détestables… Rien d'étonnant à ce que les chiens les pourchassent et les considèrent comme de la vermine à exterminer. » W. H. Mallock se montrait plus subtil : « En ce qui concerne l'excursionniste… c'est à peine s'il est déjà sorti de chez lui. Il est pour ainsi dire resté assis à regarder des vues stroboscopiques animées. » Les métaphores, innombrables, n'étaient jamais flatteuses : les touristes étaient des insectes envahisseurs, des moutons, des vandales, des animaux de cirque.

Curieusement, lorsque Thomas Cook mourut en 1892, son fils, qui avait la réputation d'être un snob de premier ordre, travaillait à attirer une classe supérieure de touristes. John Mason Cook put finalement se targuer d'organiser des voyages pour l'archevêque de Canterbury et l'impératrice Eugénie de France, et de conduire les fils du prince de Galles en Terre sainte et le kaiser Guillaume II jusqu'au Vésuve. Cook & Son devint bientôt une marque de commerce prestigieuse, comme Louis Vuitton et Chanel. Mais le mal avait été fait : grâce au voyage organisé, les masses avaient été pour toujours mises en mouvement.

Alors que j'essayais de m'endormir dans mon lit étroit à Vevey, je compris que les critiques d'autrefois n'avaient peut-être pas tort : sans les innovations de Cook & Son, la voix de Frank, par laquelle résonnait le Nouveau Monde et dont j'entendais l'écho dans la rue, n'aurait jamais perturbé la sérénité d'un soir en Suisse. D'autre part, sans l'économie d'échelle du tourisme, un jeune Indien de 16 ans comme Vikram, avec qui j'avais parlé de la vie à Mumbay au cours de notre promenade au bord du lac ce soir-là, n'aurait peut-être jamais connu un autre continent. Et je n'aurais jamais parlé pendant une heure des principes du bouddhisme Theravada avec un couple asiatique devant un repas de saumon et de pommes de terre bouillies. (Ils me dirent qu'ils me trouveraient une épouse si jamais je leur rendais visite en Thaïlande. « Pour régler les problèmes financiers, rien ne vaut une Thaïlandaise ! » m'avait affirmé la femme.) Si le voyage organisé en autocar n'était pas la meilleure façon de voyager – en réalité, ce n'était *pas du tout* une façon de voyager –, il pouvait au moins éveiller l'appétit du néophyte pour des nouveaux horizons, comme cela l'avait fait pour moi quand j'étais adolescent. Et montrer au voyageur de quelle façon ne *pas* voyager à l'avenir.

Malheureusement, certaines personnes ne trouvent jamais le courage de tenter autre chose. Le couple thaïlandais me confia que c'était la *cinquième* fois qu'ils faisaient le même voyage organisé par Global. Le lendemain, ma dernière journée complète dans l'autocar, nous nous arrêtâmes à Beaune, capitale vinicole de la Bourgogne, et j'allai m'asseoir avec Bruce et Peggy, un couple canadien tranquille, qui mangeaient des sandwiches dans le square municipal. Âgés d'environ 70 ans, ils me dirent qu'ils avaient déjà fait plusieurs voyages en Europe, parfois seuls, parfois en groupe. Je leur demandai s'ils étaient satisfaits de cette expérience.

« Ma foi, on ne nous apprend rien et on ne nous met en garde contre rien », dit Bruce.

Dans ce cas, pourquoi ne pas voyager de façon indépendante ?

« Nous vieillissons, m'expliqua Peggy, et quand je vois certaines des distances que nous avons couvertes sur l'autoroute, je crois pas que nous serions encore capables de faire ça. Et dans le cas de pays comme la Hongrie, que nous avons visités au cours d'autres voyages, on n'a pour ainsi dire pas le choix. La langue est si différente et il faut parfois mettre jusqu'à deux heures pour traverser la frontière. Et, comme vous avez dû le remarquer, on nous fait voir beaucoup de choses en une seule journée. »

Bruce prit un air songeur. « Mais j'aurais peut-être pu le faire tout seul », dit-il.

« Bon, annonça Emma, j'espère que vous avez apprécié Beaune, où nous avons eu l'occasion de boire un verre de vin français typique. Et vous aurez peut-être la chance de revenir et de passer plus de temps ici. Sans trop vous enivrer, j'espère. »

Le reste de l'après-midi fut étrangement morne. John, qui avait vidé une bouteille de bourgogne au repas du midi, était allongé sur le siège arrière, sa tête sur les genoux de Mary. Même Frank restait silencieux et contemplait rêveusement les champs de moutarde sauvage. Le voyage approchait de sa fin et les gens avaient l'air de réaliser à quel point ils s'étaient fait rouler. Quand Emma distribua des formulaires d'évaluation, on en vit beaucoup se mettre à griffonner avec véhémence.

Il restait toutefois de l'espoir : Paris, Ville lumière ! Alors que nous nous mêlions au trafic de l'heure de pointe sur le *périphérique**, l'immense anneau qui ceint Paris, Emma entreprit de réciter une litanie de clichés. « Paris est une ville magique, une ville très cosmopolite. Les Parisiens ne sont pas tous insolents, mais ils sont très égocentriques. Ils se garent n'importe où et, pour eux, les feux de circulation sont purement décoratifs, alors faites attention quand vous traversez la rue. Il y a beaucoup de pickpockets dans les parages, alors, messieurs, si vous voulez perdre votre portefeuille, il suffit de le garder dans votre poche arrière. »

De telles inanités me rendaient malade. J'avais vécu quatre ans à Paris et je ne m'étais jamais fait piquer mon portefeuille. (Il faut admettre qu'il n'avait jamais contenu beaucoup de francs.) J'étais arrivé en France à l'âge de 22 ans, après avoir passé une très mauvaise année dans ma ville natale. À la fin de l'adolescence, j'avais eu un penchant pour l'acide, la marijuana et toutes les drogues sur lesquelles je pouvais mettre la main et, après mes études universitaires, j'avais glissé au ralenti sur la pente de l'héroïne et des tranquillisants, avec les cuillers noircies, les aiguilles émoussées et les avant-bras couverts de bleus que cela comportait. Je m'étais sorti de ma dépendance de plus en plus grande le temps de gagner l'argent d'un aller simple vers l'Europe. C'était un cas de ce que les Français appellent la *fuite en avant**, fuir ses problèmes en plongeant tête première. Je ne savais pas qui ni où je voulais être ; je savais seulement que j'avais besoin d'être loin, d'être ailleurs. Je m'établis à Paris, un lieu convenable pour me réinventer. Après tout, ça avait fonctionné pour Henry Miller.

Moins d'un an plus tard, je vivais avec une étudiante en danse originaire de Bretagne, je me débrouillais en français et je donnais des cours d'anglais à des comptables et à des médecins. J'avais malheureusement aussi découvert que les pharmaciens français acceptaient de vendre ouvertement des calmants, du sirop pour la toux mêlé d'opium et des barbituriques. J'avalais tout ça avec une bouteille de pinard. Loin de mêler vie de bohème et labeur acharné, je n'arrivais plus à articuler les subjonctifs, je trébuchais sur les pavés et je manquais chroniquement le dernier métro. Le voyage était une forme d'évasion, mais l'alcool et la drogue l'étaient aussi, et j'avais découvert un exil dans mon exil. Il me fallut encore trois années de gueule de bois et de santé déclinante, puis une crise d'épilepsie provoquée par l'usage des stupéfiants, pour mettre un terme à mon expatriation. Je rentrai chez moi, jurai de renoncer à l'alcool et à la drogue, épousai ma petite amie française et commençai à écrire. Le mariage prit fin, à l'amiable, quelque deux ans plus tard, mais je restai propre et je fis sur mon propre territoire ce que je n'avais pas réussi à réaliser à l'étranger : je commençai à gagner ma vie comme auteur.

Je n'ai jamais totalement réussi à séparer l'idée du voyage – fuite géographique – de la question plus complexe de la fuite de soi-même. Si le voyage promettait une libération des contraintes sexuelles et sociales, il était aussi, pour moi, lié à ma propre fuite de l'intoxication. Durant mes récentes expéditions, je m'étais permis quelques incartades – la tournée des bars à Barcelone, des beuveries à l'absinthe –, en expliquant qu'il s'agissait de transgressions commises volontairement à des fins journalistiques. C'était également quelque chose que j'avais envie de faire : à tous les deux ou trois mois, j'allais à l'étranger écrire une couple d'articles de voyage et m'enivrer légèrement en goûtant aux spécialités locales. Mais, cette fois, j'avais devant moi des mois de voyage ininterrompu. Après une semaine d'autocar, les braiments de Frank et l'ennui qui m'envahissait, je louchais avec une véritable convoitise vers les bouteilles de vin gratuites sur la table au moment du repas.

J'aperçus la croix verte clignotante d'une pharmacie parisienne. Une petite visite chez l'apothicaire et j'aurais tout ce dont j'avais besoin pour chasser les heures de déprime et les nuits d'insomnie. Par un grand effort de volonté, j'enfouis ce désir au plus profond de moi.

Emma divaguait toujours. « À Paris, on embauche chaque année des centaines de personnes seulement pour ramasser les crottes de chien », dit-elle.

Global nous avait parqués dans un no man's land à l'extérieur des limites de la ville, en face du *périphérique** près de la porte de Montreuil, dans un immeuble de 325 chambres d'une chaîne hôtelière. À la réception, deux commis surmenés nous remirent nos clés, puis Frank et moi prîmes l'ascenseur jusqu'au dix-huitième étage. La chambre, minuscule, évoquait un dortoir dans un sous-marin de plastique. Les draperies puaient le tabac brun, les fenêtres n'ouvraient pas et, pour ajouter à l'horreur de Frank, il n'y avait qu'un lit.

« Je vais aller leur dire ma façon de penser ! » tonitrua-t-il.

Il revint quelques minutes plus tard, fulminant. Les commis lui avaient dit de regarder sous les couvertures : il y avait deux lits jumeaux qui pouvaient être séparés. Frank se mit au travail, réorganisant la chambre avec des gestes bourrus, s'assurant qu'il n'y avait aucune possibilité de contact fortuit.

Je décidai de dissiper tous ces doutes au sujet de mon hétérosexualité. « Je vais aller voir le spectacle de french cancan, dis-je. J'adore voir danser les Françaises. Ça te dit ?

– Non, répondit-il. Va t'éclater, mon vieux. »

Hum. L'idée me traversa l'esprit que c'était peut-être moi qui devrais me méfier de Frank.

Dans le hall, je tombai sur l'Indien empressé qui m'avait demandé de lui montrer mes notes. « C'est maintenant, le spectacle de cabaret ? » me demanda-t-il. Pour l'occasion, il avait revêtu un complet croisé, avec l'épinglette du Rotary Club sur le revers de son veston.

Nous prîmes le *périphérique** jusqu'à Pigalle et, tandis que nous nous garions à côté d'un autobus Contiki bondé d'Australiens braillards, déjà bien imbibés de bière, je remarquai que, aux étages supérieurs des immeubles du boulevard Haussmann, les balcons arboraient des enseignes sur lesquelles on avait écrit « *Non aux autocars** ! ». Notre groupe se dirigea *en masse** vers La Nouvelle Ève, un Moulin-Rouge du pauvre, où une demi-bouteille de champagne coûtait quand même 73 euros. Pendant que nous faisions la queue rue Fontaine en attendant que sortent les clients du premier spectacle, j'engageai la conversation avec John et Mary. Tout fringant dans son costume bleu, John me confia qu'il avait cessé de boire démesurément depuis une cuite mémorable, alors que, dans une crise de péristaltisme, son œsophage faisait remonter dans sa bouche la bile de son estomac. Le voyage organisé semblait toutefois ébranler sa détermination, et, lorsqu'un serveur asiatique nous eut conduits à notre table, John prit sa coupe de champagne gratuite. (Moi aussi. Ça ressemblait assez à du Baby Duck tiède.)

Le spectacle était une version gauloise de la soirée de folklore suisse, avec des nichons et des fesses à la place des claquettes et des cors des Alpes. Des danseuses aux longues jambes et aux petits seins se pavanaient de guingois devant un arrière-plan de panneaux peints représentant la tour Eiffel et l'Arc de triomphe. « *C'est La Nouvelle Ève… C'est formidable** ! » psalmodiaient-elles interminablement. J'étais assis si près d'elles que je distinguais les boutons d'acné sous les couches de fond de teint et les mailles filées dans les bas résille. Pendant que Mary était aux toilettes, j'avouai à John que j'étais surpris de le voir dans un voyage organisé – ce n'était pas son genre.

« Tu as raison, mais Mary avait envie d'essayer ça. Si nous avions vécu au Royaume-Uni, nous aurions probablement fait autre chose. Nous aurions loué une voiture et voyagé seuls. Mais quand on vit en Australie, ce n'est pas facile d'aller en Europe. Et c'est vrai qu'on voit bien des choses en une seule journée. » Bruce et Peggy m'avaient dit ça, eux aussi. Et, comme John, ils avaient grogné que, en réalité, ils n'avaient pas vu grand-chose.

Une blonde vénitienne qui parlait avec un accent de l'Europe de l'Est choisit quatre victimes parmi le public, dont Rajput, de Chennai. Elle leur proposa un concours de danse et Rajput, en cardigan et en mocassins, s'en tira plutôt honorablement dans une « danse des canards » exécutée au son tonitruant d'un air disco des années 1970. Un Canadien, avec sa braguette à moitié ouverte, son trac tournant peu à peu à la panique, retourna s'asseoir sans avoir esquissé un seul pas de danse.

« Vous autres, Canadiens, êtes vraiment très timides, déclara John en se tournant vers moi. C'est parce que vous avez laissé la police montée pacifier la frontière à votre place.

– Touché* », répondis-je dans les deux langues. Comme j'avais aussi la diplomatie qui caractérise mon pays, je m'abstins poliment de faire allusion au patrimoine héréditaire des félons alcooliques de son pays d'adoption.

De retour à l'hôtel, je trouvai Frank dans son lit en train de regarder Steve McQueen en version doublée transpirer sur l'île du Diable. « Il y avait des filles, Frank, dis-je, emballé. De belles filles. Les seins nus. Tu aurais dû venir. »

Il n'eut pas l'air impressionné ; il devait penser que c'était un truc pour lui faire baisser sa garde. « Bonne nuit, mon vieux. Ne te laisse pas attraper par le bonhomme Sept-Heures. »

Le lendemain, je ne participai pas à la visite de la tour Eiffel et de Notre-Dame. L'idée d'être trimballé avec le reste du troupeau dans cette ville élégante, mon ancien chez-moi, était trop humiliante. Quand je revins à l'heure du dîner, Frank entra en trombe dans la chambre, coiffé d'un nouveau béret rouge à la place du chapeau tyrolien qu'il avait acheté en Suisse.

« J'arrive de Fountain-blow ! » m'annonça-t-il. Il avait une cassette vidéo pour le prouver et il me montra un enregistrement tremblé du château que Napoléon avait fait construire à Fontainebleau pour Joséphine. « Tu n'as rien manqué, ce matin. Une vraie honte, cette visite. On ne s'est même pas arrêtés aux jardins des Tool-eries comme ils l'avaient promis. On est entrés et sortis de Notre-Dame comme ça ! » hurla-t-il en faisant passer une paume sur l'autre. « Pour la tour Eiffel, on n'a eu que cinq minutes. Je suis allé à *Fountain-blow* par mes propres moyens, et j'ai pu me promener autant que je le voulais. La visite de ce matin était une farce. Une farce ! »

Je devais le reconnaître. Frank tempêtait, il se plaignait et, parce qu'il entendait en avoir pour son argent, il recevait en général ce qu'il voulait. Si la plupart des participants à ce voyage organisé – particulièrement mes compatriotes canadiens – avaient passivement maugréé, Frank avait pour sa part fait preuve d'une rare ingéniosité. Alors qu'Ina et un groupe de femmes renoncèrent à explorer le *quartier** et rentrèrent à l'hôtel avec des sacs de McDonald's, Frank avait organisé sa propre expédition vers un château à l'extérieur de Paris.

Je lui demandai s'il referait un voyage avec Global.

« Tu rigoles ! Je suis capable de faire mieux tout seul ! vociféra-t-il, livide. J'ai gardé ma feuille d'évaluation pour aujourd'hui et ils vont savoir ce que je pense d'eux ! »

Le lendemain matin, je descendis à la salle à manger pour faire mes adieux. Mes compagnons de voyage retournaient à Londres. Vikram me donna son courriel, Ina m'invita à lui rendre visite à Mumbay et Frank m'écrivit son numéro de téléphone au cas où j'irais un jour jusqu'à Kalamazoo (« Et amène ta petite amie ! » ajouta-t-il, encore sceptique). Emma souriait – elle venait tout juste d'apprendre qu'elle avait trois jours de congé avant son prochain voyage organisé. Je lui demandai ce qu'elle comptait faire de son temps.

« Eh bien, crois-le ou non, je vais dormir, en fait. » (J'avais l'impression qu'elle allait plutôt tomber dans les pommes, ivre morte, en fait.)

Pâle comme un mollusque, rêvant sans doute de cocktails polynésiens à la noix de coco à Rarotonga, Manu m'envoya mollement la main avant de refermer la porte.

Je regardai le village Global s'engager sur le *périphérique**, se mêler à d'autres communautés touristiques semblables sur les voies encombrées, jusqu'à ce qu'il ne soit plus qu'une silhouette parmi tous les autres autocars venus d'Italie, de Croatie, d'Angleterre, de Pologne, des Pays-Bas. De retour dans ma chambre, je jetai un coup d'œil par la fenêtre sale, impossible à ouvrir, d'un hôtel sans âme de la banlieue parisienne. La brochure de Global était sur la table de chevet ; elle débordait de photos en couleur de jeunes Françaises faisant voler leurs fanfreluches au-dessous de la tour Eiffel – l'éternelle et vague promesse du voyage exotique. C'était étrange de voir comment le tourisme de force industrielle pouvait réduire l'Europe à un ennuyeux *road movie* regardé depuis un siège d'autocar, un sentiment tenace d'avoir été berné et un postérieur endolori.

Je me secouai, lançai la brochure dans la poubelle et j'allai faire une longue marche dans les rues de Paris.

CHAPITRE IV

Il n'y a plus de classe

Déclin des standards à la gare de l'Est – Mes illustres ancêtres – Le luxe de l'âge d'or du voyage – Trouver un endroit convenable où loger à Baden-Baden – Les charmes de l'hypocondrie – Je bois de l'eau radioactive – La promesse d'une baignade nudiste mixte – Astiqué avec une brosse de cheval – La naissance du spa – Acheter des teintures – Trucs allemands – Jadis, les riches avaient de la classe – *Nichts geht mehr* – Puni dans un sauna – César Ritz a tout commencé – Avec les VIP – Où je perds à la roulette la chemise que j'avais louée

AH! LES BEAUX JOURS D'AUTREFOIS! Si je m'étais trouvé à la gare de l'Est de Paris, en 1908, disons, je n'aurais pas été obligé de fouiller sous ma chemise, dans la ceinture où je gardais mon argent et de sortir mon *billet** pour le composter dans la machine tout en gardant un œil sur le junkie au visage couturé de cicatrices qui marmonnait en faisant le tour de mon sac à dos – tel un vautour. J'aurais sûrement fait la traversée depuis New York sur l'*Amerika*, le premier paquebot de luxe doté d'un ascenseur; à bord, on m'aurait présenté un menu établi par Auguste Escoffier, j'aurais été servi dans de la porcelaine fine par un personnel formé par César Ritz et j'aurais dormi sur un matelas de plumes dans une cabine décorée par Charles Mewès. Quand je serais descendu à Londres, des porteurs auraient transporté mes malles signées Louis Vuitton jusqu'à une voiture pullman, attendant à la gare Victoria, et un serveur en veste blanche m'aurait apporté du café et des sandwiches au saumon fumé pendant le trajet jusqu'à Douvres. Un saut rapide au-dessus de la Manche et je serais monté à bord du luxueux *Calais-Méditerranée*, où j'aurais fait des jeux de patience jusqu'à mon arrivée à Paris. Mes bagages auraient été transférés sur un train allant vers l'est et j'aurais tué les quelques minutes avant le départ en regardant les wagons-lits bleu roi de l'*Orient-Express* à destination de Constantinople, qui partait sur l'autre voie. Patience, me serais-je dit pour me consoler : le harem du sultan devra attendre mon prochain voyage. Cette fois, je suis venu en Europe pour la Cure.

De nos jours, voyager n'a pas autant d'élégance. Sous la voûte vitrée de la gare de l'Est, il n'y avait aucun porteur en vue et je dus coltiner tout seul mon sac jusqu'à un wagon de deuxième classe déglingué à l'extrémité du train de la SNCF. Juste avant le départ, un sourd-muet avait laissé tomber une paire de ciseaux pliants sur le vinyle déchiré de mon siège et un mendiant m'avait fait le long récit de ses malheurs avant d'être chassé par un conducteur. Le trajet de cinq heures jusqu'à Strasbourg fut une symphonie de téléphones cellulaires et quand, après un autre changement à Offenburg, nous arrivâmes à la gare utilitaire de Baden-Oos, j'attendis qu'un autobus municipal me conduise au centre-ville. Si j'étais arrivé à Baden-Baden à l'époque héroïque du voyage de luxe, je serais descendu à la gare néo-Renaissance et j'aurais passé mon temps à repousser les cochers et les droskis rougeauds qui auraient rivalisé pour me prendre dans leur fiacre. Et voilà à quoi nous en sommes réduits, songeai-je avec regret en me débattant pour monter dans l'autobus : au transport en commun.

En fait, à la *Belle Époque**, j'aurais presque sûrement été l'un de ces droskis au visage rouge et non pas un passager privilégié. Mes ancêtres viennent du comté Down et de Kiev, et s'il existe quelque chose de plus rare qu'un aristocrate irlandais dans les pages du *Who's Who*, c'est un noble globe-trotter ukrainien. (À moins qu'un nom ne m'ait échappé : le duc de Donnybrook ? Le marquis de Mogilev ?) Au XIXe siècle, les aspirations des gens de mon patrimoine génétique se limitaient à fabriquer de l'alcool de navets. Nous ne voyagions pas : nous émigrions.

Le voyage s'est démocratisé et j'en suis la preuve vivante, pensai-je : moi, un métis sans classe du Nouveau Monde, je n'avais qu'à montrer mon passeport pour pénétrer dans les citadelles d'un vénérable point d'eau de la monarchie européenne. Après tout, Baden-Baden fut créé pour exclure des gens de mon espèce Les représentants des classes supérieures avaient longtemps été les plus enthousiastes des voyageurs – en vérité, ils faisaient partie des rares personnes pouvant se permettre de faire des pèlerinages en Terre sainte ou d'interminables tours d'Europe. Mais, lorsque le chemin de fer se développa et mit la plèbe en mouvement, les *happy few* commencèrent à chercher refuge dans des villégiatures exclusives, créant dans le monde du voyage un âge d'or d'un faste insurpassé. Vers 1872, alors que Thomas Cook conduisait ses premiers touristes autour du monde, un réseau de paquebots de luxe, de wagons-lits de première classe et de palaces émergea et le voyage devint une façon agréable de glisser à travers des climats étrangers dans des voitures pullman et des transatlantiques de ligne Cunard. Encouragée par une période de paix européenne – conséquence de l'unification de l'Italie en 1861 et du fait que l'Allemagne fût devenue un État après la guerre franco-prussienne –, la *crème** put fréquenter les *salons privés** de la planète, les halls d'hôtel et les salles d'attente de première classe comme s'il s'agissait d'ailes ajoutées au loin à leurs vastes manoirs.

Alors que le voyage par train avait conduit les hordes de Cook à la Riviera, dans les Alpes et aux chutes Niagara, les barons du chemin de fer trouvèrent bientôt une façon de faire du train un instrument de démarcation de classe. À partir de la première excursion de Cook en 1841, un réseau ferroviaire encore plus labyrinthique avait étendu ses rhizomes en Europe et en Amérique du Nord. L'invention de la dynamite en 1867 accéléra le creusage du Mont-Cenis, permettant un service direct entre Genève et Turin sans avoir à utiliser des mulets.

On put bientôt aller de Londres à Rome en trois jours, alors qu'au XVIIIe siècle on mettait trois semaines pour faire le même trajet en chaise de poste. Vers la fin des années 1870, un réseau de rails en acier s'entrecroisant dans les gares en gigantesques nœuds relia les grandes villes européennes, de Paris à Varsovie.

Au cours des premières décennies, le voyage en train était inconfortable et sans dignité. La majorité des trains européens n'étaient pas chauffés et rares étaient ceux qui étaient dotés de toilettes ou d'un wagon-restaurant. Les passagers devaient se précipiter vers les toilettes et les buffets pendant les brefs arrêts aux gares et ils devaient s'attendre à arriver à destination les yeux larmoyants, le dos endolori par les bancs de bois et le plastron maculé de suie. Ce fut aux États-Unis, où de grandes distances étaient parcourues dans un grand inconfort, qu'un entrepreneur de Chicago du nom de George Pullman construisit le premier wagon de luxe. Son *Pioneer* – bronze, noyer et tapis de haute laine – fut inauguré en grande pompe lorsqu'il transporta le corps d'Abraham Lincoln entre Chicago et Springfield. La publicité qui en résulta dans la presse fit la fortune de Pullman et 48 de ses wagons-lits furent mis en circulation sur les voies ferrées américaines en 1867.

Les premiers wagons étaient de simples couchettes entourées de rideaux et disposés dans un long corridor – dans *Certains l'aiment chaud*, Jack Lemmon s'occupait de Marilyn Monroe dans une reproduction d'un lit pullman – et ils choquèrent la sensibilité des Européens en plaçant les hommes et les femmes dans les mêmes voitures. Un Belge appelé Georges Nagelmackers convainquit l'imprudent Pullman de lui faire visiter ses ateliers et, à son retour chez lui, le jeune banquier persuada le roi Léopold II d'investir dans une compagnie qui finirait par s'appeler la Compagnie internationale des wagons-lits. Ses wagons-lits gérés séparément, attachés aux trains réguliers et offerts aux passagers qui payaient un supplément, convertirent les compartiments individuels de style européen en petites chambres dotées de couchettes pliantes pouvant accueillir quatre personnes et leur assurer un niveau plus convenable

d'intimité. Si Pullman et Wagons-Lits (de même que l'éphé-
mère et bien nommée Mann Boudoir Sleeping Car Company)
finirent par rivaliser en Europe, ils inaugurèrent ensemble une
ère d'opulence sans précédent dans le domaine du voyage en
train. Le service Pullman fit ses débuts à Brighton en 1879 et
le joyau de Nagelmackers, l'*Orient-Express*, quitta pour la
première fois Paris en direction de Constantinople quatre
ans plus tard (le prix d'un aller-retour équivalait à peu près
au loyer d'une élégante maison de ville à Londres). Les voyageurs nantis avaient, bien entendu, leurs propres wagons.
En Amérique, les industriels se vantaient de leurs « vernis »,
wagons privés bien astiqués avec coffre-fort et majordome ; le
financier Jay Gould se déplaçait avec sa vache préférée, dont
le beurre soulageait sa dyspepsie.

Associées au lancement de l'*Oceanic* de la White Star
Line, premier véritable transatlantique de luxe, les améliora-
tions apportées au service ferroviaire impliquèrent que, vers
les années 1880, un réseau conçu pour les nababs était fermement établi et que l'élite pouvait voyager sans risquer d'avoir
à frayer avec les classes plus humbles. Baden-Baden, avec son
formidable triumvirat formé du Grand Hôtel, du Casino et du
Spa, fut l'une des plus prestigieuses escales du tour d'Europe
des derniers jours pour les grands de ce monde. Avec Monte-
Carlo, Aix-les-Bains, Nice et tous les autres Baden germaniques, l'endroit offrait un refuge à l'élite sociale : Napoléon III
habitait à l'hôtel Stéphanie-les-Bains et la reine Victoria, le
kaiser Guillaume Ier et le tsar Alexandre II séjournaient dans
leurs propres villas. Aujourd'hui, Baden-Baden est un ana-
chronisme, une enclave dans la Forêt-Noire qui, pour une raison quelconque, échappa aux bombardements de la Deuxième
Guerre mondiale et qui est même désormais immunisée contre les indignités du tourisme en autocar à cause de ses tarifs
élevés et du tunnel de trois kilomètres et demi qui garde
l'Autobahn hors du centre-ville.

Le système de filtration du point d'eau avait pourtant des
lacunes : après tout, il m'avait bien laissé passer, *moi*. Déambu-
lant, avec mon sac à dos gris souris, sur la promenade bordée

de marronniers qui longeait la rivière Oos, je représentais de toute évidence un élément contaminant dans un écosystème bien réglé. J'avais l'impression, juste à respirer, de violer une demi-douzaine de décrets civiques (*eins* : avoir l'intention de traverser en dehors des passages protégés ; *zwei* : tenter d'établir un contact visuel avec un passant ; *drei* : avoir moins de 60 ans dans un lieu public – 500 euros, *schnell* !).

À la Trinkhalle – la buvette où les *souffrants** prenaient jadis leurs eaux, à présent l'office de tourisme de Baden-Baden –, une préposée francophone serviable fit courir un doigt à l'ongle long jusqu'au bas d'une liste et m'écrivit l'adresse de ce qui était à ses yeux un hôtel à prix raisonnable.

Tout en montant l'escalier à côté d'une gigantesque statue de Bismarck, j'étais prêt à affronter le pire. C'était après tout un vendredi 13, je me trouvais dans la Forêt-Noire, je ne parlais pas allemand et j'étais entouré de gens fortunés. Mais l'hôtel Am Markt, sur la place d'une église sous une paroi en terrasse surmontée d'un château, semblait très bien. Le directeur méticuleux au nez chaussé de lunettes m'assigna une chambre qui, bien que sans salle de bains, était pourvue d'un bureau et d'un lavabo. Si j'avais fait attention, son principal inconvénient m'aurait immédiatement sauté aux yeux. Quand on demande une chambre, il est sage de poser les questions suivantes : l'établissement se trouve-t-il à proximité d'une rangée de conteneurs de recyclage de bouteilles ? Un coq crèche-t-il dans les parages ? Enfin – question cruciale –, y a-t-il une grosse église balourde dotée d'une énorme cloche de l'autre côté de la rue ?

En ce qui concerne l'hôtel Am Markt, la réponse à la troisième question était évidemment : *Dong* ! Pendant la semaine qui suivit, j'allais apprendre à connaître les habitudes sonnantes de mes voisins pointilleux à la Stiftskirche, à l'arrière de laquelle les adeptes locaux de la planche à roulettes avaient – avec assez d'à-propos, selon moi – vaporisé « 666 » en rouge flamboyant. Le matin, les tintinnabulements qui résonnaient tous les quarts d'heure depuis l'église évoquaient une sorte de réveil public obligatoire. Toute paresse était vaincue, sauf chez ceux que la Pilsner avait plongés dans le coma. (J'appris sans surprise que c'était au très bon peuple du Schwarzwald allemand et à son attitude morale envers le travail, plutôt qu'aux Suisses – *pace* à Harry Lime et à son sarcasme « Cinq cents ans de paix et de démocratie et voilà ce que ça te rapporte » –, que l'on devait l'invention de l'affreux coucou.) Si j'osais me coucher pour faire une petite sieste l'après-midi, c'était toujours juste avant un récital de cloches métalliques qui me donnait envie de faire passer mon traversin par mes oreilles. Je me demandais quelle serait la réaction dans nos villes soi-disant égalitaires et multiconfessionnelles si, un matin de sabbat, les muezzins des mosquées, les chantres des synagogues et les sonneurs de gong des stoûpas osaient produire autant de décibels que leurs fanfarons de frères chrétiens.

Ce genre de problème ne risquait pas de se poser dans la ville caucasienne de Baden-Baden. Une pluie fraîche venait de rincer l'asphalte, la laissant impeccable, et l'eau lavait d'une manière ordonnée les bords de trottoir rectilignes. L'endroit était si blanc que, en comparaison, Lucerne aurait eu l'air cradingue. Les chauffeurs de taxis conduisaient des Mercedes de couleur crème et, sur les pavés de la Langestrasse, la rue piétonnière bordée de boutiques, même les musiciens ambulants avaient de la classe : les musiciens aux cheveux longs d'un quatuor à cordes avaient ouvert un étui à violon, à présent rempli de billets de banque, et ils interprétaient une version soporifique de *Yesterday*. Des femmes au visage couvert d'une épaisse couche de fond de teint, portant des vêtements aux épaules rembourrées, sortaient de magasins de chapeaux et une poignée de jeunes en planche à roulettes sillonnaient la place devant le village McDonald's en grignotant des trucs ésotériques – *Schwip-Schwap* au coca et *America-Cream Flavored X-cut Crunchies*. Dieu merci, l'Allemagne accueille un petit nombre d'immigrants et je pus calmer ma fringale avec un kebab végétarien dans un des rares restaurants turcs de la ville.

Cela dit, Baden-Baden était un endroit charmant, une petite ville, pour ainsi dire, d'un certain âge. La sage rivière Oos (qu'on aurait dû appeler le « ru »), charriait des familles de canards sauvages sous des ponts en fer forgé menant à d'au-gustes villas. Les bouleaux et les platanes centenaires de la pro-menade centrale, la Lichtentaler Allee, se fondaient dans les collines de la Forêt-Noire, au milieu de laquelle se cachaient les toits mansardés de maisons impassibles. En retournant vers mon hôtel, j'étouffai un bâillement qui menaçait de se transformer en un haussement d'épaules existentiel. Vu mon ancienne propension à gober des pilules et l'intérêt croissant que j'éprouvais à l'égard des spécialités locales, Baden-Baden risquait d'être un lieu où je devrais me tenir sur mes gardes. Je ne savais pas encore très bien ce que je ferais la semaine sui-vante – peut-être me lier d'amitié avec les adeptes de la plan-che à roulettes, ou entreprendre une carrière de gigolo avec les dames en tailleur Chanel –, mais une chose était sûre : j'allais enfin être en contact avec mon moi hypocondriaque.

J'ÉTAIS DEPUIS LONGTEMPS intrigué par l'allure guindée des spas comme endroits de villégiature. Des images d'élégance désuète défilaient dans mon esprit : dans *Le souffle au cœur* de Louis Malle, le héros, un adolescent asthmatique, est lavé au jet par des infirmières en sarrau blanc et il passe l'été dans un grand hôtel à lire les souvenirs de Marcel Proust sur Cabourg, un village de la côte normande qu'il a romancé sous le nom de Balbec. Je m'imaginais souffrant d'un mal rare comme la goutte, la sciatique ou le lumbago (n'importe quoi, en fait, qui obligeait à marcher avec une canne à tête d'aigle), ne pouvant être soulagé qu'au moyen de traitements obscurs comme le drainage lymphatique ou l'électrothérapie. Comme Dumas, Stendhal et Balzac avant moi, je serais un gentleman écrivain cherchant l'inspiration et la solitude dans les sentiers moussus de la Forêt-Noire.

À mon hôtel, dans la salle où l'on servait le petit-déjeuner, de frêles vieillards portant des vestons avec des pièces de cuir aux coudes faisaient la queue à mes côtés pour recevoir un bol de muesli où le lait était déjà versé, des œufs à coquille brune gardés au chaud dans une terrine remplie de sable et des brioches à la croûte foncée saupoudrées de graines de tournesol, après quoi ils clopinaient seuls jusqu'à leur table pour lire *Die Welt*. Dehors, il s'était remis à pleuvoir. Je fis le tour de la Stiftskirche, contournai la base de la colline boisée Florentine qui montait jusqu'au château, puis je descendis un escalier à côté de l'établissement des bains.

La colline, avec ses bosquets touffus et ses tunnels utilitaires clôturés et verrouillés, était la source de la réputation de Baden-Baden : au premier siècle de notre ère, les légionnaires romains trouvèrent de l'eau chaude qui jaillissait en bouillonnant de la pierre et ils érigèrent des bains sur le site. Les ruines des bains des soldats étaient conservées derrière un mur de verre dans un stationnement souterrain et je dus m'aplatir contre une grosse Mercedes pour avoir une meilleure vue de la chose. À l'aide de la brochure achetée à la Trinkhalle, je distinguai le *tepidarium* et la fournaise au toit voûté dans la pénombre.

Au IIIᵉ siècle, l'empereur Caracalla fut guéri d'une blessure grâce aux sources chaudes locales et, en signe de reconnaissance, il fit agrandir les bains de façon à ce que les officiers et les nobles puissent en profiter. Les tribus germaniques – en bons barbares, ces gens n'accordaient pas une importance démesurée à l'hygiène – avaient réduit les bains des soldats à un amoncellement de piliers de briques et de mortier émietté d'une hauteur de trois mètres. Les ruines des bains impériaux, bien plus perfectionnés, n'ont pas encore été excavées et se trouvent sous la Stiftskirche – une preuve supplémentaire, si besoin était, de la nécessité de démolir cette horreur criarde.

À l'extérieur, une niche avait été creusée dans la paroi rocheuse. Un jet d'eau coulait d'un robinet dans un bassin façonné dans la pierre, bassin couvert de bourgeons minéraux bruns et verts d'apparence peu saine. Une plaque de pierre tachée précisait qu'il s'agissait de la Fettquelle, l'une des 23 sources produisant chaque jour 800 000 litres d'eau minérale fraîche. L'eau cascadait à travers le granit de la Forêt-Noire à une profondeur de 2000 mètres et la Höllquelle, ou source de l'Enfer, la source la plus chaude de toute l'Europe, se déversait à 68,8 degrés Celsius. Toutes les sources sont radioactives, et une gorgée bue à Baden-Baden contient de l'arsenic et du strontium, en plus du sel, du potassium et du fer. Je remplis ma bouteille de plastique et je bus une lampée en me retenant de cracher quand le liquide salé, au goût métallique, inonda mes papilles gustatives. J'eus assez l'impression d'avaler une gorgée d'eau tiède de la mer des Antilles et de faire passer le tout avec un petit verre de baryum.

Les gens avaient l'habitude de boire ça *tous les jours* – n'empêche que, à l'exception de quelques rares touristes qui ingurgitaient péniblement un verre à la buvette, je ne vis pendant mon séjour aucun *curiste** moderne s'imbiber. Un peu nauséeux, je marchai une centaine de mètres en direction de la pompeuse entrée du Friedrichsbad. L'endroit était également connu comme l'établissement de bains romains-irlandais, appellation qui, tout en suscitant des images de sylphides nues folâtrant avec des légionnaires, évoquait un penchant celtique à se servir de pierres chauffées par le feu pour créer des saunas en plein bois. Comme la plupart des établissements de bains, celui-ci était investi d'une charge légèrement érotique. Tout un sous-genre un peu niais de la peinture académique française est consacré aux hammams bondés de jeunes gens nubiles récurés par des Nubiens et la propagande en faveur des spas met depuis toujours l'accent sur l'aspect émoustillant de la baignade mixte. La brochure en couleur du Friedrichsbad ne faisait pas exception : on y voyait des tendrons d'une vingtaine d'années, à la poitrine coquine, avec des serviettes qui glissaient sur leurs fesses roses lorsqu'elles se penchaient pour boire de l'eau à des fontaines à col-de-cygne. La promesse était claire. Comme à l'époque décadente des premiers bains romains, quand hommes et femmes se baignaient ensemble et que *bagnio* était synonyme de bordel, une incursion au Friedrichsbad allait être une histoire d'œillades torves et de rencontres dans la vapeur de pataugeuses rococo. Les caryatides effarouchées de la façade, échouant sottement à retenir leur tunique sur leurs seins, semblaient offrir un avant-goût des délices qui nous attendaient à l'intérieur.

« Montez l'escalier », m'enjoignit l'employée de la réception ; quand, voulant faire mon malin, j'essayai de me renseigner sur les traitements Fango et la *Krankengymnastik*, elle se contenta de hausser les épaules, l'air de dire qu'il n'entrait pas dans sa description de tâches de donner des réponses détaillées en anglais. « Femmes à gauche, hommes à droite. »

Dans le vestiaire à l'étage, je me déshabillai complètement et laissai mes vêtements dans un casier, puis je pris d'une pile posée sur une chaise une mince serviette blanche assez grande pour être portée comme une toge. Alors que je l'enroulais autour de ma taille, un préposé d'âge moyen ressemblant à un tonneau de bière d'un grognement m'intima l'ordre de la remettre immédiatement à sa place et pointa le doigt vers une rangée de crochets muraux dans les douches. Deux autres grognements semblèrent vouloir me dire de chausser une paire de sandales blanches en caoutchouc. À présent dans la plus humiliante des conditions – chaussé, mais nu comme un ver –, je me dirigeai en traînant les pieds vers une énorme douche en acier inoxydable qui avait l'air d'avoir été commandée par Buck Rogers aux ateliers d'Hector Guimard. Le préposé monosyllabique me montra le mode d'emploi : en actionnant un levier gigantesque le long d'un grand arc, je pouvais produire un jet d'eau coulant à travers des centaines de trous percés dans une pomme de douche de la grosseur d'un lampadaire.

« *Kalt* », dit-il, en tirant ce levier vers la gauche. « *Warm* », élabora-t-il en le poussant vers la droite. Après une trempette rapide mais exhaustive, je récupérai ma serviette et le préposé me conduisit au Warmluftbad à côté.

« *Fünfzehn* », dit-il, s'aventurant à prononcer deux syllabes tout en pointant le doigt vers une rangée de chaises longues en lattes de bois. « *Zehn* », continua-t-il, hochant la tête en direction d'un épais rideau, et il me montra ses mains aux dix doigts écartés. *Ach so* : il s'agissait du nombre de minutes à passer dans chacune des salles ; comme j'allais l'apprendre, toute l'expérience du bain était chronométrée et, si je jouais au malade plus longtemps que les trois heures et demie qui m'étaient allouées, je me verrais imposer un supplément. Il y avait des horloges dans toutes les salles, *natürlich*, avec de grosses aiguilles des minutes qui sautaient pour vous aider à gérer votre « relaxation ». Je m'assis sur ma serviette étalée et passai le temps à observer les hérons et les pluviers qui pataugeaient parmi les roseaux et les feuilles de nénuphar sur les tuiles murales de style chinois. C'était le bain d'air sec et chaud et, comme il ne parvenait pas à me faire le moindrement transpirer, j'allai de l'autre côté du rideau dans le Heißluftbad – le bain d'air sec *très* chaud –, une pièce plus petite dont le dôme était percé par un oculus de verre. C'était sensiblement plus chaud et, après avoir passé quelques minutes à contempler la moisissure centenaire dans le jointoiement, je déglutis et me dirigeai vers la tanière du terrible Seifen-Bürstenmassage.

Le massage corporel complet, comprenant un brossage et un savonnage, une expérience mortifiante ou revigorante, dépendant de la pruderie de chacun, était le clou thérapeutique de la visite au spa. Je fus accueilli par deux hommes dans la trentaine, en chemisette polo jaune humide, le bout des doigts plissé évoquant de pâles pruneaux. Le premier, un rouquin au menton orné d'un bouc, prit ma serviette, l'étendit sur le lit et me fit signe de m'allonger. Armé d'une brosse ronde aux poils raides, mon garde-chiourme se mit au travail ; le traitement, qui consistait à m'écorcher vif, me libérait de cellules qui étaient de toute évidence encore vivantes. Une fois qu'il eut compris que je ne parlais pas l'allemand, il se mit à tenir avec son collègue une conversation propre à décupler ma paranoïa. Je l'interprétai librement :

MASSEUR. – Ha ! Cet *Ausländer* est tellement maigrichon, on dirait une fillette ! Si je pressais juste un peu plus avec mes avant-bras noueux, je le réduirais à l'état d'une tache sur le tissu.

COÉQUIPIER (hennissant doucement). – *Ja*, pourquoi ne pas utiliser la « brosse de cheval » ? Avec ça, même les joues d'Helmut Kohl ont ruisselé de larmes de bébé.

Au moment où je commençais à me sentir comme la planche du « Système nerveux humain » de l'*Anatomie* de Gray, mon masseur me savonna et passa ses mains aux doigts collés le long de mes membres comme si c'étaient des saucisses bien huilées. Puis, il recula et hurla : « *Over!* » Je crus qu'il voulait dire que c'était fini et je me levai, mais il secoua la tête.

« *Nein! Over, turn!* » Il tourna sa main, paume vers le bas. Après m'avoir raclé le dos et m'avoir rapidement massé les épaules, il gloussa : « *Now... Ende!* » et m'indiqua les douches.

Exfolié comme jamais auparavant, rose et sablé jusqu'à la racine, je me sentis prêt à entrer dans la section de la baignade mixte. Jusque-là, mes compagnons avaient été des hommes âgés. Dans le Thermal-Dampfbad, un bain de vapeur où de l'eau de source sulfureuse coulait dans sept bassins en forme de soucoupe, je pris place parmi des membres en sueur du conseil d'administration de BMW, dont les organes génitaux s'étalaient sur les dalles humides comme des méduses sur une plage. J'allai ensuite au Thermal-Vollbad, une salle au plafond haut où je partageai une piscine d'eau minérale avec deux types patriciens au profil romain qui chuchotaient d'un air conspirateur, la bouche juste au-dessus du niveau de l'eau. Une statue de la Vénus Pudica, qui tenait modestement la main sur son entrejambe, annonçait que nous étions sur le point de pénétrer dans le joyau du Friedrichsbad, le bain thermal d'exercice unisexe. Par une voûte de l'autre côté de la piscine circulaire, j'aperçus le Thermal-Vollbad correspondant du côté des femmes, qui promettait à celles-ci le même genre d'émois grâce à une reproduction du David à poil de Michel-Ange.

Rassemblant ma dignité, j'entrai dans la grande salle voûtée et, le plus nonchalamment possible, je descendis les marches et m'immergeai dans l'eau tiède du bain d'exercice. Posant mes fesses sur les marches, je levai langoureusement les yeux vers le cercle de chérubins qui étayaient le dôme à caissons dont le puits de lumière déversait sur la piscine une demi-lumière sensuelle. Baissant lentement les yeux, je me préparai à savourer une scène de décadence directement sortie du *Satiricon* de Pétrone.

C'en fut la version fellinienne. Un homme à lunettes au dos parsemé de touffes de poils noirs me zieutait en ramant dans le sens des aiguilles d'une montre autour de la piscine. Au robinet à col-de-cygne où la jeune fille blonde de la brochure s'était trouvée, un manchot se penchait pour rincer sa prothèse. L'unique femme présente dans la piscine était maigre comme un piquet et elle avait cette peau d'alligator révélant des décennies de bronzage sur la Riviera sans protection solaire.

Eh bien, pensai-je en optant pour les eaux bouillonnantes du bain thermal à remous, rien d'étonnant à cela : on ne doit pas s'attendre à ce que les gens qui vont en cure incarnent la santé. Pourtant, tandis que je me trouvais une place dans le jacuzzi peu profond, de la dimension d'une chambre, et que je contemplais des corps à la peau desséchée et des cicatrices de pontage, je commençai à me demander si je ne baignais pas dans une solution saturée d'isotopes radioactifs, chauffée à une température idéale pour la multiplication de colonies de bactéries, si je ne trempais pas dans la même eau que des gens atteints d'obscures maladies. En 1668, observant d'affreux hommes en gilet et des dames poudrées en robe batifolant dans les eaux à Bath, Samuel Pepys observa avec pertinence : « Je ne pense pas qu'il soit propre de faire tremper tant de personnes ensemble dans la même eau. » Tu marques un point, Sam. Je me levai et j'allai prendre une longue douche.

En sortant, je fus intercepté par le tonneau de bière grognant. Croyant que j'avais outrepassé le temps qui m'était alloué, je commençai à m'excuser, mais le taciturne jeta une serviette chaude sur mon épaule et me conduisit à un salon circulaire meublé de lits moelleux sur des plateformes. Je vis une douzaine de formes humaines sur les lits, couchées sur le dos, enveloppées dans des draps. Ce doit être la morgue, pensai-je, là où l'on met les clients ayant succombé au brossage-savonnage. Le préposé lança ma serviette sur un lit vide et, m'indiquant d'un geste de grimper, il m'enveloppa fermement dans une couverture de flanelle. « *Ruhe! Dreißig Minute* », ordonna-t-il avant de sortir d'un pas pesant. J'étais capable de comprendre ces quelques mots d'allemand : « Relaxation – une demi-heure. » Les bras collés le long du corps comme une momie, avec seulement mon nez pointant vers le plafond d'une teinte crème grisâtre, je commençai à me détendre. Ainsi emmailloté et réchauffé, je me sentais comme le narrateur de Proust enveloppé dans l'utérus maternel quand sa maman venait l'embrasser dans sa chambre pour lui dire bonne nuit. Bientôt, bercé par un concert de ronflements européens, je m'endormis.

JE ME RÉVEILLAI agréablement étourdi. Après m'être débattu pour me libérer des draps, je m'enduisis de crème que je pris dans un distributeur fixé au mur et je m'habillai dans un brouillard d'endorphines. Dehors, l'air embaumait du parfum mousseux de la Forêt-Noire. Si le Friedrichsbad n'avait rien d'érotique, me dis-je, c'était toutefois une expérience sensuelle, plus proche du ronron esthétique que de la secousse érotique. Je trouvais touchant, pour ne pas dire bizarre, que, depuis des siècles, comme dans *La machine à explorer le temps* de H. G. Wells, les Élois de la classe supérieure aient favorisé cette forme rituelle de loisir forcé qui les faisait se déplacer, plus ou moins nus, comme des somnambules, dans des nuages de vapeur pour confier à de rudes Morlocks leurs charpentes malingres.

C'était certes une tradition vénérable. Les établissements de bains construits autour de sources chaudes furent inaugurés à Delphes par les Grecs, qui s'y retiraient pour faire trempette en public après un match de lutte ou une conversation philosophique. Les bains atteignirent un raffinement somptueux à Rome où, au IVe siècle de notre ère, l'on comptait 11 *thermae* impériaux (bains dotés d'installations récréationnelles) et 926 établissements publics plus petits alimentés par des aqueducs nécessitant l'emploi d'une main-d'œuvre ridiculement nombreuse. Les bains de Dioclétien, qui pouvaient accueillir jusqu'à 3000 baigneurs à la fois, étaient si vastes que, une fois restauré, le *frigidarium*, ou bain froid, était en mesure d'abriter toute l'église Santa Maria degli Angeli décorée par Michel-Ange. À mesure que l'Empire romain s'étendait, les sources furent réservées aux bains des soldats – Aquae Sulis sur le site de ce qui est aujourd'hui Bath et Vicus Calidus qui allait devenir Vichy – jusqu'au jour où les tribus de sauvages européens remportèrent la victoire et transformèrent les piscines *caldarium* en abreuvoirs pour leurs moutons.

Ce fut à Spa, une villégiature des Ardennes, dans ce qui est aujourd'hui la Belgique, que, en 1326, l'on eut pour la première fois l'idée de boire de l'eau de source pour soigner les maladies. L'eau effervescente de la Sauvenière était réputée guérir la stérilité, les rhumatismes et les inflammations respiratoires. Peu à peu, l'utilisation interne et externe de l'eau de source devint un traitement populaire. En Angleterre, Richard « Beau » Nash encouragea les gens de la petite noblesse à boire leurs trois verres d'eau à la buvette de Bath.

Le spa connut son âge d'or au XIXe siècle. Les spas commencèrent à se spécialiser au moment où la perfection des trains de luxe encourageait les nantis à se déplacer. L'on allait à Vichy pour soigner un foie d'alcoolique, à Karlsbad pour des désordres gastro-intestinaux, à Bad Gastein pour ranimer, grâce à des cataplasmes de boue, ses hormones languissantes. Un séjour typique dans l'un des Baden allemands commençait par une visite au *Kurartz*, ou médecin du spa, qui déterminait un régime pour un séjour de plusieurs semaines, et le patient était souvent averti que des informateurs à l'hôtel et au sanatorium veilleraient à ce qu'il observe scrupuleusement sa diète. Les eaux de Baden-Baden, plus riches en minéraux que la plupart des autres, étaient reconnues pour leur efficacité dans les cas d'arthrite, de maladies respiratoires et de névralgie.

À en juger par l'annuaire téléphonique, Baden-Baden était toujours le paradis du *malade imaginaire**. Les pages jaunes comptaient 35 médecins généralistes, 3 spécialistes en chirurgie esthétique et 19 autres en ce qu'on appelait *Innere Medizin*. On trouvait sur place autant de pharmacies qu'on dénombrait de cafés à Seattle ; tous les deux cents mètres, une enseigne au néon – la lettre A en écriture gothique – annonçait la présence d'une autre Apotheke rivalisant en opulence avec ses voisines. Dans la Sophienstraße ombragée, l'Hofapotheke du Dr Rössler, fondée en 1831, avec ses portes coulissantes de bois et de verre et surmontée des armoiries de Baden-Baden, me fit souhaiter être un neurasthénique diplômé. J'entrai et, submergé d'un respect admiratif, je contemplai les étagères de bois sur lesquelles s'alignaient des pots en porcelaine, les centaines de tiroirs à pilules, les serpents sculptés entortillés autour des tiges de fleurs dorées. C'était comme un fantasme sorti tout droit de l'époque où j'étais accro aux produits pharmaceutiques, un temple baroque consacré aux pilules. Tandis que je m'approchais du comptoir poli, le pharmacien me regarda avec cet air soupçonneux que l'on réserve habituellement aux jeunes gens en santé dans les pharmacies.

« Avez-vous quelque chose pour les nerfs ? » demandai-je. Une partie de moi, l'amateur de spécialités locales, espérait qu'il me propose l'équivalent germanique du sirop calmant de Mme Winslow ou une fiole d'héroïne de marque Bayer.

« De la teinture baldrienne, peut-être », me suggéra-t-il, toujours sceptique. Il emballa un flacon d'extrait de valériane auquel j'ajoutai quelques comprimés de ginseng en cas d'attaque de mélancolie. Parfait : avec une quantité suffisante de sirop et de pilules, j'allais écraser dans le temps de le dire mon hypocondrie naissante.

Le problème, c'était qu'une fois qu'on avait pris son bain quotidien et acheté sa provision de cachets, il ne restait plus grand-chose à faire à Baden-Baden. En arrêt devant les bureaux du *Badisches Tagblatt*, l'hebdomadaire local, je feuilletai mon dictionnaire de poche pour traduire la plaque de bronze apposée à la pierre. « Ici se trouvait la synagogue de Baden-Baden, était-il écrit, détruite par un incendie criminel le 10 novembre 1938. » En effet : au cours de la *Kristallnacht*, pendant que la roulette tournait, même les citoyens de l'endroit de villégiature le plus huppé de l'Allemagne participèrent au harcèlement et à l'assassinat des Juifs.

Je passai le reste de l'après-midi – j'aurais facilement pu y passer l'été – à recenser nonchalamment les fautes de goût des Allemands. Dans un pays où il était *de rigueur** de porter des chaussettes avec des sandales (tellement *hygienisch* ! tellement *praktisch*!) et où l'on pouvait se pavaner sans ironie en pantalon quadrillé à pattes d'éléphant, j'eus tôt fait de remplir la moitié d'un carnet. Installé dans la Langestrasse à manger un *gelato* médiocre, je notai qu'il était tout à fait possible pour un Allemand de porter une chemisette polo bleue avec un short d'arbitre à rayures noires et blanches, tenue mise en valeur par des baskets blancs et des chaussettes noires trois-quarts. C'était de bon ton et même souhaitable, pour un homme adulte, de porter un pantalon blanc avec une chemise à manches longues en rayonne parsemée de perroquets, d'œillets et de palmiers. Quant au sous-prolétariat de Baden-Baden, avec sa palette de couleurs allant du beige au taupe, il favorisait la petite culotte bien visible sous les vêtements en polyester, la coupe Longueuil et l'anneau à l'oreille. Au moment où j'allais tirer une conclusion magistrale sur l'absence de chic des Teutons, l'un des rares groupes de touristes en autocar que j'avais vus en ville fit son apparition au coin de la rue. Troisième âge, pantalon fluo en GoreTex serré par une bande élastique à la taille, milk-shake McDonald's à la main. La plupart portaient un chapeau de paille, dont la bande était couverte de pimpantes feuilles d'érable. Après avoir vu le mot « Canada » imprimé sur leurs blousons informes en nylon rouge, j'avalai mon calepin.

Les très riches, du moins les rares qui se montraient en public, évitaient les pires fautes de goût. J'en distinguai un petit groupe à la terrasse du Capri Eis Café, qui sirotaient un capuccino noyé dans trop de lait. Dans leurs vêtements Chanel, Ralph Lauren et Burberry, les femmes arborant des verres fumés « tu ne sais pas qui je suis ? » partageaient une table tout en regardant ailleurs, comme si elles attendaient toujours quelqu'un de plus intéressant. Je me dis que les terriers aux yeux luisants qui folâtraient à leurs pieds seraient sans doute des compagnons plus agréables.

C'était dommage parce que, dans leurs belles années, les classes supérieures pouvaient être brillamment individualistes – de véritables *Kurschrecks*, ou terreurs des spas –, particulièrement quand leurs membres prenaient ensemble du bon temps dans leurs enclaves continentales. À Monte-Carlo, par exemple, le grand-duc Michel de Russie, en exil, gagna un pari lorsqu'il déposa une serviette de table sur un soufflé au chocolat et resta assis dessus pendant toute la durée d'un banquet. James Gordon Bennett, fondateur du *New York Herald*, fut si vexé quand on le fit attendre un soir pour son dîner qu'il acheta le Café Riche de Monte-Carlo, congédia le directeur et donna l'acte d'achat notarié à son serveur préféré en guise de pourboire. À Baden-Baden, le duc d'Hamilton – un propriétaire terrien écossais qui connut une excellente mort en dégringolant, complètement ivre, l'escalier d'un bordel parisien – gagna un pari en conduisant un veau au bout d'une laisse en ruban bleu dans la Lichtentaler Allee.

Aucun des gros bêtas conformistes assis au Capri Eis Café ne semblait avoir suffisamment d'esprit ou d'arrogance pour faire ce genre de frasque excentrique. Pour être chic à Baden-Baden, il fallait autrefois faire preuve d'une déférence slave à l'égard de tout ce qui était français, et la quintessence de cette francophilie fut le casino. En 1837, après un trop grand nombre de suicides dans les maisons de jeu du Palais-Royal, à Paris, le gouvernement français décida d'interdire les jeux de hasard. Les propriétaires de casinos parisiens émigrèrent en Allemagne, où le jeu était encore légal, et transformèrent les spas compassés en élégants palaces destinés à l'élite internationale.

Un MATIN, je me levai de bonne heure et me rendis au Kurhaus pour une visite guidée du casino de Baden-Baden. Six lampadaires à gaz étaient alignés devant l'immeuble à colonnades qui ressemblait, comme l'a si joliment décrit le poète Alfred de Musset, à l'enfant bâtard issu du mariage entre le Parthénon et une grange à foin. Je me joignis à un groupe composé d'une vingtaine de gros Allemands bedonnants avec des plumes dans les cheveux, portant des tee-shirts à l'effigie d'un homme court à l'impressionnante crinière afro, à la moustache broussailleuse et au nez chaussé de verres fumés. L'homme – il devait s'agir du Weird Al germanique – était là en personne, dans un veston de cuir moulant. Tandis que nous nous promenions dans les salles de jeu, notre guide me donnait à l'occasion quelques mots d'explication – un mot en anglais pour chaque paragraphe en allemand.

« Voici le Jardin d'hiver, dit-elle. C'est très beau. »

Dans la salle Florentine, dont les tables de roulette s'étalaient sous cinq candélabres et un orchestre d'anges peint au plafond, le groupe fut prié de s'asseoir pour un cours privé – c'était peut-être un stage préparatoire au tournage du prochain vidéo de Weird Hans à Las Vegas. Notre guide me conduisit vers une table de roulette dans une pièce adjacente, appela un croupier et offrit un semblant de traduction. Le casino avait été fondé par Jacques Bénazet et généreusement décoré par son fils Édouard – le célèbre « Duc de Zéro » qui fit venir un décorateur de l'Opéra de Paris pour donner à l'établissement son niveau actuel d'opulence. En 1872, l'Allemagne interdit à son tour les jeux de hasard et c'est alors que, le Kurhaus ayant été transformé en dancing et Baden-Baden étant avant tout une ville d'eau, la jet-set transporta ses pénates à Monaco, sur la Côte d'Azur.

« Mais on a recommencé à jouer ici pendant la Deuxième Guerre mondiale », m'expliqua le guide. En fait, comme il avait besoin de devises étrangères, Hitler fit rouvrir les salles de jeu en 1933. Observant que le tapis vert était couvert de termes de jeu en français – *Manque-Passe-Impair-Pair** –, je demandai au croupier s'il disait toujours « *Les jeux sont faits** » avant chaque tour.

« Non. À l'époque de Hitler et des nazis, on ne voulait rien avoir en français, alors ils disaient simplement en allemand *"Nichts geht mehr"*, formule que nous avons conservée jusqu'à ce jour. »

Mon guide mit un jeton sur le rouge et le croupier fit tourner la roulette dans le sens contraire des aiguilles d'une montre. « La boule s'immobilise sur une des 37 cases », dit-elle, le regard fixé sur celle-ci jusqu'à ce qu'elle s'immobilise sur le 11 noir. « Voilà ! Je viens de perdre cinq mille euros ! » ajouta-t-elle en plaisantant. Elle m'offrit un jeton bleu en guise de

cadeau d'adieu et je lui demandai si je pouvais revenir et l'utiliser comme première mise.

«Non! dit-elle en fronçant les sourcils. Valeur sentimen-
tale seulement!»

Au XIXe siècle, la diaspora des magnats français du jeu de
la première époque contribua à donner le ton aux centres de
villégiature de classe supérieure. François Blanc, qui avait
quitté Paris quand les jeux de hasard furent interdits, ouvrit
un casino dans la principauté de Monaco. Pas plus grand que
le Hyde Park de Londres, cet État, situé entre Nice et Menton, connut une véritable métamorphose lorsque Blanc conclut un marché avec les princes Grimaldi, aux termes duquel
il leur versait 10 % des profits du casino. Monte-Carlo devint
le havre du vice le plus distingué d'Europe, le lieu où, après
avoir perdu une fortune, Sarah Bernhardt tenta de s'enlever
la vie en absorbant du Véronal, où Nijinski dansa, le cul
moulé dans un collant blanc, et où l'on prétend qu'il existe
un cimetière secret où sont inhumés les corps des suicidés du
jeu.

«Monte» était considéré comme une escale essentielle
dans la tournée qui conduisait les aristocrates sur la Riviera en
hiver, dans les centres de Deauville et de Cabourg, sur la côte
normande, en été, et à Saint-Moritz et à Davos, tout au long
de l'année, pour des cures de repos (agrémentées, pour ceux
qui avaient le goût de l'aventure, d'excursions à Constantinople et au Caire). Des chefs comme Antonin Carême et Auguste Escoffier furent embauchés pour créer des plats d'une
architecture ambitieuse et le voyageur de la classe supérieure
pouvait se rendre n'importe où dans le monde, assuré de trouver un menu inspiré du répertoire sélect de la haute cuisine
française. Séjournant au Shepheard du Caire, au Savoy de Londres ou au Taj de Bombay, le goinfre baron Renshaw (pseudonyme du prince de Galles) savait qu'il pourrait se faire servir
ses bien-aimées *crêpes Suzette**, sa poularde Derby et son *pâté
de foie gras** aux asperges.

Les nantis s'étaient peut-être moqués des *Cookies* qui
parcouraient le monde en troupeaux guidés, mais ils étaient

eux-mêmes pris dans leurs propres ornières élitistes, se confor-
mant servilement au style français et séparés de la vie quotidienne étrangère par une foule hostile et impénétrable de
portiers et de porteurs. Dans un sens, les très riches ne voyageaient pas du tout : ils ne faisaient que changer de décor. Ils
emballaient leurs préjugés dans leurs malles Asprey et traversaient des océans pour aller imposer leurs critères sur d'autres
rives. J'en veux pour exemple ce Russe qui, lorsqu'il séjournait
à Monte-Carlo, demandait chaque matin à un serviteur
d'écraser en bouillie une demi-douzaine de paniers de fraises
dans le seul but d'en respirer le parfum. Si l'on excepte la
magnificence du geste, était-ce vraiment différent des *Cookies*
qui insistaient lourdement pour avoir leurs harengs marinés
et leur sauce à bifteck dans une *pensione* de Sorrente ? Quelle
que soit la classe, quand on part en expatriant sa vision du
monde – et en préférant la consommation à l'échange –, on ne
voyage pas, on commet du tourisme.

JE PASSAI un autre avant-midi à prendre les eaux, cette fois aux
Thermes de Caracalla, un bâtiment voisin du Friedrichsbad,
plus nouveau et plus criard. Construit dans un style postmo-
derne au milieu des années 1980, c'était un méli-mélo de colonnes stylisées, de dômes à côtes et de piscines extérieures chauffées. Dans un endroit appelé Saunaland, je fis face aux foules
dénudées. Je regardai une paire d'hommes bedonnants retirer
leurs caleçons de bain et les ranger dans des cagibis. Haussant
les épaules, je suivis leur exemple. Je me trouvai une place sur
un des quatre étages de sièges en cèdre dans un sauna chauffé à
90 degrés Celsius, en compagnie d'autres baigneurs nus qui
regardaient fixement une améthyste violette brillante. Au moment où j'achevais de me liquéfier, une jeune femme pointa le
doigt vers une affiche sur le mur et me la lut mot à mot, à voix
haute, en allemand. Je protestai que je ne comprenais pas.

« Apporter… une… serviette… est… obligatoire »,
traduisit-elle d'une voix forte. On en vendait à la réception,
ajouta-t-elle.

Eh bien, voilà qui était passablement humiliant, me dis-je en sortant en catastrophe du sauna ; je suivis le corridor à grandes enjambées et renfilai mon maillot de bain. Si je m'étais trouvé en Italie, ou dans un autre pays peuplé par de *vrais* êtres humains, aucun baigneur n'aurait entrepris de se transformer en gendarme du sauna. Puis, tout en prenant conscience que je payais beaucoup trop cher pour une minuscule serviette noire, je me dis que si j'étais en Italie, je ne pourrais tout simplement pas m'asseoir tout nu en public.

Thomas Coryate, l'un des premiers à effectuer le tour d'Europe, avait déjà constaté ce phénomène à l'occasion d'une visite à Baden-Baden en 1611 : « J'ai remarqué chez eux une autre chose des plus étranges, une chose qui m'a laissé vraiment perplexe. Les hommes et les femmes se baignaient ensemble dans le même bain, nus à partir de la taille... [Les maris] regardaient leurs femmes bavarder et discourir familièrement avec d'autres hommes tout en arborant des manières joyeuses et très agréables. » En vérité, même il y a quatre cents ans, les Allemands frayaient ensemble en costume d'Adam et d'Ève dans une ambiance tout à fait saine et facétieuse.

Je retournai au sauna avec ma serviette – *Fraülein Spa-Polizei* avait malheureusement disparu –, je contemplai des bedaines saucissonnées et des seins pendants sans la moindre gêne en me demandant comment une attitude aussi saine pouvait rendre la nudité aussi peu sexy. Donnez-moi n'importe quand un peu de pudeur méditerranéenne. Quand on a une imagination active, l'éclat d'une peau olivâtre sous une robe noire vaut cent fois mieux qu'un jacuzzi rempli de Teutons ricaneurs.

Le lendemain, à midi pile, je trimballai mon sac à dos dans la Lichtentaler Straße, frôlant les Jaguar et les Saab garées là, et j'entrai dans l'un des plus grands parmi les grands hôtels du monde. Avant mon départ, j'avais feuilleté à la librairie locale un guide détestablement intitulé *The Best Spas*. J'y avais lu qu'au Brenner's Park Hotel « l'apparence est en général distinguée, prospère, conservatrice, élégante, classique et correctement sportive... En ce qui concerne les hommes, le prince

Philip, le prince Charles et les publicités de Ralph Lauren sont de bons exemples de tenue vestimentaire à garder à l'esprit ». Ouais : et toi, espèce de morveux, garde à l'esprit que, il y a seulement quelques semaines, j'ai dormi tout habillé parmi la vermine sur le plancher d'une école espagnole abandonnée. Sur ma liste de choses à apporter, un pantalon de velours côtelé élimé et un chandail noir usé à la corde étaient ce qui se rapprochait le plus d'une tenue respectable. Oui, j'avais l'air d'un clochard, mais le clochard que j'étais avait une carte de crédit. Et, de nos jours, c'est tout ce qui compte, mon cher.

« Combien de temps allez-vous rester parmi nous ? » me demanda l'employée de la réception avec un professionnalisme louable.

« Environ vingt-trois heures », répondis-je en consultant ma montre.

Un chasseur attrapa mon sac et me conduisit d'un pas vif hors du hall, en direction de l'ascenseur. J'avais choisi la chambre la moins chère, une mansarde reléguée au cinquième étage, mais – une fois que j'eus remercié le chasseur en lui glissant un billet enroulé entre mes doigts, style « Dino-à-Vegas » – j'eus l'impression de me retrouver au paradis. Après deux mois à me cogner les genoux et les coudes sur des couchettes et des lavabos, je pouvais me détendre dans un peignoir, sur lequel était brodé mon numéro de chambre, et cracher des pépins de raisins – une corbeille de fruits était comprise dans la location – en direction du cendrier. Je sifflotais en mettant dans mon sac à dos la truffe au chocolat, la débarbouillette et l'assortiment de petits flacons d'*eau de toilette** et de shampooing parfumés au thé vert de Bulgarie. En passant, les riches sont très différents de vous et de moi. Leurs suites comprennent des articles de toilette de bien meilleure qualité.

Le Brenner's Park Hotel fut inauguré en 1872 lorsqu'un tailleur appelé Anton Brenner acheta un petit hôtel bien situé sur la Lichtentaler Allee. Dix ans plus tard, son fils plus cosmopolite prit la relève, fit l'acquisition de quelques villas dans le voisinage et d'une bonne partie du parc menant à la Oos et décora l'hôtel avec des tapis précieux et des antiquités. L'hôtel se mit à attirer des maharajas et des rois, des hommes d'État et des industriels. Quand je marchai le long du corridor, je compris l'attrait qu'il suscitait. À travers les baies vitrées, on ne voyait que des couches de feuillage vert et cuivré, se teintant de bleu dans le lointain, et le silence n'était troublé que par le chant des oiseaux et le carillon de l'église russe orthodoxe à proximité. C'était comme si, par une espèce de miracle de perspective, nous n'étions plus dans une ville de 53 000 habitants, mais dans le domaine isolé d'un margrave du Schwarzwald.

Le développement de ce genre de grands hôtels était le dernier lien dans le circuit des voyageurs de la classe supérieure. Depuis le Moyen Âge, tout ce qu'un voyageur fatigué – même riche – pouvait espérer à la fin de la journée, c'était un lieu public qui n'avait d'auberge que le nom. Selon les historiens du voyage, le premier véritable hôtel de luxe fut le Tremont House de Boston (1829), avec ses chefs français, sa salle à manger pouvant accueillir 200 convives, le dôme de son hall d'entrée et son bar. L'hôtel Astor de New York suivrait bientôt avec ses jardins intérieurs et ce fut en Amérique que furent introduites des innovations telles que les salles de bains privées, les portes verrouillées et l'eau chaude. Le premier grand hôtel européen fut le Great Western (1852), près de la gare Paddington de Londres, suivi peu de temps après par le Grand Louvre, à Paris.

Mais le vrai pionnier en matière de luxe européen fut un citoyen suisse ambitieux, né dans une famille de paysans. César Ritz, qui débuta sa carrière comme garçon de table dans les restaurants parisiens, entra ainsi en contact avec J. P. Morgan et avec le prince de Galles et prit en 1877 la tête du Grand Hôtel de Monte-Carlo. Là, il embaucha l'illustre Auguste Escoffier, ce qui cimenta sa réputation d'hôtelier de l'élite. Il se mit ensuite à son compte et fonda l'hôtel Ritz à Paris en 1898. Salle de bains privée dans chacune des chambres, éclairage indirect, mousseline et murs peints (plus hygiéniques que le damas poussiéreux) comptent parmi les innovations dont nous lui sommes redevables. La chaîne hôtelière Ritz ouvrit des établissements à Londres et à New York, et ses imitateurs créèrent à l'échelle de la planète un réseau de pseudo-châteaux destinés aux nababs et aux parvenus de l'ère industrielle.

Le Brenner, qui offrait une ressemblance frappante avec le palais de Buckingham, était un bon exemple du genre avec deux employés assignés à chaque chambre. Dans le corridor, je croisai d'autres clients – des hommes arabes, deux blondinets qui, l'air hautain, discutaient à propos de Wimbledon, des femmes bien entretenues dans la cinquantaine. Plusieurs d'entre eux, vêtus d'un peignoir blanc, se dirigeaient vers le spa, une version réduite des Thermes de Caracalla, où il suffisait d'appuyer sur un bouton dans l'intimité des bains de vapeur pour parfumer l'air d'une odeur de bouleau, de menthe poivrée ou d'orchidée. Dans la pénombre d'un salon, je m'installai dans une chaise longue de cuir blanc et mon voisin m'expliqua le fonctionnement de la manette. Tout en me faisant masser la colonne vertébrale par des boutons qui vibraient sur le dossier de ma chaise, je lui demandai s'il était venu seul en vacances.

« Non, me répondit-il avec circonspection. Je suis ici avec ma femme et mes deux enfants. Nous venons chaque année passer deux ou trois jours. »

Allemand, blond aux yeux bleus, dans la trentaine, il travaillait pour une compagnie d'hydroélectricité en Suisse. Avait-il beaucoup joué ? voulus-je savoir.

« Non. Je ne sors jamais de l'hôtel. Je viens ici pour me retirer et je ne fais rien d'autre que relaxer. Bill Clinton a déjà séjourné dans cet hôtel. Frank Sinatra a signé le livre des invités, il a écrit que c'était le meilleur hôtel qu'il eût jamais connu. En ce moment, il y a même une princesse arabe dans la suite présidentielle. Ce n'est pas un hôtel commercial, c'est un hôtel *Oui Ail Pi*... Il ne compte que 100 chambres, ajouta-t-il. Et c'est très cher. »

Ma foi, je m'en étais déjà rendu compte.

Michael se leva bientôt. « Vous allez devoir m'excuser, dit-il. Je vais rejoindre mon épouse. » Mes questions semblaient le troubler ; apparemment, le Brenner n'était pas un endroit où l'on avait l'habitude de se faire importuner par les autres clients.

De retour dans ma chambre, j'aperçus un écriteau plutôt dérangeant sur la porte : c'était une caricature représentant un homme pas rasé, avec une chemise à col ouvert, dont la chevelure comiquement ébouriffée évoquait assez ma propre tignasse perpétuellement en désordre. « La majorité de nos clientes aiment bien que, le soir, les messieurs portent, dans la mesure du possible, un veston ou un complet foncé », était-il écrit. Fantastique : à présent que le soleil était sur le point de se coucher, moi qui ne possédais ni Ralph Lauren ni Burberry, je serais bientôt *persona non grata* dans les couloirs du Brenner.

C'était là que le bât blessait, semblait-il. Alors qu'il s'était révélé facile de me mettre dans la peau du pèlerin ou du touriste en autocar, pour incarner le voyageur huppé, il me manquait une seule chose : des liasses de billets de banque. Même si j'avais eu les ressources nécessaires pour devenir un *Stammgast* – un client régulier – du Brenner, j'aurais difficilement pu me lier d'amitié avec des voyageurs aussi riches. Non seulement ceux-ci étaient-ils capables de reconnaître l'odeur d'un prétendant depuis l'autre extrémité du hall, mais il leur suffisait de réserver une place dans le Concorde ou une première classe dans un TGV pour s'éloigner de moi. Si le jet privé avait depuis longtemps remplacé le « vernis » et s'il était désormais plus prestigieux de posséder sa propre île plutôt qu'un domaine à la campagne, le mécanisme décourageant le mélange des classes restait néanmoins en place : l'argent. Je n'en avais pas – du moins, pas suffisamment pour fréquenter les points d'eau des fortunés sans que le manque de crédit me fasse suffoquer. J'allais devoir me contenter d'être le plus éphémères des visiteurs au pays des *Oui Ail Pi*.

UN DES REPAIRES des riches était ouvert à tous. Tout compte fait, le casino était la plus démocratique des institutions – chacun pouvait y perdre son argent. Derrière les *lampadaires** de la Lichtentaler Allee, j'imaginai Dostoïevski errant, étourdi et mort de peur. Il était venu à Baden-Baden en 1863 et il y avait entrepris une carrière de joueur spectaculairement malchanceux et d'épistolier tout aussi ennuyeux. « Ici, à Baden-Baden, j'ai tout perdu à la roulette, absolument tout, écrivit-il à sa belle-mère. Je n'ai plus que 250 francs en poche… Je n'aurai plus un sou à Turin et je devrai vendre ma montre ou la mettre au clou. » À son frère : « Quand je suis arrivé à Baden, je suis allé aux tables de jeu et j'ai gagné 600 francs en un quart d'heure. Ma chance m'a aiguillonné. Soudain, je me suis mis à perdre, j'ai perdu la tête et perdu jusqu'à mon dernier sou… Après avoir payé la propriétaire, il ne nous restait plus que 6 *napoléons d'or** pour le voyage. À Genève, j'ai mis ma montre au mont-de-piété. » Cela ne devait pas être facile d'être un visionnaire aussi impressionnable. Et peut-être encore moins d'être sa montre.

Je décidai qu'Alexis Ivanovitch, l'ombrageux héros du *Joueur*, la *novella* de Dostoïevski, me servirait de modèle aux tables de roulette de Baden-Baden. Il entra un soir au casino avec 20 *friedrichs d'or** et il en ressortit avec 100 000 florins. Je m'abstiendrais de mettre un œillet à ma boutonnière – ce qui portait une guigne terrible au joueur – et j'aurais dans ma poche un caillou porte-bonheur que j'aurais ramassé dans une passe des Pyrénées. Je m'approchai du bureau de la réception du Kurhaus et je payai les frais d'admission, puis, on me demanda mon passeport. Que j'avais, bien sûr, laissé à l'hôtel.

Une demi-heure plus tard, je revenais du Brenner avec mes documents. Cette fois, je n'avais pas assez d'argent pour louer un veston et le guichet automatique du hall d'entrée ne fonctionnait pas. J'aperçus une succursale de la Deutsche Bank derrière les colonnades. Je revins ensuite au casino, louai un blazer bleu électrique et une cravate et je fis mon entrée dans la salle Florentine, prêt à faire sauter la banque.

Je réfléchis à ma stratégie en achetant une poignée de jetons au caissier. Je pourrais essayer la martingale et doubler les mises après avoir perdu, ou la méthode d'Alembert, qui consistait à miser un jeton de plus si je perdais et un de moins si je gagnais. Je décidai enfin d'utiliser la méthode mystique de Dostoïevski, qu'il expliqua à sa femme en ces termes : « L'expérience a prouvé que, lorsqu'on joue d'une façon désinvolte,

calme et calculatrice, il est *absolument impossible* de perdre ! »
(Il ne cesserait jamais de croire en son système et expliquerait
ses pertes astronomiques en disant qu'il avait temporairement
succombé à la passion.)

Avec toute la désinvolture possible, je me penchai entre
deux joueurs assis et lançai un jeton sur le rouge. D'un petit
coup de poignet, le croupier fit tourner la roulette. La boule
tomba sur le noir. C'est bien, me dis-je. J'attendis quelques
tours pendant que deux Asiatiques ratissaient une pile de
jetons.

« Cette roulette a manifestement été fabriquée en
Chine », observa un Britannique, ce qui fit ricaner le croupier.

Je plaçai calmement un jeton sur Manque, les chiffres de 1
à 18, mais la boule atterrit sur le 21, dans la zone Passe. J'allai à
une autre table, où un Russe au crâne rasé, vêtu d'un costume
de couleur aubergine et d'une chemise hawaïenne, donnait un
jeton à la fois à la grande Noire en robe cocktail blanche assise
à côté de lui. Je misai sur la première colonne : si la boule
s'immobilisait sur l'un des douze chiffres, je gagnerais deux fois
ma mise. Elle s'arrêta sur le 2, dans la deuxième colonne. Très
très bien, marmonnai-je, calmement. Un croupier en smoking
arriva derrière son collègue assis, lui donna une chiquenaude
affectueuse sur l'épaule, comme pour épousseter une pellicule,
et prit sa place après avoir retourné le coussin sur la chaise.
Juste avant que le croupier n'annonce « *Nichts geht mehr* », je
mis un jeton sur Impair. La boule s'arrêta – *c'est la vie** ! – sur
le 24. Le Russe, qui avait encore perdu, roula les yeux. J'adop-
tai alors la technique du comte von Zernsdorff et misai jusqu'à
mon dernier jeton sur le 17. Si je gagnais, la banque me rembour-
serait 37 fois ma mise. La boule tourna, tressauta légèrement et
retomba sur une case en aluminium : le 19. Le Russe ratissa un
monceau de jetons tandis que sa petite amie poussait un hurlement de plaisir. Dostoïevski était un stupide perdant, maugréai-
je, et, dépité, je me dirigeai vers le bar.

Je passai le reste de la soirée à me promener entre les tables
et à observer les joueurs. La plupart des gens fumaient, mais seulement quelques-uns buvaient. Il y avait un type ressemblant à

Omar Sharif, une cigarette toujours allumée entre ses doigts manucurés, barbe noire, cheveux noirs retenus sur la nuque et sourcils noirs froncés d'un air farouche. Il se faufilait continuellement à travers la foule pour éparpiller ses jetons à la dernière seconde, mais il n'avait jamais l'air de gagner, même s'il misait sur une demi-douzaine de carreaux à la fois. Il aurait sans doute été imposant et impressionnant s'il n'avait pas erré en marmonnant des commentaires ironiques aux croupiers, qui l'ignoraient. Il y avait un Asiatique efféminé, vêtu d'un smoking, que je pris pour un homme jusqu'à ce que je le voie émerger des toilettes réservées aux *Frauen*. À la table des paris forts, un bossu notait où la boule était tombée, à la recherche de modèles numériques comme un adepte de la cabale.

Personne ne semblait heureux ou triomphant. Encore et encore, je regardai les croupiers ramasser les jetons avec leurs râteaux de plastique. Bien que ce casino fût l'un des plus élégants du monde, on ne voyait aucun James Bond faire sauter la banque en esquissant un sourire narquois. On voyait en revanche de nombreuses Allemandes mal fagotées, aux épaules larges, aux cheveux bouffants et à la peau nicotine, et des hommes en complets à carreaux évoquant des vendeurs de Trabant. Les gens avaient le regard vide et paraissaient hypnotisés par la roulette qui tournait. En partant, je regardai pardessus mon épaule. Au lieu de fresques magnifiques représentant des fontaines dans des cours antiques, j'eus l'impression de voir, depuis une rue ensoleillée, l'intérieur d'un bar louche dans la pénombre, bondé de gens aussi accros que des clochards alcooliques.

Ce doit être intéressant, dis-je au portier qui prenait mon costume, de travailler dans un endroit qui a attiré des célébrités comme Ivan Tourgueniev et Marlène Dietrich.

« Oui, répondit-il, bien des gens sont venus jouer ici. » Des gens célèbres ? « La plupart des célébrités sont aujourd'hui en prison. Il y avait le directeur d'une banque, venu d'une ville près d'ici. Tous les soirs, il était aux tables, pendant des mois. Il a perdu des millions. À présent, il est en prison. Vous faites peut-être mieux de partir de bonne heure. »

Eh bien, je n'avais pas perdu suffisamment pour être vraiment déprimé par mon manque de chance. Tout en marchant vers mon hôtel dans la Lichtentaler Allee, je me dis que si le voyage vous faisait parfois prendre conscience de qui vous pourriez être, il servait tout aussi souvent à vous rappeler qui vous n'étiez pas. Bien des voyageurs avaient cherché à changer de classe sociale à l'étranger : des cockneys étaient devenus des seigneurs féodaux aux Indes et des seigneurs s'étaient encanaillés dans des îles du Pacifique où ils se faisaient entretenir par leurs parents. S'ils pouvaient tromper les autres, ils pouvaient rarement se tromper eux-mêmes. Je jouerais peut-être avec plaisir, même pendant une semaine, le rôle du Pauvre sur les terres du Prince, mais je ne me sentirais jamais chez moi dans ce monde.

D'ailleurs, côtoyer la crème de la société sur les paquebots de luxe, dans de grands hôtels, des spas et des casinos ne correspondait pas à ma conception du voyage. Comme sphère distincte, comme communauté protégée de superconsommateurs, ce milieu avait un certain charme anachronique. Mais j'avais toujours été frappé de voir à quel point le monde des riches – particulièrement ceux qui sont nés riches – était triste, divorcé comme il l'était des enjeux de la vie quotidienne. À sa façon, c'est aussi une ornière pour touristes, isolant les gens des conditions de vie des lieux où ils voyagent. À mon avis, le voyageur d'élite parcourant le monde pour affirmer sa position dans le royaume planétaire des valeurs et des préjugés partagés n'élargissait pas plus ses horizons que celui qui voyage pour affaires et navigue entre des aéroports, des *steak houses* et des Hilton interchangeables. Pour le superriche – le touriste de la première époque –, fréquenter l'authentique voudra toujours dire plus ou moins se rabaisser.

Dehors, la nuit était fraîche. Je flânai dans la Lichtentaler Allee qui luisait après une autre averse de pluie de la Forêt-Noire et je me rappelai avec plaisir que, le lendemain, j'allais poursuivre mon voyage dans la classe à laquelle j'étais depuis longtemps habitué.

La deuxième, je veux dire.

Chapitre V

Au terrain de jeu des sportifs

Euphorie dans un train suisse – Sur le voyage comme maladie men-
tale – Dysphorie dans un hôtel miteux – Jugé nul dans le *Glacier
Express* – Le troupeau de chèvres: un pseudo-événement quotidien
– Les Alpes: une vision d'horreurs au xviiiᵉ siècle – Course à pied
avec des touristes médiévaux – L'exploit de Whymper – Noyade
dans le fluide britannique – Une modeste proposition pour sauver
les Alpes – Guide japonais en Suisse – Téléphones cellulaires sur le
Matterhorn – Le guide de 102 ans – Le cimetière des grimpeurs –
Où j'escalade un sommet de 4000 mètres – Joggers sur le Breithorn

J'ÉTAIS EN TRAIN de me brosser les dents dans les toilettes
immaculées d'un ICE, un train suisse entre Berne et Brigue,
quand je me rappelai pourquoi j'étais toujours sur la route.
Bousculé, je regardais fixement les verres de plastique scellés,
remplis d'eau potable, que les employés des wagons-lits avaient
déposés à côté du lavabo. Dans cette étrange pièce vibrante,
toute de plastique et de métal, j'éprouvai une sensation
d'euphorie familière. Plongeant dans un pays où je n'avais pas
d'histoire, j'étais libre. Aucune attache, rien ne me retenait:
il n'y avait que la nouveauté, des horizons à l'infini, et tout
était possible. Je n'avais pas de téléphone cellulaire, pas de
propriétaire, je ne savais pas où j'allais dormir ce soir-là. Peu
importait si, depuis des siècles, les touristes avaient creusé la
piste suisse aussi profondément qu'une tranchée au fond de

l'océan. À ce moment-là, personne ne savait exactement où j'étais et je ne connaissais personne dans le train, je ne savais même pas le nom du canton que nous étions en train de traverser. Je pouvais renoncer à mes projets, descendre à la prochaine station et utiliser le réseau des chemins de fer et des routes de l'Europe pour me perdre dans une parmi un millier de directions différentes. Je pouvais aussi rester immobile, bien que paradoxalement en mouvement, enfermé et secoué dans les toilettes d'un wagon de train. Suspendu entre le désir de fuir et celui de me précipiter vers quelque chose, j'étais perché sur le fil du rasoir du voyage, et je me détachais dans un présent sans cesse renouvelé. La jubilation d'être entièrement dans mon corps – sentir les accumulations, les compromis et les sédimentations de la vie balayés par le souffle du mouvement simple, parfait –, voilà où je trouvais ma raison la plus pure de voyager.

Quelqu'un essaya d'ouvrir la porte. Je me rinçai la bouche, crachai et regagnai mon siège tout en jetant un coup d'œil sur mon premier nain de jardin aux joues vermeilles, la première veine de neige sur un sommet alpin. Étrange comme le souvenir de ce genre d'euphorie peut s'immiscer dans un après-midi d'hiver à la maison et m'inciter, encore et toujours, à tout laisser tomber pour sauter dans le prochain avion. Peu importe, après tout, ce qui nous force d'abord à bouger. L'invitation d'un oncle excentrique outre-mer, une crise d'*ennui** adolescent ou une place dans une Oldsmobile qui roule vers le sud, une vague idée que l'herbe est peut-être plus verte dans l'autre vallée. C'est comme le premier whisky, la première pilule qui éveille une aptitude à la débauche qui durera toute la vie : l'important, ce n'est pas la raison pour laquelle vous avez traversé la frontière (la curiosité, l'ennui, le hasard – les causes de ces premiers flirts sont banales), mais ce que vous avez découvert de l'autre côté et pourquoi vous avez continué à y chercher toujours quelque chose de plus fort.

Vingt ans de voyage m'avaient déjà laissé avec un plein sac de madeleines mnémoniques à déguster dans mes temps libres. Je me souvenais, par exemple, de cette chaude soirée d'automne où j'avais loué une chaise pour quelques pesetas au bout des Ramblas et regardé sans être vu des Catalans élégants défiler sur la promenade de Barcelone. Rivé à mon bureau en train d'écrire machinalement, je pouvais faire surgir l'image de cette troupe de sikhs en tunique fonçant vers moi armés de lances et d'épées, tandis que je m'approchais d'une forteresse en ruine au sommet d'une colline à Gwalior. Inspiré par quelques lignes lues dans un vieux guide, un nom évocateur dans la pliure d'une carte routière – le matériel pornographique du voyageur –, je pouvais me projeter en imagination dans quelque lieu lointain, jamais visité. Il arrivait souvent que, quelques semaines ou quelques mois plus tard, je me retrouve en Martinique coloniale, à proximité de cette Solfatara enveloppée de brume, ou d'un autre Balbec aux teintes persanes, et que je voie l'image anachronique que j'avais forgée remplacée par celle (j'aurais pourtant dû le savoir!) qui comprenait des vendeurs ambulants, des frais d'entrée, tout l'échafaudage de la modernité. N'empêche que, des mois ou des années plus tard, même le souvenir de cette image ajustée à la réalité pouvait m'inciter à reprendre la route.

Je descendis à Brigue, un centre ferroviaire, point de convergence de plusieurs défilés de montagnes valaisans, et traditionnelle porte d'entrée du col du Simplon reliant la Suisse et l'Italie; là, je louai une chambre à l'Hôtel du Pont. Je laissai tomber mon sac sur le lit affaissé, contemplai un instant l'image en technicolor accrochée au mur. Derrière la vitre craquelée, on voyait un bateau de croisière au moment du départ, s'éloignant d'un croissant de sable doré. «La Promenade des Anglais, Nice», était-il écrit. Dehors, au bout de l'autoroute du sud, de pittoresques montagnes se profilaient. Je me demandai si, en ce moment précis, il se pouvait qu'un voyageur désargenté, étouffant de chaleur sur le matelas taché dans un hôtel modeste de la Côte d'Azur, soit en train de regarder avec envie la photo rafraîchissante d'un sommet alpin.

Je savais ce qui m'arrivait. Avant de partir, j'avais lu un livre qui avait donné un nom à mon état. Dans *Mad Travelers*, le philosophe canadien Ian Hacking parlait de la fugue, un phénomène observé pour la première fois par un médecin français en 1878. Le premier cas répertorié était Albert Dadas, qui menait une vie sans histoire dans la ville provinciale de Bordeaux, où il travaillait comme ajusteur gazier. À intervalles réguliers, submergé par des migraines, des crises d'anxiété et d'insomnie, il devenait la proie d'une impulsion irrésistible qui le poussait à tout laisser tomber, à abandonner sa famille et son travail, et à tout simplement s'en aller. Après un arrêt rituel au bar de son quartier, où il buvait un sirop d'orgeat, il se mettait en route. Il allait parfois à pied, marchant jusqu'à 70 kilomètres par jour, mais il utilisait le plus souvent le nouveau réseau de chemin de fer qui rendait possible son « tourisme pathologique ». C'est ainsi qu'il se retrouva à Moscou, à Constantinople ou à Alger, sans un sou vaillant, sans papiers d'identité, tout seul dans une chambre d'hôtel, pleurant à chaudes larmes, confus et nostalgique. Comme l'écrivait Hacking, « les périples obsessionnels et incontrôlables d'Albert étaient systématiquement des voyages sans but et il voyageait moins pour se découvrir que pour tenter de s'éliminer ».

Si, dans mon cas, le voyage n'était jamais tout à fait dénué de sens – je m'arrangeais toujours pour trouver un but qui le justifiât –, il y avait pourtant un peu d'Albert en moi. De retour chez moi, j'étais capable de mener pendant des mois une existence circonscrite, fréquentant les mêmes cafés, les mêmes laveries, les mêmes épiceries. Peu à peu, toutefois, une sorte de toxine semblait s'accumuler dans mes tissus, comme l'acide lactique dans les muscles fatigués. Les objets choisis avec soin, tant aimés au moment de l'achat, se mettaient à me peser, chaque souvenir, chaque livre me rappelant ce que j'étais devenu et ce que je serais toujours. Il n'y avait qu'une façon de secouer la léthargie et la dépression qui m'envahissaient: m'imaginer *loin*, en route vers l'ailleurs. Alors, inévitablement, je me retrouvais un bon matin en train de remplir mon sac avec des vêtements de voyage choisis à la hâte, puis je buvais le dernier verre rituel et je me mettais en route. En claquant la porte, j'éprouvais ce qu'Albert avait dû ressentir: un euphorique espoir de me débarrasser à jamais de mon vieux sens de moi-même.

Incapable de dormir dans cet hôtel de passage miteux à Brigue, je me demandais si je n'étais pas en train de devenir un *fugueur** invétéré, je craignais que toute cette énergie déployée à parcourir les continents ne me coupe de ce que la vie me réservait chez moi ; en bout de ligne, la seule liberté que j'avais gagnée était celle de dîner seul dans une ville étrangère. Je savais que, dans un sens clinique, je ne faisais pas partie du clan des voyageurs fous – incapables de contrôler leurs impulsions. Je souffrais, moi, d'une impatience constitutionnelle, d'une sorte de dépendance à la stimulation qu'exerçait sur moi l'évocation d'un lieu : j'avais toujours l'impression que le chemin pour m'y rendre était le sentier du bonheur. À l'adolescence, j'avais découvert que l'infrastructure du tourisme moderne – salles d'attente dans les aéroports, trains inter cités, hôtels de passage où l'on ne pose aucune question – m'offrait un accès répété à un état de non-état, où tout devient espoir, promesses et nouveaux horizons. La fugue était une *petite mort** de l'identité, suscitant à sa manière autant de dépendance que l'orgasme ou les dérivés de l'opium.

Avant mon départ, ma petite amie m'avait cité ce proverbe : *Le corps peut voyager par train, mais l'âme voyage toujours à dos d'âne.* J'essayai de l'appeler ce soir-là, mais elle n'était pas chez elle. Je savais toutefois ce qu'elle m'aurait dit : « Reste où tu es, Taras. Attends que ton âme te rejoigne. »

COMME JE LE CONSTATAI le lendemain matin, Brigue n'était pas un endroit où je pouvais attendre une fusion métaphysique. Je montai à bord du *Glacier Express*, réputé pour traverser 91 tunnels sur les 290 kilomètres qui séparent Saint-Moritz de Zermatt. Après avoir dépassé la ville de Viège, tandis que nous nous dirigions vers les montagnes le long d'une rivière boueuse, couleur vert jade, je contemplai un paysage qui paraissait s'approcher de l'idéal platonique du pittoresque (si Platon avait été un enfant de huit ans plutôt conventionnel, armé d'un étui à crayons de couleurs… primaires). Une église de village avec sa flèche en bois, une maison à pignons avec ses volets peints de couleurs vives, ses boîtes à fleurs et son drapeau suisse à croix blanche, une vache brune tachetée de blanc avec sa grosse cloche, debout dans un pré alpin d'un vert éclatant.

Au milieu du paysage, il y avait notre train, un train tellement « train » qu'il avait presque l'air de se parodier lui-même : d'un rouge vibrant, joliment vieillot, et si paisible qu'il semblait avoir été retiré de sa boîte le matin même. À voir la scène, je comprenais pourquoi les adolescents de Berne et de Lucerne ne pouvaient résister à l'envie de barbouiller des graffitis élaborés sur tous les passages souterrains et les murs d'usine possibles. C'est triste à dire, mais, en Suisse, même les graffitis étaient techniquement excellents ; je soupçonnais les vandales de recevoir des bourses du gouvernement.

J'entendis deux hommes parler en anglais et je leur demandai si je pouvais m'asseoir avec eux. Al, le plus grand des deux, travaillait comme ingénieur chez Boeing. Avec ses favoris grisonnants, ses yeux bleus au regard perçant et ses cheveux argentés rejetés en arrière, il ressemblait indiscutablement à Clint Eastwood. Steve était banquier, il avait pris sa retraite même s'il n'était âgé que d'une cinquantaine d'années ; il portait une épaisse chemise de lainage ouverte sur un tee-shirt blanc. Ils venaient tous deux de Seattle, ils étaient tous deux bronzés et tous deux avaient une poignée de main sèche, redoutablement ferme. Le genre qui bâtit sa propre maison, me dis-je. Pas pour économiser de l'argent, non, mais pour la simple satisfaction virile de le faire. Ils pratiquaient l'alpinisme, m'apprirent-ils.

« Mais nous ne sommes pas des professionnels, précisa Steve. J'ai escaladé le Matterhorn en 1995. J'ai aussi traversé l'île Ellesmere et j'ai fait de l'escalade dans les Andes. Actuellement, les conditions sont loin d'être idéales sur le Matterhorn. Deux personnes sont mortes cette semaine. Il y a eu beaucoup de tempêtes et beaucoup de neige. Nous allons plutôt nous contenter de faire quelques randonnées sur les montagnes plus petites. »

Al m'examina de la tête aux pieds, d'un œil appréciateur. «Vous allez à Zermatt?» me demanda-t-il. Je dis que oui, j'y allais. «C'est une ville d'escalade. Vous allez voir beaucoup de piolets et de sacs à dos dans la rue principale. La ville est totalement dominée par le Matterhorn.»

Il y eut un moment de silence. À travers les lattes verticales d'un tunnel, nous regardions un sommet enneigé comme au travers d'un zootrope. «Ce doit être un endroit extraordinaire où grandir, dis-je.

– Les Suisses pensaient que des dragons vivaient au sommet des montagnes, dit Steve. C'est incroyable. Ils ont vécu pendant des siècles à côté des Alpes et jamais ils n'ont eu l'idée de grimper au sommet. Il a fallu que des alpinistes anglais viennent le faire.

– N'était-ce pas encore plus incroyable, répondis-je, que quelqu'un ait envie de grimper au sommet de ces montagnes?»

Al et Steve me regardèrent fixement, comme s'ils évaluaient combien de temps je pourrais tenir au bout d'une corde. Pas très longtemps, eurent-ils l'air de conclure. Après une minute, Steve pointa le doigt vers la fenêtre. «Tiens, un autre *slot canyon*», dit-il à son compagnon.

J'avais été jugé et déclaré nul.

Al et Steve descendirent à la ville de Tasch après m'avoir sèchement dit au revoir. De toute évidence, nous étions des voyageurs d'un type différent. Je croyais avoir reconnu dans leur regard d'acier un mépris *Übermensch* pour les pièges de la civilisation. Alors que mon attention se laissait facilement distraire par le conducteur qui avait autour du cou une distributrice de billets rappelant une machine à additionner, la leur restait fixée sur les strates géologiques, les glaciers et les saillies.

Je me demandai pourquoi, à l'étranger, je n'avais jamais escaladé de montagnes, plongé depuis une falaise dans les eaux d'atolls tropicaux, ou sauté à l'élastique du haut de ponts suspendus. Sur un globe terrestre déjà tellement cartographié, dont les principaux sommets arboraient depuis longtemps les drapeaux de tous les pays, le voyage d'aventure m'avait toujours semblé la manifestation d'un désir croissant de conquête et ses adeptes étaient obligés de se donner des défis toujours plus masochistes. Le premier à traverser le Bhoutan en monocycle ; la plus grande expédition de radel en eau vive chez les chasseurs de têtes de Bornéo ; le deuxième aveugle à escalader l'Everest – si c'était loin, gelé et parsemé de mines, un dilettante surpayé était toujours disposé à se lancer à sa conquête. Lorsqu'on ne pouvait vraiment pas éviter d'entrer en contact avec les indigènes, on les recrutait comme porteurs ou pour figurer à l'arrière-plan sur les photos. Pour les amateurs de risque actuels, un pays étranger n'était jamais qu'un prétexte exotique pour changer la date du jour.

Quelque chose m'échappait peut-être. Sauf quelques essais avortés en escalade de parois rocheuses et de grottes, je n'avais jamais vraiment montré de quoi j'étais capable dans des environnements extrêmes ni goûté l'émotion rare de marcher là où peu de gens avaient osé poser le pied. J'avais choisi Zermatt, le premier endroit où l'on avait commencé à escalader des montagnes pour la sensation forte que l'exploit procurait, et je l'avais choisi dans l'espoir de me glisser dans la peau de l'aventurier. Peu m'importait que ces montagnes eussent été conquises depuis des siècles – pour un débutant de mon espèce, toute escalade représentait un défi suffisant.

Le *Glacier Express* entra en gare – le terminus – et j'émergeai dans la grand-rue de Zermatt, la Bahnhofstrasse. Le Matterhorn, avec ses ailerons de requin, ses dents de chien et sa paroi blanche, se dessinait au bout de la rue, telle une terrible montagne représentée sur un dessin d'enfant. Sur un fond de ciel bleu, une bande horizontale de nuages croisait le sommet, comme si ce dernier provoquait un désordre dans l'empyrée, comme si une griffe de la terre égratignait la stratosphère. Je pensai au logo des films Paramount, aux boîtes de muesli et aux barres de chocolat Toblerone qui tentaient de réduire l'impact de la montagne au niveau d'une marque de commerce de produit courant. Dressé, blanc et solitaire sur son socle de prairies et de bosquets de conifères, le Matterhorn n'avait absolument rien de trivial : il était une vision authentiquement propre à inspirer la peur.

La grand-rue, en revanche, était aussi familière qu'une grand-rue peut l'être un jour de congé bancaire : toutes ses boutiques étaient bondées de touristes japonais du troisième âge, d'étudiants américains et d'Allemands en tenue de randonneurs. Un homme hurla « *Attention** ! » et pointa son bâton de marche vers une voiturette électrique qui arrivait à toute vitesse derrière moi, transportant des valises de la gare à l'un des hôtels.

L'épine dorsale de Zermatt était la Mattervispa d'un vert nacré. Encadrée par des murailles grises aux limites de la ville, la rivière coulait librement dans la même vallée que j'avais longée dans le *Glacier Express*, se jetait dans le Rhône à Viège et finissait par charrier la neige fondue du Matterhorn jusqu'à la Méditerranée. Posés le long des deux berges, les édifices de Zermatt grimpaient en étages dans la vallée jusqu'à ce que les pentes parsemées de fleurs sauvages soient trop escarpées pour qu'on puisse y construire. Dans le square jouxtant la gare, où les caléchiers attendaient en ligne les derniers visiteurs qui descendraient du train, j'entrai dans l'office de tourisme où je pris quelques brochures. Je lus que Zermatt comptait 106 hôtels et pensions, et 17 000 lits. Au total, la région comptait 35 montagnes de plus de 4000 mètres, dont les pentes étaient reliées entre elles par un réseau de 36 téléphériques et nacelles.

À l'extérieur du McDonald's, les touristes qui m'entouraient sortirent leurs appareils photo. Un adolescent en short avec une houlette de berger menait dans la rue un troupeau de chèvres à poils longs, leur clochette au cou. Un gamin français cria de plaisir quand un bouc enfouit sa barbiche dans sa paume tendue et engouffra un jujube. Les bêtes laissèrent dans leur sillage une piste de crottes luisantes que des hommes en salopette s'empressèrent de balayer. L'espace d'un instant, je voulus croire que j'étais arrivé au moment de la transhumance, un authentique rituel pastoral. Bien entendu, le lendemain à 16 h 30 – comme chacun des après-midi que je passai à Zermatt –, le même pseudo-événement se produisit, accompagné par le cliquetis d'un millier d'appareils photo mis en marche.

JADIS, Zermatt était un vrai village et non un machin con-
cocté par une chambre de commerce. Dans les ruelles entre
les courts de tennis et les hôtels cinq étoiles, je vis des huttes de montagne effondrées envahies d'herbe et des silos couverts de quartz posés sur des disques de pierre ou des poteaux
de bois – versions suisses des *hórreos* qu'on mettait en Galice
pour faire fuir la vermine. Quand, en 1845, un scientifique et
explorateur alpin du nom de John Ball vint explorer les glaciers locaux, il ne trouva qu'un « entassement de maisons de
bois humides, froides et d'apparence malpropre » et il fut
obligé de loger chez le curé du village.

Il y a relativement peu de temps que les Alpes attirent les
visiteurs en nombre mesurable. Jusqu'au XVIIIᵉ siècle, les paysages de montagne étaient considérés comme le plus lugubre
des tableaux, et les touristes traversaient la Suisse comme s'ils
avaient des loups à leurs trousses – ce qui était souvent le cas ;
plusieurs d'entre eux se faisaient porter dans des chaises, les
yeux bandés pour ne pas voir cette horreur qui donnait le vertige. Dans les années 1780, Goethe décrivait les Alpes comme
d'« irritantes silhouettes en zigzags et d'informes piles de granit,
transformant la plus jolie partie de la terre en région polaire ».
Les montagnards suisses vivaient dans l'indigence et, à cause
d'une carence en iode, ils étaient souvent affligés de créti-
nisme ou de goitres. Effrayés par des histoires de démons, ils
ne s'aventuraient dans les hautes montagnes que pour chercher du cristal et chasser la marmotte et le chamois (une sorte
d'hybride de la chèvre et de l'antilope). En 1723, un professeur de physique zurichois, auteur d'un savant volume d'histoire naturelle, consacra un chapitre illustré aux dragons qui
se terraient dans les grottes alpines.

Avant la révolution industrielle, les dandys du tour d'Europe, pour qui les champs fertiles et les moissons abondantes
représentaient la perfection en termes de paysage, ne voyaient
dans les pics alpins que stérilité, famine et mort subite. Toutefois, lorsque l'urbanisation et l'industrie commencèrent à entas-
ser les Européens dans des villes sales, un paysage auparavant
considéré comme aride se mit à évoquer la pureté et la quête

spirituelle. En 1790, au cours de son « voyage pédestre » dans les Alpes, Wordsworth marchait chaque jour 25 kilomètres avant son petit-déjeuner et il se répandit en louanges sur les plaisirs thérapeutiques de la randonnée, les vertus de la vie paysanne et le « temple des montagnes éternelles, qui avait le ciel pour toit ». À la fin du XIXe siècle, quand l'Angleterre devint le premier pays avec une population plus importante dans les villes que dans les campagnes, la surpopulation, la pollution et la tuberculose, auxquelles s'ajoutaient certaines idées romantiques comme le culte du noble sauvage, transformèrent radicalement les attitudes à l'égard du paysage de montagne. Le professeur alpiniste Tyndall put affirmer dans les années 1860 : « Il y a certainement une moralité dans l'oxygène des montagnes, de la même façon qu'il y a une immoralité dans les miasmes d'un marécage... Les Alpes nous améliorent totalement, et c'est à la fois plus sages et plus forts que nous revenons de leurs gouffres. » En un siècle, les Alpes misérables et irritantes étaient devenues le terrain de jeu salubre de l'Europe.

De nos jours, le quartier anglais de Zermatt, à l'écart des bouis-bouis à fondue et à pizza de la Bahnhofstrasse, compte une chapelle protestante, un des plus vieux hôtels de la ville et le petit musée alpin, un immeuble de deux étages à l'image d'un chalet de ski. Je payai les frais d'entrée et je m'avançai sur les planchers usés couverts de bouquetins et de chèvres de montagne empaillés et poussiéreux pour examiner des illustrations de fleurs sauvages dans des manuels de botanique et des papillons épinglés sur un panneau. Dans une pièce remplie de sacs à dos primitifs, de longs skis de bois et de bottes de cuir qui semblaient trop minces, un portrait d'Horace Bénédict de Saussure, qui avait escaladé le Klein Matterhorn à proximité, me fit songer aux motifs – à la fois scientifiques et aventureux – qui avaient poussé les premiers alpinistes. Cet homme de science genevois avait offert une récompense à la première personne qui escaladerait le mont Blanc, le sommet – de 4807 mètres – le plus élevé d'Europe. Deux hommes de Chamonix le gravirent en 1786 et Saussure lui-même en fit l'ascension un an plus tard.

Ce furent les Anglais de l'époque victorienne – citoyens oisifs et fortunés d'un empire de plus en plus puissant – qui finirent par dominer l'exploration de la montagne. L'Alpine Club fut formé en 1857 et y adhérèrent des alpinistes, des scientifiques et des gens de lettres comme John Ruskin, Matthew Arnold et John Murray, l'éditeur de guides de voyage. Une fois que les glaciers eurent été explorés, la justification empirique pour risquer de se casser le cou devint plus difficile à avaler. Les aventuriers renoncèrent bientôt à leurs thermomètres bouillants et à leurs baromètres pour se munir de pitons, de drapeaux nationaux et de bouteilles de champagne pour la fête au sommet. Il devint *de rigueur** d'allier un zeste de courage à un style aristocratique : Sir Alfred Wills escalada le Wetterhorn en tenue de cricket ; quant à Charles Fellows et à ses porteurs, ils atteignirent le sommet du mont Blanc en transportant huit rôtis, une douzaine de volailles, et 42 bouteilles de vin rouge, de brandy, de *capillaire** et de sirop de framboise. Dans une arrière-salle du Musée alpin, je trouvai une photo et une lettre manuscrite datée de 1894, écrite par Winston Churchill à 20 ans, dans laquelle il recommandait un guide local. Le futur premier ministre, mince et barbu, triompha des insolations et de la maladie des montagnes pour escalader le Monte Rosa, la plus haute montagne des Alpes suisses. Cela montre à quel point une séance d'escalade alpine représentait un important rite de passage pour le jeune gentleman britannique.

Déprimé par cette démonstration d'intrépidité victorienne, je traversai la rivière jusqu'à une pizzeria appelée le North Wall, où je bus une tasse de café au bar. Point de rencontre des grimpeurs et des skieurs, le restaurant était désert cet après-midi-là. Je feuilletai négligemment le livre d'or posé sur le comptoir. Au milieu des trivialités habituelles du routard (« Cette semaine, j'ai mangé presque uniquement du yogourt – Jessio »), il y avait trois dessins au stylo du Matterhorn, très précis, et les commentaires virils de connaisseurs : « Excellent trajet à gauche du thermomètre C sur le Riffelhorn. Superbe Crux exposée. » Un barman appelé Chris, avec des manières sympathiques et une coupe de cheveux de style Prince Vaillant, me vit en train d'étudier une carte des montagnes locales offerte par l'office du tourisme.

« Tu cherches un endroit pour faire de la randonnée ? » me demanda-t-il avec un accent sud-africain. Je lui dis que j'aimerais bien, mais que je n'avais ni équipement ni expérience en alpinisme.

« Pourquoi tu ne vas pas à la Rothorn-Hütte ? suggéra-t-il. C'est environ six heures seulement, aller-retour. À cette époque de l'année, il ne doit pas y avoir trop de neige. »

C'était là tout l'encouragement dont j'avais besoin : je fis des provisions de Bircher-muesli, de jus d'orange et de fruits secs au supermarché et je me dirigeai vers les montagnes. Je m'engageai dans un sentier derrière le Musée alpin et me retrouvai parmi des prés en pente, où de petits écriteaux bruns en bois donnaient une estimation du temps qu'il fallait compter pour franchir la distance entre des villages comme Edelweiss et Zmutt, en tranches de quinze minutes. (Ces écriteaux, me dis-je, avaient été posés par un athlète de 19 ans spécialiste des sports extrêmes et consommateur d'amphétamines.) D'invisibles criquets stridulaient partout autour de moi ; des lièvres à queue blanche bondissaient sur les collines et les fleurs sauvages donnaient aux champs un air d'interminable tapis de bain brodé. J'avais l'impression de pénétrer dans une boîte de céréales Alpen, d'inspecter un système de poulies inspiré par Heath Robinson, qui permettait apparemment aux épiceries d'être alimentées à partir d'un pré jusqu'à une hutte de montagne perchée sur l'affleurement rocheux que l'on apercevait en haut. J'étouffai la chorale qui, dans mon inconscient, ne cessait de fredonner *La mélodie du bonheur*.

Après avoir traversé un pont sous une cascade, je longeai la rivière Triftbach en grimpant un sentier tortueux jusqu'à une gorge toujours plus haut. Dans une clairière, je croisai un couple en excellente forme. Originaires de Leeds, ils semblaient être vers la fin de la quarantaine.

« Du Canada, vraiment ? me demanda l'homme. Notre fils travaille à Banff, nous lui avons rendu visite l'an dernier. Nous venons d'arriver en Suisse. Mais nous n'avons pas encore commencé à nous entraîner. »

Sans comprendre tout à fait de quoi il me parlait, je lui souhaitai bonne chance et poursuivis mon chemin. Ils me rattrapèrent alors que je m'étais arrêté pour m'enduire de crème solaire et c'est à peine s'ils répondirent à mon salut. Comme je suis un bon marcheur dans les pentes, je les dépassai de nouveau quelques minutes plus tard.

« Nous vous détestons, vous savez », me dit l'homme avec une grimace qui parvenait presque à masquer son sourire. Il voulait plaisanter, bien sûr, mais cela me parut mesquin, révélant un méchant esprit de compétition.

J'oubliai bientôt cette rencontre. Après avoir croisé des familles assises à des tables de pique-nique près d'une auberge de montagne, je sautai d'une pierre à l'autre au-dessus d'une vaste étendue d'éboulis et je mouillai mes chaussures dans les méandres peu profonds alimentés par la neige fondue glissant des côtés du Zinalrothorn. Le sentier grimpait de façon spectaculaire. Tandis que j'avançais le long d'une pente neigeuse abrupte à ma gauche, un randonneur torse nu lança un cri et sauta sur sa surface, tournoyant et glissant sur environ 200 mètres en descendant, conservant miraculeusement son équilibre jusqu'au moment où il disparut de ma vue.

J'arrivai bientôt à la Rothorn-Hütte, une bâtisse de deux étages, l'un des nombreux refuges construits par les sociétés d'alpinistes. Sur la terrasse, des Allemands joviaux en pantalon de ski fluorescent buvaient de la bière et je me joignis à eux pour contempler le panorama de sommets enneigés – à 3200 mètres, nous nous trouvions à 1,6 kilomètre au-dessus de Zermatt. Une demi-heure plus tard, mes deux Anglais apparurent en bas, ils montèrent l'escalier et arrivèrent sur la terrasse. Je les accueillis chaleureusement, mais ils ne daignèrent pas ouvrir la bouche. Je pris mon sac sur mon épaule et repris ma route. J'entendis bientôt des pierres débouler derrière moi. Ils étaient là, évidemment ; le mari, qui courait presque en sautant sur les pierres, et sa femme qui s'efforçait de le suivre.

Je soupçonnai le type de soumettre sa femme à une course avec un homme plus jeune pour ménager sa fierté.

Ils eurent beau me dépasser en haletant, ils ne purent garder le rythme. Je marchai sur leurs talons pendant une demi-heure en regardant l'homme trébucher tandis qu'il essayait de se frayer un chemin parmi les éboulis ; j'imaginais sa femme devenir de plus en plus frustrée par son comportement. Je me haïssais de ne pas pouvoir m'asseoir cinq minutes et oublier ce concours absurde ; mais j'avoue avoir éprouvé une perverse satisfaction à les faire avancer en les talonnant sans répit. À Trift, le sentier s'élargit enfin à proximité du refuge. L'homme s'arrêta, mit les mains sur ses hanches et regarda autour de lui d'un air démesurément satisfait.

« Eh bien, dit-il, nous allons nous arrêter ici pour manger. Nous vous reverrons peut-être à Zermatt. »

Pendant le reste de ma randonnée, je me sentis accompagné par cette démonstration de haine désabusée de la part de l'Anglais, aussi manifeste qu'un aparté shakespearien. Cette façon de voir le monde comme un terrain de jeu, de voir les gens sur la piste comme des concurrents plutôt que comme des compagnons de voyage, me perturbait. Je savais que j'étais aussi comme ça et que cette attitude empoisonnait parfois mon interaction avec le monde. J'avais l'intuition que c'étaient cette insensibilité, cette mesquinerie qui, associées à la persévérance et glorifiées comme une preuve d'esprit sportif et de fierté nationale, avaient poussé un grand nombre d'alpinistes et d'aventuriers.

De retour à Zermatt, j'émergeai à côté de la façade ornée de volets de l'hôtel Monte Rosa. Une plaque à côté de la porte arborait le nom d'Edward Whymper, expliquant qu'il avait quitté l'hôtel le matin du 13 juillet 1865 pour réaliser la première escalade du Matterhorn. Il ne restait, bien entendu, pas de place pour écrire l'épilogue : en plus d'avoir coûté la vie à quatre des membres de l'expédition, cet exploit avait inauguré un goût de l'aventure pour l'amour de l'aventure qui allait faire la fortune des hôteliers de Zermatt, conduire à la conquête de l'Everest et envoyer des générations dans les coins les plus froids, les plus profonds, les plus hauts et les plus désolés de la planète pour des raisons que même le plus lucide d'entre eux pourrait difficilement expliquer.

FILS D'UN GRAVEUR SUR BOIS, Whymper avait fait connaissance avec les Alpes lorsqu'un éditeur lui avait demandé d'aller en France faire des gravures pour l'Alpine Club. À la vue des montagnes, le jeune homme avait eu davantage envie de les escalader que de les dessiner; il escalada ainsi plusieurs sommets vierges et fit sept tentatives pour gravir le Matterhorn. Au cours de l'été 1865, il apprit qu'un guide du côté italien, Jean-Antoine Carrel, montait une expédition pour escalader la montagne. Whymper, qui avait alors 25 ans, se hâta de rassembler une équipe dont faisaient partie trois guides locaux, Lord Francis Douglas (le frère de 18 ans de l'amant d'Oscar Wilde), le révérend Charles Hudson ainsi qu'un grimpeur sans expérience du nom de Roger Hadow.

Le temps était clair et, bien qu'il fallût aider Hadow pendant une grande partie du chemin, l'équipe accomplit en un temps satisfaisant la montée de la crête nord-est. Préoccupés par les progrès de l'équipe italienne, Whymper et le guide de Chamonix, Michel Croz, se détachèrent et se ruèrent vers le sommet. En arrivant, à 13 h 40, Whymper vit l'équipe italienne sur une corniche loin au-dessous. « Il faut qu'ils nous entendent! Ils vont nous entendre! » Whymper hurla en direction de Croz. Comme il l'écrivit plus tard à sa femme: « J'attrapai un bloc de roche et le lançai en bas et je demandai à mon compagnon, au nom de l'amitié, de faire de même... Les Italiens firent volte-face et s'enfuirent. » En redescendant la montagne, Hadow glissa et entraîna Croz sur le côté. Whymper et les deux guides suisses se retinrent, mais la corde sous eux se cassa. Quatre des sept alpinistes, dont le jeune Lord Douglas, plongèrent dans la mort, à 1200 mètres sur le glacier au-dessous d'eux.

Je vis les bords effilochés de la corde – aussi mince qu'une corde à linge – sous une cloche de verre au Musée alpin, ainsi qu'une copie signée du rapport que Whymper avait remis aux autorités. Si, à l'époque, on avait peu remis en question la nature accidentelle de la catastrophe, l'absurdité de la chose avait suscité l'indignation. Charles Dickens gronda que l'Alpine Club « contribuait autant à l'avancement de la science que le ferait un club de jeunes gentlemen déterminé à enjamber toutes les girouettes de toutes les cathédrales du Royaume-Uni ».

Après une courte période de deuil, l'importante communauté d'alpinistes britanniques remonta bientôt à l'assaut des sommets. Trois ans seulement après la tragédie du Matterhorn, le grand alpiniste A. F. Mummery escalada la montagne du côté nord-ouest, plus difficile, inaugurant ainsi une nouvelle ère dans l'histoire de l'escalade. À partir de ce moment, ce fut le défi technique de l'ascension qui établit le standard. Au début du XXe siècle, une fois que tous les grands sommets alpins eurent été conquis, on se tourna vers ceux de l'Himalaya. Lorsque même ces sommets furent vaincus – et l'Everest est presque deux fois plus haut que le Matterhorn qui fait 4478 mètres –, il fallut inventer de nouveaux défis : grimper sans oxygène, y aller en solitaire ou escalader les faces nord, plus difficiles. Deux siècles après l'escalade du mont Blanc, qui marqua les débuts de l'alpinisme moderne, un aveugle atteignit le sommet de l'Everest.

J'avais l'impression d'entendre l'écho du cri de Whymper « Il faut qu'ils nous entendent ! » dans le « Nous vous détestons, vous savez » que l'Anglais m'avait lancé. Ce furent des hommes venus d'Angleterre, premier pays industrialisé, qui eurent suffisamment de temps libre pour transformer la conquête, l'exploration et l'aventure en sport, et suffisamment de pouvoir économique pour imposer leurs lubies. En Suisse, ils insistaient pour manger à des tables séparées et porter un complet au repas, et ils dédaignaient la conversation avec les étrangers. (Les Suisses les surnommaient les touristes « Oui et Non » à cause de l'air hautain avec lequel ils refusaient d'avoir avec les gens du cru d'autres rapports que ces conversations monosyllabiques.) Réprimandés dans le *Hand-Book* de John Murray pour la médiocre qualité des services offerts, les propriétaires d'auberges locales – le Bear à Grindelwald, le Monte Rosa à Zermatt, l'Engadine Kulm à Saint-Moritz – commencèrent à offrir le thé à quatre heures, des bains de pied et de la moutarde anglaise aux dîners de la *table d'hôte**. Vers les années 1850, un itinéraire alpin était bien établi. Observant un groupe d'Anglais, la romancière française George Sand écrivit que les insulaires d'Albion possèdent un fluide particulier qu'elle définirait comme le fluide britannique ; ils s'y enveloppent lorsqu'ils voyagent, ce qui les rend aussi imperméables à l'atmosphère qu'une souris au milieu d'une machine pneumatique.

Peu à peu, la chasse gardée des Alpes devint accessible aux touristes de la classe moyenne. Dès 1852, des entrepreneurs et des financiers anglais contribuèrent à la construction du chemin de fer à crémaillère qui allait faire monter les touristes dans l'Oberland bernois ; ils firent aussi creuser des tunnels qui relieraient la Suisse et l'Italie. Dans les années 1880, la Suisse attirait annuellement un million de touristes et les Anglais importaient à Davos ce passe-temps norvégien qu'était le ski ; à Saint-Moritz, ils dévalaient la Cresta Run en toboggan à 110 kilomètres à l'heure et ils patinaient en bandes bruyantes sur les patinoires de Grindelwald. En 1864, le critique et essayiste John Ruskin, qui avait écrit *De la beauté des montagnes*, l'un des premiers ouvrages d'appréciation esthétique des montagnes, reprocha à ses compatriotes d'avoir profané ce site. « Vous avez transformé les cathédrales de la terre en champs de course. Les Alpes elles-mêmes, pour lesquelles vos propres poètes éprouvaient tant d'amour et de vénération, vous les considérez comme des mâts savonnés dans une fête foraine, et vous grimpez et vous glissez en poussant des hurlements ravis. »

Après mon excursion, j'entrai dans un bar appelé le Pipe Surfer's Cantina, où l'on annonçait des vidéos de surf toute la journée et des concours de tee-shirts mouillés. C'était le milieu de l'après-midi, mais des pintes d'ale s'alignaient déjà sur le comptoir en face de deux femmes aux yeux brillants et aux cheveux blond plage et d'un homme en maillot de corps.

« Qu'est-ce qu'on peut faire pour toi, camarade ? » demanda-t-il avec un accent du sud de Londres embué de bière.

J'indiquai d'un geste le poste Internet sous une protection en plexiglas, derrière son tabouret.

« Un maniaque de l'ordi ! Un maniaque de l'ordi ! » vociféra-t-il. Je me faufilai derrière lui et pris un siège. Au même moment, le barman à la tête rasée, à la nuque épaisse hérissée de poils, surgit d'une arrière-salle et se planta solidement devant moi.

« Qui a dit que tu pouvais utiliser mon ordinateur ? » brailla-t-il. Les clients au comptoir éclatèrent de rire.

« J'ignorais que tu savais te servir d'un ordinateur, dit l'une des blondes au barman.

— Il ne le sait pas, coupa le type en maillot de corps. Il essaie encore de voir ce que ISDN veut dire.

— Je le sais, rétorqua le barman en se servant une pinte. Ça veut dire *Inside Some Dumb Nigger*. À bien y penser, c'est exactement là où je voudrais être.

— Tu rêves en couleur, mon vieux », dit l'homme au maillot de corps. Les femmes grognèrent.

Je pris mes messages et m'en allai, soulagé d'être libéré du fluide britannique.

MÊME S'ILS AVAIENT encore leurs enclaves, les Anglais étaient désormais une minorité à Zermatt. Peu de temps après la création de l'Alpine Club britannique, les Suisses, les Italiens et les Français fondèrent leurs propres organisations nationales d'escalade. Avec l'industrialisation qui se répandait en Europe, des Allemands et des Autrichiens prospères envahirent les patinoires et les pistes de toboggan. Sur les montagnes, les grimpeurs anglais s'aperçurent que les Suisses, qui étaient autrefois leurs guides, les devançaient dans la course vers le sommet. Un Norvégien, Roald Amundsen, arriva avant l'Anglais Robert Scott au pôle Sud en 1911. L'Autrichien Heinrich Harrer fit partie de l'équipe qui résolut, au nom du

Troisième Reich de Hitler, le dernier grand problème alpin : la traîtresse face nord de l'Eiger.

Bien que considérés par les premiers visiteurs anglais comme des paysans crétins, les Suisses mirent au point un système bancaire d'investissements pour financer une infrastructure touristique de bateaux à vapeur et de chemin de fer ; grâce à ce système, ils finirent par avoir l'un des plus hauts niveaux de vie en Europe. En 1950, les Anglais, aux prises avec le rationnement et les restrictions monétaires qui sévirent après la guerre, se retrouvèrent plus pauvres que ceux qui étaient autrefois leurs aubergistes. Actuellement, on estime que 50 millions de personnes fréquentent chaque année les 600 centres de villégiature et les 41 000 pistes de ski. Les Anglais ne représentent qu'un visiteur sur 20.

Dans les magasins de la Bahnhofstrasse, on vendait des pralines, des porte-clés, des tasses souvenirs et même des yo-yo en forme de Matterhorn. J'avais lu qu'une tonne de cartes postales étaient chaque année envoyées à partir du bureau de poste de Zermatt ; la plupart offraient une vue de la célèbre montagne. Il n'a fallu qu'une couple de jours pour que le Matterhorn perde tout son impact à mes yeux : l'industrie touristique hyperactive avait transformé en cliché cette merveille naturelle.

Dans un processus analogue, deux siècles d'influence humaine avaient fait des Alpes les montagnes les plus menacées du monde. Le million de camions qui traversent la chaîne chaque année provoquent des pluies acides et contaminent l'air. Avec les changements climatiques que connaît le monde, la limite des neiges éternelles recule toujours plus haut. On s'attend à ce que, dans un siècle, la moitié des glaciers alpins aient disparu. Le moment était venu, pensai-je, de présenter une modeste proposition. Il faudrait prendre les attractions familières – *Mona Lisa* avec sa protection de verre, Notre-Dame à la façade couturée de cicatrices causées par la pollution, le Matterhorn encombré de cordées –, les emballer dans de la toile à sac, les mettre dans une capsule témoin et les bannir de la vue. Elles ne seraient dévoilées que dans un siècle et nous serions ainsi de nouveau capables de regarder sans ironie les principales merveilles du monde occidental.

À Zermatt, le plus important contingent était sans aucun doute constitué par les Japonais, qui avançaient dans les rues en groupes tricotés visiblement très serré. Ils avaient l'air enchantés par la Suisse et ils achetaient avec un enthousiasme débordant alpenstocks et chapeaux à large bord. La pureté de l'air, la sécurité des rues et l'ordre de la vie publique qui faisaient la réputation du pays devaient correspondre à un idéal de vie des Japonais. Parcourant du regard le menu à la porte du Myoko, l'un des nombreux restaurants japonais de la ville, je constatai qu'un seul sushi au thon coûtait quatre francs suisses. Un Japonais à lunettes, âgé d'une quarantaine d'années, vêtu d'un short et d'un tee-shirt blanc, apparut à mes côtés.

« Nourriture très bonne, dit-il. Sushi pas trop bon, mais yakitori et salade tofu – vous connaissez tofu ? – très bons. »

Je lui demandai s'il avait goûté aux spécialités suisses.

« Je… oh… fondue ? Mais j'aime pas. » Il se frotta l'estomac, les sourcils froncés. « Trop lourd. » Une fois de plus, il allait réserver une table au Myoko ce soir-là. « Recommandé ! » m'expliqua-t-il en brandissant un guide.

Je m'installai sur un banc pour manger un sandwich. Cinq minutes plus tard, mon Japonais était de retour. Il me tendit sa carte de visite.

« Je vous prie, prenez mon guide, dit-il en m'expliquant qu'il partait pour Milan le lendemain. Souvenir. »

Je le remerciai, puis je feuilletai le *Gio Globe Trotter* dont la couverture représentait un homme qui, à l'aide d'un appareil photo à téléobjectif, contemplait le Matterhorn depuis la fenêtre d'une chambre d'hôtel. En lisant les mots en anglais parmi les caractères japonais, j'appris que l'on conseillait aux touristes asiatiques de manger au Fuji de Zermatt, de séjourner au Schweizerhof, un hôtel quatre étoiles, et de se renseigner auprès du Centre d'information touristique japonais. Grâce à leurs guides comprenant d'excellentes cartes et des centaines de photos en couleur, les Japonais suivaient manifestement leur propre itinéraire distinct et se rassemblaient dans toute l'Europe dans des bulles touristiques à saveur asiatique, Zermatt, par exemple.

DANS LES ANNÉES 1850, les rudes guides suisses se réunissaient près d'un mur de pierre à côté de l'hôtel Monte Rosa et là, ils attendaient qu'un « milord » anglais les embauche pour une expédition. À présent, il y avait un centre alpin de deux étages où l'on pouvait réserver par courriel des excursions de ski en hélicoptère. Je fis la queue à l'étage supérieur, puis, m'adressant à la femme exténuée au comptoir, qui, entre deux clients, répondait au téléphone, je lui demandai ce dont j'avais besoin pour escalader le Matterhorn.

« Avoir déjà escaladé une haute montagne », répondit-elle en poussant vers moi une feuille photocopiée.

« Pour essayer d'escalader le Matterhorn, vous devez être dans une *forme physique maximale*, était-il écrit, avoir une *certaine expérience en escalade de paroi rocheuse* et une *certaine expérience pratique avec des crampons*. Nous conseillons aux néophytes d'éviter le Matterhorn, une montagne difficile, pour leur premier essai. » Le coût constituait un autre problème : il était de 937,50 francs suisses, incluant le salaire du guide et une nuit au refuge.

« Pouvez-vous me recommander une montagne plus petite et… heu… moins chère ? » demandai-je.

Son visage s'éclaira. « Pourquoi ne pas commencer par la Matterhorn-Hütte ? Et puis, pour les novices, nous suggérons le Breithorn. » Elle me remit un feuillet explicatif sur l'ascension du Breithorn, « une des plus faciles parmi les montagnes de 4000 mètres de la région ». Je vis avec soulagement que l'excursion ne coûtait que 125 francs et je réservai pour le lendemain.

L'ascension exigeait une importante panoplie d'attirail d'escalade. Au sous-sol de la boutique de location, de l'autre côté de la rue, un type bourru qui traitait avec les clients allemands, italiens et français dans leur langue respective me sangla comme un cheval de trait. Après m'avoir équipé d'un harnais soutenant le scrotum, il me montra comment attacher les crampons métalliques – en forme de griffe d'ours, ce qui permettait d'avoir prise sur la glace – à une paire de bottes usées de pointure 44. Il n'était que midi et je décidai de profiter de mon équipement pour faire l'excursion d'une journée jusqu'au refuge au pied du Matterhorn.

Des nacelles reliées m'amenèrent à 2582 mètres et j'émergeai sur les berges du Schwarzsee, le petit lac Noir où s'achèvent les prairies et où débute l'approche de l'imposante montagne. Après une demi-heure en téléphérique, le Matterhorn s'était dépouillé de son image anodine de carte postale pour devenir une masse colossale et menaçante, dont les flancs immaculés se révélaient comme des surfaces rocheuses plissées, hachurées de traînées neigeuses. Je marchai sur un chaos de quartz brisé, évoquant un fond marin fossile duquel s'était retirée une marée antédiluvienne; des escaliers métalliques étaient boulonnés dans la paroi, où des entailles et des bosses impressionnantes suggéraient des éboulis récents. Je m'arrêtai un instant sur une pente couverte de neige spongieuse pour bavarder avec un Népalais allègre qui portait des lunettes protectrices miroitantes; il m'expliqua qu'il avait été engagé pour venir tous les étés en Suisse nettoyer les pistes de montagne. Après une randonnée éprouvante de deux heures au cours de laquelle j'avais couvert 700 mètres, j'arrivai à la Matterhorn-Hütte, le camp de base pour toutes les tentatives d'ascension du sommet.

« Puis-je avoir un autre capuccino ? » demanda un homme à l'accent américain tandis que je finissais de monter la dernière pente de neige fondue. Sur une plateforme de bois devant la bâtisse à volets, un serveur prenait les commandes de deux douzaines de personnes assises à des tables de piquenique. Armées de caméras vidéo, plusieurs d'entre elles filmaient la montagne, dont la pente commençait pour de bon juste derrière la hutte. Un téléphone cellulaire sonna.

« Tu ne devineras jamais où je suis ! » dit un homme en veste de denim, gâchant mon plaisir.

Je m'assis et consultai le menu du Berghaus Matterhorn. Ici, à 3260 mètres d'altitude, je pouvais déguster un spaghetti à la bolognaise ou des röstis avec jambon et fromage, puis boire un Nescafé latte. Les clients, de plus en plus nombreux, envahirent la plateforme. Je dénombrai bientôt 45 personnes, dont la majorité arboraient un équipement photographique dernier cri. Quand la dizaine de Japonais âgés que j'avais aperçus sur le téléphérique firent leur apparition, portant tous le même chapeau de soleil, je décidai qu'il était temps de mettre les voiles.

Quand j'étais enfant, mon père me donna un livre de Richard Halliburton, le grand globe-trotter américain. Dans *The Royal Road to Romance*, publié en 1925, Halliburton décrit avec une désinvolture de fier-à-bras le plaisir de prendre un bain de minuit dans un étang en face du Tāj Mahal, de se faire passer pour un pèlerin afin de pénétrer dans La Mecque, et de lutter contre la nausée et les engelures en grimpant au sommet du Matterhorn. Il semblait toujours être le seul voyageur au milieu de Bédouins du désert ou de popes grecs barbus qui se mouvaient à l'arrière-plan. C'était un monde de merveilles que Halliburton décrivait à ses lecteurs et seuls ceux qui avaient le goût de l'aventure et le courage de quitter leur fauteuil pouvaient en goûter les délices.

À présent que j'ai visité plusieurs des endroits décrits dans ses bouquins, j'aurais peine à tisser une légende romantique à partir de ma visite au Tāj Mahal, où j'ai dû attendre en ligne avec des centaines de touristes descendus de leur autocar avant de pouvoir monter sur le socle de marbre. Depuis l'époque de Halliburton, le tourisme de masse a gagné du terrain et ceux qui éprouvent un désir irrésistible d'explorer sont forcés de se donner des défis de plus en plus ésotériques. En 1946, Wilfred Thesiger traversa volontairement – et anachroniquement – le désert d'Arabie à dos de chameau alors qu'il aurait facilement pu le faire en Land Rover. Le touriste explorateur Redmond O'Hanlon, un mélange de Bill Bryson et de David Livingstone, dut se rendre au cœur même de la forêt tropicale humide amazonienne pour rencontrer une tribu craintive, les Yanomamis, dont les traditions étaient restées intactes.

La vogue des récits de voyage dans lesquels le narrateur marche dans les traces de Richard Burton, d'Ernest Shackle-

ton et de George Mallory constitue un hommage à tout ce
que l'on doit aux grands découvreurs. Si l'aventure a longtemps été un refus de la complaisance et de l'indolence du
tourisme – l'aridité glaciale des pôles s'opposant comme un
reproche aux sables blancs des plages tropicales –, tous deux
en sont depuis récemment venus à se chevaucher. De nos
jours, le voyage d'aventure a entrepris sa phase décadente,
alors que les agences de voyages offrent des séjours tout compris dans des zones de guerre et que des auteurs comme
Robert Young Pelton font la promotion de guides de voyage
aux « endroits les plus dangereux du globe ». Il y a un siècle,
ma visite à la Matterhorn-Hütte aurait peut-être été un épi-
sode intéressant dans un récit de voyage. À présent, dans un
monde où les régimes et la gymnastique ont rendu la santé
accessible à tous, c'était une banale excursion d'un jour pour
grands-parents en forme.

DE RETOUR À ZERMATT, j'allai manger une pizza au North
Wall. C'était un après-midi tranquille et Chris, le barman,
parlait avec un client de l'Autrichien Stefan Gatt, qui venait
de descendre l'Everest en planche à neige, sans oxygène, à une
température de moins vingt-huit degrés. Cela me rappela que
j'allais grimper au sommet d'une montagne enneigée le lendemain matin et j'acceptai l'offre de Chris de me prêter des vêtements. Il m'apporta deux minces chandails.

« Mets plusieurs couches, me conseilla-t-il. Tu seras très
bien. »

J'avais appris que le plus vieux guide de Zermatt signerait
des autographes cet après-midi-là. Je craignais un zoo humain – un type chenu sortant du centre commercial en fauteuil roulant –, mais la séance de signature fut en réalité un
événement digne, tenu dans une petite galerie. Né en 1900,
Ulrich Inderbinen avait accompli sa dernière ascension du
Matterhorn à 90 ans. Petit homme au visage strié de rides et à
la moustache broussailleuse terminée en pointe, il était assis à

une table couverte de cartes postales. Je lui demandai si le Matterhorn était vraiment aussi ardu qu'il en avait l'air.

« Le Matterhorn n'est pas le plus difficile », répondit Ulrich. Un moustachu, le propriétaire de la galerie, servait d'interprète. « Il y a des montagnes plus difficiles. S'il devient si dangereux, c'est parce qu'il y a trop de monde. Certains jours, ils sont 100 à grimper. Ils tirent sur leurs cordes et la masse rocheuse se relâche. Ce serait moins dangereux s'il y avait moins de monde. »

Je payai la carte postale qu'il venait de me signer et je lui dis que c'était comme si on escaladait une autoroute.

« *Ja... Matterhorn Autobahn* », approuva-t-il en pouffant de rire.

Ce soir-là, je me rendis au petit cimetière de Zermatt, au bord de la rivière Mattervispa, où les flammes orangées des chandelles votives dansaient sur les pierres tombales. C'était vrai, les Alpes avaient depuis longtemps perdu leur aura mystique. En été, la saison d'escalade, des dizaines de personnes pouvaient atteindre le sommet du Matterhorn le même jour. Des grands-mères l'avaient fait et des musiciens avaient présenté des concerts en haut de la montagne. Le Matterhorn est pourtant une montagne mortelle et, une mauvaise année, il peut provoquer jusqu'à 20 décès. Rien qu'au cours des deux dernières semaines, deux Japonais avaient trouvé la mort à 180 mètres du sommet et une Anglaise avait fait une chute fatale sur un champ de glace. Le cimetière était plein de monuments commémorant l'alpinisme : un homme de Cambridge « *killed by a fall on the Riffelhorn* », deux Espagnols « *desaparecidos en el Monte Cervino* », deux Allemands « *Gefallen Am Matterhorn* » à la veille de la Deuxième Guerre mondiale. Un monument était érigé à la mémoire de Hadow et de Hudson, les deux infortunés compagnons de Whymper.

Je m'arrêtai, surpris, devant le monument commémorant Donald Stephen Williams, de New York. Un pic à glace orangé était fixé à la tombe sous cette inscription lapidaire : « J'ai choisi de grimper. » Je fus toutefois plus impressionné en reconnaissant l'endroit où il avait trouvé la mort, le 23 juillet 1975 : « sur le Breithorn », était-il écrit.

Attendez un instant : les gens meurent donc sur le Breithorn ? Ne m'avait-on pas dit que c'était la plus facile des montagnes de 4000 mètres ? C'était pour cela que j'avais refusé de payer les 30 francs suisses de la police d'assurance qu'on m'avait proposée au centre alpin, estimant peu probable que j'aie besoin d'un sauvetage par hélicoptère.

Cette nuit-là, je dormis mal dans ma chambre sous les combles. Mes bottes de location m'avaient arraché un morceau de peau sur une cheville et je rêvai que je me transformais en un autre *Bergtod*, un cadavre de montagne. Quand je m'éveillai avant le lever du soleil, je vis que la face du Matterhorn était déjà éclairée, évoquant la voile d'un bateau corsaire gonflée au-dessus des rues sombres de la ville endormie. Je me dirigeai vers la station du téléphérique en frissonnant dans mon mince pantalon d'été. Une fois là, je me présentai à Ricki, un grand type taciturne d'une vingtaine d'années, avec de la lotion solaire étalée n'importe comment sur son nez. (J'apprendrais plus tard qu'il était le fils de Richard Lehner, un guide de montagne célèbre qui avait escaladé 600 fois le Matterhorn.) Sa sœur Maya et sa petite amie, Yvette, une Française joviale originaire d'une vallée voisine, allaient nous accompagner « pour le plaisir ». Nous sommes montés dans deux nacelles et deux Allemands à barbe blanche, arborant des blousons en laine polaire et des bâtons de ski flambant neufs, se joignirent à nous à la station suivante. Dans la troisième et dernière nacelle – la plus élevée d'Europe –, je luttai en silence contre le vertige, tandis que la cabine du téléphérique semblait racler la roche nue du Klein Matterhorn.

Après avoir traversé un long tunnel, nous émergeâmes, éblouis, dans une plaine de neige sous un soleil aveuglant. Yvette parut surprise en voyant tous les skieurs et surfeurs des neiges. Je lui demandai si c'était inhabituel.

« Non, répondit-elle. Je me disais seulement que nous avons déjà suffisamment d'hiver ici, alors pourquoi aller skier en été ? »

« Vous n'êtes pas habillé assez chaudement, marmonna Ricki en attachant le harnais autour de mon pantalon. Il va peut-être faire moins cinq en montagne. Mais nous ne resterons pas longtemps. » Attachés les uns aux autres, nous commençâmes à marcher lentement, en file indienne, dans un vaste champ de névé, une neige granuleuse qui ne s'est pas encore transformée en glace. Devant nous, le sommet arrondi du Breithorn se dressait au-dessus de la plaine et je pouvais voir des cordées zigzaguant le long de sa paroi, me rappelant les photos d'aspirants mineurs en train d'escalader des sommets au Klondike à l'époque de la Ruée vers l'or. Juste avant que la pente ne commence pour de bon, nous fixâmes les crampons à nos bottes et j'entendis Ricki donner quelques conseils au groupe d'Asiatiques à côté de lui.

« Vous parlez japonais ? demandai-je, étonné.

– Il le faut bien à Zermatt ! »

La véritable ascension commença alors. Je devais me concentrer pour empêcher mes crampons d'accrocher la corde qui pendait de la taille de l'Allemand devant moi. Tout le monde était silencieux, plantant un pied dans la croûte de neige ferme, levant l'autre, avançant progressivement. Après avoir monté et redescendu, nous négociâmes un angle plus intense vers le haut et finîmes par atteindre une saillie sous la crête qui menait au sommet.

« Arrêt Kodak ! » dit l'un des Allemands, qui s'arrêta pour immortaliser l'ascension sur une photo. Nous suivîmes une étroite corniche battue par le vent et je jetai un regard épouvanté vers ma droite, où la montagne faisait une pente vertigineuse qui plongeait vers un glacier à des centaines de mètres au-dessous.

« Écartez bien les pieds ! cria Ricki en se retournant vers nous. Ne laissez pas les crampons se prendre dans les cordes ! » Je fixai la terre ferme devant moi, bannissant le gouffre de ma vision périphérique. Nous sautâmes enfin de l'étroite corniche et nous nous approchâmes du sommet légèrement aplati. Nous avions atteint le sommet. Nous échangeâmes des poignées de main et Yvette me gratifia de trois baisers sur les joues. L'un des Allemands brandit une caméra vidéo et filma son ami, en parlant dans le microphone d'une voix dramatique, style télé-réalité ; je reconnus les mots « *Breithorn* » et « *4160 mètres* ».

Le vent soufflait avec rage et, comme deux autres cordées de grimpeurs approchaient, Ricki nous fit signe de nous déplacer vers une corniche plus large au-dessous, sous le vent. Là, nous pûmes admirer un panorama de sommets alpins, dominé par le Monte Rosa qui se dressait devant la neige à l'est, avec le Matterhorn et sa version réduite, le Klein Matterhorn, à l'avant-plan. Yvette prit son téléphone cellulaire et me montra l'affichage numérique. Je lus : « Telecom Italia. » Le Breithorn est à cheval sur la frontière entre la Suisse et l'Italie, et je distinguais les vertes vallées et les pics moins élevés des Alpes liguriennes de l'autre côté de la crête. Comme ils voulaient faire une photo panoramique de Castor et Pollux, les montagnes jumelles, et que je me trouvais dans leur champ de vision, les Allemands me firent signe de me pencher en arrière.

Le grand alpiniste Frank S. Smyth prit la même photo en 1946, alors qu'il contemplait les sommets qu'il avait escaladés tout au long de sa carrière. « Marcher sur cette pente enneigée, écrivit-il dans *Again Switzerland*, ressemblait à marcher sur le toit enneigé de l'édifice le plus haut de la ville et voir au-dessous des milliers d'autres toits, aussi loin que peut se porter le regard… De telles visions ne sont pas faites pour des hommes, mais pour des dieux. » Ne pouvant résister au plaisir de montrer un peu de chauvinisme anglo-saxon, il avoua avoir été soulagé qu'un petit groupe d'Italiens rencontrés sur le champ de névé n'ait pu le suivre. « Nous avons alors eu l'occasion de profiter de la perspective sans être gênés par nos camarades. J'ai peut-être l'air de manquer de générosité, mais ce n'est pas le cas en ce qui concerne les Italiens, car cette race est incapable de méditer paisiblement sur une montagne ou ailleurs, et elle doit jacasser à toutes les heures du jour et de la nuit. »

Smyth aurait été consterné par la scène qui se déroulait devant mes yeux : une douzaine de groupes d'excursionnistes reliés les uns aux autres – dont un gamin de 10 ans tout au plus et une femme d'une soixantaine d'années – jacassaient dans toutes sortes de langues asiatiques et européennes. Il y avait au moins 60 autres grimpeurs sur le sommet. Quelque 200 mètres plus bas, un hélicoptère planait au-dessus du champ de neige.

C'est alors que je vis une apparition. Un homme en chaussures de sport et en collant, portant deux bâtons de ski, sembla s'élancer vers le sommet. Il passa à toute allure près de nous, puis il disparut de l'autre côté de la montagne, retournant vers le névé. Je me levai et regardai par-dessus la corniche : il descendait, carrément, la paroi que nous venions d'escalader en zigzag, un effort qui avait exigé une heure de travail laborieux.

« Il doit participer aux Skyrunning Championships, dit Yvette. Ce sont des athlètes extrêmes. Grimper des montagnes en courant fait partie de leur marathon. »

Tandis que nous amorcions notre descente, avec Yvette et Maya en tête, nous vîmes qu'on filmait une course depuis l'hélicoptère. Des coureurs portant des chandails Fila et Vibram traversèrent notre piste serpentante, grimpant verticalement à un rythme absurde. Nous nous étions arrêtés pour retirer nos crampons lorsqu'un nouveau peloton passa à la vitesse de l'éclair.

« Ces gens, marmonna Yvette. À mon avis, ils vont avoir des problèmes de santé d'ici une dizaine d'années. » Ces athlètes paraissaient musclés, mais cadavériques, trop soignés et asexués, comme si le fait d'avoir fait fondre leur graisse avait pour ainsi dire rapetissé leurs gonades, leur donnant une intensité androgyne peu attirante. Je fis remarquer à Yvette qu'ils ressemblaient à de riches directeurs de compagnie.

« Oui, des yuppies, approuva-t-elle. Les extrêmes, tous les extrêmes, il y a dans cela quelque chose de *malsain**, *unhealthy*, comme vous dites. Je crois qu'il y a un trou, il manque quelque chose dans la vie de ces gens. »

Nous retournâmes sur le champ de neige. Ricki était silencieux ; il semblait perturbé par la présence de ces athlètes étrangers sur son territoire. Nous suivîmes la piste que nous avions prise pour monter et, toutes les deux ou trois minutes, un coureur nous dépassait, le visage empourpré, l'air fermé. L'un deux arriva torse nu et Maya tourna la tête pour le suivre des yeux.

« *Domani… rosso !* » dit-elle à Yvette. Étant donné l'intensité des rayons du soleil à cette altitude, le lendemain, il serait rouge betterave.

Nous entendîmes une voix d'homme derrière nous. « *Pista !* » – « Écartez-vous ! » en italien. Ricki poursuivit sa route et un gars – ou plutôt un paquet de muscles – se rua sur nous en nous maudissant. Quand il passa à côté de notre équipe encordée, il me poussa, puis il poussa Maya, nous faisant pratiquement tomber à terre.

« *Va fanculo !* » vociférai-je, utilisant cinq pour cent de mon vocabulaire italien.

« *Ils sont fous* !* » renchérit Yvette en faisant tourner un doigt sur sa tempe.

Nous retournâmes vers la station du téléphérique, enlevâmes nos harnais, fîmes nos adieux aux deux Allemands (qui avaient déjà commencé à visionner leur documentaire) et allâmes prendre un café à en endroit appelé le Terminus Café. Yvette travaillait à un centre d'urgence, où elle répondait à presque 500 appels téléphoniques par jour ; c'était elle qui décidait s'il fallait envoyer un hélicoptère ou une équipe de sauvetage pour rescaper les touristes égarés. Peu de temps auparavant, on avait dû porter secours à quatre surfeurs des neiges qui étaient tombés dans une crevasse après avoir dévié de la piste. Je lui demandai de me parler des hommes qui étaient morts la semaine précédente.

« Un Allemand et un Espagnol. Mais, vous savez, il n'y a pas que le Matterhorn dans la région. Il y a des douzaines de montagnes. Et les gens y vont sans guide. Puis, ils ont des ennuis et il faut envoyer un hélicoptère. Et quand un hélicoptère ne peut pas se rendre, des gens comme Ricki risquent leur vie pour aller les sauver – ou pour retrouver leur corps. »

Ricki me présenta Rudi, un collègue, assis à la table à côté.

« Vous êtes guide ? » demandai-je.

Il répondit que oui.

« Salut ! dis-je. Je suis un touriste. »

Rudi éclata de rire. « Mais vous n'êtes pas un *mauvais* tou-riste. Nous en avons qui… » Il secoua la tête. « J'ai eu un groupe de Japonais, par exemple, l'autre jour. Nous avons mis cinq heures pour grimper le Breithorn ! On aurait fait plus vite à quatre pattes. » Quand ils commencèrent à échanger des his-toires d'horreur en suisse allemand à propos de leurs clients, je compris le message et sautai dans la prochaine nacelle vers Zermatt.

Je fus incapable d'effacer le souvenir de l'adepte du sport extrême qui m'avait bousculé, une sensation qui m'accompa-gna le reste de la journée. J'allai consulter Internet au sujet de la course que nous avions vue cet après-midi-là. J'appris que des concurrents de 22 pays participaient au Sky Marathon, une course de 42 kilomètres sur la moraine et les glaciers, avec une pente ascendante de 2600 mètres. Des prix de 50 000 dol-lars étaient offerts.

Yvette avait raison : trop de gens ont des trous dans leur vie et ils parcourent des distances absurdes pour relever des défis ridicules plutôt que de rassembler le courage nécessaire pour contempler leur propre abîme. Les explorateurs et les pre-miers alpinistes avaient peut-être un esprit sportif et de nobles idéaux, mais cet esprit et ces idéaux avaient disparu à notre époque de stéroïdes, de tourisme de masse et d'appétit insensé pour la compétition. Ce qui me dérangeait le plus, c'était ce sens du bon droit, cette arrogance des adeptes de l'aventure. Les premiers escaladeurs anglais avaient refusé de croire aux histoires des dragons alpins et ils avaient payé les monta-gnards pour qu'ils les guident vers des sommets interdits. En voyage, les Français sont réputés pour leur impérialisme ; ils se laissent pousser la barbe tout en empoignant le volant d'un véhicule tout-terrain commandité par une compagnie de ta-bac et ils renversent les enfants perdus et détruisent les puits de village au cours de leurs « raids » héroïques en Afrique occidentale. Une célèbre expédition américaine se rendit à Huautla, au Mexique, et, voulant être les premiers à explorer

les grottes les plus profondes du monde, ses membres ignorè-
rent le caractère sacré des cimetières mazatèques qui se trouvaient sur le site.

Comme je commençais à le comprendre, le noyau dur de
ma propre dépendance au voyage était un désir constant de
me dépouiller d'une identité calcifiée – un refus de la routine
ayant produit un sens illusoire de jeunesse éternelle –, désir
encore amplifié par un goût irrésistible du mouvement et des
expériences nouvelles. Comprimé dans des tramways et des
wagons de métro étrangers, où chaque geste représentait un
nouveau code à déchiffrer, où même comprendre comment
acheter mon billet était un exploit de sémiotique, je me sentais vivant, j'avais les yeux écarquillés comme lorsque, enfant,
je prenais pour la première fois l'autobus tout seul pour aller
au centre-ville. C'étaient les effets secondaires qui justifiaient
la dépendance : bousculé par cette exposition à de nouvelles
tournures de phrase et de pensée, je pouvais imaginer le monde
vu par les yeux d'un producteur de riz vietnamien, d'un réalisateur de documentaires colombien, d'un adolescent musulman de la banlieue parisienne.

J'avais certainement mes propres trous à combler, pourtant, les raisons qui me poussaient à partir me semblaient pour
la plupart positives. Mes voyages les plus réussis comportaient
l'échange et la découverte plutôt que l'autocongratulation, la
fanfaronnade patriotique et la consommation.

Les chefs de file du voyage extrême, j'en étais convaincu,
ne voyageaient pas du tout. Pour eux, les pays étrangers n'étaient
que de vastes théâtres où ils montaient et interprétaient de
vagues psychodrames. Ce qui expliquait pourquoi les sommets
de montagne, les zones de guerre, les îles arctiques, les déserts
et les Alpes transformées en piste de jogging – tous les endroits
arides et désolés d'où est bannie la troublante complexité des
affaires humaines – exerçaient toujours autant d'attrait.

CHAPITRE VI

Le tour d'Europe

Sir Fopling Flutter parcourt l'Europe – Une passe de train et *Let's
Go* – Cochon volant, Love Parade et bière bon marché à Prague –
Les premiers dandys du tour d'Europe – Panique à la gare ferroviaire
de Milan – Excès d'ail – Discussion sur les McPink aux Fawlty Towers
– Le premier ghetto des voyageurs – Goethe au paradis – À la recherche de routards sur la place d'Espagne – Disgracieuse tournée
des grands-ducs au Campo dei Fiori – Escroqué et contaminé par les
Napolitains – *Il Gabinetto degli oggetti osceni* – Comment cuisiner
le spaghetti en boîte – Byron avait vu juste

LE VOYAGE est une orgie. Des regards obliques dans la salle
d'attente de l'aérogare, le souvenir d'une scène torride dans les
toilettes d'un avion tirée d'un film porno français, la femme en
bas résille dans la rangée devant moi. Le suspense, pendant
que le train entre en gare, quand on se demande si quelque
svelte Anna Karénine, quelque suave docteur Jivago est sur le
point de faire irruption dans le compartiment. Les Lothaire
bronzés paradent dans des Speedo qui moulent leurs protubé-
rances devant de pâles et nordiques Shirley Valentine. La
femme de chambre suisse qui rougit joliment, le gondolier
vénitien qui vous regarde dans les yeux, le guide touristique
turc expérimenté qui, contre un petit bakchich, vous obtien-
dra un rendez-vous avec une danseuse du ventre. Cette semaine, Suzie Wong cherche un nouveau chevalier servant et

le serviteur algérien aux yeux en amande veut conduire l'homme qui porte un œillet rouge à sa boutonnière à un hammam spécial dans le souk. Amis, famille, ceux que vous avez laissés derrière ne pourront jamais savoir à quel point les choses sont faciles ici, à quel point on est libre. Et, surtout, *on ne reverra jamais ces gens*.

Le sexe était un sujet enchâssé dans la tradition du tour d'Europe, ce rituel du XVIIIe siècle par lequel des bandes de jeunes dandys britanniques, dont la plupart n'avaient pas 20 ans, allaient visiter les bordels et les maisons de jeu du continent sous le prétexte de parachever leur éducation. Accompagnés par leurs tuteurs, qu'on appelait *bear-leaders*, ces ducs et ces baronnets à peine postpubères se dévergondaient à Paris, à Venise et à Naples, puis ils rentraient chez eux avec de faux Canalettos, une demi-douzaine de phrases en italien non idiomatique et une chaude-pisse. Avec leur redingote ajustée et la perruque poudrée qu'un *perruquier** parisien leur avait vendue à un prix prohibitif, Sir Fopling Flutter et Lord Macaroni, qui privilégiaient les cafés anglais à l'étranger tout en affectant des manières efféminées continentales chez eux, étaient partout tournés en dérision. Et pourtant, en faisant tinter assez souvent et assez fort des pièces de monnaie dans les poches de leur culotte de satin, ils forgèrent le gabarit du voyage européen et contribuèrent à la création d'un réseau accueillant d'auberges et de restaurants pour voyageurs, réseau qui sert depuis de prototype.

Le tour d'Europe existe toujours. Il est à présent dominé par les Américains, les Australiens, les Néo-Zélandais et les Canadiens de classe moyenne, dont la plupart ont étudié un ou deux ans à l'université. Au XXIe siècle, on va d'Amsterdam à Prague, en passant par Venise et Corfou, et les itinéraires ne sont déterminés que par les restrictions des passes de train Inter-rail et Eurail. Il s'agit d'un rite de passage approuvé, et presque toujours financé, par les parents qui désirent voir leur progéniture se frotter à la culture européenne. Ses objectifs sont ostensiblement les mêmes : achever l'éducation d'une personne en lui permettant de visiter les musées et les théâtres des capitales étrangères. Maintenant, comme autrefois, ses buts véritables sont de participer à des beuveries, des coucheries et des fêtes tumultueuses – habituellement en compagnie d'autres voyageurs plutôt qu'avec d'authentiques Européens.

Ce fut relativement facile de m'intégrer au circuit. Tout ce que j'avais à faire, c'était de trouver l'auberge de jeunesse locale ; à Zermatt, il s'agissait d'un immeuble en bois pavoisé de drapeaux américains, japonais et australiens, dont le porche était encombré de sacs à dos fluorescents. Après avoir descendu l'étroit escalier, j'inspectai les dortoirs : à côté des vestiaires, chacun comprenait quatre lits de métal à une place, sur lesquels une couverture de laine grise était étalée.

À côté d'un téléphone payant, je pris les dépliants concernant d'autres auberges du circuit – l'Amphora à Istanbul, la Best à Budapest, la Funny Farm à Interlaken – au moment où un grand blond qui venait d'appeler ses parents raccrochait. Je remarquai qu'il avait une édition de poche d'un roman de James Joyce.

« Molly Bloom te tient compagnie ? lui demandai-je.

– Oh ! Tu as lu *Ulysse* ? dit-il. En vérité, je ne suis pas encore arrivé à son monologue. » Il se présenta : il s'appelait Thomas, il venait de l'Arizona. Ses cheveux clairsemés et son front haut le faisaient paraître plus âgé que ses 21 ans.

« Je coltine une dizaine de bouquins dans mon sac à dos, dit-il. Si tu te cherches quelque chose à lire, jette un coup d'œil. Ils me donnent mal au dos. » Je ne demanderais pas mieux que de lire un bon livre, répondis-je. « Je vais manger avec mon frère dans une couple d'heures. Ça te tente ? » Nous nous entendîmes pour nous retrouver à un restaurant près de l'église catholique.

J'avais déjà ma petite idée sur le Café du Pont. Avant mon départ, je m'étais équipé des deux articles essentiels pour le tour d'Europe des temps modernes : une Eurailpass – la mienne offrait cinq journées distinctes de voyage, mais la majorité des routards que j'avais rencontrés avaient la passe d'un mois, plus chère, mais valable pour des trajets illimités – et la dernière édition de *Let's Go : Europe*. À sa création en 1960, c'était un dépliant ronéotypé que l'on remettait aux étudiants de Harvard sur les vols nolisés vers l'Europe. Aujourd'hui, c'est le guide de voyage le plus vendu au monde, une bible de 955 pages couvrant tous les pays, de la principauté d'Andorre à la Yougoslavie.

Les premiers à faire ce tour d'Europe emportaient dans leurs bagages le *Grand Tour* de Thomas Nugent, un guide en quatre volumes publié en 1749, répertoriant tous les plus importants édifices et sites de l'Europe. (Un grand nombre préféraient indiscutablement son rival, le *Gentleman's Pocket Companion for Travelling into Foreign Parts*, dont le lexique comprenait un modèle de dialogue permettant d'attirer une femme de chambre allemande, française ou italienne dans sa chambre.) À court de lecture, je feuilletai mon *Let's Go*. Je ne pus m'empêcher de remarquer une certaine tendance éthylique dans la ligne éditoriale. À propos de l'île grecque d'Ios : « C'est le pire cauchemar de votre mère – bouteilles de vin rouge, lampées à trois heures de l'après-midi, nudité dans les bars, préservatifs éparpillés dans la poussière des chemins. » Sur une tournée des distilleries de Dublin : « Si vous avez de la chance, vous serez choisi pour être un "dégustateur de whisky irlandais"... Le certificat est joli, bien sûr, mais l'ivresse est encore plus belle. » Avant une liste de bars tchèques : « La manière la plus authentique de profiter des nuits de Prague, c'est de marcher dans un brouillard alcoolique. » Le restaurant choisi par Thomas était l'un des deux qui étaient recommandés dans la demi-page que le *Let's Go* consacrait à Zermatt.

Avec ses rondins et ses longs bancs de bois, le Café du Pont ressemblait à ce à quoi un restaurant montagnard suisse devait ressembler, mais les gens qui relaxaient autour des tables avaient tous l'âge d'étudiants d'université et ils parlaient tous un anglais teinté d'accent américain. On me présenta Alan, un gars à lunettes et au visage couvert d'acné, et Philip, qui avait les cheveux bruns et un an de moins que son frère Thomas et qui semblait être le membre le plus aventureux du trio. Philip fréquentait l'université Northwestern, à Chicago, et Thomas avait étudié à Harvard, où il avait obtenu un diplôme en informatique. Membre d'un club d'alpinisme à Harvard, Alan avait proposé aux deux frères d'aller à Zermatt, mais ceux-ci songeaient déjà à reprendre la route. Thomas était tenté par Interlaken et Paris tandis que Philip avait envie d'aller assister à la Love Parade qui aurait lieu prochainement à Berlin. La Love Parade, party annuel de DJ et de danse au cours duquel des chars allégoriques serpentent à la porte de Brandebourg, se tient un samedi après-midi. Un encart d'une demi-page dans le *Let's Go* décrivait l'événement comme un «Woodstock techno annuel, l'unique rave d'un million de personnes au monde». C'était de toute évidence l'un des points forts du tour d'Europe moderne.

« Si on avait un endroit où coucher, tu réussirais peut-être à me convaincre, dit Thomas. Il y aura à peu près un million et demi de personnes dans la ville. Je n'ai pas envie de dormir dans un parc.

— C'est l'été, les gars, protestai-je. Et le Tiergarten est pas mal grand. Vous y trouveriez sûrement un coin tranquille.

— On n'a qu'à acheter des hamacs ! » reprit Philip. Il tempéra son enthousiasme en montrant son esprit d'initiative. «On pourrait acheter des hamacs d'occasion et les *revendre* avec profit à Berlin.

— Pourquoi ne pas prendre de l'ecstasy et passer tout le week-end debout ? » dis-je, me faisant l'avocat du diable. Cette solution aurait été la mienne à 20 ans.

«Ouais, dit Thomas, rejetant ma suggestion. On pourrait peut-être réserver au Ritz. Je suis sûr qu'il va rester de la place, ronchonna-t-il.

— Tu as raison, Thomas, concéda Philip, coucher dans un parc est une mauvaise idée. Je me rappelle qu'à Vienne des gens parlaient de l'effet que des millions de gallons de pisse auraient sur les plantes des parcs. Tu imagines ? Avec toute la bière que boivent les Allemands ? On nagerait dedans ! »

Après le repas, nous nous rendîmes à l'hôtel Post, un complexe *après-ski** géant avec une discothèque au sous-sol bondée d'adolescentes au maquillage scintillant ; pour cinq francs, on pouvait commander un *Mad Cow Vodka Jelly*. Nous prîmes place sur les barils de bière qui servaient de tabourets et je leur demandai quels autres endroits ils avaient visités en Europe.

« Nous arrivons de Venise, Cinque Terre, Florence et Rome, répondit Philip. J'ai détesté Rome ! Trop chaud, trop de monde, et ça pue ! On était dans le métro quand j'ai senti quelqu'un me frôler la jambe. Le mec avait une main dans la poche de mon pantalon cargo ! J'ai cru qu'il avait piqué mon portefeuille et je lui ai couru après dans toute la station, mais, en fin de compte, je lui avais fait peur avant qu'il puisse le prendre. »

Ils se montrèrent sarcastiques à propos de la Hollande. « Après un séjour à Amsterdam, je suis devenu moins libertaire, dit Thomas. Tous ces hippies assis dans les cafés, en train de fumer. J'appelle ça gaspiller sa vie. » Une attitude prévisible, pensai-je, de la part d'un garçon dont le père versait 30 000 dollars par année pour ses études. L'endroit qu'ils avaient préféré avait sans contredit été Prague.

« Là-bas, tu manges un repas pour quatre dollars et une bière te revient à 50 cents, dit Philip. Ça coûtait les yeux de la tête n'importe où ailleurs. » Thomas rentrerait bientôt chez lui, où un travail l'attendait dans une librairie dotée de postes Internet à Seattle. De retour à l'hôtel, il m'offrit un roman de Milan Kundera qu'il avait acheté à Prague. Puis, violant les plus élémentaires principes du troc et de l'échange, il me le fit payer 10 francs suisses.

Je lui conseillai d'être prudent, quoique, à en juger par son attitude, il ne risquât pas d'avoir trop de problèmes.

LES PREMIERS VOYAGEURS du tour d'Europe étaient aussi des espions. Dans une Europe divisée en zones papistes et en zones protestantes, semblables au bloc communiste et au monde libre pendant la guerre froide, les voyageurs élisabéthains étaient censés noter les dimensions des remparts et se renseigner discrètement sur les armoiries, les arsenaux et la taille des armées. Au cours du voyage qu'il effectua en 1571, Fynes Moryson, à qui la reine accordait 20 livres par année pour étudier les lois du continent, connut toutes sortes de péripéties : il faillit se faire capturer par des pirates de Dunkerque, il se déguisa en pauvre bohémien pour décourager des flibustiers en Hollande, il se fit accompagner par 60 mousquetaires entre Rome et Naples pour éviter les *banditti* et il finit par se faire détrousser en France par des soldats en déroute.

Thomas Coryate, fils d'un pasteur et courtisan facétieux, finança en 1608 un voyage à Venise en pariant, à sept contre un, qu'il en reviendrait sain et sauf ; il parcourut ainsi la France, la Suisse et l'Allemagne en prenant note des exécutions et des cadavres pourrissant sur les gibets, puis il rentra triomphalement en Angleterre et fit connaître à ses compatriotes la fourchette et le parapluie.

Le « Grand Tour » – une expression que Richard Lassels inventa en 1670 dans son *Voyage of Italy* – devint une institution au XVIIIe siècle, une fois que la crainte inspirée par l'Inquisition et les conflits religieux se furent suffisamment calmés pour permettre aux aristocrates de considérer un séjour sur le continent comme un idéal de fin d'études. L'Europe, autrefois le terrain sur lequel les intrépides et les ambitieux faisaient leurs preuves, devint celui sur lequel trépignaient les petits lords impudents, entretenus par les lettres de crédit de leurs papas.

L'âge d'or du tour se déploya à partir de 1763, année qui marqua la fin de la guerre de Sept Ans, jusqu'au début des guerres napoléoniennes. Au cours de la décennie qui précéda la Révolution française, on estime que 40 000 Anglais vinrent chaque année sur le continent, dont 3760 affluèrent à Paris en six semaines seulement. Ils étaient jeunes – ils avaient en moyenne 18 ans et rares étaient ceux qui avaient plus de 21 ans. Ils étaient riches – ils disposaient en moyenne d'une rente annuelle de 300 livres pour leurs voyages, à une époque où le salaire moyen était d'une livre par mois. Et, selon toute évidence, ils étaient de petits imbéciles élitistes et xénophobes.

Lady Mary Wortley Montagu, une veuve de diplomate mondaine qui avait exploré les hammams de Constantinople, fut consternée quand elle s'aperçut que les jeunes blancs-becs du tour d'Europe envahissaient son pays d'adoption, l'Italie. Comme elle l'écrivit de Venise à une amie : « À l'étranger, ils ne pensent qu'à acheter de nouvelles tenues, qu'ils revêtent pour briller dans quelque obscur café. Et, après l'importante conquête de la dame de compagnie d'une diva, qu'ils se rappelleront peut-être jusqu'à la fin de leurs jours, ils reviendront en Angleterre capables de juger les hommes et les manières… Je les considère comme les plus grands crétins de la nature. »

Sauf en ce qui concerne quelques célébrités comme Thomas Hobbes, Joseph Addison et Adam Smith, les tuteurs étaient en général des ecclésiastiques incompétents, réputés pour perdre le contrôle de leurs pupilles dès qu'ils arrivaient à proximité d'une taverne ou d'un bordel. Dégoûté, l'un d'eux – il s'appelait John Moore – raconta comment, prenant conscience qu'il était temps de rentrer chez lui après des mois de dévergondage à Rome, un de ces dandys loua une chaise à porteurs et fit en deux jours le tour de sites que Moore avait mis six mois à faire voir à son propre jeune pupille.

« L'objectif ultime du voyage est de voir les plages méditerranéennes », proclama un jour Samuel Johnson et, ayant entendu des histoires de femmes légères et de mœurs libres, la majorité des dandys n'eurent pas besoin de se le faire dire deux fois. En général, leur périple commençait par une balade en carrosse de Londres à Douvres. Par beau temps, on mettait à peine trois heures pour traverser la Manche. Mais s'il faisait mauvais, il fallait parfois attendre une semaine à l'auberge locale. Quand la marée descendait à Calais, des « bateliers » les conduisaient à terre dans des chaloupes. Après avoir fouillé leurs poches pour s'assurer qu'ils ne faisaient pas de contrebande, les douaniers leur rédigeaient un passeport leur permettant de voyager en France. (Les passeports modernes sont émis par le pays d'origine du voyageur, un usage qui débuta après la Première Guerre mondiale.) Les plus riches de ces voyageurs transportaient de Londres leurs propres voitures et ils louaient des chevaux aux relais qui se suivaient sur la route à des intervalles d'environ six milles; ces relais étaient souvent des auberges pourvues d'écuries pour les chevaux.

La plupart des visiteurs partageaient les voitures: il y avait le *carrosse** à 6 passagers, le *coche** à 16 passagers et la *diligence**, plus rapide, à 30 passagers. Quelle que fût sa taille, on était assuré de s'y faire secouer sans merci. Une fois à Paris, ils achetaient perruques poudrées et habits de velours, faisaient leurs emplettes et jouaient dans les arcades du Palais-Royal; ils se faisaient parfois rouler aux cartes ou escroquer par quelque chevalier qui leur proposait la compagnie d'une dame peinturlurée. Après avoir visité Versailles et Fontainebleau, ils se mettaient en route pour Lyon où les aubergistes justifiaient leurs tarifs exorbitants en les appelant obséquieusement *grands seigneurs** ou *milords*, quel que fût leur rang.

De là, ils se rendaient en Suisse – plusieurs allaient importuner Voltaire, une des premières victimes du phénomène du zoo humain. Un jour, le malheureux dit à un groupe d'étrangers qui le dévisageaient, bouche bée: «Eh bien, messieurs, maintenant, vous me voyez. Pensiez-vous que j'étais une bête sauvage ou un monstre bon à être montré au cirque?» Ceux qui avaient leurs voitures les entreposaient, ou les faisaient démanteler et transporter à travers les Alpes, mais la plupart louaient des chaises de poste montées sur de longs bâtons et des porteurs chaussés de bottes cloutées leur faisaient traverser le Mont-Cenis.

Une fois à Turin, leur première ville italienne d'importance, ils concluaient un marché avec un *vetturino*, qui servait de guide et d'agent de voyages. Pour une somme forfaitaire, celui-ci s'occupait du transport et de l'hébergement; il économisait souvent sur les hôtels et les repas de façon à empocher plus de profit. S'ils s'arrêtaient à Milan, à Bologne et à Florence, Rome et Naples constituaient toutefois l'apogée du voyage. Puis, ils rebroussaient chemin et rentraient au pays en passant par l'Allemagne et les Pays-Bas.

C'était cela, en gros, le tour d'Europe. Certains voyageurs solitaires avaient, bien sûr, des itinéraires différents. En 1763, James Boswell, âgé de 22 ans, harcelé par les lettres de réprimande que son père, un presbytérien austère, lui faisait parvenir, fit un séjour d'études de dix mois en Hollande, après quoi il envoya spectaculairement promener la discipline : à Dresde, des pickpockets lui volèrent son portefeuille, il attrapa une maladie vénérienne à Florence et séduisit la maîtresse de Jean-Jacques Rousseau à Paris.

Certains voyageurs, comme Tobias Smollett – à 43 ans, il avait manifestement dépassé l'âge d'effectuer le tour d'Europe –, se rendaient dans le sud de la France ; ils séjournaient à Nice et à Montpellier, puis ils suivaient la côte jusqu'en Italie. Rares étaient ceux qui allaient au nord de Hambourg, à l'est de Prague ou au sud des Pyrénées. Les tours individuels pouvaient durer de six mois à quatre ans – avec deux ans et demi, le circuit de Boswell se situe dans la moyenne. Préparer ses bagages n'était pas une mince affaire : les guides de l'époque recommandaient d'apporter des culottes de daim imperméables, une baignoire gonflable avec des soufflets et d'autres articles comme un encrier de poche, un briquet à amadou et une boîte à thé. Un miroir Claude était conseillé au voyageur qui avait un penchant artistique ; il s'agissait d'un miroir convexe, gris fumée, grâce auquel, en tournant le dos au paysage, on pouvait voir la scène dans un reflet sombre, à grand angle, évoquant les paysages idéalisés du peintre français Claude Lorrain.

À ZERMATT, je montai à bord d'un train pour l'Italie. J'arrivai à Milan à la fin de l'avant-midi. Devant changer de train, j'arpentai la gare caverneuse et je regardai les aigles maussades, les inscriptions SPQR et les médaillons de la façade commémorant le Travail et le Commerce – le legs durable que Mussolini fit graver dans la pierre pendant cette décennie où les trains italiens arrivaient à l'heure. Aux toilettes, je me demandai pourquoi on avait mis des cloisons comme dans les bureaux entre les urinoirs ; c'est alors que je vis un type chauve qui me lorgnait depuis une cabine ouverte tout en fouettant quelque chose de vilain dans son pantalon informe. Je retournai dans la salle d'attente où je tuai une heure à répertorier les possessions des adeptes du tour d'Europe des temps modernes. Depuis mon premier voyage en train au milieu des années 1980, on voyait moins de guitares, mais davantage de technologie. Un garçon en short et en tee-shirt blanc était en train d'éviscérer son sac à dos sur des chaises de plastique, en proie à ce syndrome trop familier : la panique du voyageur.

« Merde, dit-il à sa petite amie, en brandissant trois boxers sales. Je savais qu'on n'aurait pas dû laisser nos sacs à l'auberge de jeunesse. Ce type avec des dreadlocks fouillait dedans. »

Avec rage, il tira d'une pochette sur le côté un roman de John Grisham en format poche, puis un aki et un sachet Ziploc plein de pièces de monnaie. Dans le principal compartiment du sac à dos, il y avait des chemises Tommy Hilfiger, une caméra numérique, un lecteur de CD, un frisbee et un couteau Leatherman. Il plongea son bras au fond du sac, en sortit un guide *Let's Go* et regarda entre les pages.

« Merde, merde, merde ! hurla-t-il, le visage empourpré. Maintenant, je vais devoir attendre comme trois semaines pour m'en faire délivrer un autre par l'ambassade ! »

Imperturbable, sa petite amie tapota le côté de son short. « As-tu regardé là-dedans ? »

Il détacha le bouton-pression et sortit un passeport américain de sa poche. « C'est comme *tellement* bizarre ! Je ne l'ai *jamais* mis là ! »

Comment ne pas sympathiser ? Il m'est souvent arrivé, en état de panique, de mettre une chambre d'hôtel sens dessus dessous le matin, à la recherche d'une clé que je retrouvais une demi-heure plus tard dans la serrure de la porte.

Mon compartiment était occupé par trois Asiatiques au début de la vingtaine, qui portaient tous des lunettes et des vêtements de toile blanche. L'un d'eux, qui avait le mot *California* imprimé sur son sweat-shirt jaune, baragouinait l'anglais ; il me dit qu'ils voyageaient en Suisse depuis deux semaines et qu'ils allaient maintenant faire un tour à Rome avant de retourner en Corée. Cela semble typique des jeunes

Asiatiques qui viennent en Europe : handicapés par les taux de change, des vacances trop courtes et les exigences de leur emploi ou de leurs études, ils doivent en général se contenter de quelques semaines. Pour les touristes américains, le voyage peut durer jusqu'à deux mois, mais, pour une nation comptant 285 millions d'habitants, ils sont étonnamment sous-représentés en Europe (si l'on se fie aux rapports, seulement 17 % des Américains ont un passeport). Pour les Anglais, l'Europe est une banlieue proche depuis le milieu du XIXᵉ siècle ; de nos jours, ils vont passer le week-end à Paris ou à Amsterdam – ils prennent le ferry, achètent un billet d'avion à prix réduit ou traversent le tunnel de la Manche – et leurs « grands tours », ils les font en Asie. Les Canadiens, reconnaissables à l'unifolié cousu sur leur sac à dos, ont tendance à voyager quelques semaines de plus que les Américains. Aujourd'hui, seuls les Australiens, les Sud-Africains et les Néo-Zélandais effectuent un tour d'Europe digne de ce nom – sans doute pour tirer le maximum, après un voyage en avion qui leur a coûté très cher, de ce qui sera peut-être une expérience unique.

« *Carpe diem* », avaient également pensé les jeunes lords dans les années 1760 en se transformant en barbares anxieux de jeter leur gourme. À la fois arrogants et peu sûrs d'eux, ils abordaient l'expérience continentale avec ce mélange de paranoïa, d'hyperbole et de condescendance qui est la marque de commerce d'une grande partie de la littérature de voyage britannique. William James décrivit un jour un homme qui, convaincu d'avoir écrit le secret de l'univers pendant qu'il était sous l'effet de l'oxyde azoteux, découvrit, en émergeant de sa débauche, qu'il avait gribouillé : « Une odeur de pétrole imprègne tout. » Pour les premiers voyageurs britanniques, ce n'était pas le gaz que l'Europe sentait, c'était l'ail. « Je déteste la cuisine française, râla Smollett, et l'ail qui assaisonne abominablement la plupart des ragoûts dans cette partie du pays. » Pour William Hazlitt, Rome était « une succession presque ininterrompue de rues étroites, d'apparence vulgaire, où l'odeur de l'ail prévaut sur celle de l'Antiquité ». Même Shelley, pourtant en révolte ouverte contre la société anglaise, montrait une certaine tendance chauvine : « Qu'en dites-vous ? écrivit-il à propos de l'Italie. Les jeunes femmes de haut rang mangent réellement – vous ne devinerez jamais quoi – de l'ail ! » Cette attitude faussement aristocratique était si enchâssée dans la culture anglaise que, même dans les années 1990, les routards britanniques auteurs d'un récit de voyage intitulé *Don't Lean out of the Window*, destiné aux adolescents et relatant une expérience de voyage en train, dirent d'un passager *froggy* qu'il avait « manifestement de l'ail dans ses gènes » et décrivirent une femme aperçue sur la Croisette, à Cannes, comme une « paysanne mafflue ».

En approchant de Rome, notre train roula dans un paysage touffu de projets domiciliaires couronnés d'antennes paraboliques. Au XVIIIe siècle, un voyageur du tour d'Europe serait arrivé en coche, probablement en compagnie d'une demi-douzaine d'autres dandys hilares, et il se serait fait déposer à la Piazza del Popolo – le point le plus au nord de Rome, à l'époque. Là, il aurait vu des chèvres qui broutaient au pied de l'obélisque égyptien, ce monument phallique érigé par le pape Sixte V. Émoustillé par les promesses de la Ville éternelle, il aurait embauché un cocher et il se serait glissé entre les seins protubérants des églises Santa Maria aux coupoles jumelles, il aurait pénétré entre les jambes écartées de la Via di Ripetta et de la Via del Babuino en s'infiltrant par l'étroite ouverture labiale du Corso. Tout en lançant des regards nerveux vers les ruelles où œuvraient les prostituées, il aurait réservé une chambre dans un *albergo* et, plus tard – quelle coïncidence ! –, il serait tombé sur ses compagnons de voyage poudrés de frais et prêts à bambocher dans les rues du premier ghetto pour touristes anglais au monde.

Mon train arriva aux Termini, une grande gare située près de l'une des anciennes portes de la ville. À l'entrée du métro, des hommes d'âge moyen, l'air farouche et arborant de douteuses badges photocopiées sur lesquelles les mots *Rome Travel Assistance* étaient écrits, tentèrent de m'entraîner vers leurs hôtels, mais je savais exactement où je m'en allais. Dans le

train, j'avais ouvert mon exemplaire du *Let's Go* et noté le premier nom inscrit sur leur liste.

« Pensione Fawlty Towers. Fantastique ! Dortoirs mixtes.
Aucun couvre-feu. Clés de nuit disponibles. » Parfait.

Un pâté de maisons plus loin, j'entrai dans le hall de ce qui
ressemblait à une tour d'habitation. Sur la cage de l'ascenseur,
une plaque portait les mots : « 1 – Casa Cicconi ; 3 – Marco Polo ;
4 – Sileo ; 5 – Fawlty Towors », ce dernier nom en hommage,
peut-être, à son homonyme dont le nom est chroniquement
mal épelé. Après être sorti du minuscule ascenseur au dernier
étage, je fus accueilli par le bourdonnement d'un interphone.

La Finnoise aux cheveux noirs qui travaillait à la réception feuilleta son registre. « Je crois que tu as de la chance, me
dit-elle. Quelqu'un vient de partir. » Pendant qu'elle copiait
les données de mon passeport, un routard – queue de cheval,
short et sac à dos, visage rouge et souffle court – fit irruption
dans la pièce et laissa tomber son *Let's Go* sur le comptoir.

« Dis-moi qu'il te reste un lit pour cette nuit ! implora-t-il.

– Non, c'est complet », répondit la fille en hochant la tête
dans ma direction. Elle lui recommanda un hôtel analogue de
l'autre côté de la gare.

« C'est bien ? demanda le routard. Je veux dire, c'est un
endroit où on peut s'amuser ? Ce soir, j'ai envie de faire la
fête. » La Finnoise haussa les épaules, il reprit son sac à dos et
disparut.

L'auberge ressemblait à un local d'association étudiante
habité par des étudiants étrangers. Les panneaux d'affichage
étaient couverts de messages indiquant comment envoyer des
colis chez soi à partir du bureau de poste du Vatican et comment prendre le ferry pour la Grèce. Je m'assis sur un sofa aux
ressorts effondrés dans une salle commune, où une fresque
d'amateur représentait une adaptation du *Baiser* de Klimt avec
le Colisée et le Panthéon à l'arrière-plan. Le livre des clients
était ouvert sur la table. « C'est l'auberge la plus géniale d'Italie et j'ai rencontré non pas un, ni deux, mais *trois* Australiens
supers. Merci ! » avait écrit un client. Andie de San Francisco
s'était répandu en éloges : « Merci pour ce Noël génial : on a

mangé des lasagnes au micro-ondes, dansé sur les chaises et bu des litres de vin pas cher. Je me suis éclaté. »

Alors qu'autrefois les gandins du tour d'Europe logeaient au Prince of Orange de Calais, au Queen's Head d'Amsterdam et à la populaire auberge Charles Hadfield de Florence, les globe-trotters d'aujourd'hui se rassemblent au Generator de Londres, au Flying Pig d'Amsterdam, au Boathouse de Prague et au Wombats de Vienne. (Les purs et durs munis d'une passe de train préfèrent se passer des auberges et, par mesure d'économie, ils dorment dans les trains.) J'allai m'installer à l'une des trois tables de plastique de la terrasse sur le toit, à côté d'un jeune homme aux cheveux longs et aux dents brochées, qui s'était laissé pousser un bouc pour essayer de camoufler son acné. Il engloutissait une platée de nouilles réchauffées au four micro-ondes.

« *Buon appetito*, dis-je.

– C'est juste des nouilles Ramen, mec », répondit-il. Un autre type, grassouillet, m'offrit une pointe de pizza au fromage qu'il découpa avec un couteau suisse ouvert sur la table comme une araignée de mer. Il se présenta : Trevor, du Nebraska. Il m'expliqua d'une voix douce qu'en occupant deux emplois après l'école secondaire il avait réussi à mettre suffisamment d'argent de côté pour s'offrir un mois en Europe. Le mangeur de nouilles, vêtu d'un bermuda orangé et pieds nus dans ses baskets, s'appelait Mike et il était originaire de la Louisiane. Il venait d'arriver d'Allemagne – qu'il insistait pour appeler *Deutschland*. Aucun des deux ne pouvait avoir plus de 20 ans. Pendant que nous bavardions, Stephanie, qui étudiait à l'université en Virginie, prit place avec nous et alluma une cigarette. Elle avait passé l'été à étudier la peinture à Florence et elle faisait visiter Rome à sa mère – une enseignante au primaire vivant en Bolivie. Elle était brillante et non conformiste et, bien qu'âgée de 20 ans seulement, elle avait déjà beaucoup voyagé.

Jetant un coup d'œil sur la nourriture étalée sur la table – de la viande en conserve achetée au supermarché, une bouteille de bière Fisher au bouchon de porcelaine (« Maintenant, je ne bois que de la bière allemande, mec », m'expliqua Mike) et un pot de Nutella à côté d'un pain blanc –, je leur demandai s'ils avaient découvert de la bonne nourriture italienne.

« Le salami est bon, répondit laconiquement Mike.

– Je suis allé chez McDonald's l'autre jour, dit Trevor. J'ai mangé ce truc qu'ils appellent McPink. Je pense que c'est du porc.

– Je ne peux pas croire qu'en Italie tu manges chez McDonald's ! » s'exclama Stephanie.

Trevor prit un air penaud. « Ben, c'est pas cher. Et j'aime vraiment leurs hamburgers. »

Stephanie concéda qu'à Florence il y avait des machines à *espresso* et des salades chez McDonald's. Il s'ensuivit une discussion sur les chaînes de restauration rapide américaines. Trevor préférait Denny's.

« Dans le sud, les Blancs vont pas chez Denny's, mec, dit Mike d'une voix traînante. Je sais pas si vous avez ça dans le nord, mais nous, en Louisiane, on va chez Waffle House. Quand on est sur l'autoroute à quatre heures du matin et qu'on voit un Waffle House de l'autre côté de la route, on *sait* qu'on va faire demi-tour, pas de doute. Café à volonté, patates rissolées, une couple de gaufres aux pacanes… ça, ça s'appelle bien manger. » Il se lança ensuite dans une exégèse fougueuse des paroles non censurées d'un groupe *death metal* allemand.

Je passai une remarque sur le guide *Frommer's* que Trevor avait caché sous une pile de cartes postales.

« Un cadeau de mes parents, dit-il. Je ne peux pas vraiment me permettre les hôtels recommandés dans le guide.

– Écoute, mec, l'interrompit Mike en dégageant un bout de salami coincé dans ses broches. Tu dois absolument avoir le *Let's Go.* » Il en sortit un exemplaire de son sac. « C'est comme ma *bible*. Sans ça, je serais complètement perdu. »

Que pensait-il des séries concurrentes comme *Rough Guide* et *Lonely Planet* ? « Foutaises ! dit-il. Pour moi, *Lonely Planet* est le côté sombre de l'Europe. Ils ne parlent que de cafés à Amsterdam et de raves. Je me fie à mon bon vieux *Let's Go.* On t'indique toujours où tu vas trouver la meilleure bière. »

Et après Rome, où comptait-il aller ? « Je retourne en *Deutschland*. Mais je vais faire un arrêt à Interlaken. Je veux faire du parapente pour de bon. Il paraît qu'ils ont une corde de saut à l'élastique de 800 mètres. J'ai jamais fait de saut à l'élastique, mais quand j'entreprends quelque chose, je veux commencer par ce qu'il y a de mieux. »

Seigneur, me dis-je en arpentant les rues à la recherche d'un plat d'agnolotti, avais-je déjà eu cet âge ? Je m'étais peut-être mis moi-même dans cette situation fâcheuse – pris avec des gens qui avaient 15 ans de moins que moi –, mais cela m'exaspérait de discuter des mérites du McPink dans la capitale italienne. Quand j'avais fait mon premier voyage en Europe, je m'étais juré d'éviter les chaînes de fast-food et les autres voyageurs. J'étais venu pour la troisième fois en Europe à 22 ans, après avoir obtenu mon diplôme universitaire. J'avais acheté, au moyen d'une petite annonce, un aller simple pour Londres d'une Française qui immigrait. Je m'étais rendu à Berlin par bateau et par train. Là, un ami artiste m'avait hébergé. Le lendemain matin de mon arrivée, j'avais été victime de gaz lacrymogènes au cours de l'émeute du 1er Mai à Kreuzberg. Le mur de Berlin venait tout juste de tomber – en fait, il était encore passablement intact, quoique érodé par les coups de ciseau qu'il recevait tous les jours – et j'avais traversé la frontière pour arriver dans une zone sans panneaux d'affichage, où les étagères des grands magasins étaient vides et où je pus me permettre de manger dans les restaurants des plus grands hôtels. J'étais allé me soûler à Prague, lampant de la vodka et de la Pilsner dans le train avec mon ami peintre, et j'avais vu Václav Havel haranguer une foule de milliers de personnes sur la place Wenceslas.

J'avais fini par prendre un autobus pour Paris, où j'étais resté quatre ans. Mon tour d'Europe personnel se fit complètement en dehors des sentiers battus et s'acheva dans une expatriation débauchée. Malgré tous ses côtés négatifs – la pauvreté, la drogue, le désœuvrement –, il me permit également de vivre une foule d'expériences positives. J'appris à maîtriser l'argot, je sillonnai Paris avec un tel acharnement que j'en vins à connaître toutes les rues de la ville et je rentrai au pays capable d'apprécier une autre culture, capacité qui allait m'accompagner toute ma vie. En comparaison, toutes mes expériences antérieures de voyage n'avaient été que du tourisme.

Évidemment, l'expatriation n'était pas censée être le destin du bon touriste. Le tour d'Europe classique était une expérience circulaire : un jeune blanc-bec quittait son pays et, à son retour, il parlait couramment plusieurs langues européennes, il pouvait discourir sur la peinture paysagiste italienne, il était vêtu avec élégance tout en appréciant encore davantage les valeurs de son propre pays. Le guide de Nugent résumait ainsi les objectifs du tour d'Europe : « Enrichir l'esprit grâce à la connaissance, rectifier le jugement, éradiquer les préjugés de l'éducation, peaufiner les manières et, en un mot, former un gentleman accompli. »

Les mirliflores du tour d'Europe devaient apporter des carnets et des tablettes à dessin et un bon précepteur encourageait ses pupilles à suivre des cours d'escrime et de français. Certains voyageurs étaient vraiment déterminés à élargir leur esprit : Boswell agrémenta son séjour à l'étranger d'entretiens avec Jean-Jacques Rousseau et Voltaire et il s'inscrivit à un cours de six jours sur l'art et l'Antiquité à Rome. À son arrivée en Italie, Goethe se rappela : « Je ne suis pas venu ici pour m'amuser à ma propre façon, mais pour m'occuper des grands objets qui m'entourent et pour m'améliorer avant d'avoir 40 ans. »

En général, ils se révélèrent incapables de tenir leurs résolutions en Italie. Goethe eut une liaison avec Faustina, la fille d'un aubergiste romain – c'est la première expérience sexuelle qu'on lui connaisse – et Boswell résolut de séduire une femme par jour pendant toute la durée de son séjour à Rome. En Suisse, il promit à une servante de la ramener en Écosse avec ses enfants et, à Sienne, il eut une aventure avec une aristocrate malheureuse en ménage. Quand il la quitta, elle se plaignit en ces termes : « Votre vie sera de plus en plus heureuse, tandis que la mienne ira de mal en pis. » Aime-les, puis quitteles : de Cuba à la Thaïlande, c'est le refrain classique du voyageur libertin qui, les poches pleines d'argent, va d'une ville à l'autre, d'une fille à l'autre. Boswell se justifia en concluant que, en Italie, « les femmes sont si débauchées et amorales qu'on ne peut voir en elles que des êtres inférieurs ». Plusieurs voyageurs anglais préféraient la compagnie des hommes. Il était de notoriété publique que les *bardassi* ou « bougres » pullulaient dans les universités italiennes de Padoue et de Bologne, et que les gondoliers vénitiens avaient tendance à coucher avec tout un chacun – comme Truman Capote et Cole Porter allaient le découvrir trois siècles plus tard.

Il faisait une chaleur étouffante et je passai la soirée à me promener au centre-ville de Rome. Le soleil se coucha et les conducteurs se mirent à klaxonner tandis que les filles au visage peinturluré en orange et rouge passaient à l'arrière de Vespa en brandissant des drapeaux de club de football. Quelques jours plus tôt, l'AS de Rome avait écrasé le club de Parme et la ville en jubilait encore. Sur le pavé de la piazza qui entourait le monument Vittoriale blanchi à la chaux, où des mouettes mal éclairées par les projecteurs tournaient comme des insectes autour de la lumière d'un porche, quelqu'un avait vaporisé les mots *Roma Campione – Lazio Merda*. Malgré cette démonstration tapageuse de fierté romaine, les touristes paraissaient dominer le centre-ville. Via Veneto, à côté du Hard Rock Café, un jeune Américain assis dans un chariot d'épicerie buvait une grosse cannette de bière pendant que son ami le poussait dans la courbe de l'avenue. Près du Panthéon, un musicien ambulant aux cheveux longs roucoulait *Losing My Religion* aux clients assis à la terrasse d'un restaurant – dont on pouvait deviner la nationalité par les caractères inscrits sur la couverture de leurs guides. Au Campo dei Fiori, je vis un gars – le mot *Staff* imprimé sur son tee-shirt noir – rassembler en vociférant une foule d'étudiants universitaires américains, leur tendre des cannettes de bière et les arroser – ainsi que plusieurs passants italiens – avec l'eau d'un seau à glace.

Je terminai la soirée dans le ghetto des routards. Au nord des Termini, il y avait une demi-douzaine de rues banales avec des immeubles de cinq ou six étages dont chacun comptait plusieurs *pensiones* et auberges bas de gamme. On voyait des laveries automatiques avec l'accès à Internet, un Mailboxes, etc., d'où l'on pouvait envoyer des colis chez soi, ainsi que des pizzerias et des restaurants chinois bon marché. Des routards en shorts et sandales Teva se dirigeaient vers la billetterie Eurail de la gare ; un grand nombre d'entre eux avaient à la main leur exemplaire de *Let's Go*. Les rues devenaient de plus en plus sordides à mesure que j'approchais de la gare. Des *carabinieri* avec un pistolet dans un étui blanc se pavanaient devant des gitanes portant des bébés qui tétaient leurs seins dévoilés. Je trouvais étrange que les voyageurs se rassemblent dans ce quartier risqué de Rome, un long trajet en autobus – connu pour ses pickpockets – bien loin des attractions du Centro Storico. Cette nuit-là, pendant que j'écrivais des cartes postales dans la salle commune, un Américain d'origine asiatique fit irruption dans l'hôtel.

« Sais-tu si quelqu'un s'est fait voler ici ? » me demanda-t-il, haletant. Je lui répondis que je n'avais entendu parler d'aucune plainte à ce sujet.

« Merde, dit-il. Je suis à l'auberge en bas et on s'est fait voler toutes nos affaires. Le type à la réception était comme qui dirait ivre mort, alors ils sont entrés dans les chambres pendant qu'on dormait. Ils ont pris des tonnes de sacs à dos, les ont vidés et les ont jetés dans l'entrée. »

LE LENDEMAIN, je montai dans un wagon de métro couvert de graffitis dans lequel les Japonais à l'air nerveux portaient leurs sacs à dos sur leur poitrine. À la station Spagna, je traversai un long tunnel qui émergeait sur l'étroit Vicolo del Bottino. Ce ghetto des premiers participants au tour d'Europe portait encore des traces de son ère de gloire comme enclave britannique. Je me trouvais à Tridente, l'un des quartiers les plus huppés de Rome, où des boutiques Gucci et Armani avaient depuis longtemps supplanté les ateliers des artisans. Au Babington's, un

salon de thé anglais, un groupe de punks aux cheveux héris-
sés, vêtus de blousons de cuir avec le mot *Discharge* clouté dans
le dos, buvaient de grandes cannettes de bière. Mon pèlerinage comprenait un arrêt au Keats-Shelley Memorial House à
côté de l'escalier de la place d'Espagne où des ossements car-
bonisés, des boucles de cheveux et d'autres reliques romantiques étaient conservés dans les petites pièces où Keats était
mort à l'âge de 25 ans.

Via Condotti, à côté de la boutique Cartier, je trouvai
l'Antico Caffè Greco, un authentique vestige du tour d'Europe – fondé, selon l'écriteau appliqué sur la façade, en 1760.
Avec ses tables de marbre ovales, les statues de dandys nichées
dans le mur et le terne tableau paysager bruni par des années
de nicotine, le Greco était un cabinet de curiosités conservées
pour la postérité. Je pris place sur une banquette de velours
rouge entre un groupe de jeunes Japonaises avec des sacs Prada
à leurs pieds et un Italien d'âge moyen en train de lutiner un
compagnon vêtu avec coquetterie qui avait la moitié de son
âge. Un serveur – nœud papillon et queue-de-pie qui ballot-
tait derrière ses genoux – condescendit à me servir un capuccino qui coûtait le prix d'un déjeuner.

Les Britanniques pouvaient, à la rigueur, se contenter du
Caffè Greco – fréquenté par des Européens louches comme
Casanova, Goethe et Baudelaire. Pourtant, tout compte fait,
nos godelureaux préféraient des plats cuisinés à l'anglaise dans
des auberges tenues par des Anglais, comme l'Albergo Londra
près de la place d'Espagne, et lire des journaux londoniens à
l'English Coffee House, à présent disparu. Le cœur de l'action
se trouvait place d'Espagne, où un escalier de style rococo de
100 marches de marbre cascadait depuis l'église de la Trinité-
des-Monts. À l'époque des adeptes du tour d'Europe, les lan-
goureux modèles des peintres se vautraient dans les marches
et la place d'Espagne était bondée de *cognoscenti* qui vendaient de faux tableaux aux touristes. Les choses n'avaient pas
beaucoup changé depuis des siècles. Les touristes recherchaient
toujours leur cuisine nationale – les Américains mangeaient

maintenant au McDonald's à proximité –, l'escalier était toujours bondé de jeunes Italiens et de démarcheurs tenaces s'efforçant d'intéresser les passants aux œuvres d'art. Le marché avait un peu dégénéré, c'est vrai, et le chef-d'œuvre proposé était souvent un briquet en forme de Manneken-Pis qui faisait jaillir du feu par son phallus.

Je trouvai une place dans l'escalier moucheté parmi de jeunes Italiens aux yeux brillants qui tapaient des messages sur leurs téléphones cellulaires, ou qui dirigeaient des pointeurs laser vers les omoplates dénudées des passantes. Quatre adolescentes blondes allemandes éveillèrent l'intérêt général lorsqu'elles prirent place devant moi. Les hommes présentaient leur profil aux jeunes filles sans cesse de les regarder du coin de l'œil, faisant de petits sifflements d'oiseau pour attirer leur attention et se rapprochant graduellement du groupe. Les filles se pressèrent les unes contre les autres comme des brebis encerclées par des loups. Puis, un homme en tee-shirt sans manches, plissant les sourcils et gesticulant, s'arrangea pour soutirer une cigarette à une fille en pantalon capri. Cernées, les filles se levèrent, époussetèrent leurs postérieurs et se dirigèrent vers la Trinità dei Monti. Deux jeunes Anglaises vinrent s'asseoir quelques marches plus bas, le scénario des prédateurs poursuivant leurs proies se répéta et les filles prirent sagement la fuite.

Une grande fille aux dreadlocks roses, évitant manifestement les Italiens, se fraya un chemin parmi les groupes de touristes dans l'escalier. Elle me tendit un prospectus couvert de photos de beaux mecs torse nu et de pépées en corsage tube dansant sur les comptoirs.

« T'as envie de faire la tournée des bars ? me demandat-elle avec un accent irlandais. On se retrouve dans dix minutes près de la fontaine. Tu bois tout ce que tu veux entre huit et neuf, pointes de pizza et *shooters* gratuits. On visite cinq ou six pubs. On s'amuse bien. » Quelques minutes plus tard, je me présentai à Simon, un jeune Anglais au crâne rasé avec un serpent enroulé tatoué au-dessus de l'oreille droite. Il me remit une brochure expliquant les règles de la tournée des bars.

« C'est légal de boire dans la rue, mais assure-toi d'avoir un verre de plastique en sortant du bar. Il faut finir son verre avant d'entrer dans le bar suivant. Vous êtes avertis cinq minutes avant le départ du pub. N'oublie pas qu'il est interdit de faire du tapage, de se battre et de harceler. »

La tournée des bars fut une affaire sinistre. Me trouvant suffisamment justifié, en tant que journaliste, pour y prendre part, j'ingurgitai des alcools au goût d'Aqua Velva et de la Guinness au prix excessif dans une série de faux pubs irlandais. Je me retrouvai bientôt au milieu d'une foule qui avançait dans la Via di Propaganda. J'étais tenté de me détacher de cette horde hurlante d'étudiants qui, un verre de plastique à la main, obligeait les familles italiennes à descendre du trottoir et à marcher dans la rigole.

Un Torontois à lunettes, vêtu d'un tee-shirt blanc taché, vint marcher à côté de moi. « Je suis en Italie depuis un mois et demi, dit-il, ayant du mal à articuler. On était censés suivre un cours en machin classique – Rome et la Grèce. Penses-tu ! C'est plutôt : comment te soûler chaque soir pendant six semaines et continuer à être fonctionnel. On boit de la Sambuca depuis quatre heures de l'après-midi dans l'escalier de la place d'Espagne. » Son ami, un rouquin qui marchait de l'autre côté de moi, avait à la main une bouteille d'alcool presque vide.

« Écoute ça, me dit-il. Y a une fille qui m'a montré comment le faire flamber pendant que je l'ai encore dans la bouche. Le problème, c'est que ça s'est répandu sur mon visage et ça flambait encore. Je ne sais pas comment je vais expliquer les brûlures. » De petites ampoules avaient commencé à bourgeonner autour de ses lèvres.

Après le cinquième bar, le groupe, qui n'avait jamais été particulièrement cohérent, se disloqua peu à peu. Le Torontois se mit à vomir entre les voitures garées. Lorsque nous traversâmes le Corso Vittorio Emanuele II achalandé, Simon à l'oreille tatouée rescapa un étudiant complètement parti sur le point de se faire frapper par une Vespa. Et lorsque nous atteignîmes le Campo dei Fiori, un square habituellement agréable bordé d'*enotecas* et de cafés terrasses, nous avions déjà perdu un tiers de notre groupe. À l'extérieur du Heartbreak, un bar dansant, un employé au crâne rasé accueillait les participants en leur faisant gicler un apéritif fluorescent dans la bouche à l'aide d'un pistolet de plastique géant.

À ce moment-là, le mélange de Guinness italienne et de cordiaux à l'antigel commença à faire son effet, et la tête me tournait lorsque je me dirigeai vers l'arrière du club. Une fille potelée, en débardeur fluorescent si étroit que ses épaules avaient l'air de jaillir d'un tube, faisait des mamours à un étudiant. Un jeune branché de Nashville frottait son pubis contre celui d'une étudiante rondelette de Pennsylvanie. Je jetai un regard circulaire : c'était *Delta House* en Europe, avec une bande sonore de mauvaise techno plutôt que de bon rhythm'n'blues. Je m'éloignai du chahut et j'allai m'asseoir sur le socle de la statue de Giordano Bruno au milieu du square – quelque fan de soccer l'avait drapée dans un chandail Totti orange et rouge. Autour de moi, d'élégants Italiens contemplaient l'émeute familière anglo-américaine avec un amusement blasé. De loin, quand on regardait la scène depuis un coin du square, cela n'avait pas l'air si terrible. Depuis les premiers tours d'Europe, Rome a appris à ghettoïser ses visiteurs de plus en plus bêtes qui, de nos jours, connaissent trop peu d'italien pour tenter de conquérir les autochtones. Les citadins semblent résignés à voir des foules envahir chaque été leurs piazzas. Après tout, Rome n'en est pas à sa première invasion barbare.

JE PASSAI deux autres nuits aux Fawlty Towers. Quand j'en eus ma claque des adolescents ivres qui trébuchaient sur ma couchette à deux heures du matin, je sautai dans un Eurostar aux Termini. Nous longeâmes des aqueducs édentés à mesure que les banlieues romaines cédaient la place à des champs parsemés de rouleaux de foin jaunissant. Au bout d'une heure, j'étais à Naples, limite méridionale de la majorité des tours d'Europe classiques. Au XVIIIe siècle, alors que Naples était la ville la plus populeuse d'Italie, on estimait que 10 000 de ses 300 000 habitants se prostituaient. Naples avait la réputation d'être de mœurs libres et faciles : des jeunes à la peau bronzée se baignaient nus sur la plage et des foules exubérantes crachaient des pelures d'orange dans les fauteuils d'orchestre à l'opéra San Carlo, le plus grand au monde. L'illustre Emma Hart, la fille d'un forgeron qui avait épousé l'ambassadeur Sir William Hamilton, ravissait les voyageurs en posant presque nue dans une série d'« attitudes » inspirées de l'Antiquité romaine. Après l'ascension obligatoire du Vésuve toujours en activité et une visite à Pompéi que l'on venait d'excaver, les dandys pouvaient flamber leur argent au célèbre casino. « Naples est un paradis, là-bas, chacun vit dans une sorte d'inconscience intoxiquée », écrivit Goethe. Un paradis, comme le disait un aphorisme napolitain, peuplé de démons – où l'écrivain allemand s'oublia si complètement qu'il jugea par la suite prudent de détruire toutes les notes concernant la partie napolitaine de son voyage.

En mettant mon sac sur mon épaule, je me rappelai qu'un auteur de récits de voyage avait écrit que, dans une gare napolitaine, on se trouvait toujours dans le voisinage immédiat d'une douzaine de criminels de grande envergure. Mon chauffeur de taxi était sûrement l'un d'eux : il me fit faire un détour de 20 minutes dans les collines avant de me déposer à une auberge qui se révéla être à une distance de 10 minutes à pied de la gare. Au dernier étage d'un immeuble décrépit, l'établissement était géré par une énergique Australienne qui avait épousé un Napolitain. C'était l'une des meilleures auberges que j'ai vues, dotée de dortoirs spacieux et d'une cuisine agréablement chaotique. Qui plus est, pour le prix d'un McPink et d'un coca, une grand-maman italienne vivant dans un appartement au-dessous préparait aux invités un fantastique repas de pâtes végétarien.

Un peu trop terrifiante et réelle pour les étudiants nord-américains, Naples n'était pas une étape populaire. Aux Fawlty Towers, j'avais entendu des routards se régaler mutuellement d'histoires de vol à la tire et d'agressions. C'était vrai :

à Naples, il faut être sur ses gardes, ne serait-ce que pour éviter les enfants de 12 ans, tête nue, qui roulent à trois sur une Vespa. Shelley était arrivé depuis quelques minutes à peine qu'il fut témoin d'un meurtre et un voyageur de l'époque raconta avoir vu un gamin des rues voler le mouchoir d'un dandy anglais à une extrémité du Largo di Castello et essayer de le lui revendre à l'autre extrémité. Même aujourd'hui, avec sa vie urbaine génialement bordélique, Naples a quelque chose de Mumbay. Patrick, un client de l'auberge originaire de Limerick, me raconta comment on lui avait proposé une cartouche de Marlboro à bon prix au marché.

« Jésus ! s'exclama-t-il, abasourdi. Ce type était absolument fascinant. Je ne pouvais le quitter des yeux. »

Le vendeur prit l'argent de Patrick, lui remit une cartouche de cigarettes bien emballée et se fondit dans la foule. Quand Patrick voulut voit ce qu'il avait acheté, un complice apparut, déchira l'emballage et lui montra que les paquets de cigarettes contenaient des clous.

« Alors, il paniqua, comme si les *carabinieri* étaient à ses trousses et il s'enfuit avec mes foutus clous ! continua-t-il. Ça en a quand même valu la peine, rien que pour voir comment ces gars sont de véritables artistes. »

À la réception, Diane, de Seattle, me mit également en garde contre les artistes de l'arnaque.

« Si tu te fais offrir une caméra numérique pour une centaine de dollars au marché, *ne l'achète surtout pas*. En ouvrant la boîte, tu découvriras qu'elle contient un bout de bois ou un sac de sable. Ça arrive une couple de fois par mois à nos clients. Mais il y a un bon endroit pour acheter des faux Gucci. » (Par la suite, on refusa un de mes billets de banque au guichet de la gare. C'était un faux, une photocopie en couleur. Naples, une ville si malhonnête que tu t'y fais arnaquer même par les guichets automatiques !)

Après quelques jours, je me mis à apprécier Diane, une jolie Américaine au milieu de la vingtaine, dont les grands yeux noirs et les boucles serrées révélaient ses origines cubaines et qui parlait de son engagement sur la scène antimondialisation de Seattle. Elle voyageait depuis quatre mois. Elle avait surtout séjourné en Espagne et elle cherchait un changement dans sa vie. Un soir, devant un verre de vin dans la cuisine, elle me raconta comment elle courtisait les Italiens.

« Quand je suis arrivée, j'ai vu tous ces beaux mecs sur leurs scooters, les bras nus et, *mmmm*, je me suis dit qu'il m'en fallait un. » Elle donna son numéro de téléphone au livreur de la buanderie, mais il la dédaigna. « Alors, oublie ça, ma vieille, ai-je pensé. Tu sais, ces Italiens sont gâtés pourris par leurs mammas. Ils habitent à la maison, ils ont une petite amie régulière qu'ils savent qu'ils vont finir par épouser. Jusque-là, c'est : "Et aujourd'hui, qu'est-ce que je reçois ?" »

Depuis peu, elle errait autour de la Piazza Gesù Nuovo où elle essayait d'acheter du haschisch à des squatters anarchistes et elle fondait de grands espoirs sur un gars du centre communiste local. Elle me faisait penser à moi quand j'avais son âge et que je trépignais en Allemagne et en France : elle était un peu perdue, en quête de quelque chose de nouveau – préférablement une relation authentique avec un Européen, plutôt qu'une aventure sans lendemain avec un autre routard, une nuit où on a trop bu.

J'étais venu à Naples dans un but précis : je voulais voir le Cabinet secret, la collection d'art érotique du Musée national d'archéologie – un *must* à l'époque du tour d'Europe. Pendant une grande partie de son existence, le *Gabinetto degli oggetti osceni* ne pouvait être visité sans une autorisation et, en réalité, il avait été condamné par les Bourbons en 1851. Récemment rouvert après une complète réorganisation, ce cabinet était encore gardé derrière une grille métallique et, tandis que notre groupe attendait pour entrer, j'étudiai les requêtes présentées aux rois Bourbons par les dignitaires anglais qui voulaient être admis. Comme le précisait sèchement un feuillet dans une vitrine : « Les étrangers qui visitaient Naples dans le cadre du tour d'Europe avaient tendance à se complaire dans la ribauderie chaque fois que la collection était mentionnée et leurs remarques pouvaient se révéler diffamatoires en ce qui concernait la vie et la moralité, tant anciennes que modernes, dans le royaume de Naples. »

Une jolie jeune femme avec un corsage rouge nous conduisit dans la première des cinq petites salles du Cabinet.

« Bienvenue au Gabinetto Segreto, une collection d'objets qui furent considérés comme immoraux à leur époque. Comme vous pouvez le voir, dit-elle en indiquant un cabinet d'objets de la collection Borgia, ils ont tous la forme de membres virils, d'utérus et de seins.

– Fais attention où tu t'assieds, chérie », chuchota un Anglais à sa petite amie.

J'imaginai combien les aristos du tour d'Europe devaient glousser sottement quand ils étaient enfin autorisés à entrer. Un grand nombre de ces objets avaient été retrouvés à Pompéi et à Herculanum. On annonçait les boulangeries avec des images de phallus en érection, fabriqués en pierre – une allusion au pain qui lève – et les familles de classe moyenne suspendaient des cloches de bronze en forme de bouquet de pénis à la porte de leur maison.

« Ceux-ci sont des pygmées, dans une scène au bord du Nil », dit notre guide en nous montrant une étroite fresque découverte dans la maison du médecin de Pompéi, représentant des silhouettes nues, d'aspect enfantin. « Ils étaient considérés comme des gens très lascifs, très près de la nature, et on les représentait habituellement avec de très gros phallus. Vous les voyez ici engagés dans des activités très étranges.

– Voilà qui me donne indubitablement de bonnes idées pour mon prochain voyage en Égypte », dit l'Anglais, *sotto voce*.

Il y avait des fresques de style Kâma Sûtra trouvées dans des bordels, une statue de Pan en marbre en train de sodomiser une chèvre et une Vénus en bikini penchée sur une minuscule silhouette avec une grosse érection. (Elle aurait du moins été grosse si un censeur du Vatican ne l'avait pas cassée net.) Je fus particulièrement fasciné par le symbolisme freudien d'un gladiateur de bronze se battant en duel contre son propre pénis qui l'attaquait comme une bête sauvage. Le Gabinetto

Segreto doit avoir été le saut à l'élastique de 800 mètres du tour d'Europe du XVIIIe siècle, procurant aux touristes une nouvelle perspective sur leurs longues et ennuyeuses études de latin et des sujets de conversation au repas pour le reste de leur vie.

AU SOUPER à l'auberge ce soir-là, un jeune de Minneapolis – 20 ans, crinière frisée – se moqua de moi parce que j'avais acheté des câpres et du basilic frais. Je commençais à manger mes rotinis *alla puttanesca* lorsqu'il vint vers moi avec un ouvre-boîte.

« Dis donc, quand t'achètes de la sauce à spaghetti en conserve et que t'as pas de micro-ondes, l'enlèves-tu de la boîte *avant* de la faire réchauffer ? »

Certains de ces jeunes atterrissent en Europe avec encore la couche aux fesses.

Je lui montrai comment se servir d'une casserole et un garçon – dreadlocks et visage écarlate, torse nu brûlé par le soleil – se joignit à nous à la table. Le type de Minnesota lui demanda où il avait voyagé.

« Portugal, ex-Yougoslavie, Slovénie. Partout où il n'y a pas d'auberge, cracha-t-il. Parce que ce sont juste des îlots stupides d'Anglais séparés de la culture locale. » Il ajouta qu'il voyageait depuis deux ans et demi. « J'étais à Seattle pendant les émeutes, *man*. Et maintenant, je peux honnêtement dire que je ne considère plus les États-Unis comme une démocratie. Je pense que c'est un pays fasciste. Quelques personnes qui cassent des fenêtres ne justifient pas ce qui s'est passé là. J'ai complètement perdu confiance en mon pays. »

Les quelques jours qui suivirent, il ne sembla pourtant jamais s'écarter du stupide îlot d'anglophones de l'auberge. Il se promenait, la bedaine pendant sur son short noir, les sourcils froncés, et passait la nuit dans la salle de télévision à regarder *Independence Day* et des vidéos de sitcoms américaines.

Diane fit une brève apparition. Une amie avait coupé ses bouclettes et elle avait mis un chemisier décolleté ; elle était sur le point d'aller retrouver son soupirant communiste italien dans le square. Admirant son courage, je lui souhaitai bonne chance. Les dandys du XVIIIe siècle avaient beau s'accorder tous les droits, ils avaient au moins essayé d'apprendre des rudiments de cultures étrangères et de courtiser les gens des pays qu'ils visitaient. Certains, comme Boswell, y parvinrent brillamment, utilisant la richesse britannique avec un flair de connaisseurs, faisant des expériences – entretiens avec des philosophes, idylles avec des comtesses – et rentrant chez eux avec une nouvelle vision du monde. En fin de compte, le tour d'Europe était néanmoins la glorification de la consommation en voyage. Leur catalogue de souvenirs continentaux comprenait des tableaux, des cantatrices complaisantes et des gilets neufs. Tobias Smollett, qui fut toujours un « voyageur sceptique », résuma bien le destin des touristes :

« L'un joue avec un joueur suspect et, après une partie peut-être, il se retrouve lavé ; un autre se lie avec une cantatrice sur le retour et voilà qu'il attrape la vérole et se fait dépouiller de tout. Un autre est escroqué par un antiquaire fripon... Ils parlent tous des arts avec aisance et ils rentrent au pays comme des dilettantes accomplis et de fats poseurs. »

D'après ce que j'avais vu des jeunes dans les auberges et les wagons-lits, ils n'étaient pas nombreux à courir le risque d'attraper une MTS ou de se faire arnaquer et l'unique sujet dont la majorité seraient capables de parler en connaisseurs concernait les différences au menu des restaurants de malbouffe. Désormais, le tour d'Europe, ça voulait dire rencontrer d'autres voyageurs, aller d'Amsterdam à Prague en suivant les itinéraires approuvés par *Let's Go* et rentrer chez soi indemne et inchangé. C'était un voyage branché permettant à des étudiants d'université de s'éloigner de chez eux sans quitter leurs associations étudiantes.

L'homme qui brisa le moule de l'adhérent au tour d'Europe et devint en même temps une légende romantique fut évidemment Byron. Ses premiers voyages sur le continent, comme ceux de Boswell, furent consacrés à la conquête et il fut bientôt en mesure de réciter un catalogue leporelloesque comprenant de jeunes garçons grecs de 15 ans, des maîtresses, filles et mères de roi. Mais quelque chose se passa en cours de route : Byron cessa d'être un touriste et se mit à vivre à l'étranger. Il évita ses compatriotes, déplora de voir Rome « infectée » par les Anglais et que Florence et Naples soient des léproseries où ils transportaient l'infection de leur société... « Je ne vois jamais aucun d'entre eux quand je peux l'éviter. » Il préférait Venise où, en 1817, il eut une aventure avec la femme de son propriétaire et poursuivit l'écriture du *Pèlerinage de Childe Harold*. Plutôt que de rentrer chez lui, il plongea plus profondément dans l'exil, s'éprit d'une comtesse de 19 ans et s'impliqua dans les activités politiques révolutionnaires de la famille. Il mourut à 36 ans en Grèce en participant à la rébellion contre l'Empire ottoman, après avoir fait le grand saut du voyage à l'expatriation. C'était le voyage, non seulement comme rejet du pays natal, mais comme acceptation et adoption de l'étranger et, en comparaison, les autres voyageurs avaient l'air des touristes qu'ils étaient.

Je n'ai jamais su ce qui était arrivé à Diane ce soir-là. J'espère qu'elle a commencé à sortir avec son prétendant communiste, qu'elle s'est inscrite à des cours du soir d'italien et qu'elle s'est engagée avec les gauchistes locaux qui manifestaient contre Silvio Berlusconi. Mais elle n'avait probablement pas besoin de mes conseils. Contrairement aux participants à la tournée des grands-ducs, esclaves de leurs passes de train – qui allaient toujours vers le prochain bar, la prochaine ville, quand les choses menaçaient de devenir réelles –, elle avait déjà découvert l'une des vérités fondamentales du voyage, une chose que j'avais comprise à Paris des années auparavant.

Pour cesser d'être un touriste, il ne faut parfois que commencer à rester immobile.

CHAPITRE VII

Veni, Vidi, Visa

Naples va à la plage – La villégiature d'été de Jules César – Orgies aux bassins de pisciculture – Les touristes égyptiens défigurent les pyramides – Le premier auteur de récits de voyage – Routes romaines, de l'Irak à l'Écosse – Pièges à touristes de l'Antiquité – Villas réclamées par les vagues – *Sic transit gloria mundi*

C'ÉTAIT LA FIN DE SEMAINE à Naples. Dans les rues avoisinant la Piazza Dante, de sémillantes jeunes filles avec d'énormes verres fumés roses sautaient sur des scooters et quittaient en pétaradant la ville, en direction des plages jonchées de détritus de la mer Tyrrhénienne. En route pour Pozzuoli, mon wagon de métro était bondé de garçons dégingandés qui syntonisaient Europop – une station de radio dynamique – sur leur ghetto-blaster, dont ils augmentaient le volume au fur et à mesure que les palmiers se faisaient plus nombreux. Près de la Solfatara, cratère du volcan endormi, je pris un autobus de banlieue et suivis une route achalandée qui serpentait le long de la côte – on avait l'impression d'être coincés dans les interminables embouteillages du *Week-end* de Jean-Luc Godard. Une mère aux pieds nus menaçait de la fessée ses marmots qui braillaient tandis que, juste devant, une petite voiture se rangeait sur l'accotement et qu'en émergeaient six adolescents dont les gesticulations disparurent dans le nuage de vapeur qui sortait du radiateur. Quand un vieillard avec une canne nous dépassa pour la deuxième fois, je compris le message, sautai par la porte arrière – laissée ouverte pour faire circuler l'air – et poursuivis la route à pied. Parfois, le plus vieux moyen de transport est aussi le plus rapide.

Plus je m'éloignais de la baie de Naples, plus il devenait facile de faire apparaître le passé. Au-delà de la ville portuaire de Baies, j'empruntai un chemin tortueux, qui ne servait plus, bordé d'arbres qui ployaient sous une profusion de fleurs roses aussi membraneuses que des oreilles de bébé éclairées par-derrière. Un fermier râblé m'indiqua comment me rendre au sommet de la colline et, d'une corniche coiffée de murs en ruines, je contemplai un panorama digne d'un empereur. À ma droite, les platanes austères du château de Baies, une forteresse aragonaise perchée sur un promontoire devant le cap Misène, extrémité occidentale de la baie de Naples. À ma gauche, vers la ville, un hydroptère accélérait en quittant Pozzuoli et frôlait le golfe azur en direction de l'île d'Ischia. Au-dessous, des terrasses incurvées couvertes de ruines descendaient vers les bateaux de plaisance et les garde-côtes amarrés dans le port de Baies.

Devant moi, il y avait une pile de briques, du mortier et des éclats de marbre. Il me fallut faire un effort d'imagination pour reconstruire ce que je voyais : le mur enfaîté de 140 mètres de long, envahi de mauvaise herbe et de lézards mouchetés, avait jadis été une suite de pièces à portique ouvrant sur la vue panoramique de la baie – tout ce qui restait de la maison de campagne de Jules César. Avant que j'aie pu effacer de la scène le vrombissement des scooters et la vision des bouteilles d'eau abandonnées là, un frelon se posa sur mon biceps, prit fermement position et fit gicler un jet de poison dans mon sang. Somnolent et engourdi dans la chaleur du milieu de l'après-midi, je fus ramené à la réalité par une poussée d'adrénaline. Sur la côte campanienne, il n'est pas bon de trop s'abandonner à des rêveries antiques. En maîtresse jalouse, l'Italie moderne ne manque jamais de pincer ses courtisans dans la lune pour les ramener au « ici et maintenant ».

Sur le chemin de retour vers Baies, je drapai mentalement dans des toges les amoureux qui chevauchaient leurs mobylettes et je transformai les antennes paraboliques sur les balcons grillagés en amphores remplies de vin de Falerne. Un homme en chemise blanche déboutonnée remua sous l'ombre d'un arbre et vint m'accoster pour me vendre un billet pour le Parco Archeologico di Baia. Il s'agissait des terrasses que j'avais vues depuis les ruines au sommet de la colline, une suite de gradins qui descendaient en s'élargissant comme des croissants de sièges au théâtre vers l'avant-scène de la baie.

Au niveau supérieur, j'errai le long des murs formés de losanges de brique de la Villa dell'Ambulatio dont le long portique face à la mer était parsemé de colonnes brisées. Dans une salle intacte, j'aperçus la peau diaphane laissée par un serpent qui filait sur un sol polychrome aux carreaux illustrés de masques de théâtre. Dans une autre salle, une phalange de fourmis avançait parmi les chérubins, les panthères de mer et les cygnes en vol gravés dans les murs de stuc blanc.

Un escalier menait vers l'arrière des maisons modernes – du linge séchait au soleil – de la Via Lucullo, sur le front de mer. Après l'avoir descendu, je tombai sur les vestiges d'une *exedra* en demi-cercle, deux bandes de pierre crénelées posées autour d'une dépression circulaire en ciment. Sous un muret de stuc, je déchiffrai la date « 1776 » griffonnée à côté d'une signature tarabiscotée – je crus lire « Bouffon Cochon ». C'était sans doute le graffiti d'un voyageur du tour d'Europe mort depuis longtemps. Le lieu avait un air abandonné et il n'y avait aucun visiteur – ainsi que les voyageurs du XVIIIᵉ siècle décrivaient le Colisée romain avant le tourisme de masse, alors que la mauvaise herbe poussait entre les colonnes doriques, que les chèvres broutaient dans les fosses des gladiateurs et que des ermites vivaient sous ses arches.

J'entrai dans le temple de Mercure, qui ressemblait à un gigantesque four à pizza en brique. D'un diamètre de 21 mètres, le dôme de l'édifice date du Iᵉʳ siècle av. J.-C. C'est le plus ancien de cette envergure au monde. Une plateforme de béton menait au milieu d'un bassin opaque et des anneaux concentriques de blocs de calcaire terminés en pointe montaient jusqu'au plafond. C'était comme se trouver dans un Panthéon post-apocalyptique, dépouillé de l'attirail chrétien, où le niveau du sol aurait été élevé à la base d'un dôme. Je poussai un jappement exploratoire et la note aiguë rebondit du plafond avec un écho cliquetant, métallique.

À cause d'un phénomène appelé le bradyséisme – un mot qui signifie « lent tremblement de terre » –, le sol volcanique des champs Phlégréens se soulève et se tasse, parfois d'un mètre en un seul mois, et l'affaissement du sol à Baies a caché une source naturelle qui coulait jadis d'une niche dans le mur. Le sol du « temple », à présent invisible, était couvert par une mare d'eau verte si trouble qu'elle paraissait sans fond. Jetant un coup d'œil par l'oculus, j'aperçus un nuage blanc qui voguait dans le ciel d'un bleu profond et je respirai le parfum du thym sauvage et de l'aneth porté par la brise de l'après-midi à travers quatre ouvertures rectangulaires d'où jaillissaient des tresses de lierre. Des gouttes d'eau coulaient lugubrement du plafond et je frissonnai. Je me sentais comme une âme aux Enfers en train de contempler d'ironiques images d'une vie à jamais révolue.

Les visiteurs du XVIIIe siècle étaient convaincus qu'une structure de cette taille devait avoir été un important lieu de dévotion de la Rome antique, où les prêtres et les fidèles se rassemblaient pour célébrer de mystérieux cultes païens. Mais, il y a deux mille ans, cet endroit n'avait rien de sacré. Le « Temple de Mercure » n'était rien d'autre que le *frigidarium*, ou chambre froide, d'un ensemble de bains beaucoup plus vaste.

Le jeune Sénèque décrivit en détail la cacophonie qui régnait en ce lieu : « Des durs à cuire cherchant la bagarre, des voleurs pris en flagrant délit et des gens qui aiment s'entendre chanter dans leur bain. Sans oublier l'expert en épilation qui ne cesse de pousser son hurlement strident pour annoncer ses services et qui ne se tait que quand il est en train d'épiler les aisselles d'un client et qu'il peut faire glapir quelqu'un d'autre à sa place. Il y a aussi le vendeur de boissons avec ses différents cris, le vendeur de saucisses, le vendeur de gâteaux et les gérants des restaurants, chacun vantant les mérites de ses marchandises avec sa propre intonation particulière. »

Dans leurs belles années, ces bains publics étaient entourés par les villas des riches sénateurs, des nobles et des affranchis nouvellement enrichis. Ce célèbre lieu de villégiature était, selon Varron, « un vortex de luxure et un havre de vices », où « les servantes étaient une propriété commune, les vieillards se transformaient en jeunes boucs, les jeunes faisaient l'expérience de l'homosexualité, aucun homme ne pouvait éviter d'avoir le cœur brisé et quelques rares femmes repartaient avec leur vertu intacte ».

Autrement dit, je me trouvais dans les ruines de la Riviera de l'Empire romain, un Saint-Tropez antique, le premier lieu de vacances où les citadins de la classe aisée allaient en masse pour fuir leur quotidien. Baies fut, pendant cinq cents ans – à partir du Ier siècle av. J.-C., alors qu'elle était connue sous le nom de Baiae –, une villégiature à la mode ; sur ses lacs, on entendait les chants des chorales, dans ses rues, les sérénades des fils d'aristocrates éméchés, sur ses grèves, le tumulte des fêtes données sur les bateaux. Pendant le règne de l'empereur Auguste (de l'an 27 av. J.-C. à l'an 14 de notre ère), une suite ininterrompue de villas furent construites de Misène à Sorrente ; afin d'en augmenter le nombre sur le front de mer, on construisit des jetées aux piliers de pierre. La possession d'au moins une *villa maritima* devint un symbole de réussite sociale et l'« habitude de la villa », comme l'appelaient les commentateurs moraux, occasionnait de grosses dépenses – marbres importés, statues grecques et poissons exotiques.

Par leur *peregrinatio*, pèlerinage saisonnier à leurs villas, les Romains furent le premier peuple de l'Histoire à se déplacer régulièrement pour leurs vacances. Lorsque la canicule arrivait et que les séances du sénat étaient suspendues, ils quittaient les rues nauséabondes et bruyantes de la grande capitale et partaient vers le bord de la mer au printemps, au mont Alban et aux monts Sabins en été. L'exode annuel vers la plage entraîna les premiers embouteillages sur les routes alors que les Romains nantis faisaient lentement avancer voitures et mules sur la Via Domitiana. Ce périple de 160 kilomètres durait quatre jours et les plus riches allaient en litière – divans entourés de rideaux, portés sur les épaules de jusqu'à huit esclaves – et ils s'arrêtaient dans leurs propres pavillons de repos. Des ménages entiers, avec leurs esclaves, leurs servantes, leurs valets et leurs cuisiniers, voyageaient en voitures à roues de bois et de fer et campaient le long du chemin dans des tentes de soie.

Les cahots en valaient la peine : sur la côte campanienne, il y avait ce joyau, Neapolis – fondée par les Grecs et qu'on appelle aujourd'hui Naples –, où les jeunes de la noblesse préféraient les chlamydes aux toges et la musique, la littérature et la vie élégante au commerce et à la politique. La ville bruyante de Puteoli (devenue la cité-dortoir de Pozzuoli) était un port cosmopolite, avec restaurants et bordels, où des centaines de milliers de tonnes de blé arrivaient chaque année d'Alexandrie. Cumae avait des sources chaudes sulfureuses, renommées pour leur valeur thérapeutique, ainsi que la grotte de la Sibylle, où les crédules pouvaient interroger une minuscule prophétesse grecque immortelle.

Le clou de la côte était Baiae, avec ses huîtrières du lac Lucrinus, et dont la baie artificielle, créée par des brise-lames de pierre, permettait de se baigner nu à toute heure. Il était bon d'y connaître quelqu'un, évidemment – Baiae ne pouvait accommoder le visiteur impromptu –, et, mieux encore, d'y avoir sa propre villa. Pline le Jeune se targuait d'en posséder six et les sénateurs, vacanciers, riches natifs de la région et intellectuels résidents, souvent d'origine étrangère, avaient des demeures toutes plus opulentes les unes que les autres. La consommation était abondante et ostentatoire. Les jardins officiels étaient arrosés avec du vin et l'un des principaux passe-temps utiles des Romains consistait à entretenir des étangs alimentés en eau des marées. Les *piscinarii*, qui s'occupaient des étangs de pisciculture, entraînaient les mulets barbus à venir manger dans leurs mains ; les lamproies des bassins impériaux portaient des boucles d'oreilles en or. Le promontoire qui porte aujourd'hui le nom de Posillipo (le Pausillipe, en français, où Oscar Wilde, en exil, écrivit plus tard *La ballade de la geôle de Reading*) doit son nom à une villa qui appartenait à un certain Vedius Pollio. Lorsqu'un serviteur maladroit brisait un gobelet précieux, seule l'intercession d'Auguste pouvait empêcher le propriétaire de la villa de faire jeter le corps de l'esclave à ses murènes carnivores.

À l'apogée de sa magnificence, de l'an 31 av. J.-C. à l'an 69 de notre ère, Baiae, ce centre de loisirs des fabuleusement riches et des spectaculairement blasés, fut le cadre de certaines des extravagances les plus dépravées qu'ait connues l'Empire romain. Néron ordonnait que des bordels flottants remplis de femmes de la noblesse fussent lancés à la mer à son arrivée et il leur rendait visite au cours de croisières insouciantes. Ce fut également à Baiae que la mère de Néron, Agrippine – qui avait empoisonné son ex-mari avec un champignon vénéneux –, fut envoyée au large sur un navire couvert d'un baldaquin plombé conçu pour s'effondrer et écrabouiller les passagers. (Le plan de l'empereur ayant échoué, il demanda alors à trois officiers de la marine d'enfoncer la porte de la chambre de sa mère et de la rouer de coups jusqu'à ce que mort s'ensuive.)

L'image la plus vive des champs Phlégréens se trouve dans le *Satiricon* de Pétrone. Dans ce roman picaresque à épisodes, deux élégants aristocrates bisexuels encanaillés arrivent dans une ville qui était probablement Puteoli. Après s'être engagés dans une joute verbale à propos d'un jeune garçon prénubile et avoir été témoins de rites priapiques interdits, ils se font enlever et l'un d'eux est sauté par un eunuque. « Avant que j'aie eu le temps de m'en rendre compte », raconte le narrateur bien membré Encolpius (le nom signifie « entrejambe »), « il m'avait immobilisé sur la couche et, malgré ma résistance, il m'avait arraché mes vêtements. Ensuite, pendant ce qui me parut des heures, il s'acharna sur moi sans le moindre succès. Pendant ce temps, une rivière de sueur coulait sur son visage et ses joues ridées et poudrées étaient tellement crevassées qu'elles évoquaient un mur craquelé se dressant, désolé, sous une pluie battante. »

Le clou de ce roman est le festin de Trimalchion, un esclave affranchi qui a fait fortune dans le commerce du vin et qui a acheté une villa si somptueuse, si vaste qu'il ne sait même pas combien d'esclaves travaillent sur la propriété. Vautrés sur des sofas, nos héros mangent du loir trempé dans le miel et roulé dans les graines de pavot, se versent de la sauce de saucières au bec en forme de phallus et se régalent d'une truie dont le ventre est farci de grives vivantes. Leurs dernières aventures les conduisent jusqu'à Marseille ; chemin faisant, ils tombent sur des godemichés anaux couverts d'huile et de graines d'ortie écrasées, et sont témoins de scènes de voyeurisme incestueux et d'innombrables viols homosexuels. C'est toutefois la fête de Trimalchion – durant laquelle les invités sont encouragés à roter et à péter à la table et à se rincer les doigts dans le vin, et les esclaves sont menacés de mort à la moindre gaffe – qui donne la meilleure idée du niveau de débauche qui sévissait dans les villas de Baiae.

MÊME AVANT l'Empire romain, les gens voyagèrent pour satisfaire leur curiosité et se détendre. La route n'était pas particulièrement bonne, mais on partait quand même. Les premières villes, entre le Tigre et l'Euphrate, dans ce qui est maintenant l'Irak, produisirent les premiers véhicules, de petites charrettes sumériennes aux roues solides, tirées par des bœufs et des ânes sauvages, qui firent leur apparition environ 3000 ans av. J.-C. Un millénaire plus tard, on a retrouvé des vestiges de routes carrossables babyloniennes capables de supporter des véhicules à roues. Les Égyptiens se déplaçaient en chariot et, bien que ceux qui allaient d'une ville à l'autre eussent été pour la plupart des représentants du gouvernement, on peut affirmer que le tourisme apparut sur les rives du Nil 1500 ans av. J.-C.

Les Égyptiens prospères commencèrent à voyager pour aller voir les monuments de leur propre civilisation, surtout le Sphinx et les pyramides de Gizeh – qui avaient alors 1000 ans. Des graffitis sur les murs du temple attestent de leurs visites.

L'un des premiers de ces « gribouillages », remontant à 1244 av. J.-C., se lit ainsi : « Hadnakhte, scribe du trésor, a fait une excursion pour se distraire à l'ouest de Memphis, en compagnie de son frère, Panakhti. » Comme il n'y avait aucune infrastructure touristique, les deux frères ont sans doute dormi dans un champ ou sur le pont d'un bateau sur le Nil. Les premières auberges, qui étaient à l'origine destinées aux fonctionnaires, apparurent en Mésopotamie et en Crète. Les aubergistes étaient en général des femmes et, dès 1500 av. J.-C., elles offraient boissons, lits, bains de siège et prostituées à leur clientèle presque exclusivement masculine.

Après avoir remporté la dernière de leurs batailles décisives contre l'Empire perse de Darius le Grand en 479 av. J.-C., les Athéniens furent probablement les premiers à voyager pour le plaisir. Leurs meilleures routes étaient dotées de ponts, de bacs, de signalisation routière, d'étapes et de parties pavées. (Ils inventèrent également les « routes à ornières » dans lesquelles des rainures carrées étaient soigneusement creusées à des intervalles d'environ 1,4 mètre, dans le roc ou la terre, pour accélérer le passage des charrettes de calibre normal.

Les citoyens des cités grecques, éparpillées autour de la Méditerranée, pour le dire comme Platon, comme des grenouilles sur un étang, venaient de loin pour assister à des festivals panhelléniques tels que les Jeux olympiques, où ils se retrouvaient pris dans un tour de ville au temple de Zeus. Solon, le législateur athénien, fut le premier touriste officiel de l'histoire lorsqu'il se rendit en Égypte pour son plaisir à la fin d'un mandat éprouvant. Né en Asie mineure en 484 av. J.-C., Hérodote fut le premier écrivain à faire carrière comme auteur de récits de voyage ; il parcourut le monde hellénique, se rendit jusqu'en Russie, au nord, et jusqu'en Perse, à l'est, puis il termina sa vie en Italie. Il décrivit les merveilles de Babylone, notamment l'habitude des autochtones de parfumer leurs corps, de se coiffer de turbans et de porter des bâtons de marche et il apprit quelques mots de persan et d'égyptien. À l'aise, il était surtout motivé par sa curiosité concernant les pratiques religieuses. (L'art le laissait froid. Au sujet du grand

temple de Karnak, il écrivit laconiquement : « Il est grand. »)
S'il ne dédaignait pas de répéter des légendes, comme celles
d'îles flottantes en Égypte, d'hippopotames aux pieds fourchus
et à queue de cheval sur le Nil et de fourmis de la taille de
renards qu'on utilisait dans les mines d'or aux Indes, il admet-
tait néanmoins – contrairement à un grand nombre d'auteurs
qui suivirent – n'avoir pas vu ces merveilles de ses propres
yeux.

Voyager à l'époque hellénique n'était ni agréable ni facile
et ce n'était que par extrême nécessité – le commerce ou l'espoir de quelque cure miraculeuse – que les gens partaient sur
les mers infestées de pirates ou les routes poussiéreuses. Il fallut l'Empire romain unifié, avec sa monnaie commune, sa
lingua franca latine et grecque et l'absence de frontières hos-
tiles pour faire en sorte que le concept « voyage de loisir »
cesse d'être un oxymore. Les Romains aimaient construire des
routes et ils le faisaient très bien ; ils conçurent ainsi des
grands-routes ne pouvant dévier du droit chemin que de quelques centaines de mètres sur un trajet de trente kilomètres.
Après avoir tracé la Via Appia, la « Reine des routes », entre
Rome et Brindisi en 312 av. J.-C., ils relièrent la botte italienne des orteils au mollet avec une exquise dentelle de routes entrecroisées. Construites sur un lit de galets dans une ma-
trice d'argile, souvent soutenue au-dessous par du sable bien
tassé, les meilleures de ces routes étaient recouvertes de pierres polygonales de granite et de basalte, un pavage de 20 cen-
timètres de profondeur, résistant aux intempéries, qui dure encore aujourd'hui. (À la même époque, la dynastie Han couvrit
l'empire du Milieu de routes superbes, encore plus larges que
les *viae* romaines – mais, celles-là ayant été pavées avec du
gravier, aucune n'a survécu.)

Le long des routes, un réseau d'auberges offraient nourriture et hébergement et la possibilité de changer de véhicule.
Le voyageur qui se débrouillait pour se faire remettre un *di-
ploma* – document donnant droit à l'hébergement dans les
postes gouvernementaux – par un fonctionnaire coopératif
pouvait séjourner dans des *stationes* plus confortables conçues

pour les groupes impériaux. Des cartes comme la Table Peu-
tinger, de sept mètres, utilisaient des symboles de style Michelin – un toit à deux pignons pour une modeste auberge de
campagne, un carré à l'intérieur d'un autre pour un hébergement plus luxueux. Il y avait des restaurants où l'on pouvait
manger couché sur un sofa et des *tabernae*, moins prétentieu-
ses, sortes de snack-bars où l'on espérait seulement que le barman n'ait pas trop coupé le vin. Au Iᵉʳ siècle de notre ère, la
Méditerranée était entourée par des routes et, à l'époque de
l'empereur Trajan qui régna de 98 à 117, un citoyen romain
pouvait, sous un seul et même système juridique, voyager depuis les rives de l'Euphrate jusqu'à l'Écosse, sur des routes dont
le confort n'a pas été dépassé avant le XIXᵉ siècle.

Ce genre de conditions favorisa l'émergence d'une sorte
de tour du monde antique, qui comportait des centres de villégiature à la mode et des sites à voir absolument. Pour les
Romains – seuls les très riches pouvaient se permettre le voyage
de loisirs –, la Grèce représentait ce que l'Italie allait devenir
pour les voyageurs anglais du XVIIIᵉ siècle : une source d'art et
de spiritualité, d'inspiration et de réconfort qu'une puissance
mondiale culturellement peu sûre d'elle pillerait sans vergogne. Habituellement, le circuit débutait à Delphes, avec son
sanctuaire consacré à Apollon et les trésors de son temple,
comme le collier d'Hélène de Troie et le trône d'or du roi Mi-
das. À Athènes, les visiteurs gravissaient la colline de l'Acro-
pole et visitaient les alentours du Parthénon, s'émerveillaient
devant la vache de bronze du sculpteur Myron, si réaliste que,
paraît-il, les veaux qui passaient étaient attirés par elle. À
Olympia, où les jeux se sont poursuivis pendant l'époque romaine, une statue en ivoire représentant Zeus assis sur son
trône, dans un drapé d'or, l'une des sept merveilles du monde
antique, constituait une attraction trois étoiles. À Sparte, s'ils
arrivaient à temps, ils pouvaient assister à la Fête des garçons
nus, où les jeunes nobles s'arrachaient mutuellement les yeux.
L'Asie mineure – la Turquie moderne – était le pays d'Homère
et les Romains éprouvaient un attachement particulier à l'égard
d'Ilion, site de la ville de Troie, puisque Rome était censée

avoir été fondée par les survivants de la guerre de Troie. Mieux encore, il y avait la célèbre statue d'Aphrodite à Cnide, le premier nu féminin debout grandeur nature. Les guides locaux expliquaient que la tache sur son pubis avait été causée par un jeune homme amoureux qui s'était caché dans le temple après la fermeture et avait fait l'amour au splendide sosie de la déesse.

Depuis l'Asie mineure, les voyageurs pouvaient s'embarquer sur un navire et traverser la Méditerranée vers Alexandrie. Regorgeant de monuments exotiques, facilement accessible grâce aux bateaux du Nil, l'Égypte était la destination touristique par excellence. Depuis le premier regard jeté sur le phare de 120 mètres de haut à Alexandrie, le voyageur romain se retrouvait sur une terre adaptée à ses besoins. À bord d'un voilier loué aux voiles de papyrus et doté d'un abri de roseau en forme de tente, il descendait le canal menant à Canope, où abondaient les hôtelleries chics et les boîtes de nuit. Aux pyramides, alors recouvertes d'un revêtement lisse gravé de hiéroglyphes, de jeunes garçons du voisinage offraient de grimper au sommet contre un petit bakchich. À Crocodilopolis, les prêtres avaient dressé les crocodiles sacrés à ouvrir leur gueule sur commande pour se faire brosser les dents – un spectacle arrangé pour amuser les étrangers.

L'ancien monde contenait déjà *in ovo* les caractéristiques fondamentales du tourisme moderne. Certaines attractions prodigieuses fonctionnaient à heure fixe. À Thèbes, à proximité de la Vallée des Rois, se dressait la célèbre statue d'Aménophis III, qui mesurait à l'origine 18 mètres de haut, mais dont le buste avait été brisé au cours d'un tremblement de terre. Tous les matins, lorsque l'air chauffait dans la statue endommagée, une note résonnait, évoquant le son d'une corde de luth pincée : on prétendait que c'était Memnon qui saluait sa mère l'aurore. La statue « parlante » attirait des foules immenses – comme l'attestent les graffitis grecs et romains sur le socle –, jusqu'au jour où, au IIIe siècle de notre ère, une restauration peu judicieuse la réduisit au silence. (Lorsque Strabon, le géographe sceptique, se rendit sur les lieux, il fut convaincu que l'un des spectateurs au pied du monument imitait le bruit pour satisfaire la foule qui attendait.) Il y avait des guides, incompétents et bavards – ils aimaient affirmer que les pyramides s'enfonçaient aussi profondément dans le sable qu'elles s'élevaient dans les airs – et des livres qui proposaient aux touristes de les libérer de la tyrannie des premiers.

À partir de 160, Pausanias, probablement né en Lydie, en Asie mineure, entreprit la rédaction de son *Guide de la Grèce*. Les nombreux volumes traitaient de la civilisation hellénique de la Syrie jusqu'à l'Italie, en mettant l'accent sur les pratiques religieuses étrangères. Des miniaturistes expéditifs attendaient à l'extérieur du Parthénon, prêts à dessiner le portrait du touriste sur fond de colonnes évocatrices – ancêtre du moment Kodak. Et il y avait des souvenirs, aussi omniprésents que nos boules à neige et nos cendriers : dans des pièges à touristes, on vendait des temples en terre cuite bon marché. À Athènes, les voyageurs achetaient aussi des bocaux de miel du mont Hymette et, à leur retour à Rome, ils devaient verser 25 % de frais de douanes sur des produits de luxe comme les soieries, les épices et les parfums.

Alors, comme aujourd'hui, le touriste éprouva sans doute l'impression troublante de se déplacer à travers un spectacle entièrement créé pour sa consommation. À Memphis, les prêtres faisaient prendre de l'exercice à Apis, le taureau sacré, seulement quand les spectateurs étaient en nombre suffisant. On conservait dans le temple de Sparte l'œuf géant (on croit maintenant qu'il s'agissait d'un œuf d'autruche) d'où était sortie Hélène de Troie. Lorsqu'il était perspicace, le touriste de l'Antiquité devait avoir remarqué que la même image d'Athéna volée par Ulysse se retrouvait à Rome, à Argos et dans trois villes italiennes. Un dauphin apprivoisé apparut sur la plage, à Hippo Diarrhytus, en Afrique du Nord, qui se laissait chevaucher par un gamin. Le nombre d'officiels gouvernementaux et de visiteurs curieux, qu'il fallait nourrir et héberger, augmenta considérablement et le fardeau devint bientôt trop lourd pour cette modeste communauté. « En dernière analyse, écrivit Pline le Jeune, l'endroit lui-même perdait sa paix et son intimité. On décida alors de tuer furtivement la cause de cette affluence. »

Surnommée « plage dorée de Vénus », l'opulente Baiae connut une immense popularité au cours de l'Antiquité. Le tourisme, avec ses splendeurs et ses misères, y régnait en maître. C'était, dans le sens strict du terme, un non-endroit. Comme Cancún au Mexique, une station balnéaire dont le site fut déterminé par ordinateur, Baiae n'existait pas comme entité géographique avant l'arrivée des voyageurs. Contrairement à Neapolis, Puteoli ou Cumae, elle n'avait pas été fondée par les Grecs et rien n'indique qu'elle ait eu ses propres magistrats, son industrie ou qu'elle ait été un territoire indépendant avant l'apparition des premières villas au IIe siècle av. J.-C. Inventée pour l'évasion hédoniste, exploitée par les spécula-teurs qui reconnaissaient sa situation idéale, la ville n'était rien d'autre qu'un centre de villégiature. Dans *Romans on the Bay of Naples*, John D'Arms conclut qu'il était « extrêmement douteux que ces endroits aient apporté quoi que ce soit de substantiel contribuant au bien-être économique de la Cam-panie ». Lorsque l'ennui et le stress les poussaient à s'éloigner de Rome, les vacanciers venaient avec leurs esclaves et ils préféraient acheter des aliments de luxe aux marchés romains plutôt que des produits des villes avoisinantes. Au mieux, Baiae était un centre d'art aux connotations helléniques. Plus souvent, c'était un havre pour citadins blasés.

Le bordel fut sans contredit l'unique innovation écono-mique apportée par les Romains sur la côte campanienne. À Baiae, la prostitution était répandue et les magnats matérialis-tes romains s'attendaient à voir leurs désirs promptement sa-tisfaits. Dans le *Satiricon*, Encolpius, perdu dans une ville du bord de mer, rencontre une petite vieille qui le conduit à une maison pleine de femmes langoureuses. Des écriteaux sur les murs indiquaient les tarifs exigés pour les différents services. C'était sans doute aussi minable que le lupanar devant lequel, encore aujourd'hui, les touristes font la queue à Pompéi, avec ses cellules sombres et étriquées aux murs couverts de fresques érotiques peintes par des amateurs. « Lentement, beaucoup trop lentement, je commençai à comprendre que la vieille peau m'avait conduit à un bordel », se plaint le narrateur.

D'aussi loin que remontent les récits de voyage que nous pouvons consulter, il est question d'aubergistes vendant des femmes en même temps que des lits. Dès le départ, l'errance – le courant érotique du voyage – s'est unie à la curiosité et à l'agitation et s'est transformée en luxure, purement et simplement. Dans cette symbiose vieille comme le monde, la plus importante industrie légale – le voyage – s'associe au plus vieux métier du monde pour transformer l'exotisme, le loisir et la liberté en un produit achetable avec des devises étrangères. Pour une poignée de *sesterces** , de livres ou de dollars, les voyageurs seront en mesure d'attraper la chimère de l'essence du voyage avec des spectacles exotiques d'intimité mise en scène.

Le bradyséisme, dans sa phase déclinante, a graduellement abaissé la terre sur laquelle se dressaient les villas de Baiae. La plupart des jetées, des restaurants et des *villae maritimae* sont maintenant engloutis dans la Méditerranée. Quand la marée est très basse, on peut encore voir les piliers incrustés de coquillages émerger devant les brisants et (quand les travailleurs du port ne sont pas en grève) un bateau à fond de verre amène les touristes jeter un coup d'œil sur l'utopie de vacances d'une autre époque. Sous les vagues, où les algues poussent sur les toits des bordels, les anguilles qui étaient autrefois des animaux de compagnie foncent parmi les villas submergées des vacanciers morts depuis longtemps.

Sic transit gloria mundi. Ainsi passe la gloire du monde.

CHAPITRE VIII

La porcherie de Prospero

Nuit blanche sur un ferry grec – Prise de tête et lutteuses canadiennes – Débauche au Pink Palace – Gonflement de la bulle touristique – Les masses en mouvement – Les frères Durrell se retournent dans leurs tombes – Payer son dû à la route – J'ai besoin de vacances au Club Med – La naissance du concept *Sea, Sex & Sun* – Trop d'Italiens, pas assez de Françaises – Vacances à bon prix sur la misère des autres – L'eau bénite de l'oubli – Sandwich aux patates et jeunes voyous à Kavos – Vacances nazies – Saint Spiridion contre les Barbares

ON M'AVAIT DIT : ne rate pas ton premier lever de soleil grec. Je me suis donc levé pour regarder l'aurore aux doigts roses colorer les rives de Corfou. C'était notre première escale, Igoumenitsa, et je contemplai les collines basses et sèches du continent, avec des touffes de conifères qui se raréfiaient près des sommets, évoquant le pelage d'un chien bâtard affligé de la gale. À côté de nous, un bateau jeta l'ancre et une chaîne rouillée glissa de son aussière et se déroula en émettant un teuf-teuf calamiteux. En se levant sur les collines, le soleil illumina le bleu de la mer Ionienne, les plages de sable de Corfou à l'ouest et le ravage qui m'entourait.

Des chaises renversées, collantes de bière, étaient éparpillées sur le pont. Des routards étaient vautrés sur des matelas pneumatiques dans des abris de fortune fabriqués avec des chaises de pont renversées. Un jeune homme en tee-shirt arborant les mots *US Navy Police – Against the Wall and Spread 'Em!* était écroulé, la tête sur une table, entouré de cannettes de Fanta et de bière Amstel. Une poubelle puante débordait de sandwiches à moitié mangés et de *cornetti*. À côté de moi, un Italien très hâlé, qui semblait la proie d'un ennui profond, crachait songeusement dans la mer d'huile couleur lie-de-vin. Il portait des verres fumés miroitants et il avait noué sur son crâne un foulard imprimé du drapeau américain.

Je me sentais sur le point d'avoir une grave crise de spleen du voyage. Quatre mois s'étaient écoulés depuis que j'avais fait mes premiers pas sur le chemin de Saint-Jacques-de-Compostelle et *tout* commençait à m'ennuyer. J'avais quitté Naples 32 heures plus tôt à bord d'un train de nuit et le plaisir que m'avait donné le brio italien se transformait peu à peu en exaspération. Oui, la vacuité latine m'exaspérait : cette fumeuse compulsive dans le siège derrière moi qui composait à la chaîne des numéros de téléphone qu'elle prenait sur un carnet d'adresses en faux léopard. (Quel genre de femme a une demi-douzaine d'amis avec qui elle peut bavarder à deux heures et demie du matin ? Une *Napolitaine*.) Plus tard, un cas grave de logorrhée me tint réveillé : deux lutteuses de Regina, fraîchement émoulues de l'école secondaire, montèrent dans le train avec leurs sacs à dos décorés de la feuille d'érable. Une Américaine d'origine mexicaine était figée, l'air étourdi, en les écoutant décrire des blessures infligées au cours de matches de lutte.

« Elle avait comme vraiment du pus qui lui sortait de l'oreille. Quand on l'a lancée, elle nous a explosé en pleine face ! L'oreille de son entraîneur avait été si souvent déchirée qu'elle était complètement enflée et bouchée ! »

Me réveillant dans mon siège, j'eus l'impression d'avoir passé la nuit la tête coincée dans une full Nelson grécoromaine.

Brindisi, ville portuaire à mi-hauteur du talon de la botte, est le principal port d'entrée italien de la Méditerranée orientale. Je sortis de la gare et, tandis que je marchais dans le Corso Garibaldi, une rue piétonnière, j'aperçus des routards qui fourmillaient devant les bureaux des compagnies de ferry Blue Star et Hellenic Mediterranean, leur passe de train à la main. J'achetai un billet pour la traversée du soir sur un ferry de la compagnie Fragline, puis je passai le reste de la journée, la tête sur mon sac à dos au milieu des palmiers de la Piazza Vittorio Emanuele, à regarder les agents de la *polizia* municipale souffler dans leurs sifflets chaque fois que quelqu'un osait jouer au aki sur le gazon.

Quand mon énorme ferry sortit finalement du port, il était presque 22 heures et j'étais épuisé. J'avais réservé une place sur le pont. Quelle ne fut pas ma consternation en voyant que la piscine du pont arrière, recouverte d'une toile goudronnée et entourée de cordes comme une arène de boxe, était en train d'être transformée en discothèque nocturne. Une bande d'Américains hilares envahirent la place et prirent des photos d'un autre groupe qui s'arrachaient leurs chemises et voguaient au son de *Shiny Happy People* et de *Dancing Queen*. Dans un état presque comateux je me blottis sous le vent dans un coin sombre du pont avant et passai cette humide nuit du mois d'août à frissonner dans mes tee-shirts superposés alors qu'un groupe d'Italiens infatigables bavardèrent et fumèrent sur le pont inférieur jusqu'au lever du soleil.

C'est pourquoi, comme nous traversions le petit détroit abrité entre la Grèce et la côte est de Corfou, je me mis à détester le ferry, ses passagers et la maudite mer Ionienne bleue. Je restai de glace devant les «rives glorieuses» décrites par Byron, avec leurs grands forts vénitiens et leurs cyprès effilés. Ce n'était pas pour ses associations mythologiques (c'était ici que, disait-on, Ulysse nu, dérivant sur un radeau après avoir quitté l'île de Calypso, avait épié la jeune Nausicaa au bain) ni pour son aura littéraire (premier terrain de jeu des frères Durrell et d'Henry Miller) que j'avais mis Corfou sur mon itinéraire. J'avais choisi cette île parce qu'elle avait la réputation d'être un paradis pour les groupes de touristes allemands et les loubards en shorts Union Jack qui émergeaient de l'avion, déjà presque incapables de marcher, résolus à faire de la Méditerranée leur vomitoire personnel. Comme les îles espagnoles d'Ibiza et de

Majorque, et comme Ios et Mykonos dans la mer Égée, Corfou
– Kerkyra pour les natifs et « *Cor Fiou* » pour les joyeux lurons –
était renommée pour être un endroit accessible et pas cher où
faire la fête, un genre de Blackpool-sur-la-Med où l'on pouvait
manger de la moussaka garnie de frites ou un petit-déjeuner
anglais vingt-quatre heures sur vingt-quatre. À présent que
j'étais là, dans une chaleur collante de 40 degrés, je compris que
l'enfer se trouvait dans cette île surpeuplée de touristes rustauds
et ivrognes.

Je m'étais faufilé par la porte arrière. D'habitude, on
n'arrive pas à Corfou avec un sac à dos, mais dans l'un de ces
jumbo-jets nolisés qui semblent atterrir en rugissant toutes
les 15 minutes, en provenance de Düsseldorf ou de Manchester. Je me mêlai aux passagers du pont près d'un escalier à la
sortie et je parlai avec un rouquin au début de la vingtaine.

« Tu vas au Pink Palace, toi aussi ? » me demanda-t-il. Je
hochai la tête. « Il paraît qu'ils t'attendent à la sortie du ferry
et qu'ils t'y conduisent directement. Ça m'a l'air sympa. »

En descendant la passerelle, nous fûmes distingués dans la
foule par une fille très bronzée, qui, engoncée dans un tube
rose, ressemblait à une saucisse cocktail emballée dans de la
barbe à papa. « Pink Palace ? » criait-elle tandis que les passagers débarquaient et, moins de dix minutes plus tard, elle avait
rassemblé deux dizaines de routards. Elle nous guida jusqu'à un
stationnement à l'extérieur de l'édifice des douanes – sans
douaniers. Lorsque j'arrivai à la navette, elle était déjà bondée
d'Italiens qui vociféraient. Une jeune femme à l'air efficace
avec une écritoire à pince et un accent grec appela la jeune
fille au tube rose.

« Débarrasse-toi des Italiens, *tout de suite*. Ils sont insup-
portables, ils n'arrêteront pas de se plaindre de la chaleur. »

Elle nous entassa dans un taxi, moi et une paire de jeunots
irlandais volubiles, originaires de Cork, et le chauffeur silencieux nous conduisit le long de routes sinueuses bordées de
bougainvilliers violacés.

Lawrence Durrell décrivait Corfou comme une île en
forme de faucille tout près du continent, le côté vers la terre

formant «une grande baie, noble et sereine et pratiquement entourée par les terres.» À mes yeux, elle ressemblait davantage au diagramme d'une patte de cochon qu'on trouve chez le boucher. Notre ferry avait accosté à la ville de Corfou, sur le jarret de la patte – c'était sur ce jarret arrière face au continent qu'on trouvait les plages les plus populaires – et on nous amenait maintenant à Agios Gordios, une plage sur le jarret avant face à l'Italie. Au total, cette patte grognante mesurait 85 kilomètres du jambon au sabot, ce qui donnait beaucoup de bacon touristique à découper. Des nababs comme Lord Jacob Rothschild et la princesse Margaret avaient depuis longtemps mis la main sur l'arrière-train nord et ils se réfugiaient dans des villas isolées sur les grèves de galets en face de l'Albanie, tandis que la plèbe s'entassait par dizaines de milliers sur les plages «seau et pelle» près de l'os du jarret de notre cochon. En mai, quand les touristes commençaient à arriver, les résidants habituels abandonnaient côtes et grandes rues pour laisser les habitués se vautrer dans leur porcherie tout compris.

Le Pink Palace, une auberge légendaire, était une anomalie à Corfou, à la fois un aimant et un point de ravitaillement pour les routards qui arrivaient par train et par ferry. Pendant la randonnée en taxi, les deux Irlandais me firent la conversation – le pays connaissait depuis peu une augmentation de jeunes poursuivant des études supérieures (en informatique notamment), ce qui expliquait la présence sur les routes d'un nouveau contingent de voyageurs loquaces et blafards.

«En Italie et en France, toutes les filles sont *maigres*, genre», dit Cormac. Ce type ressemblait à un oiseau, nordique et virginal, dans le débardeur qui flottait sur sa peau parsemée de taches de rousseur.

«En Irlande, renchérit David, elles sont toutes grosses et elles ont d'affreuses grandes dents et, quand elles sourient, on voit rien d'autre que leurs gencives. Chez nous, on trouve que des deux sur dix, et peut-être un six, quand on a vraiment de la chance.»

Nous sortîmes en pagaille du taxi à côté d'un immeuble rose à portique et une Irlandaise à la réception – une très jolie

Irlandaise, à mon avis, mais *chacun son goût** – nous invita à nous joindre au groupe de routards assis à une douzaine de tables rondes dans une pièce adjacente. Le directeur, vêtu d'une chemise hawaïenne et arborant un sourire plaqué – il avait quelque chose d'un pantin de ventriloque –, nous expliqua qu'il y avait trois catégories de chambres : A, B et dortoir. À ma grande consternation, toutes devaient être partagées.

L'inscription dura une heure. Notre table fut la dernière appelée à la réception ; pour étouffer les grognements de mécontentement, un employé se promenait avec une bouteille d'un litre et demi d'ouzo rose. J'en pris un verre et le regrettai aussitôt : je n'avais pas encore déjeuné et, après deux jours de voyage pénible, l'alcool me frappa comme un maillet et je me sentis devenir aussi pâle que le torse de Cormac.

« Jésus ! s'étrangla celui-ci après avoir avalé son verre. C'est pire que de la robine ! Ça goûte le nettoyeur de toilettes ! »

Cela ne l'empêcha toutefois pas de s'en enfiler encore deux derrière la cravate. Lorsque nous arrivâmes au comptoir, les deux Irlandais avaient atteint de nouveaux niveaux de loquacité et ils me criaient par la tête des histoires de démolition et de bagarres. Je demandai au commis une chambre de catégorie A et, après avoir reçu une carte d'identification rose, l'Irlandaise léthargique qui semblait souffrir d'une gueule de bois carabinée me conduisit à un immeuble à proximité. Chemin faisant, je remarquai vaguement les « dix plus gros mensonges du Pink Palace » inscrits au dos de son tee-shirt.

Le premier mensonge répertorié sous sa nuque était : « Je ne reste qu'une seule nuit. » Puis : « 2. Je sais conduire une mobylette. 3. Je ne boirai plus jamais d'ouzo. » La liste se terminait ainsi juste au-dessus du *tattoo* au henné au bas de son dos : « 8. Je veux juste t'embrasser… Tu peux garder tes vêtements. 9. Évidemment que je me souviens de ton nom ! » J'avais trouvé un endroit où la conduite en état d'ébriété et le viol programmé étaient des sources de rigolade.

« Je crois que l'autre type dans cette chambre est un Américain, lui aussi », dit-elle.

Avant que j'aie eu le temps de protester, elle ouvrit la porte. C'était comme entrer dans un local d'association étudiante après la nuit de beuverie d'une bande d'étudiants de première année. Toutes les surfaces étaient jonchées de bouteilles de bière et de vodka. Je glissai sur un condom visqueux et ce fut alors que je vis la source du cataclysme : c'était un blond aux épaules larges en boxer taché, un bras pendant d'un côté du lit, une vapeur d'alcool à demi métabolisé émanant de son corps prostré. Pour une raison quelconque, il avait arraché le matelas de l'autre lit et l'avait mis sur le sien. Je me tournai vers l'Irlandaise et la suppliai avec ferveur : « Vous reste-t-il des chambres de catégorie B ? »

Comme j'allais l'apprendre, le Pink Palace peut héberger 850 personnes dans ses 13 édifices et, quand arrive l'un des trop nombreux ferries chargés de routards, on réquisitionne tout simplement les maisons avoisinantes, sinon on permet aux gens de dormir sur des chaises longues. (J'eus cette vision de cauchemar : une maladie contagieuse, la roséole, par exemple, en train de se propager jusqu'à ce que chaque structure de l'île devienne rose.) Mon cicérone me fit descendre un long escalier, longer une allée bordée d'oliviers, puis un terrain de basket-ball, jusqu'à une rangée de chambres aux murs de bois donnant sur les vagues à Agios Gordios. Heureusement, mon compagnon de chambre était parti pour la journée et je constatai avec satisfaction qu'il avait soigneusement rangé ses articles de toilette sur la table égratignée. J'entendis le couple dans la chambre à côté remuer en revenant à la vie. Il était plus de midi.

« T'as mal au crâne ? demanda-t-il avec un accent british.

– Ouais, grogna-t-elle. Après ton départ, on est allés à la discothèque de l'hôtel sur la plage. J'étais pas si bourrée que ça, mais j'ai commencé à vomir. C'est le goût de mon drink qui me donnait mal au cœur. Je pouvais plus m'arrêter. La femme du bar a dit : "Vous venez du Pink Palace ? Dites aux gens du Pink Palace qu'on ne veut pas les voir ici ! Allez dégueuler sur votre propre plage !" Comme si c'était ma faute ! »

Je devais le reconnaître : pour trouver les bonnes adresses, j'avais le don.

LE PINK PALACE, c'était « *The Lost Weekend* rencontre *How to Stuff a Wild Bikini* à Daytona Beach » – si Daytona Beach avait été en Grèce. Le souper était compris dans le prix de la chambre ; cela voulait dire faire la queue pendant au moins une heure avec 500 étudiants hâlés dans un espace à aire ouverte infesté de moustiques, appelé le Palladium. Tandis que j'attendais pour recevoir une assiette de moussaka tiède, de nouilles pâteuses et de carottes miniatures trop cuites, servie par un cuisinier au sourire sarcastique (qui m'a demandé chaque fois : « Toi *sûr* toi végétarien ? »), je me demandai si un réfectoire de prison pouvait être pire que ça. La majorité était composée d'Australiens et d'Italiens, un mélange explosif. Un soir, un groupe d'Italiens essayèrent de passer devant ceux qui faisaient la file.

« *O-kai* ! dit le chef de la bande à un Américain qui avait protesté. On retourne à la queue, mais personne me dit d'aller me faire foutre ! »

Une bousculade s'ensuivit, des femmes se mirent à crier et des gardes de sécurité convergèrent vers les fauteurs de trouble et les poussèrent dans l'escalier. L'un des Italiens, dragueur agressif, donna un coup de poing dans l'œil d'une fille qui ne répondait pas à ses avances et, le lendemain matin, ils vandalisèrent leur chambre et rouèrent de coups le préposé à la réception qui leur avait remis leur avis d'éviction.

Les employés, pour la plupart des routards qui s'étaient trouvés à court d'argent en chemin, étaient payés trois dollars l'heure et entassés dans des dortoirs. Je n'enviais pas leur sort. Ils devaient contrôler une population d'étudiants – torse nu, le boxer qui dépassait de la ceinture –, qui avaient, dès onze heures du matin, souvent peine à marcher tellement ils étaient soûls. Pour affronter la situation, la plupart des employés buvaient comme des trous. Certains pourtant appréciaient manifestement leur position. Un jour que je prenais un Nescafé frappé au bar vers la fin de l'après-midi, je vis arriver un type râblé en chemise à fleurs et coiffé d'un feutre rond de couleur rouge.

« Bien le bonjour, madame, dit-il à la barmaid sur un ton facétieux.

– Comment ça va, Simon ? demanda-t-elle d'une voix enrouée.

– J'ai eu une journée *mer*-veilleuse, répondit-il. Ouais, j'étais assis sur la plage avec une fille *a-do-rable* appelée Lucy à un bras et une rousse *fan-tas-tique* appelée Amy à l'autre bras. Il ne s'est rien passé, mais quand même… c'est le *pa-ra-dis*. On dirait que tu as attrapé la voix du Pink Palace, mon chou. On appelle ça le *Cor-flu*. Ce doit être le climat. »

C'était plus probablement l'effet cumulatif que l'alcool bas de gamme, les coups de soleil et la malbouffe produisaient sur le système immunitaire. Je revis Simon un peu plus tard ce soir-là, il revenait de la plage flanqué de deux filles en bikinis. « La belle vie, bonhomme, dit-il d'une voix traînante en passant. La belle vie. »

Mon compagnon de chambre s'appelait Dave. Il venait de Seattle et il travaillait comme concepteur de logiciels. Comme moi, il avait 10 ans de plus que la moyenne des clients. Après avoir voyagé d'une île à l'autre de la mer Égée, il avait pris un avion pour Corfou et il faisait de son mieux pour oublier qu'il avait une petite amie chez lui.

« La dernière chose qu'elle m'a dite avant mon départ, c'est "Sois sage". Jusqu'à présent, je l'ai été… mais tu sais ce que c'est. Je veux dire, t'as vu ces Suédoises au dîner aujourd'hui ? Tellement *sexy*. » Il gloussa nerveusement. « Je ne voudrais pas avoir à mentir à ma blonde… mais allons, on est des gars ! C'est parfois la petite tête qui pense pour toi. »

Il avait travaillé pour une organisation appelée Bust Loose à l'université, organisant des excursions pour la semaine de relâche à Cancún, Puerto Vallarta et Mazatlán, et il avait la nostalgie de l'« amour libre » pratiqué à cette époque.

« J'ai fait ça pendant cinq ans et je suis devenu le directeur d'un centre. Je m'amusais comme un fou. Toutes ces histoires de filles, *man* ! Je ne sais pas ce qui arrive aux nanas en vacances… elles veulent absolument avoir une aventure. Ça a quelque chose à voir avec la plage, le sable, le soleil… elles font des choses qu'elles ne feraient jamais chez elles. On n'était pas censés boire pendant le travail, mais tout le monde le faisait.

Tu connais la chanson : une tequila, deux tequilas, trois tequilas, K.-O. ! »

Il connaissait une foule de ces slogans de Margaritaville, qu'il me servait régulièrement en esquissant un sourire sans joie. « Tu sais ce qu'on dit, me dit-il un après-midi que je l'avais surpris en train de faire un somme. *Si tu veux fiesta, tu dois siesta !* »

Ce soir-là, au pub du Pink Palace, le directeur expliqua qu'on avait réduit le nombre de bagarres en interdisant l'accès aux Corfiotes. « C'est une question de principe de refuser les Grecs locaux dans la discothèque, me dit-il. Trop de friction. Mais il reste encore les Italiens », ajouta-t-il en hochant la tête en direction d'un groupe qui encerclait deux blondes.

Il était près de minuit lorsqu'on annonça que le Dr George, propriétaire du Pink Palace, était sur le point de présenter son célèbre spectacle. On nous ordonna de nous asseoir en cercles concentriques autour de la piste de danse et le jeu commença. Un homme robuste, l'air fatigué, le menton orné d'une barbiche, prit le micro et livra son message d'amour.

« S'il vous plaît, ici, des gens de plusieurs nationalités ! Si la fille a un problème, il faut dire à nous. Nous régler le problème. Nous vouloir juste la paix ici. »

Puis, la musique du film *Zorba le Grec* – la scène de la danse lente – commença. Le Dr George prit une assiette sur une pile et la fracassa sur la tête d'une fille assise. Suivi par le directeur qui portait une pile dans ses bras, il fit le tour du cercle, cassant une assiette après l'autre sur la tête des participants. Le Dr George trompait parfois une victime en s'arrêtant avant de lui assener son coup ; parfois, il faisait tourner l'assiette comme une pizza, mais il l'abattait toujours d'un grand coup, de façon à ce que les tessons restent accrochés dans les cheveux des gens ou tombent dans leurs verres. La démonstration se poursuivit pendant dix minutes : un hôtelier grec cassant, avec un plaisir sadique, des assiettes blanches non émaillées sur la tête de 400 étudiants éméchés. David, l'Irlandais, se pencha vers moi et me dit avec ravissement : « Il m'en a cassé *deux* sur la tête ! C'était super ! »

LE LENDEMAIN MATIN, je fus réveillé par les hoquets et les renvois de mon voisin. Je décidai alors qu'il était temps de quitter le Pink Palace. J'allai m'asseoir avec les deux Irlandais dans la salle à manger près de la plage.

« Je suis complètement crevé, dit Cormac dont la main tremblait pendant qu'il essayait de porter ses œufs à sa bouche.

– Y avait cette emmerdeuse de Canadienne – pas d'offense – qui nous suivait partout hier soir, ronchonna David. Elle était *défoncée*. Elle a décollé l'étiquette de sa bouteille de bière et me l'a donnée. Elle m'a dit qu'on faisait ça au Canada quand on voulait coucher avec quelqu'un. » J'allais lui dire que je n'avais jamais entendu parler de cette coutume quand il chuchota : « Jésus ! La voilà ! »

Une fille chaussée de tongs se dirigeait vers notre table. Elle arrivait de la plage et des gouttes d'eau perlaient sur ses larges épaules bien en chair.

« Je suis, genre, encore paf ! s'exclama-t-elle. Qu'est-ce que j'ai fait hier soir ? Oh ! Seigneur ! Ne me dis pas ! J'espère que c'était pas, genre, trop gênant ?

– T'en fais pas, la rassura Cormac, chevaleresque. J'étais pas mal parti moi-même. »

Elle alla en titubant chercher son petit-déjeuner et je confiai aux Irlandais que j'avais déjà vu cette fille auparavant. C'était une des deux lutteuses qui étaient montées dans le train de Naples.

« C'est pour ça qu'elle m'a serré si fort hier soir ! dit Cormac qui devait peser 60 kilos au maximum. J'ai cru qu'elle allait me briser les côtes. On l'a raccompagnée du bar, et elle dégueulait partout dans les buissons. J'essayais de faire semblant de ne pas être avec elle. »

Dave, mon compagnon de chambre, se joignit à nous au moment où deux grandes filles entraient en claudiquant. L'une d'elles riait et pleurait tour à tour et elle avait une vilaine éraflure sanguinolente qui courait le long de son bras à partir de l'épaule.

« Elle m'a fait tomber ! » cria-t-elle en poussant son amie. C'était difficile de savoir si elle était soûle ou en état de choc.

« On voit ça partout en Grèce, dit Dave. Les gens débar-
quent des ferries couverts de marques de coups, d'ecchymoses
et de blessures ouvertes. C'est féroce. Deux filles sur un scooter, c'est courir après le trouble. »

Dégobillage de projectiles, rixes internationales, blessures
de la route. J'en avais vu assez du Pink Palace. Camp tout
compris pour routards avec sa propre petite plage rocheuse,
c'était une version bas de gamme des centres de villégiature
fréquentés par les parents de ces mêmes jeunes dans les
Antilles ou sur la Costa del Sol. Je m'en étais contenté parce
qu'on m'avait donné une chambre relativement tranquille et
parce que j'étais si fatigué de la route que j'avais supporté les
parties de volley-ball nocturnes. Mais si je restais trop longtemps dans ce parc d'amusement de l'Île enchantée, il allait
me pousser de longues oreilles et je me transformerais en un
âne alcoolique brayant. Je souhaitai bonne chance à Dave
avec son prochain compagnon de chambre et fis mes adieux
aux Irlandais.

« En fait, nous aussi, on pense à s'en aller, dit David. On
est ici depuis trois jours et on n'a pas encore vu un seul Grec.

– Eh bien, il y avait, genre, le chauffeur de taxi », dit Cormac. Il réfléchit une seconde, puis ajouta : « Mais c'est vrai
qu'on ne lui a pas parlé. »

Vers la moitié du XXe siècle, une tendance pernicieuse au
voyage de loisir – déjà embryonnaire à Baiae, cette enclave de
plaisir – connut son apogée dans le perfectionnement de la
bulle touristique. Institutionnalisée dans les auberges et les
ghettos de voyageurs des pèlerinages et du tour d'Europe, elle
atteignit son apothéose dans la station balnéaire tout compris,
permettant aux gens de traverser la moitié de la planète et de
se rendre dans des pays de langue, de traditions et de culture
différentes sans être jamais dépaysés. La bulle touristique pleinement formée reposait sur deux innovations : la généralisation des vacances payées et l'invention du jet. Auparavant,
pour la classe ouvrière, un voyage à la plage était une affaire

strictement locale, une excursion d'une fin de semaine à Coney Island ou à Blackpool à la vitesse des omnibus, des cars et des trains. En Angleterre, le Bank Holiday Act, voté en 1871, fixa un nombre de journées de vacances à Noël, à Pâques, à la Pentecôte et au début du mois d'août, et c'est ainsi que les excursionnistes commencèrent à affluer sur les plages de Brighton et de Scarborough. Les Français placèrent la barre encore plus haut : en 1936, le premier ministre socialiste Léon Blum établit un standard européen en réservant une généreuse période allant de deux semaines à un mois de vacances payées, stipulant toutefois que ces vacances devaient être prises pendant l'été (ce qui a provoqué ce célèbre effet de ville fantôme que tous ceux qui ont visité Paris au mois d'août connaissent).

Bien que de plus en plus libres de voyager, les masses ne pouvaient cependant pas se permettre d'aller très loin. Avant la Deuxième Guerre mondiale, les meilleures plages étaient colonisées par ceux qui avaient suffisamment de temps libre et d'argent pour profiter de séjours prolongés. En 1834, Henry Brougham, ancien grand chancelier d'Angleterre, fit construire une villa à Cannes et devint par le fait même le pionnier d'une colonie d'étrangers qui allaient transformer en Côte d'Azur ce coin perdu de la côte française. À la fin du XIXᵉ siècle, Nice était devenue la première ville occidentale moderne dont l'économie était basée sur le tourisme ; de riches expatriés britanniques se réunissaient sous les palmiers d'une promenade des Anglais construite pour le plaisir de la… promenade. C'était une destination strictement hivernale : pendant les chauds mois d'été, les gens du monde privilégiaient encore les stations balnéaires normandes sur la Manche.

Il fallut un groupe de démocratiques parvenus américains – parvenus avec des revenus, il va sans dire – pour populariser la Côte d'Azur pendant la morte-saison. En 1922, l'année où fut inauguré l'élégant *Train Bleu* qui allait de Calais à la Méditerranée, Gerald Murphy et sa femme décidèrent de passer l'été dans un château loué par Cole Porter. Ils persuadèrent un hôtelier local de rester ouvert jusqu'en septembre et une colonie flottante de riches oisifs, décrits dans *Tendre est la nuit*, un roman de F. Scott Fitzgerald, vinrent s'encanailler sur les plages désertes, vêtus de cirés de pêcheur, d'espadrilles et de chandails rayés. L'année suivante, Coco Chanel revint hâlée de la Côte d'Azur – avant la révolution industrielle, le teint basané était la marque du labeur paysan –, inaugurant ainsi la vogue de l'héliothérapie. Les hôteliers se mirent à créer des stations balnéaires comme Juan-les-Pins et, pour attirer cette nouvelle classe d'adorateurs du soleil en maillots de bain aux lignes aérodynamiques, ils importèrent du sable et nettoyèrent les plages de leurs algues parsemées de mouches.

Ceux qui en avaient les moyens allèrent aux nouvelles stations en Jamaïque, à Cuba, en Martinique, parfois par bateau, mais de plus en plus souvent à bord de ce nouveau jouet des riches, l'avion de ligne. Le premier service de transport par avion fonctionna pendant une brève période entre Tampa et Saint Petersburg, en Floride, en 1914, et, après la Première Guerre mondiale, le DH16 d'Airco, un bombardier transformé en avion vitré grâce à un toit coulissant, commença à effectuer des vols réguliers entre Londres et Paris. D'autres pays se mirent à offrir des services réguliers – la compagnie hollandaise KLM fut fondée en 1920 et la Lufthansa allemande, six ans plus tard – et l'avion devint une nouveauté coûteuse destinée aux hommes d'affaires, aux diplomates et aux gens du show-business qui avaient le goût de l'aventure (jusqu'en 1935, cependant, leurs contrats interdisaient aux vedettes d'Hollywood de risquer leurs précieux cous dans des avions). Non chauffés et si bruyants que les passagers devaient communiquer entre eux par écrit, les premiers avions pouvaient quand même avoir une élégance digne des wagons de train en première classe avec leurs sièges en osier recouverts de coussins en peau d'alligator et leurs boiseries en noyer.

Ces pullmans ailés coûtaient aussi très cher. Dans les années 1920, un trajet de quarante-huit heures de New York à Los Angeles, avec deux correspondances par train, coûtait 351,94 $ – beaucoup plus qu'un billet à prix réduit pour le même trajet aujourd'hui. Quand Pan Am inaugura ses premiers services commerciaux transatlantiques par avion en

1939, le Boeing 314, un paquebot volant, atteignit le zénith en terme d'opulence aéronautique. Avec ses cabines de luxe comme celles qu'on trouve sur un bateau, une élégante salle à manger où l'on servait homard et *pâté de foie gras** et un pont de promenade, ce luxueux transatlantique aérien connu sous le nom de *Yankee Clipper* mettait dix-neuf heures pour effectuer le trajet entre Terre-Neuve et Southampton.

Afin que les masses populaires puissent se déplacer en avion, il fallait que quelque chose change. Les innovations furent à la fois d'ordre socioéconomique et technologique. En 1932, la première excursion par vol nolisé amena deux douzaines de membres de l'England Polytechnic Touring Association de Londres jusqu'en Suisse. Deux ans plus tard, le DC-3 Douglas révolutionna l'industrie aéronautique ; sa cabine insonorisée, ses sièges inclinables et son pilote automatique en firent bientôt le plus populaire des avions de ligne au monde. Après la Deuxième Guerre mondiale, le Boeing 707 fut le précurseur d'une nouvelle ère, un pur jet (ses prédécesseurs avaient combiné la technologie du jet et celle de l'hélice) capable de transporter 189 passagers à une vitesse de 960 kilomètres à l'heure.

En 1958, avec l'inauguration du premier service transatlantique de transport de passagers par jet – un vol de la compagnie Pan Am entre New York et Paris par Boeing 707 – un plus grand nombre de personnes traversaient l'Atlantique par avion que par bateau. Les tarifs de classe économique rendirent bientôt les plages lointaines accessibles aux vacanciers de la classe moyenne et de la classe ouvrière. L'énorme Boeing 747, aussi haut qu'un immeuble de six étages, capable de voler sans escale de New York à Tokyo et de déverser 320 passagers à la fois sur les pistes d'atterrissage d'îles minuscules, fut inauguré en 1970. Les charters bon marché représentèrent bientôt la moitié de tout le transport par avion en Europe. En 1950, 25 millions de personnes faisaient un voyage international quelconque. Un demi-siècle plus tard, en grande partie grâce au jet, le total avait grimpé à 700 millions.

Pour des endroits comme Corfou, la combinaison des jets de grande capacité et des billets d'avion à prix réduit se révéla désastreuse. Lorsque la famille Durrell y habitait dans les années 1930, les bateaux volants atterrissaient une fois par semaine dans la baie de Gouvie ; la majorité des touristes étrangers arrivaient par ferry. Ils étaient en général riches, instruits et – s'ils n'étaient pas de parfaits abrutis – ils connaissaient passablement la culture méditerranéenne. Corfou était l'une des îles grecques les plus verdoyantes ; elle avait été tour à tour un poste éloigné de l'Empire byzantin, une colonie vénitienne et un protectorat britannique. Elle s'enorgueillissait de posséder des forteresses imprenables sur lesquelles le lion ailé de Venise était blasonné, de belles arcades rappelant la rue de Rivoli à Paris et une esplanade où, le dimanche après-midi, on jouait au cricket et on dégustait de la bière de gingembre locale sous les parasols des cafés. Le prince Philip était né dans la villa royale *Mon Repos* et le kaiser Guillaume II laissa en héritage l'excentrique *Akhillion*, une résidence absurdement incongrue de style néopompéien près du village de Gastouri. Bariolée d'un assortiment envoûtant d'influences cosmopolites, l'île de Corfou était un refuge anachronique contre les soucis du monde. « Je ne peux concevoir pourquoi les gens riches vivent sur la Riviera française quand il existe encore des endroits comme Corfou », s'étonnait Evelyn Waugh en 1930.

Puis, après la Deuxième Guerre mondiale, un aéroport fut construit à environ deux kilomètres de la ville de Corfou. Vers la fin des années 1960, un nouveau type d'envahisseur apparut, plus pernicieux que les vagues précédentes de Vandales, de Goths et de Normands. Avec leurs forfaits, les touristes pouvaient désormais voler vers un pays lointain dans le même temps qu'on allait autrefois à Brighton ou à Miami. Dans les années 1990, un million de touristes arrivaient chaque année – la moitié venant d'Angleterre –, submergeant la population normale de 105 000 habitants. Corfou apparut sur une carte touristique qui comprenait Torremolinos, Majorque, Benidorm et l'Algarve et devint l'une des destinations soleil recommandées dans les brochures touristiques britanniques. Une destination où, comme les vacanciers furent intéressés de l'apprendre, les gens parlaient *grec*.

J'étais à Corfou depuis trois jours – j'avais pris l'autobus du Pink Palace jusqu'à la ville de Corfou – lorsque je commençai vraiment à voir des écriteaux en alphabet grec. J'avais attendu sur la route à côté d'un magasin appelé Gee Bees Super Market, où l'on vendait des exemplaires de la veille du *Daily Mail* et de *L'Express*, puis j'étais monté à bord d'un autobus bondé des années 1950 qui grimpait en tressautant la colline semée de cactus et d'oliviers, comme si quelqu'un tournait une manivelle pour le faire avancer sur des rails rouillés. L'autobus s'arrêta pour faire monter des vieillards grecs – dont plusieurs durent rester debout parce que toutes les places étaient occupées par des touristes. Un Scandinave céda finalement son siège à un pope orthodoxe à barbe grise, qui fit détourner le regard du bambin blond qui le dévisageait en faisant le signe de la croix devant lui.

Après avoir loué une chambre sur la route qui longeait la mer – un bout du nouveau port enfumé de diesel –, dans un hôtel propre à inciter au suicide – le seul endroit où il restait une chambre –, j'allai me promener dans la vieille ville. Des cigales stridulaient dans les arbres, comme les joueurs de crécelle d'un orchestre de mariachis anachronique, et des chats se glissaient furtivement entre les façades ocre et terre de Sienne des maisons de style vénitien, aux volets clos, de l'ancien quartier juif. Les petites rues étaient irrésistibles, mais dès que je posais le pied sur une artère principale comme l'avenue Nikiforou Theotoki, je me retrouvais pris dans un lent *défilé** d'Italiennes rutilantes et d'Anglais en tee-shirt sur lequel on pouvait lire : « Il paraît que je suis allé à Ios, mais je ne m'en souviens pas. » Sur les trottoirs, s'entassaient des étalages de flacons géants de faux *Chanel nº 5* et de Ray Ban contrefaits dont l'émail médiocre s'écaillait déjà sur les pavés.

Déterminé à goûter à une spécialité locale, j'achetai de la liqueur de kumquat dans une bouteille en forme de tour Eiffel et j'en bus pour faire passer un gyro accompagné de frites graisseuses. J'eus l'impression d'avaler du Grand Marnier distillé dans une usine de produits chimiques du New Jersey. Le goût ressemblait assez à celui d'un Popsicle à l'orange fondu.

Dans un kiosque à journaux d'une grande rue, j'achetai un célèbre hommage à l'île de Corfou, *L'île de Prospero* de Lawrence Durrell, un éloquent exemple de ce courant littéraire dans lequel des expatriés privilégiés évoquent des paradis embaumés. Ces derniers temps, le genre a dégénéré dans la forme arcadienne propre aux baby-boomers, où la culture est réduite à la cuisine, où les natifs sont attendrissants de rusticité et où les yuppies jubilent à propos de leurs années en Provence, de leurs villas sous le soleil de Toscane et – pour parachever le tout – de leurs maisons à Corfou. Dans l'hommage sincère qu'il rendit à l'île en 1945, Durrell – avec sa femme, Nancy – loua la maison d'un pêcheur à l'extrémité nord de l'île. Entre les nuits de jazz grec, les lettres d'Henry Miller et d'autres nuits passées à pêcher la pieuvre à la lueur des lanternes au carbure, il pondit une histoire érudite et poétique – et parfois pédante – d'une île qui, selon lui, aurait pu servir de modèle à Shakespeare quand il écrivit *La tempête*. Quand on lit le livre aujourd'hui, Corfou incrustée dans le béton fait une chute extrêmement cruelle du sublime au ridicule.

« Une maison blanche posée comme un dé sur un rocher déjà vénérable, couturé des cicatrices laissées par le vent et l'eau. La colline monte directement dans le ciel derrière elle, de sorte que les cyprès et les oliviers surplombent cette pièce dans laquelle je suis en train d'écrire… Ceci est devenu notre maison sans regret. Un monde. Corcyre. »

Je levai les yeux de mon café grec. Des touristes britanniques au teint rose déambulaient autour de moi avec des cannettes ouvertes de Heineken. Des tee-shirts cradingues que le sirocco balançait sur leurs cintres étaient suspendus dans l'arcade de l'autre côté de la rue. Sur l'un, on pouvait lire : « Instructeur de plongée certifié nul. » « Peau sèche ? Lotion gratuite. Pomper ici », disait son voisin. Suivait une flèche qui pointait vers l'entrejambe.

Gerald Durrell, le frère cadet de Lawrence, réaliste et obsédé par les animaux, écrivit *My Family and Other Animals* (dans lequel son poète de frère est décrit comme un imbécile collet monté), qui enchanta des générations de lecteurs par son évocation d'un éden enfantin peuplé de geckos domestiques rapaces et de tortues apparaissant derrière des marées phosphorescentes. Il utilisa les droits d'auteur de ses livres pour fonder un zoo sur l'île de Jersey dans la Manche, puis il retourna à Corfou en 1968, un an après l'ouverture du premier Holiday Inn. Ses biographes croient que Gerald se sentit si coupable d'avoir contribué à la popularité de Corfou et, par le fait même, à l'affluence de touristes qui s'ensuivit, qu'il sombra bientôt dans la dépression et l'alcoolisme.

Je me sentais moi aussi passablement déprimé en retournant vers mon hôtel. Je trouvais les Grecs de Corfou cyniques et mercenaires, blasés par leurs contacts avec les touristes. Près de la Nouvelle Forteresse, une publicité pour une compagnie de téléphones cellulaires britannique se lisait ainsi : « Température actuelle au Royaume-Uni : 5 °C. Allez-y, écœurez-les. Téléphonez chez vous et dites-leur ce qu'ils manquent. » Voilà qui semblait résumer la nouvelle *raison d'être** de Corfou : en même temps que l'île représentait un idéal de vacances à la plage, elle était devenue un lieu d'évasion pour les Nordiques angoissés, une expérience qui n'était précieuse que si l'on pouvait plastronner à son sujet.

C'était peut-être aussi l'usure du voyage qui assombrissait mon humeur. Transpirant sur le matelas humide dans ma chambre d'hôtel, je dressai la liste de mes maux. Mon biceps était encore endolori là où la guêpe m'avait piqué. Au Pink Palace, un insecte inconnu avait injecté son venin acide – ou peut-être même ses larves, me dis-je sombrement – dans mon pouce, qui palpitait de façon priapique. L'ongle de mon gros orteil, noirci à la suite de mon excursion à la Matterhorn-Hütte dans des bottes trop étroites, menaçait de tomber complètement. J'avais les yeux rouges, ma cornée droite ne réagissait plus aux antibiotiques que j'avais achetés à Rome et je chancelais dans les rues, tel un cyclope, avec seulement une lentille cornéenne. Des particules de fumée de diesel s'étaient figées sur ma peau dans une couche collante de sueur et d'écran solaire, bloquant mes pores. Je portais mon sac-ceinture depuis si longtemps qu'une série de zébrures rosâtres était apparue sur mon ventre. (Je sais pourtant qu'il ne me faut pas attendre de sympathie. Même si j'étais plié en deux par un accès de dysenterie bacillaire, on répondrait inévitablement à mes doléances par : « Tu écris des récits de voyage ? Je serais *ravi* d'avoir tes problèmes ! »)

La route prenait son dû. Tandis qu'un autre charter faisait vibrer les fenêtres de ma chambre non climatisée, je décidai qu'il n'y avait qu'un remède à ma crise de spleen naissante : j'avais besoin de prendre des vacances de mes voyages.

Le temps était venu d'aller au Club Med.

TOUT EN AYANT CONSTITUÉ un formidable pas en avant dans le développement de la bulle touristique, le mariage entre le jet et la plage tropicale n'était pas à toute épreuve. Le transport entre l'aéroport et l'hôtel avait beau avoir été réglé à la perfection, des gardes de sécurité avaient beau être présents sur la plage, il était pourtant encore possible de rencontrer quelque chose d'étranger quand on se rendait outre-mer. Cela arrivait trop souvent : il suffisait de penser à ceux qui fêtaient le Nouvel An au Hilton de La Havane en 1959 et qui virent Fidel Castro et ses rebelles descendre de la Sierra Maestra et faire irruption dans la ville, ruinant leur fête.

L'antidote à ce genre d'ennui fut synthétisé dans un petit village de tentes au bord de la Méditerranée. Fondé la veille de la généralisation des vacances payées en France par un Russe blanc exilé à Paris, le camp de vacances L'Ours blanc connut un modeste succès avant la guerre en amenant, par train et par bateau, 250 vacanciers français en Corse. Après la guerre, le camp fut rouvert sous le nom de Club olympique. Il attira un autre Russe émigré, le journaliste Vladimir Raitz, un correspondant de l'agence Reuters basé à Londres. Inspiré par l'enthousiasme du personnel et l'atmosphère sans prétention – rappelant les camps de vacances anglais du bord de mer de Billy Butlin, également lancés pendant la Dépression –, Raitz nolisa un avion pour permettre aux Britanniques de profiter du soleil méditerranéen. En 1950, défiant les règles draconiennes établies après la guerre de même que le monopole détenu par la compagnie aérienne British European sur les trajets de courte durée, il transporta 32 vacanciers en DC-3 jusqu'à son propre village de tentes, le Club franco-britannique, contre la modique somme de 32 livres 10 shillings par tête. Son excursion, qui comprenait deux repas de viande par jour en pleine période de rationnement, fut un succès immédiat et Raitz fonda des centres à Benidorm et à Majorque. Il appela sa compagnie Horizon Holidays – ce qui valut à ses clients, qui avaient vite saisi la formule des trois S, *Sea, Sex & Sun* («mer, sexe et soleil»), le surnom d'«horizontaux». Horizon succomba au cours de la crise de l'énergie de 1974, mais, en créant la formule du forfait vol-plage, Raitz fut à l'origine d'un nouveau paradigme du voyage. Un plat de viande garni de deux légumes, pyramides humaines et copieuses pintes de Watney's Red Barrell : on se serait cru en Angleterre, mais en profitant d'un meilleur climat, de sable plus blanc et d'un océan dans lequel on pouvait vraiment se baigner.

Le Club olympique original attira un autre client : Gérard Blitz, un champion de water-polo belge et un résistant décoré de la Deuxième Guerre mondiale. Communiste issu d'une famille de diamantaires juifs, il s'inspira de la convivialité observée en Corse pour fonder son propre village. Une simple affiche dans le métro de Paris montrait le soleil, la mer et son numéro de téléphone. Il reçut des centaines d'appels et, en 1950, ses clients firent le voyage de deux jours par train et par bateau de Paris à Majorque, où se trouvait le premier Club Méditerranée. Le camp Alcúdia était cruellement sous-équipé : pour sept cents clients, il n'y avait qu'une seule toilette extérieure à quatre trous, trois douches et une cuisinière. Contre toute attente, ce fut néanmoins un succès. Les clients réagirent aux contretemps avec tant d'empressement et de jovialité que Blitz prit l'habitude de les surnommer *gentils membres**, que l'on finit par abréger, dans la langue du club, en GM. Blitz s'associa ensuite avec un autre Juif communiste, Gilbert Trigano (qui lui avait fourni des tentes du surplus de l'armée américaine), pour ouvrir d'autres villages en Toscane et au Monténégro. Bientôt, les gens commencèrent à s'envoler vers les camps du Club Med sur des vols spécialement nolisés. Le baron Edmond de Rothschild visita le club Arziv en Israël et, après s'être amusé toute une soirée à porter des femmes sur son dos autour du camp, il vint en aide aux fondateurs en achetant un tiers de la compagnie au moment de la crise financière de 1961. Un demi-siècle après sa fondation, le Club Med était devenu un conglomérat de voyage, possédant ses propres bateaux de croisière et 120 villages de vacances dans 36 pays.

Le Club Med fut, dès le départ, synonyme d'hédonisme. La convivialité était encore favorisée par des soirées de chants et de jeux comme *Crazy Sign*, *Agadou* et *Haut les mains*, et le personnel stimulait les chiffes molles en les poussant dans l'océan. Établi en 1953 à Ipsos, le Club Med de Corfou fut le premier village doté de huttes permanentes de style polynésien et le centre de villégiature de 60 hectares fut d'emblée capable d'héberger un millier de GM. Un garde de sécurité dans une cabine au bord de la route, à côté du logo du Club Méditerranée, me laissa passer et je suivis un chemin sinueux devant des courts de tennis en argile rouge. Je me retrouvai bientôt au milieu de huttes de chaume à l'ombre des arbres, agencées en divisions comme des caveaux dans les cimetières parisiens. Après avoir réglé pour un séjour d'une journée – la Grecque à l'air tourmenté à la réception écrivit « promeneur » sous la rubrique « profession » –, je me dirigeai en droite ligne vers le buffet du petit-déjeuner, où je remplis mon plateau de quartiers d'orange et de pointes de melon, de muesli, de café gardé au chaud dans des bouteilles thermos et de jus d'orange coupé d'eau, évitant un bol de flan grouillant de guêpes. Les lève-tard étaient assis à des tables à pique-nique sous le toit de chaume et je me joignis à trois Italiens qui finissaient leur café. Ils avaient fait le vol d'Italie à Corfou en passant par Athènes et ils avaient réservé un séjour de deux semaines. Sebastiano, de Milan, déplorait la disproportion entre hommes et femmes.

« C'est quelque chose comme 70 hommes pour 30 femmes. Il y a trop de compétition.

– Oh ! Tu exagères, Sebastiano, protesta Francesco, un homme à la voix douce et aux cheveux noirs coiffés en un début de banane, ingénieur chez Fiat. Ce serait plutôt 60 hommes pour 40 femmes. Il n'y a pas grand monde actuellement, mais peut-être qu'il y aura plus de femmes dans les avions qui atterriront après-midi. »

Le site était sans contredit très beau, dis-je. Nous apercevions des gens qui faisaient du ski nautique depuis des pontons qui s'étiraient vers les collines de l'Albanie.

« Eh ! soupira Francesco en haussant les épaules. La plage, elle est pas si bonne. Pas très grande et, l'après-midi, beaucoup de monde. »

Après le déjeuner, Francesco me fit voir sa hutte. Chacune portait le nom d'un dieu grec disparu, d'une cité-État ou d'une devise – la sienne s'appelait Drachme – et ressemblait à une yourte octogonale coiffée d'un toit pointu. À l'intérieur, il y avait deux lits de camp et une armoire sans portes dans laquelle Francesco avait soigneusement suspendu ses chemises blanches repassées. Les toilettes communes avec les douches et un espace ouvert garni de rangées de lavabos et de miroirs se trouvaient à côté de la cantine. Francesco, qui s'était inscrit à un cours de natation, se dirigea vers les pontons et, moi, vers le bar, dans un bosquet d'oliviers centenaires dont les troncs noueux évoquaient de la tire Sainte-Catherine. La plupart des huttes se trouvaient sur un promontoire couvert de conifères, d'où une plage étroite s'étirait en direction de Corfou. De la salsa jouait à tue-tête et des GM de sexe masculin se promenaient en Speedo et en tongs en lorgnant les rares femmes.

Le Club Med fut conçu comme une expérience utopique de loisir moderne. L'argent était interdit – les portefeuilles étaient déposés dans des coffres-forts à l'arrivée, on payait sa consommation avec un coupon de couleur – et le *tutoiement** était encouragé. « Le monde tel qu'il est ne nous satisfait pas, avait déclaré Gérard Blitz. Nous allons en créer un autre. » Ce « brave nouveau monde » du Club Med, où la demi-nudité à la plage favorisait une conception superficielle de l'amour libre, arriva en même temps que les contraceptifs oraux et la libération de la femme. Aux clubs malfamés de la Martinique, de Cancún et de Tahiti, les *gentils organisateurs** en petite tenue et à la peau basanée donnaient, dès leur arrivée, un coup de ciseau dans la cravate des hommes d'affaires et ils séduisaient suavement les nouvelles venues (tout en tenant secrètement le compte de leurs conquêtes par des coches sur le cadre de leurs lits). Ces microcommunautés d'esprits libres, résolues à se libérer des contraintes de la vie urbaine, étaient parsemées dans des sites embaumés de la plus grande beauté naturelle – un avant-goût du paradis. Si seulement la philosophie du Club Med pouvait se répandre, soupiraient les clients. Si seulement tous les citoyens du monde vivaient un jour comme des *gentils membres** !

Le monde avait d'autres projets. Ces bulles d'Européens et de Nord-Américains privilégiés se permettant de vivre le fantasme du noble sauvage allaient inévitablement provoquer une réaction de la part des citoyens exclus des pays sous-développés où ils s'étaient confortablement installés. En Corse, où était né le Club olympique, des militants séparatistes qui avaient vu leur île colonisée par des grossistes venus de France firent sauter huit bungalows au village du Club Med de Cargèse. À Paris, les Situationnistes, un groupe d'artistes et de radicaux d'extrême-gauche français, vandalisèrent les tableaux d'affichage portant les mots : « Club Med – Un antidote à la civilisation. » (Dix ans plus tard, Johnny Rotten des Sex Pistols traduirait par « *A cheap holiday in other people's misery* » un graffiti de Mai 68.) L'illusion « pas d'argent » fut sapée lorsque des cambrioleurs armés vidèrent les tiroirs-caisses des Clubs Med au Mexique et en Calabre. En 1977, au cours d'un hold-up audacieux au club de Corfou, trois hommes armés et masqués tirèrent sur un GO qui avait tenté de résister et prirent la fuite avec un demi-million de dollars et 600 passeports. Près de villages comme celui des Boucaniers, en Martinique, des gardes de sécurité patrouillent désormais la plage armés de mitraillettes.

À L'ENTRÉE de la plage publique, un garde de sécurité vérifia mon laissez-passer d'un jour – les autres GM portaient des bracelets de plastique comme à l'hôpital. Je m'installai sur une étroite bande de sable sous un palmier et je laissai errer mon regard de l'autre côté de l'eau, au-delà des Italiens flottant sur des téléphones cellulaires géants gonflables, vers la côte albanaise encore sauvage. Par le passé, la proximité du pays le plus pauvre d'Europe avait causé des problèmes à une enclave telle que Corfou. Dans les années 1970, les garde-côtes albanais mitraillèrent un dinghy d'employés du Club Med qui faisaient de la plongée sous-marine trop près du littoral ; la mer rejeta quelques jours plus tard le cadavre en décomposition d'un GO. Lorsque l'Albanie plongea dans l'anarchie après qu'une succession de plans pyramidaux se furent effondrés au milieu des années 1990, plusieurs vacanciers britanniques furent abattus dans leurs yachts et l'on dut faire appel à la marine grecque pour patrouiller dans le détroit.

Tous ces déraillements géopolitiques semblaient faire partie d'un autre monde en cette journée ensoleillée du mois d'août. Sur la plage du Club Med, les baigneurs avaient des corps souples et bien formés et, tout en barbotant dans l'eau placide, je suivais des yeux un homme qui trottait à côté de quelques femmes en bikini en demandant : « Italiana ? Italiana ? » Je dois avouer que j'ai un faible pour le voyeurisme de plage, que j'aime bien cette sensation de me liquéfier sous le soleil, la charge érotique inhérente au fait d'apercevoir des seins aplatis sur le sable, l'inoffensif exhibitionnisme de me lever pour enduire mes membres de lotion solaire.

C'est-à-dire que j'aime ça pendant à peu près deux heures. Après, sursaturé de radiations solaires, je commence à me demander ce que je vais bien foutre du reste de la journée. Je retournai à la cafétéria au moment précis où elle ouvrait pour le repas de midi. Je me servis une assiette de corégones garnie de brocoli, de carottes bouillies et de frites et j'errai avec mon plateau jusqu'à ce que je trouve une place libre à côté de deux Françaises.

« *Est-ce que c'est libre** ? » demandai-je, espérant les accrocher avec mon accent français du Nouveau Monde. Céline, dont les cheveux bruns étaient coiffés en queue de cheval, me fit signe de m'asseoir tandis que Marie, qui portait un haut de bikini noir, se poussait pour me faire de la place. Je leur confiai que j'étais là pour la journée et leur demandai combien de temps elles restaient. Céline, qui venait de quitter son emploi chez Disney, me dit qu'elles étaient arrivées de Paris depuis une semaine.

« Nous avons payé 900 euros chacune, ajouta Marie, qui travaillait chez Colgate-Palmolive. Ça peut sembler très cher. Mais, c'est la haute saison. Quand on profite de toutes les activités, le ski aquatique, les cours de salsa, je pense que ça en vaut la peine. »

Je leur racontai que les Italiens que j'avais rencontrés le matin déploraient la pénurie de femmes.

« *Oh là là** ! s'exclama Céline. Ils disent ça ! Je crois qu'il y a en ce moment 600 Italiens ici, 400 Français peut-être et 200 d'autres nationalités. Le problème, c'est qu'il y a beaucoup trop d'hommes. Nous avons toutes les deux un petit ami chez nous et, franchement, nous voulons simplement qu'on nous fiche la paix.

– Ça a commencé dans l'avion, poursuivit Marie en roulant les yeux. Les gens commençaient déjà à se reluquer. Céline ne savait plus où se mettre. »

Elles décrivirent une bagarre qui avait eu lieu au bar entre un Français et un Italien – le premier voulait empêcher le deuxième de draguer. « Parce que, tu sais, il y a aussi des Français qui sont stupides. » (*Impossible** !) Dans l'ensemble, elles étaient toutefois satisfaites de leur semaine.

« L'ambiance est vraiment spéciale, ici », dit Marie, en jetant un regard circulaire sur toute cette chair ferme et bronzée. « Tout le monde est jeune. Il ne reste pas beaucoup d'endroits comme ça au monde. »

Et que pensaient-elles de Corfou ?

« Nous ne sommes pas sorties du Club Med, avoua Céline. L'île est censée être belle, *non** ? »

Elles ne le sauraient jamais : elles rentraient à Paris l'après-midi même. Quand je les laissai, elles étaient en train d'adresser une pile de cartes postales identiques montrant une île générique et sur lesquelles le trident du Club Med était imprimé en relief.

J'avais mal planifié ma visite. C'était le mardi que les *membres** de la semaine précédente s'en allaient et que les nouveaux arrivaient. Assis sur un tabouret bas en béton, je regardai les autobus se garer l'un après l'autre près du bosquet d'oliviers, pendant que les GO en tee-shirts bleu poudre les entouraient et battaient des mains au son de *Last Night*, cette vieille chanson rhythm'n'blues qui sortait à tue-tête des haut-parleurs. En voyant les néophytes blafards descendre des navettes en clignant des yeux, je remarquai avec amusement qu'il y avait deux hommes pour chaque femme. Ce déséquilibre était peut-être un phénomène localisé, mais j'eus l'impression que la réputation de dôme de volupté des Clubs Med correspondait moins aux fantasmes féminins qu'à une sorte de vision atavique masculine de l'amour libre époque *Playboy*. Partout autour de moi, des hommes inconsolables feuilletaient les pages roses de la *Gazzetta dello Sport*, jouaient aux échecs, lisaient des livres de poche couverts de sable. Un paradis sans l'élément féminin – cela me rappela un camp de marines dans *South Pacific* avant l'arrivée des infirmières. Derrière la barrière, il y avait, bien sûr, beaucoup de femmes. Parmi les femmes de Corfou que j'avais vues, un grand nombre étaient superbes – hanches minces, peau pâle, yeux bleus en amande suggérant que quelques gouttes de sang normand coulaient dans leurs veines. Les hommes du Club Med ne le sauraient pourtant jamais – les seules Grecques qui pénétraient dans leur bulle étaient les serveuses d'âge moyen en ternes robes de calicot bleu et blanc.

Je renonçai au Club Med après avoir bavardé au souper avec des Françaises encore plus insatisfaites. Je préférai finir la soirée en sirotant un express glacé à une terrasse au bord de la mer à Corfou. L'Arts Café était caché de la vue par une aile du Palais-Royal et les Corfiotes semblaient l'avoir adopté comme refuge contre les hordes d'estivants.

Les défenseurs de l'industrie du voyage prétendent que le tourisme de masse peut stimuler l'économie des pays pauvres et en voie de développement, mais je n'ai pour ma part jamais vu de ces centres de villégiature rachetant ainsi leurs défauts. Ils n'apportent rien aux indigènes, sinon, peut-être, un sentiment d'aliénation. Leurs clients ne mangent pas dans les restaurants locaux, ne fréquentent pas les boutiques locales, n'achètent pas de produits d'artisanat local et ils laissent leurs portefeuilles chez eux ou dans un coffre-fort. Ainsi, leur richesse ne touche pratiquement jamais les démunis. Les exemples de leur totale indifférence aux conditions locales sont légion : lorsque, à la suite d'une tempête tropicale, la Martinique se retrouva sans eau potable sûre, le Club Med local fit tout simplement livrer par avion une cargaison de bouteilles d'eau d'Évian pour ses membres. Plutôt que de s'approvisionner chez des fournisseurs de la côte espagnole, un grossiste britannique préféra établir une ferme d'élevage de volailles à l'extérieur de Benidorm afin d'offrir à ses clients des omelettes caoutchouteuses. La colonisation touristique des pays de plage n'eut jamais de motivations éthiques : seule l'économie était en jeu. C'était bien, par exemple, pour des générations d'Américains de se dorer au soleil sur les plages d'un pays gouverné par une dictature fasciste – l'Espagne de Franco –, mais même maintenant, il leur est strictement interdit d'aller en vacances dans le Cuba de Castro – une dictature socialiste.

Je me dirigeai vers un haut mur de pierre qui surplombait l'eau et les remparts de l'ancienne forteresse vénitienne. Un catamaran de touristes en provenance d'Italie venait tout juste d'entrer comme une flèche dans le port et son sillage souffleta un groupe d'adolescents qui se baignaient, menaçant de les faire se prendre dans un filet tendu à travers la crique.

« C'est drôlement dangereux », observa une femme avec un accent des antipodes. Agée d'une quarantaine d'années, elle était râblée et son bronzage était aussi profond que les pattes d'oie autour de ses yeux. « J'ai appris par hasard que ma fille se baignait ici la semaine dernière, qu'elle avait pas mal bu et qu'elle a failli se noyer. » Originaire de la Nouvelle-Zélande, elle avait rencontré un Grec et elle vivait à Corfou depuis vingt ans.

Je lui parlai de la beauté du paysage.

« Ha ! renifla-t-elle. Il y a certaines choses qu'on ne mentionne pas dans les brochures. Nous avons la pire prison du monde, ici. Tous les pires meurtriers. Les murs ont une épaisseur de 20 pieds, comme ceux-ci », dit-elle en indiquant d'un geste les remparts battus par les vagues. J'avais déjà remarqué l'édifice de style prison à système panoptique à côté du cimetière anglais et de l'hôpital pour malades mentaux. « Il n'y a aucun moyen de s'évader de cet endroit. Et n'oubliez pas que la Grèce est le pays le plus pauvre de l'Union européenne. Quand j'ai payé mon loyer, il me reste à peine assez d'argent pour acheter la nourriture. Et l'électricité coûte les yeux de la tête ici. Pour économiser, je prends des bougies à l'église et je les fais brûler sur mon balcon, le soir. C'est agréable, évidemment, et tout… » Elle agita dédaigneusement la main vers la mer Ionienne.

Ces choses, qui se passaient dans les coulisses, les touristes préféraient les ignorer. Ils préféraient imaginer les Corfiotes, avec leurs ânes, leurs caïques et leurs médailles contre le mauvais œil, comme des paysans heureux de recevoir les dollars des touristes. À en juger par tous les jeunes Grecs qui déambulaient dans la vieille ville avec des manuels intitulés *English First Certificate* sous le bras et le sens aigu des affaires dont on faisait preuve dans les rues commerciales, Corfou avait une économie basée sur un tourisme particulièrement cosmopolite et réagissait avec un mélange prévisible de grâce et de cupidité à ce bienfait mitigé que constitue une beauté physique exceptionnelle. Je suis toujours déchiré entre l'envie d'applaudir et celle de condamner les indigènes qui ont accepté de louer leurs maisons et d'offrir aux touristes des reconstitutions de leurs propres traditions. Le voyageur privilégié serait malvenu d'implorer les gens de demeurer des pêcheurs et des fermiers pittoresques quand les avantages matériels de la modernité – la possibilité de voyager n'étant pas le moindre – sont aussi attrayants. Mais, en cédant leur côte à des touristes étrangers et à leur argent, les Corfiotes ont approuvé leur propre colonisation.

La Néo-Zélandaise m'avait rappelé une source sacrée près du domaine royal de *Mon Repos*. Selon une tradition locale décrite par Lawrence Durrell, boire cette eau signifie que l'on ne quittera jamais Corfou. Le lendemain après-midi, je tombai sur un sentier ombragé entre quelques condos, je descendis un escalier jonché de cannettes de bière Mythos écrasées et j'aperçus un robinet à côté d'une plaque de marbre encastrée dans un mur de pierre. Un mince filet de l'eau sacrée de l'abandon et de l'oubli gouttait sur le sol. Je le regardai fixement pendant une minute et j'imaginai comme cette eau fraîche serait bonne en descendant dans ma gorge. Puis, sans étancher ma soif, je fis volte-face et remontai l'escalier.

Il ME RESTAIT un endroit à voir avant d'abandonner la porcherie aux gorets. Je pris un autobus et me rendis à une plage appelée Kavos, à l'extrémité sud de l'île. Un guide de voyage anglais maintenant épuisé décrivait ce lieu avec un enthousiasme quelque peu hermétique : « Dressée au milieu d'une authentique vieille garde d'oliviers aux troncs extraordinaires et de shakos au feuillage argenté, Kavos est un lieu où même les maisons de deux étages accordent aux arbres cette ascendance qui ravit l'œil. » L'auteur déplorait que « l'on soit en train de construire un hôtel de catégorie B qui ne serait que légèrement inférieur ». C'était en 1980.

Vingt ans plus tard, les oliviers avaient cédé la place à un bouquet d'hôtels de catégorie B. Une longue file de restaurants proposaient des *Toads in the Hole* (saucisses en pâte), des pois et des haricots spongieux, le tout payable en livres sterling. Bien que Kavos puisse maintenant accueillir 8000 touristes, je passai une heure à cheminer entre les hôtels, aux balcons desquels étaient suspendues des serviettes de plage imprimées de l'Union Jack, avant de trouver une chambre libre dans une maison d'une rue secondaire. La propriétaire grecque m'expliqua qu'il ne venait presque jamais de voyageurs indépendants à Kavos. Tous les hôtels du village étaient réservés par des groupes britanniques comme le Club 18-30, JMC ou Libra Holidays, spécialisés dans les séjours d'une semaine et visant surtout les moins de 30 ans. Après un petit-déjeuner anglais tardif – haricots en conserve Libby's, tomates étuvées, œufs baveux et saucisses cocktails –, je partis pour la plage. Des rigoles nauséabondes d'eau que les algues rendaient brunâtre et visqueuse serpentaient entre les hôtels. Je passai une heure sur un transat à écouter caqueter de pâles blondes à côté de moi. Un vendeur de plage grec arriva en psalmodiant d'une voix plaintive : « *Me*-lon d'eau, *me*-lon jaune, *a*-grumes. » Le Londonien glabre qui occupait l'autre transat leva les yeux de son *Daily Mail*.

« Va te faire foutre, espèce de con », maugréa-t-il avant de retourner à ses résultats de football.

Cet après-midi-là, Liverpool jouait contre le Manchester United. Les picoleurs se rassemblèrent dans les bars pourvus d'une antenne parabolique et prirent place sur les tabourets rangés devant des écrans géants. Les hommes étaient torse nu, je comptai les furoncles sur leur dos, regardai leur peau violacée sur laquelle miroitait un voile jaunâtre – sueur à relents de bière. Les femmes étaient quelconques, elles avaient les chevilles épaisses, portaient des hauts de bikini à une seule bretelle et avaient récemment fait tatouer au henné leurs bourrelets de graisse rose. Après mon souper au British Restaurant, le serveur grec s'attarda à ma table.

« Vous n'êtes pas Anglais ? » me demanda-t-il. Je secouai la tête. « Je *déteste* les Anglais, chuchota-t-il avec véhémence, comme si cet aveu le soulageait. J'habite à Lefkimi, le prochain village. Avant, je vivais ici, mais je ne pouvais pas dormir. C'est trop fou, ici. Tout peut arriver. »

Je lui demandai d'où venait cette odeur sulfureuse qui m'avait coupé l'appétit et empêché de finir mon assiette de poisson et de frites.

« Quand ils ont construit cet endroit, ils l'ont fait pour trop de monde. Ils n'ont pas réfléchi. Le système d'égouts ne

272 UN VOYAGE PARMI LES TOURISTES

suffit pas à la tâche. » Vers 11 heures du matin, quand des milliers de crétins et de crétines intoxiqués d'alcool soulagent leurs intestins, une puanteur insupportable monte de la plage de Kavos.

CE SOIR-LÀ, je me joignis au carnaval. Des fêtards étaient assis sur le patio sous ma chambre et ils commençaient la soirée à la vodka et au Red Bull. La musique tonitruait déjà dans la rue principale. *We Will, We Will... Rock You, ABC*, par les Jackson Five, *Electric Avenue*, techno médiocre – la nuit vibrait. Sur le trottoir, les filles avaient troqué leurs maillots de bain contre des hauts en tissu synthétique qui les faisaient ressembler à des poupées gonflables. Plus elles étaient vilaines, semblait-il, et plus leur accoutrement scintillait. Les hommes avaient les cheveux courts, des chemises à manches courtes et la vue... courte. Un groupe d'hurluberlus – torse nu, portant un nœud papillon – suivait dans la rue une sorte de cheftaine chevaline en corset, chaussée de bottes noires, qui vociférait d'un ton dominateur : « Gardez la droite ! » En passant devant un bar appelé Crash Bandicoot, je fus presque jeté à terre quand une troupe d'individus au visage rubicond se déversa sur le trottoir. Un skinhead arracha sa chemise de sa maigre poitrine et voulut donner un coup de tête à un type qui avait une pinte à la main, avant d'être jeté à terre par quatre videurs.

Une minuscule Albanaise en robe longue fleurie, une rose piquée dans son chignon noir, essaya de vendre un bâton de plastique phosphorescent à un rustre qui passait. Il se tourna et hurla, avec une rage inexplicable : « *Shakamak hakalak !* » Sa propre version de sabir grec, apparemment. Cela me rappela ce qu'un habitant des îles Canaries que j'avais rencontré sur le chemin de Compostelle m'avait dit à propos des touristes allemands et anglais qui envahissaient sa terre. « *Beben, rompen, salen* », avait-il affirmé avec mépris. Ils boivent, ils cassent, ils partent.

Je passai la soirée à arpenter l'avenue, les yeux exorbités. Les gens faisaient la queue pour sauter tête première du haut d'une grue – une activité qui s'appelait *New World Bungee Jump* – et lancer un ballon contre un gardien de but grec invincible pour gagner une bouteille de champagne. À minuit, il y avait des flaques de vomi et des morceaux de verre cassé à l'entrée de chaque bar. Des gens étaient sortis des clubs sur des brancards. À des intervalles de quelques centaines de mètres, il y avait une infirmerie prête à recevoir les victimes d'accidents de scooter causés par l'absorption de *bomba*, le tord-boyaux local – mélange d'alcool à friction et d'eau minérale qu'on faisait passer pour de la vodka ou du gin. Une famille grecque dans une petite voiture essayait de se frayer un chemin dans Kavos. Leurs yeux s'écarquillèrent quand un type complètement pété bondit sur le capot de la voiture et commença à lécher le pare-brise.

Saturé, je revins à ma chambre où des moustiques voletaient en attendant mon retour. J'en tuai autant que je le pus, laissant sur le mur des traînées de sang de rustres alcooliques. Je me consolai en me disant que tous les insectes que je ratais allaient de toute façon périr d'une cirrhose. La *bomba* devait expliquer en partie la violence sous-jacente. Mais, à Kavos, la vieille analyse marxiste semblait s'appliquer : le voyage de vacances était une sorte de soupape de sécurité pour le prolétariat urbain, car il offrait un exutoire aux aspirations frustrées des travailleurs aliénés. Pour les défenseurs du tourisme de masse, cette explication était trop simpliste. Toutes les classes sociales profitaient désormais de loisirs et c'était là que les gens exprimaient leur indépendance et leur créativité ; en dehors du travail, ce temps était la source de beaucoup d'espoir, de découverte et d'anxiété. Pendant cette période ludique, ils pouvaient échapper – peut-être pour toujours – aux contraintes sexuelles et sociales et concevoir une nouvelle vision d'eux-mêmes.

Cela ne risquait pas de se produire, me dis-je. Plus souvent qu'autrement, ils optaient pour le confort de la bulle touristique et, quand ils débarquaient sur cette plage dont ils avaient tant rêvé, c'était un égout à ciel ouvert couvert de sable grisâtre où les indigènes leur vendaient cyniquement un simulacre de leur culture depuis longtemps disparue. Au milieu des mêmes gens qu'ils bousculaient chez eux dans le métro, ils retrouvaient le climat de rivalité et de critique mesquine qu'ils connaissaient tant. Cela expliquait pourquoi les vacanciers faisaient des crises aussi terribles lorsqu'ils découvraient que le bungalow, la cabine de luxe ou le restaurant pour lesquels ils avaient payé en espèces sonnantes et trébuchantes n'étaient pas à la hauteur de leurs attentes. En plus d'avoir vendu leur propre temps à leurs patrons, ils s'apercevaient que leurs vacances, la consolation pour laquelle ils avaient trimé toute l'année, n'étaient que la même coquille vide commercialisée qu'ils avaient laissée derrière. Les vacances à la plage – la liberté sexuelle ritualisée du Club Med ou la débauche de Mardi gras des stations balnéaires comme Kavos – sont une manifestation moderne du carnaval, une période nettement démarquée au cours de laquelle les esclaves peuvent se comporter comme des affranchis, ce qui renforce en bout de ligne le statu quo. Le phénomène est doublement efficace depuis l'avènement des vols nolisés bon marché, puisqu'il inflige à des cultures éloignées les conséquences sociales et économiques de la consommation et de la débauche.

Les nazis se seraient sentis chez eux à Kavos : c'était ainsi qu'ils prenaient leurs vacances. Sous le slogan *Kraft durch Freude* (« La force par la joie »), le chef du Front travailleur national-socialiste, le Dr Robert Ley, établit en 1933 des vacances collectives à prix réduit pour les travailleurs. Après avoir aboli les syndicats et décrété six mois de travail obligatoire pour les jeunes hommes, il fonda des centres de ski et des stations balnéaires et mit en service 10 navires de croisière pour naviguer sur la Baltique et la Méditerranée. Comme les vacances d'aujourd'hui par charter, les séjours *KdF* nazis duraient une ou deux semaines et, en rassemblant des citoyens des mêmes groupes d'âge, ils renforçaient les valeurs nationales. L'un des projets les plus ambitieux fut Prora, sur une île au large de l'Allemagne septentrionale.

« À son arrivée au centre de villégiature, le visiteur doit oublier son passé immédiat, écrivit le Dr Ley. Je veux construire ce centre de façon à ce que le visiteur pénètre dans un brouhaha de musique, de danse et de théâtre qui lui coupera le souffle et le forcera à s'oublier lui-même. »

Cette philosophie dionysienne avait également été celle du mouvement rave. J'appris sans surprise que le centre presque indestructible de Prora – cet édifice de quatre kilomètres était le plus long du monde et il était assez spacieux pour héberger et distraire 20 000 vacanciers allemands – avait été réquisitionné par le milieu techno et transformé en camp rave bon marché doté de motomarines et de tables tournantes. La force par l'ecstasy, en semelles compensées plutôt qu'en bottes militaires.

JE QUITTAI l'hôtel le lendemain. La propriétaire ne parut pas étonnée de me voir partir si vite.

« Nous non plus, nous ne pouvons pas dormir. Octobre et mai sont les seuls mois tranquilles. Il y a quelque chose qui ne tourne pas rond chez les Anglais. Ils boivent tellement », dit-elle en portant le poing à sa bouche.

C'est vrai que les Britanniques semblent entretenir un curieux rapport avec l'alcool, une immaturité anachronique qui frôle la haine de soi. Mais les pires caractéristiques nationales commencent à dominer un groupe quand on rassemble les gens en nombre suffisant et qu'on leur offre de grandes quantités d'alcool.

De retour à Corfou, j'allai faire une dernière promenade. Attiré dans une rue transversale en entendant des cloches sonner avec insistance, je tombai sur une foule de Grecs sur une place devant une église toute simple blanchie à la chaux. On avait accroché des fanions triangulaires en travers du chemin et des prêtres orthodoxes à longue barbe entouraient un reliquaire d'or et d'argent. C'était la fête de Spiridion, saint patron de Corfou, dont le squelette était porté dans les rues dans un cercueil de verre par des fanfares et des dignitaires locaux. Il avait, paraît-il, sauvé Corfou en 1537 en provoquant une tempête qui avait chassé la flotte turque.

Je m'arrêtai à côté d'une femme qui allumait de minces cierges torsadés et les tendait à ses voisins. Un prêtre commença à psalmodier des versets d'une voix monocorde. Dirigée par un homme avec une baguette, la foule répondait en écho. C'était beau, c'était envoûtant.

Puis, un terrible grondement fit trembler les cieux. Je levai les yeux et vis le pâle bas-ventre d'un jumbo-jet sur le point d'atterrir, penchant très bas son aile en direction de l'aéroport, un kilomètre plus loin. Le chœur des voix fut enterré par le rugissement de l'avion, les gens déroutés regardèrent en l'air et les voix perdirent leur harmonie. La magie de Spiridion, qui avait un jour fait fuir les Siciliens, les Catalans et les Turcs, était sans effet contre les nouvelles cohortes d'Anglo-Saxons, de Romains et de Teutons. On avait l'impression que les Corfiotes ne pouvaient plus compter sur l'aide de leur saint patron.

Mais pourquoi l'auraient-ils pu? En louant leur plage bénie des dieux et en livrant par le fait même leur âme au commerce et au tourisme, ils avaient consenti à cette dernière invasion.

CHAPITRE IX

Croisière dans les eaux grises

Marco Polo et moi – Le benjamin de la croisière – Où je me remplis la panse – Pourquoi les écrivains aiment une bonne croisière – Coincé avec Marv au premier service du dîner – Œufs à la florentine et Dubrovnik – L'importance de la bonne condition physique en mer – Les premières croisières – « Le K-Mart des Antilles » – Un tour sur le pont – « J'espère qu'il n'y a personne de Greenpeace ! » – Un accès de mal de mer – Le spectacle folklorique philippin – Cent dollars par mois et Dramamine à volonté – Pris pour un terroriste – Sarcasmes à Éphèse – Les repas gratuits, c'est fini

LE MARCO POLO ressemblait à ce à quoi un bateau doit ressembler : il était fait pour être mis dans une bouteille. Il était amarré à l'autre bout de la Stazione Marittima de Venise. Plus long et plus soigné que ce à quoi je m'attendais, il s'enfonçait dans l'eau, avec une seule cheminée rayée et une proue pointée légèrement recourbée évoquant un sabot hollandais ou un cimeterre turc. Les radars « bulles » ajoutaient une touche fantastique, comme si une paire de montgolfières planaient en permanence au-dessus du pont. Sa coque bleu marine me plut particulièrement, rappelant que, même s'il baignait actuellement dans l'eau tiède de la Méditerranée, le *Marco Polo* s'aventurait parfois dans celle, glaciale, de l'Arctique et des fjords norvégiens. Il ne ressemblait pas à ces bateaux de croisière des Antilles qui flirtaient avec les stations balnéaires dans leur livrée tropicale toute blanche. Perpétuellement vêtus de blanc estival, ces navires immaculés n'auraient jamais l'âme bien trempée des vaisseaux qui ont fait leurs preuves dans les eaux hivernales de l'Atlantique Nord.

J'attendis en ligne dans une salle caverneuse au plafond haut, mon passeport à la main, avec une centaine d'autres passagers. Sauf, peut-être, le douanier italien, j'étais la plus jeune personne dans la salle – même si nous n'étions ni l'un ni l'autre particulièrement jeunes. Après ce bain de dévergondage estudiantin à Corfou, j'avais hâte de passer une semaine en compagnie de mes aînés : des gens avec des habitudes régulières, qui privilégiaient des valeurs telles que la sobriété, la retenue, l'art de la conversation – et qui étaient, comme je l'appris, des entremetteurs pathologiques. À côté de moi, un Pennsylvanien de taille élevée, à l'air patricien, âgé d'une soixantaine d'années, causait avec un Torontois courtaud affligé de strabisme qui tenait une pipe éteinte.

« Avez-vous remarqué, demanda l'Américain, tous ces champs de céréales que nous avons survolés ? À votre avis, que fait-on surtout pousser ici à Venise ?

– Des touristes », rétorqua le Canadien. En m'entendant pouffer de rire, il me regarda de haut en bas – surtout de haut – et esquissa un vague sourire.

« Un jeune homme, hein ? Ne vous en faites pas, nous allons vous trouver une fille. J'en ai déjà aperçu une de votre âge. Elle fera la croisière avec nous. »

La femme de l'Américain se pencha vers moi. « Nous avons trois filles. Celle du milieu est libre, si vous êtes intéressé. Elle habite à Manhattan. »

Je devais m'attendre à être immédiatement classé comme un parti acceptable. Dans ce genre de situation, les mâles sans attache sont considérés comme des particules volatiles, des protons solitaires que n'importe quel neutron de passage peut invalider afin de restaurer l'équilibre prévalant de l'occupation double.

Je n'avais pas particulièrement envie d'entendre ça. En vérité, ma blonde me manquait cruellement. J'avais rencontré

Karen neuf mois seulement avant d'entreprendre ce voyage. Elle était danseuse, elle travaillait à Ottawa, une ville qui se trouvait à deux heures – sur une morne autoroute – de chez moi, à Montréal. Avec mon tempérament de voyageur, rien d'étonnant à ce que je me sois embarqué dans une relation à distance, composée de dramatiques séparations le dimanche après-midi, d'ennui toute la semaine et d'euphoriques retrouvailles le vendredi soir dans des gares d'autobus et de trains. J'en avais assez de ce modèle. Tout en comprenant que ce voyage exigerait des mois de recherche, Karen m'avait encouragé à l'entreprendre. À présent, après plus de quatre mois sur la route, nous avions de la difficulté à affronter la séparation. Karen canalisait sa frustration dans sa chorégraphie et dans un journal qu'elle promettait de me faire lire à mon retour. Je combattais l'ennui en essayant de rester ouvert et curieux, mais, depuis quelque temps, je remarquais que mon regard s'attardait trop longtemps sur les belles routardes. Ne voulant pas que cette relation meure d'inanition, j'avais consommé des douzaines de cartes d'appel et dépensé une fortune dans les cafés Internet pour garder le contact. Je confiai à Karen que je n'attendais plus que de mettre fin à l'attente et je suggérai que nous vivions ensemble à mon retour. L'idée lui plaisait, mais, à un téléphone payant près de la mer Ionienne éclaboussée de soleil, je reconnus dans sa voix le froid de l'hiver canadien qui approchait.

«Reviens vite», me dit-elle. Je voulais revenir, tout de suite.

À EN JUGER par le nombre de têtes blanches qui grouillaient devant le *Marco Polo*, la tentation ne risquait pas d'être un problème pendant ce segment de mon périple. En montant à bord du bateau, j'allais abaisser la moyenne d'âge des passagers d'environ six mois.

Vue de près, la coque, qui paraissait s'élever de l'eau à angles droits, était toute bosselée, suggérant de dures nuits à frôler les rochers au large de Terre-Neuve. Dans la file d'attente, je scrutai le bastingage pour vérifier qu'aucun corbeau croassant, qu'aucune pie piaillante ne s'y était posée – le pire présage, à l'époque romaine – et je m'assurai avec appréhension que personne n'éternuait sur la passerelle, un autre augure catastrophique pour les anciens marins. Le second, un Anglais costaud au crâne rasé et aux avant-bras tatoués, nous dirigea vers la poterne, et, après être passé à travers un détecteur de métal, je reçus une « carte de croisière » qu'il fallait montrer lorsque je reviendrais à bord ou débarquerais du navire. Un steward m'accompagna à ma cabine sur le pont principal, le quatrième des huit ponts de passagers. Je laissai tomber mon sac de voyage sur le lit et je sortis. J'aurais une semaine pour faire connaissance avec ma cabine. Mais Venise, nous la quitterions le lendemain après-midi.

J'avais découvert le *Marco Polo* à Rome, dans un café Internet. Tandis que je parcourais le réseau à la recherche d'une traversée par voie de mer depuis la Grèce vers l'est, j'étais tombé sur le site web d'Orient Lines, une compagnie de croisière de deux navires. Le *Marco Polo* allait dans ma direction : suivant la route de celui dont il portait le nom vers la côte dalmate et contournant la croupe de la Grèce continentale, il naviguerait entre les îles de la mer Égée et le long de la côte turque avant de se diriger vers Istanbul, à la lisière de l'Asie, par les Dardanelles. J'avais réservé l'« Odyssée vénitienne » avec ma carte de crédit et je m'étais résigné à briser l'unité classique de mon voyage en revenant légèrement sur mes pas, en Italie. De Corfou, j'avais subi une nouvelle traversée sur le pont de l'*Ouranos*, je m'étais débarbouillé dans un lavabo de la gare de Brindisi et j'avais somnolé dans le train de nuit qui faisait le long trajet jusqu'à Venise. La majorité des passagers du *Marco Polo* avaient volé depuis l'Angleterre ou les États-Unis et avaient un même air débraillé. Les attraits de Venise ne pouvaient être niés, pourtant le bateau qui s'éloignait derrière la poupe de notre navire était bondé jusqu'aux plats-bords de passagers en proie au décalage horaire, euphoriques d'être sur la lagune. Le jour où je serai trop épuisé pour plonger dans le labyrinthe vénitien, je saurai que le moment est venu d'avaler mon passeport.

Je passai la journée à rôder autour des canaux et je revins au *Marco Polo* sur la dernière embarcation, dormant du sommeil du voyageur exténué assuré de trouver des chocolats sur son oreiller – le même oreiller – les six prochaines nuits. Le lendemain matin, je retournai à la ville et me perdis dans le labyrinthe – style M. C. Escher – de ponts et d'escaliers. Avec une population de 70 000 habitants, la Venise d'aujourd'hui ne compte plus que le tiers des habitants de son âge d'or, la Renaissance. À moins que, évidemment, on ne tienne compte des 12 millions de touristes – 170 visiteurs pour chaque Vénitien – qui envahissent chaque année ses canaux et ses *piazze*.

J'avais envie de compter chacun d'eux, en particulier ceux qui se tenaient entre moi et la place Saint-Marc. Je demandai l'heure à un passant et je m'aperçus qu'il ne me restait que 15 minutes pour monter dans le dernier canot automobile avant le départ du *Marco Polo* à 13 heures. Tout alla bien jusqu'à ce que je traverse le pont bossu Accademia, où je me retrouvai coincé au milieu de centaines de touristes – leurs manteaux portaient le logo d'un autre navire de croisière – qui avançaient à pas de tortue devant une ruelle entre de longs édifices. Tenant des parapluies jaunes en l'air, leurs guides les faisaient passer en file indienne dans une petite rue pas plus large qu'un sentier de chèvres. J'avais beau faire des courbettes devant la rivière paresseuse de têtes grises qui s'étirait en serpentant et dont la fin se perdait plusieurs ponts plus loin, je désespérais d'arriver à temps pour prendre la dernière embarcation. C'est alors que trois hommes d'affaires italiens en complets aux épaules rembourrées surgirent derrière moi d'un pas déterminé. Avec un sans-gêne accompli, ils se frayèrent un chemin en jouant du coude. « *Permesso* », marmonnaient-ils pour la forme. Je leur emboîtai le pas, jouai à l'ambulancier dans des ruelles interreliées et finis par me retrouver dans la relative liberté de mouvement de la place Saint-Marc. Faisant fuir les pigeons sur mon passage, j'arrivai au canot automobile une minute avant le départ.

Sur le *Marco Polo*, une annonce nous parvint du pont : « Il nous manque une cabine, M. et Mme Bankers, de la cabine 456. Nous appareillerons aussitôt que M. et Mme *Bankers* – l'annonceur cracha le nom avec une rectitude toute scandinave – seront montés à bord. » Je marchai vers le pont promenade à l'arrière du navire. Le soleil brûlait à travers le brouillard de la fin de l'avant-midi et la ville était enveloppée dans une brume luminescente jaunâtre. Les six musiciens de l'orchestre Amar, vêtus de blanc, entonnèrent une version ragtime d'*Anchors Aweigh*, la sirène du bateau retentit et le *Marco Polo* quitta le quai avec une petite saccade.

Je sentis qu'on me donnait un coup au bas du dos. « La bourse ou la vie ! » dit une voix derrière moi.

Je me retournai : l'entremetteur canadien avait fiché sa pipe dans mon dos. Jerry était un illustrateur pigiste qui avait dessiné la couverture de plus de 200 romans d'amour Harlequin. Je lui demandai s'il allait participer à certaines des excursions à terre.

« On a réservé pour cet endroit turc, dit-il. J'oublie toujours le nom.

– Éphèse ? suggérai-je.

– *Gesundheit !* répondit-il. Non, je blaguais, c'est bien là. Je n'ai jamais entendu personne dire quoi que ce soit de négatif à son sujet. »

Appuyés au bastingage, nous regardâmes défiler les plages du Lido avec leurs hôtels de douairières, puis le *Marco Polo* se mit à voguer dans l'Adriatique. J'étais content d'être en route : bien qu'elle fût une ville agréable, Venise était une distraction. Dans une croisière moderne, c'est le bateau qui compte et non pas les escales. Notre destination était peut-être Istanbul, en principe, mais, en réalité, c'était le *Marco Polo* lui-même et je comptais bien profiter de ce qu'il offrait.

« À présent, passons aux choses sérieuses, dit Jerry en donnant un coup de coude amical dans mes maigres côtes. *Manger*, je veux dire. »

Jerry comprenait. Il était pigiste, lui aussi.

UN BATEAU DE CROISIÈRE est la maison rêvée d'un écrivain ambulant. Les fastidieux problèmes alimentaires – se creuser la tête pour trouver un petit-déjeuner calorique, chercher, souffrant d'une migraine, quelque chose à se mettre sous la dent le midi, faire, le soir, le tour de restaurants bondés à la recherche d'une table solo – étaient résolus par les deux salles à manger du *Marco Polo* et les repas légers servis aux cabines. Il y avait une bibliothèque remplie de guides et de récits de voyage et, sur le pont supérieur, une banque d'ordinateurs offrant un accès permanent à Internet. Pour les périodes de panne d'inspiration, il y avait des centaines de mètres de bastingage bien astiqué, le lieu idéal où contempler l'horizon à la recherche du *mot juste**. Si l'envie m'en prenait, je pouvais rassembler le matériel nécessaire à une plongée torturée au fond de mon abysse personnel en fréquentant le bar, poursuivre mon idylle avec les thèmes dostoïevskiens au casino où, le dos bien droit, des Philippines en veston et nœud papillon attendaient ma ruine. Si je me retrouvais à court d'idées, je pouvais explorer les drames humains des 545 autres passagers et 325 membres de l'équipage. Si je me sentais antisocial, je pouvais cultiver ma Vie Intérieure Supérieure en me retirant dans ma cabine pour mettre mon journal intime à jour. Le *Marco Polo* était comme une retraite d'écrivains sans la rivalité professionnelle, une retraite où le paysage changeait au même rythme que les serviettes.

Depuis longtemps, les écrivains sont charmés par les possibilités littéraires offertes par le voyage en mer. La première véritable croisière en paquebot – par comparaison avec la traversée transatlantique à des fins précises – eut probablement lieu en 1844, lorsque la nouvelle Peninsular and Oriental Steam Navigation Company, la même P & O qui possède à présent Princess Cruises, envoya le paquebot *Lady Mary Wood* de Southampton à l'Égypte. Le romancier William Makepeace Thackeray avait accepté d'écrire un compte rendu de son voyage en échange d'une place gratuite sur le navire. Il fit paraître *Notes on a Journey from Cornhill to Grand Cairo* sous le pseudonyme de Michael Angelo Titmarsh. Dans le récit de

Thackeray, le chauvinisme victorien et l'arrogance désabusée prévalaient; l'étranger était analysé et jugé insuffisant. Thackeray avait étudié les classiques sans enthousiasme et il semblait avoir une dent contre les Grecs: « Je jure solennellement que je préférerais encore avoir deux cents par année à Fleet Street qu'être le roi des Grecs... ce lieu est encore plus minable que l'Irlande, et ce n'est pas peu dire. » Il dédaignait le teint des Méditerranéennes: « On peut bien parler de beauté, mais porteriez-vous une fleur qui aurait été trempée dans un pot de graisse? Non; donnez-moi une rose du Somersetshire, fraîche, saine, aux pétales humides de rosée, et non pas une de ces superbes fleurs exotiques voyantes et malsaines, qui ne sont bonnes qu'à inspirer des poèmes. » Comme il devait « chanter pour sa pitance », Thackeray se déclara emballé par l'expérience de la croisière: « Ce fut si facile, si charmant, et profitable, je crois – cela nous laisse une foule de souvenirs agréables... Je recommande fortement à tous ceux qui en ont le temps et les moyens de faire ce genre de voyage. »

Pendant le demi-siècle qui suivit, la croisière représentait l'exception à la règle de la traversée transatlantique pour affaires. En 1867, Mark Twain se rendit de New York à la Terre sainte – le premier voyage américain de ce genre, également aux frais de la princesse – et il manifesta un engouement similaire. Il fut, comme il se doit, impressionné par le cancan parisien, la beauté des filles de Smyrne et le mystère des pyramides (où il regarda un autre touriste américain escalader le Sphinx armé d'un marteau pour rapporter un fragment de sa face en souvenir). « Si le *Quaker City* levait l'ancre pour refaire exactement la même croisière, ronronna Twain dans *The Innocents Abroad*, rien ne me plairait davantage que d'être un de ses passagers. »

Dès 1883, la Pacific Coast Steamship Company amenait des amateurs de curiosités en Alaska, à Glacier Bay, et, six ans plus tard, le *Chimborazo* et le *Garonne*, paquebots de l'Orient Line qui naviguaient régulièrement en Australie, commencèrent à effectuer des croisières saisonnières vers les fjords de la Norvège. Le premier bateau construit spécialement pour les croisières est apparu avec le siècle, lorsque Hamburg-Amerika lança le *Prinzessin Victoria Luise*, un petit vaisseau de luxe sur lequel on trouvait notamment une cabine privée pour le Kaiser. Ce bateau, un précurseur, doté de suites comprenant boudoir et salle de bains complète, fit naufrage sur un récif au large de la Jamaïque en 1906. Les navires de croisière construits exprès resteraient assez rares jusqu'à l'invasion des gigantesques vaisseaux des Antilles dans les années 1970.

Le *Marco Polo* était représentatif du genre de navire sur lequel les gens ont navigué pendant la plus grande partie du XXe siècle. Baptisé par les Soviétiques en Allemagne de l'Est en 1965 sous le nom d'*Alexandr Pushkin*, il fut construit pour naviguer entre les blocs de glace et il effectua régulièrement la traversée transatlantique de Montréal à Leningrad (on prétendit que les Russes s'en servaient comme d'un bateau-espion sur le Saint-Laurent, une hypothèse moins farfelue qu'on pourrait le croire). Un entrepreneur britannique du nom de Gerry Herrod l'acheta de la Baltic Shipping Company, le fit vider et allonger dans un chantier naval grec et le relança sous le nom de *Marco Polo* en 1993. Racheté depuis peu (avec son jumeau, le *Crown Odyssey*) par Norwegian Cruise Lines, on lui donna comme capitaine un vétéran de la marine marchande suédoise qui avait commandé le yacht privé de l'Agha Khan.

Après avoir englouti deux assiettées de vivaneau grillé, de saumon fumé, de ratatouille et une pointe de tarte aux pommes, j'allai me promener à l'intérieur, sur le long pont promenade à plafond bas. Le magasin, qui vendait des vidéos-souvenirs et des bibelots hors de prix en verre de Murano, s'appelait « La Boutique » ; l'antre de jeu, où trois fumeuses à la chaîne étaient déjà plantées devant les machines à sous, s'appelait « Le Casino » et le minuscule bar s'appelait « Le Bar ». (Les articles français ampoulés – inexplicable francophilie sur un navire scandinave portant le nom d'un explorateur italien – s'arrêtaient brusquement à la *bibliothèque** du bateau qui s'appelait tout simplement « The Library ».)

Au bureau du commissaire de bord, un jeune marin en uniforme de la compagnie, chaussé de baskets rayés, tenait le compte des balles de golf lancées par un groupe de femmes d'âge mûr dans l'allée qui roulait doucement. Contrairement aux mégavaisseaux actuels, le *Marco Polo* n'était pas un « centre commercial des Amériques » flottant. Un peu rétro, avec une vague connotation Art déco, il avait des ponts de teck, des bastingages vernis et un profil aquilin rappelant les paquebots de ligne classiques qui traversent l'Atlantique. Certaines des premières excursions, organisées par des compagnies maritimes cherchant des manières d'utiliser leurs paquebots hors saison, furent effectuées sur le *Cleveland* et le *Cincinnati* de la Hamburg-Amerika. Avant la Première Guerre mondiale, ils établirent un précédent en mettant fin à la stratification entre première et troisième classes sur les voyages transatlantiques et créèrent des espaces publics ouverts à tous les passagers sur leurs coûteuses croisières autour du monde.

Au milieu de l'après-midi, après un exercice de sauvetage (au cours duquel je fus réprimandé devant les passagers rassemblés pour avoir négligemment attaché mon gilet de sauvetage), j'allai défaire mes bagages. Ma cabine se trouvait au bout d'un corridor qui semblait interminable, avec un creux notable au milieu du navire, et l'atmosphère « Orson Welles interprète Kafka » était encore aggravée par l'absence de hublot dans ma cabine. Le décor était beau – sous-marin trois étoiles, avec une moquette de couleur rouille, un fauteuil rose entre deux lits jumeaux et une armoire à glace contenant un coffre-fort –, mais, privé des repères que sont le lever et le coucher du soleil, j'avais l'impression d'être un Anthony Perkins affligé de tics dans une étude des rythmes circadiens. Le haut-parleur de la cabine – un machin de renforcement positif à la Skinner suggérant ce que la vie quotidienne pouvait être dans une dictature gouvernée par des hédonistes – n'améliorait rien. L'annonce du premier service du dîner, précédée par une interprétation hésitante de *Roll Out the Barrel* au xylophone, sembla aussi sinistre que les carillons annonçant l'heure des médicaments dans un asile edwardien.

Ce fut avec une certaine appréhension que je descendis au restaurant Seven Seas. En croisière, on mange avec les mêmes commensaux chaque soir et j'avais entendu des histoires de gens qui se seraient coupé la jambe pour éviter le piège du premier service. Je partageai une petite table ronde avec deux couples de l'Oregon – un État, comme on ne cessa de me le répéter, dont la dernière syllabe se prononce *gun* et non pas *gone*. Sherry, qui avait un visage rond, des lunettes de hibou et une opulente crinière de cheveux blonds bouclés, voyageait avec sa mère, Janet, et elles avaient toutes deux hâte d'aller visiter des bijouteries en Grèce. La personnalité dominante de notre tablée était Marvin (« Appelez-moi Marv ! »), un représentant d'agence immobilière dans la soixantaine ; il avait le nez crochu, des manières impatientes et un rire de baudet. Il avait rencontré sa compagne, Suzy, une femme pimpante de 15 ans sa cadette employée dans un Hilton, dans une salle de clavardage Internet. Marv était plein d'entrain et ses passions étaient légion. Il adorait faire la popote et il décrivait avec attendrissement des festins de cuisine du Szechuan et des recettes de bombe Alaska. Il avait fait le tour du monde en bateau et, si l'on se fiait à ses déclarations lapidaires – « La polka, c'est plaisant !... Danser, c'est *plaisant* ! » –, il raffolait de la danse sociale. Je soupçonnai aussi que, sous quelque prétexte anodin, Marv pouvait se révéler un malotru de la pire espèce.

Je préférai Nestor, notre imperturbable serveur philippin, dont le visage plat et le front haut lui donnaient une fugitive ressemblance avec le Dalaï-Lama.

« Je ne veux pas voir un seul morceau de poivron dans mon assiette ! l'avertit Marv. Je suis allergique aux poivrons. Rouges, jaunes, verts, peu importe. Ça me met en état de choc. Et personne n'a envie de me voir en état de choc ! »

Quand Nestor se fut éloigné, je demandai à Marv si Susy avait apporté une seringue en cas de choc anaphylactique.

« Je ne suis pas vraiment allergique. C'est juste que j'ai horreur de ça ! » Il fit entendre le braiment qui lui servait de rire. « Et je veux être *foutrement* sûr qu'on ne m'en servira pas ! »

On nous servit du risotto, du saumon en croûte et un *budino* au chocolat fondant couvert de sauce au caramel. Je me remplis joyeusement la panse et, conscient que des jours de vache maigre m'attendaient, je repris de tout.

Ce soir-là, je me retirai tôt dans ma cabine. Au canal de télévision de la croisière, un texte défilant au bas de l'écran indiquait que notre latitude était de 39°50'27" N, notre longitude, de 19°08'90" E et que nous voguions sud-sud-est à une vitesse de 18 nœuds. Je trouvai cette minutie ridiculement réconfortante. Se laisser bercer dans une cabine privée sur un bateau apporte une sorte de satisfaction amniotique, en combinant un mouvement virtuel vers l'inconnu avec le renoncement à toute responsabilité. Je dégustai le chocolat posé sur mon oreiller, puis je sombrai dans un sommeil bienheureux dans ma chambre d'hôtel sismique.

AYANT, PENDANT DES MOIS, tenté de faire durer croissants et café jusqu'au repas du midi, je profitai abondamment du buffet matinal offert sur le *Marco Polo*. « J'adore le petit-déjeuner », dis-je au couple anglais avec qui j'étais assis le lendemain matin. Je commandai des œufs à la florentine, des crêpes, du jus d'orange fraîchement pressé, une portion de pommes de terre rissolées et un bol de muesli.

« Vous devez être américain… », dit la femme en me voyant prendre un *pain au chocolat** et des croissants dans le panier de viennoiseries. Si j'avais porté un imper, j'aurais rempli mes poches de danoises.

« Canadien, marmonnai-je, la bouche pleine. Vous savez, les bûcherons, les *coureurs des bois**. Nous avons besoin de calories. »

Ils rayonnèrent en apprenant que je venais des colonies. « Nous sommes venus en bateau de Barcelone, dit l'homme, qui portait un cardigan du genre Andy Capp au camp de vacances. Hier soir, nous étions assis avec des Américains. Ils étaient ivres morts. C'est à peine s'ils ont été capables de se lever à la fin du dîner.

– Oh ! Ils étaient sympathiques, protesta sa femme. Ce sont certains de *nos* compatriotes que je digère mal.

– Tu as raison. Il y a trop de ce que nous appelons des "colonels de bar" à bord. Ils n'étaient probablement que de simples soldats dans l'armée. Mais ils traitent tout le monde de haut et débattent de la politique mondiale comme s'ils étaient des experts. Et ils veulent se faire servir comme des princes par les Philippins. J'ai vu un type qui avait laissé tomber sa serviette d'une chaise sur le pont. Il n'a pas bronché. Il a attendu qu'un garçon de cabine vienne la ramasser et la lui tende. »

Je mangeai avec un couple différent chaque matin. Ils venaient tous d'une petite ville anglaise, ils étaient tous âgés et se plaignaient tous pour des vétilles, de sorte qu'à la fin de la croisière ils s'étaient fondus en un filet lent que je percevais de façon floue, me distrayant vaguement de mes efforts pour consommer tous les plats inscrits au menu.

Après le petit-déjeuner, en levant les yeux de mon journal, je m'aperçus que nous accostions à Dubrovnik. Un autre cadeau de la vie. Le soleil brillait et, accoudé au bastingage, je constatai que nous passions à côté d'un pont complètement suspendu, sauf au milieu où il y avait un trou minuscule, qui reliait deux flancs de coteau escarpés.

Comme je m'attendais à trouver la Croatie peuplée de paysannes rabougries attifées comme des babouchkas, je fus étonné de partager les rues avec des hommes d'affaires élégants qui coursaient dans des Saab et des BMW rutilantes. Les murs de pierre grise étaient parsemés de trous de shrapnel, de touffes de cactus et d'antennes paraboliques. Je fis le tour des remparts de la ville en regardant, plus bas, les toits orangés en tuiles imbriquées qui s'entassaient jusqu'au demi-cercle d'un fort qui encadrait partiellement le vieux port. À l'intérieur des murs, la ville formait une petite grille de quelques dizaines de rues submergées par les passagers de la croisière. Par une barbacane sur les remparts, je regardai les envahisseurs se presser dans les petites rues, plus intéressés par les autres touristes que par les Croates, semblables aux fourmis des fourmilières avoisinantes grouillant sur la même nappe de pique-nique.

Pendant quelques heures, les rues de Dubrovnik furent surtout peuplées par les passagers du bateau. Peu de temps après, nous étions tous repartis. Il était difficile d'imaginer quel avantage les Croates avaient bien pu retirer de notre passage en coup de vent. Comme la plupart des gens avaient opté pour la visite à pied et le spectacle folklorique, il n'était plus resté de temps pour acheter des souvenirs locaux, sans même parler de manger dans un restaurant. La seule contribution que nous avions l'air d'apporter à l'économie de la ville était la congestion. (Ce n'était pas tout à fait vrai. Au souper le lendemain soir, Sherry me raconta qu'un passager du *Marco Polo* avait transféré un portefeuille contenant 250 dollars de sa poche arrière au sac qu'il portait à l'épaule et que, à la suite d'une bousculade dans une rue étroite, le sac avait été lacéré et vidé de son contenu.)

De retour au quai, les éventaires offrant les produits de l'artisanat traditionnel de la côte dalmate, tels que des « Céramiques peintes à la main » et des « Aimants de frigo » à rapporter en souvenir, furent ignorés par les passagers. Une fois à bord, je me dirigeai directement vers le buffet et créai une impressionnante sculpture de spanakopita, de sole panée, de salade niçoise, de mahi-mahi grillé et de sushis sur la plus grande assiette que je pus trouver. Me promenant sur le pont arrière, j'observai un homme étrange qui avait les traits d'un singe nu et intelligent, sans graisse corporelle, debout devant le bastingage à filmer la côte qui défilait.

Je vis un type qui avait l'air sympa et lui demandai s'il y avait de la place à sa table. Il sourit en me montrant ses dents de lapin et m'invita à prendre place. Il s'appelait Bob, il venait de Virginie où il travaillait comme styliste d'intérieur. Nos salutations furent étouffées lorsque l'orchestre entonna *Bye Bye Love*. Voir les musiciens avec leurs verres fumés et leurs chemises hawaïennes suffisait à nous convaincre qu'Européens de l'Est et tenue tropicale ne feraient jamais bon ménage. Midge, la femme de Bob, fit son apparition, une femme maigre et pâle qui gérait une librairie universitaire. Elle grimaça en entendant le Teddy's Group attaquer une nouvelle chanson.

«Ce serait encore supportable si, au moins, ils savaient parler anglais. Mais *The Girl from* Country *Down*? Faut pas charrier!»

Tandis que nous voguions devant une côte idyllique – anses isolées, villas et flancs de coteau rocheux surmontés de croix, bordés de pins –, Bob n'avait pas l'air de vouloir se plaindre. «Si, l'an passé, quelqu'un m'avait dit que je dînerais sur la côte croate en écoutant une chanteuse polonaise sur un bateau qui bat pavillon des Bahamas, je l'aurais traité de fou. Mais je suis aux anges!»

Midge contemplait la piscine d'un air absent, une piscine dans laquelle même une équipe olympique de Lilliputiens aurait été incapable de faire des longueurs.

«Qui peut bien avoir envie de nager? se demanda Midge à voix haute. La piscine est au beau milieu du pont du déjeuner. Et les passagers ne sont pas exactement des Adonis et des Vénus.»

En entendant cette remarque, je m'excusai pour aller à la recherche du gym. Passant devant les chaises de pont et les jacuzzis sur le pont supérieur où ceux qui prenaient le soleil étaient déjà plongés dans leurs romans de Colin Dexter et de Joanna Trollope en format de poche, je vis des hommes au gros ventre blanc et aux mollets glabres striés de veines. Des femmes aux cuisses en fromage cottage persistaient à faire rôtir une peau déjà plissée par des décennies de séances de bronzage. Tout ce beau monde avait les coudes parcheminés et des poils qui poussaient à des endroits incongrus. Un bateau de croisière offre des leçons de choses sur ce qui arrive aux corps négligés depuis trop longtemps. Quand j'eus trouvé le gym, je sautai sur un tapis de jogging et je m'entraînai avec conviction pendant une demi-heure. L'instructeur écossais essaya de me convaincre de m'inscrire au cours de conditionnement physique total, mais je préférai l'haltérophilie. (Je ne fus pas surpris de voir le singe vidéographe, qui avait enfilé un collant de vélo, cabrioler avec le groupe féminin de danse aérobique.) Il n'y avait pas un vaste choix de poids, mais je fouillai aux alentours et trouvai des haltères plus sérieux cachés dans le coffre de bois.

« Hum, dit l'instructeur, normalement, nous ne laissons pas les passagers utiliser ces poids. Ils sont réservés aux membres de l'équipage. Ils viennent au gym après 20 heures. » Je l'assurai que j'assumais tous les risques. Pour moi, c'était là une preuve supplémentaire du fossé de plus en plus profond qui se creusait entre les Élois douillets et les Morlocks qui les attaquaient.

On glissa sous ma porte la photocopie du programme pour me rappeler que nous allions passer les prochaines trente-six heures à contourner la Grèce continentale. Je m'appropriai une chaise de pont et j'envisageai avec un véritable plaisir la perspective d'une journée et demie en mer. Je ne m'étais pas attendu à autant apprécier la croisière. Pour un auteur de récits de voyage, la combinaison de loisir facile et de mouvement dirigé représentait la formule idéale du sybaritisme moralement acceptable – comme faire l'amour l'après-midi pendant que son linge sèche au sous-sol. C'était, en fait, étonnant que l'industrie du tourisme ait mis tout ce temps à le comprendre.

Les transatlantiques ont fait la plus grande partie de leurs profits avec les immigrants, entassés à six ou huit par cabine dans l'entrepont (la partie du navire la plus près de la salle des machines), tandis que les salons et les salles de bal de la première classe sous-peuplée occupaient une énorme partie de l'espace sur les ponts. Lorsque la prohibition fut proclamée aux États-Unis en 1920, les Américains commencèrent à faire des croisières d'une nuit « vers nulle part » sur des bateaux qui allaient se balader dans les eaux internationales pour permettre aux passagers de boire en toute impunité. Bientôt, des « croisières pour buveurs », d'une durée d'une semaine, amenèrent leurs passagers jusqu'à Nassau, La Havane ou aux Bermudes. Dans les années 1920, l'Italian Line inaugura des piscines extérieures sur le *Rex* et le *Conte di Savoia* qui faisaient la traversée de New York à l'Italie. L'air conditionné remplaça les ventilateurs – en 1935, l'*Orion* de l'Orient Line fut le premier navire à offrir une salle à manger à atmosphère contrôlée et des « suites » de luxe climatisées –, rendant ainsi les croisières tropicales possibles toute l'année. Au cours de croisières exceptionnelles – voyages autour du monde ou traversées de « mise en place » pour inaugurer de nouveaux paquebots –, on abolit souvent le système des classes et les espaces ouverts furent offerts à tous les passagers.

Même alors, la majorité des croisières étaient de facto de première classe. Evelyn Waugh effectua ce genre de croisière à bord du *Stella Polaris* en 1929, poursuivant cette vénérable tradition consistant à pondre un bouquin en échange d'un billet gratuit. (Je remarquai que Waugh appréciait, lui aussi, la bonne chère. Dans *Labels : A Mediterranean Journal*, il s'attarde avec complaisance sur le buffet de 13 heures, « où abondaient toutes sortes de mets scandinaves, saumon et anguilles fumés, venaison, tourtes au foie, gibier froid, viandes et poissons, saucisses, salades variées, œufs en sauce, asperges froides, le tout dans une profusion presque déconcertante ». Le vaisseau norvégien à bord duquel Waugh était monté était un petit navire conçu selon le modèle des yachts privés de luxe. Le premier grand vaisseau construit spécialement pour les croisières fut le *Caronia* (1948) des lignes Cunard; il était si luxueux que sa clientèle était presque exclusivement constituée de millionnaires et de leurs proches.

Paradoxalement, la révolution du jet provoqua le boom des croisières. Au milieu des années 1960, cela coûtait moins cher de traverser l'Atlantique en avion, en classe économique, et des dizaines de palaces flottants devinrent superflus. Ceux qui ne furent pas envoyés à la ferraille furent convertis en bateaux de croisière à plein temps dans les mers tropicales. En 1966, Knut Kloster, un entrepreneur norvégien, s'associa à un homme d'affaires d'origine israélienne du nom de Ted Arison pour lancer le *Sunward*, le premier d'une nouvelle génération de bateaux de croisière en eau chaude. De forme effilée, évoquant un gâteau de noces avec ses colonnes de cheminée et ses étages de ponts, le *Sunward* immaculé fut un pionnier dans l'industrie du voyage maritime géographiquement inutile.

En 1971, Arison fonda Carnival Cruise Lines, une compagnie spécialisée dans les voyages d'une semaine aux Antilles.

Sa publicité mettait l'accent sur le bateau plutôt que sur les îles elles-mêmes. Il inaugura les casinos à bord et les activités familiales organisées jadis pour tuer l'ennui – courses des œufs et des cuillers, par exemple – furent remplacées par une ambiance festive de style Las Vegas. Tourné en ridicule comme le K-Mart des Antilles, Carnival déclencha néanmoins une révolution en faisant passer de New York à Miami le centre de gravité de l'industrie. Grâce au concept « vol-croisière » (sur mon bateau, de nombreux passagers avaient volé gratuitement jusqu'à Venise), les compagnies aériennes furent intégrées dans les services offerts par leurs anciens concurrents. Avec ce changement carnavalesque – une inversion du vieux système de classes –, des Nord-Américains de la classe ouvrière pouvaient se permettre de se faire choyer comme les nababs que leurs ancêtres immigrants apercevaient depuis l'entrepont.

« Nous avons fait une croisière aux Bermudes sur l'un de ces mégabateaux, me confia Midge un jour, au repas du midi. C'était terrible.

– Ils essayaient de nous forcer à nous amuser, renchérit Bob. Il y avait toute cette histoire à propos d'un stupide cheval de course qui avait été kidnappé et on n'arrêtait pas de nous en donner des nouvelles. Ça a duré pendant des jours. Ils passaient leur temps à venir à notre table pour nous faire chanter, qu'on le veuille ou non… C'était une croisière assez longue, de New York aux Bermudes, continua-t-il. Fondamentalement, il n'y avait rien à faire, aucune escale. Les gens mangeaient et buvaient, un point, c'est tout. Je me rappelle quand nous nous sommes approchés de New York le dernier jour. Le soleil se couchait, c'était une soirée splendide, on voyait la statue de la Liberté et tout. Et les gens avaient le nez dans leur assiette, ils s'empiffraient.

– Terrible, approuvai-je, tout simplement terrible. » Puis, je m'excusai pour me rendre à la table des desserts. J'avais remarqué qu'on venait de retirer le chariot des *gelati*.

Si j'en jugeais par les autres types de croisière, j'étais satisfait de mon choix. Collet monté, le *Marco Polo* offrait une variété de divertissements allant des cours de cha-cha aux soirées de scrabble. J'allai faire un tour sur le pont avec Bob et Midge. Le second, un Croate à la voix douce qui répondait au nom de Davor, expliquait le fonctionnement du navire à un groupe formé surtout de Britanniques.

« Qui conduit le bateau ? se crut obligé de demander un vieillard avec un appareil auditif. Sûrement pas ce type ? » ajouta-t-il en pointant le doigt vers un petit Philippin en tee-shirt debout devant ce qui ressemblait au volant d'une Honda Civic.

« Oui, c'est lui qui gouverne. Il s'entraîne, répondit Davor. Il y a toujours deux marins expérimentés sur le pont. » Il se tordit le cou pour localiser le deuxième et, n'y parvenant pas, il haussa les épaules.

Davor expliqua que le *Marco Polo* avait une quille longue, deux hélices actionnées par deux moteurs distincts et une double coque certifiée à l'épreuve de la glace. Je faillis appuyer sur un gigantesque bouton rouge « Abandonner le navire » et je constatai que tout ce qui se trouvait sur le pont évoquait un jeu de Pong high-tech, avec des écrans de radar circulaires sur lesquels les navires proches étaient des points verts. L'unique concession faite au XXIᵉ siècle était un système suédois de navigation par satellite dernier cri qui, comme nous le dit Davor, indiquait notre position en temps réel par rapport aux masses terrestres à proximité. Pour une raison quelconque, il montrait en plan rapproché les rives du Mersey à Liverpool. Un peu déconcerté, je demandai à Davor si le *Marco Polo* avait déjà été impliqué dans un accident.

« Pas que je sache. Mais c'est vrai que je n'y suis que depuis trois mois. »

Quelqu'un demanda des explications à propos des grandes volutes de suie noire qui s'échappaient du bateau chaque fois que nous manœuvrions pour entrer dans un port ; les cendres avaient tendance à se déposer sur les poitrines enduites de crème solaire – le résultat évoquait des taches de variole.

« J'espère qu'il n'y a personne de Greenpeace ! s'écria Davor. Non, je plaisantais. Cela vient de notre micropropulseur, qui produit beaucoup de fumée. »

En fait, la pollution est l'un des secrets sales de l'industrie de la croisière. Étroitement contrôlé à cause des voyages qu'il effectue dans l'Antarctique, une région sensible au niveau de l'environnement, le *Marco Polo* avait été, au moment de son radoub, équipé de nouveaux systèmes de triage des déchets solides, de compacteurs et d'incinérateurs, et il était relativement propre. Mais d'autres navires de croisière sont criminels. En une semaine, ce genre de bateau génère 800 000 litres de vidanges, 3,8 millions de litres d'« eau grise » – eau saturée de savon, de shampooing et de détergent, déversée sans traitement dans les océans – et 8 tonnes de déchets. Les 95 000 litres d'eau contaminée d'essence, qu'on est censé traiter au moyen de séparateurs coûteux et dont on doit disposer une fois au port, sont particulièrement inquiétants. Bien que les sièges sociaux de la plupart des compagnies de croisière se trouvent désormais en Floride, les bateaux arborent des pavillons de complaisance et l'application de la législation environnementale au Panama, au Libéria et aux Bahamas est, dans les faits, nulle.

En 1994, la compagnie Royal Caribbean fut l'une des rares à faire l'objet de poursuites pour des délits d'ordre environnemental et elle fut condamnée à payer une amende de 18 millions de dollars pour avoir déversé de l'essence dans le port de San Juan et dans l'Inside Passage en Alaska. Les enquêteurs découvrirent une tuyauterie cachée grâce à laquelle l'essence non traitée pouvait être déversée directement dans l'eau et cette conspiration pour outrepasser les lois antipollution concernait la flotte entière. D'autres compagnies de navigation de croisière ont économisé des millions de dollars par année en rejetant leurs déchets dans les eaux internationales, souvent pendant la nuit. L'eau de cale d'un navire de croisière, l'échouage et la jetée de l'ancre ont également un effet dévastateur sur les fragiles récifs de coraux et les atolls, source d'une grande partie de la biodiversité des océans.

Peu de temps après avoir quitté la péninsule du Péloponnèse, le *Marco Polo* commença à tanguer. J'avais senti un léger roulement sur le tapis de jogging, lequel, étant posé par le travers, me donnait l'impression de monter et de descendre tour à tour, une sensation plus amusante que propre à donner la nausée. Tanguer voulait dire que le navire plongeait le long de sa longitude, dansant comme un hippocampe le nez dans les embruns. Sur le pont promenade ouvert, un groupe d'Anglaises un peu pompettes éclatèrent de rire quand l'écume de la piscine atterrit dans leur margarita.

Midge s'était demandé qui serait assez exhibitionniste pour se baigner dans cette pataugeuse. L'homme-singe voulut se détendre après son cours de danse aérobique et il descendit dans la piscine à l'apogée de la turbulence. (Bien entendu, il portait un Speedo moulant fluorescent.) Lorsque le bateau tangua vers l'avant, l'eau de la piscine se mit à tourbillonner, frappant le mur avant et faisant jaillir un jet d'écume jusqu'aux ponts supérieurs. Tandis que l'homme-singe se faisait ballotter comme une poupée vaudou dans une marmite d'eau bouillante, les femmes poussaient des cris sinistres comme les sorcières dans *Macbeth*. L'espace d'un instant, j'eus peur que le pauvre bougre ne se noie dans moins de deux mètres d'eau. Il finit par se propulser vers l'échelle puis sur le pont.

Dans la situation fâcheuse où nous nous trouvions, le carillon du premier service – *Edelweiss*, cette fois – sonna encore plus lugubrement que d'habitude. Marv, qui semblait avoir un solide estomac, était dans son élément. Goûtant son verre de vin comme s'il s'agissait d'un cérémonial, il répliqua à l'aide-serveur qui lui demandait sa carte de passager avec son habituel : « Ma carte ou ton quatre pour cent ? » suivi de son habituel braiment. Les serveurs n'avaient pas la tâche facile et nous entendions un fracas de verres et d'assiettes cassés tout autour de nous. Mais, comme le tangage venait juste de commencer, nous avions encore bon appétit.

« Bien, expliqua Marv, la Méditerranée est relativement *profonde* comparée à la mer des Antilles et elle n'a pas la réputation d'être trop agitée. C'est une bonne chose qu'il n'y ait pas de roulis. C'est le roulis qui rend les gens *vraiment* malades. »

Je hochai la tête tout en engloutissant mon filet de thon grillé au poivre.

« Et quand le bateau fait une embardée, ce qui veut dire qu'il pivote sur un axe vertical comme s'il était un insecte épinglé, c'est là que les gens se mettent à vomir *sérieusement*. »

Je hochai la tête tout en expédiant mes farfalle au saumon fumé.

Je sortis de la salle à manger et c'est alors que je regrettai d'avoir cru mes entrailles si blindées. Les passagers qui vacillaient dans le corridor se précipitaient maintenant, verts de peur, vers les toilettes. Dans les couloirs, les Nord-Américains préféraient la droite et les Britanniques, la gauche, ce qui conduisait à des politesses à la dernière seconde à un moment où personne ne se sentait particulièrement courtois. Des sacs pour le mal de mer avaient été rangés sous le bastingage, sans doute pour être immédiatement accessibles en cas d'urgence gastrique. Je me rendis au cabaret Ambassador où une poignée de passagers robustes attendaient le spectacle de la soirée.

« Ce soir, le spectacle vous est offert par les fabricants de Dramamine », plaisanta un humoriste mexicano-américain à la bouche sèche, qui fit quelques blagues cannibales avant de se ruer en catastrophe hors de la scène.

Le directeur de la croisière annonça que le spectacle de danse était annulé à cause du risque de blessures. Je rampai jusqu'à ma couchette et ce fut à peu près aussi confortable que si j'étais allongé sur le dos d'un cheval sauvage. J'entendis la passagère de la cabine voisine demander au steward : « Auriez-vous d'autres sacs ? Au cas où je n'aurais pas le temps de me rendre au lavabo. » Je digérais mal, mais je n'avais pas mal au cœur. J'allumai la télévision.

Le film de la soirée s'intitulait *Speed 2*. Il racontait l'histoire d'un mécanicien de bateau qui s'était fait congédier injustement ; il s'attachait des sangles dans le dos en écoutant de l'opéra. Après avoir fait passer clandestinement des bombes à bord dans un sac de golf, il détournait un navire de croisière géant et le faisait naviguer à toute allure dans les Antilles. Un choix bizarre, pensai-je. Comme si l'on faisait passer *Air bagnards* dans un avion au moment où l'appareil entre dans une zone de turbulence. Cette nuit-là, je rêvai que je faisais le tour d'une piscine pleine de vomi avec des chimpanzés caquetants.

LE LENDEMAIN MATIN, sur le pont, je découvris que nous avions jeté l'ancre dans les eaux parfaitement calmes d'une caldera de volcan éteint. Santorin, une île de la mer Égée, est un endroit fascinant où se réveiller. La baie en forme de croissant dans laquelle nous flottions était autrefois un volcan dont le cratère s'effondra en 1645 av. J.-C. détruisant toute la civilisation minoenne. Curieusement, malgré les tremblements de terre ayant causé d'énormes ravages dans la région aussi récemment qu'en 1956, les Grecs modernes continuent à construire sur les bords du cratère. Les hôtels et les résidences de Santorini, aux cannelures aérodynamiques, aux façades blanchies à la chaux, s'accrochent au sommet d'une falaise de 300 mètres de haut comme des nids d'hirondelles cubistes. Cela paraît aussi sensé que de bâtir une subdivision sur un saint-honoré.

Du quai au village, je partageai la cabine du funiculaire avec une femme venue des plaines de Saint Louis, qui se couvrit les yeux pendant tout le trajet. Pointant le doigt vers une petite plaque, je lui dis de ne pas s'inquiéter, le téléphérique avait été fabriqué par des Suisses.

« Mmmm, répondit-elle d'un ton plaintif. Mais ce sont des Grecs qui le font marcher ! »

Je passai la journée à marcher au bord de la caldera, puis je retournai au bateau par la dernière embarcation. Comme j'avais raté le premier service, je me contentai d'un repas solitaire de plusieurs plats au buffet du Raffles, un des restaurants du navire. Ce soir-là, l'activité prévue était un « spectacle folklorique philippin » et je regardai, mortifié, les membres de l'équipage exécuter des reconstitutions de cérémonies traditionnelles. Les Philippins sont réputés pour être des artistes de variétés pleins d'entrain avec un répertoire considérable, mais ils paraissaient raides et maussades en présentant la cérémonie du mariage de Santa Cruz, où des aides-serveurs conduisaient des barmaids coiffées de chapeaux à large bord sous des tonnelles. Ensuite, quatre Philippins avec des moitiés de noix de coco attachées à la poitrine apparurent sur la scène pour présenter une reconstitution de la bataille que musulmans et chrétiens s'étaient livrée pour le résidu de noix de coco et ils produisaient des rythmes syncopés avec les coquilles dans leurs paumes. Mon serveur, Nestor, apparut finalement sur la scène, vêtu d'une longue chemise blanche boutonnée jusqu'au cou. Tandis que des volutes de fumée s'élevaient derrière lui, il joua avec talent quelques airs à la guitare et chanta une chansonnette populaire appelée *Do-Be-Do*. J'applaudis avec enthousiasme.

Si j'avais aimé voir Nestor se défouler, il m'avait toutefois semblé un peu fort que les Philippins soient obligés de parodier leurs propres traditions culturelles pour ces mêmes passagers qui les traitaient comme s'ils étaient des domestiques du XIXe siècle. J'avais été intrigué en entendant parler tagalog dans les corridors et, le lendemain, je bavardai avec un des stewards de cabine. C'était un beau jeune homme originaire d'une ville près de Manille. Selon lui, travailler sur un bateau présentait certains avantages.

« J'adore l'Antarctique, me dit-il. J'y suis allé trois fois. On voit des baleines à bosse, des baleines bleues – elles se frottent contre le bateau pour se débarrasser des anatifes. Il y a des manchots empereurs, très grands. Et des icebergs centenaires, transparents, gros comme des villes. »

Le travail était dur – entre 10 et 13 heures par jour en moyenne, 7 jours sur 7. Je lui demandai combien de temps il restait en mer.

« Dix mois. Ensuite, j'ai 45 jours de vacances, pour voir ma famille. J'ai deux filles. Chaque fois que je les vois, elles sont plus grandes. » La compagnie lui versait un salaire de 100 dollars par mois. « Ça, je l'envoie à ma famille. Je garde les pourboires. »

Plus je me dirigeais vers l'est et plus le Tiers-Monde se profilait. Le revenu moyen par habitant aux Philippines étant de 1000 dollars par année, il doit sembler plutôt avantageux de travailler sur un bateau, logé et nourri, avec la possibilité de gagner des pourboires. Pourtant, les employés des navires de croisière s'endettent en devant payer au moins un mois de salaire aux agents locaux, qui sont également chargés de faire parvenir l'argent aux familles. Bien que la plupart des compagnies de croisière soient basées aux États-Unis, les pavillons de complaisance signifient qu'elles ne sont pas tenues de se conformer aux lois américaines sur le travail ou le salaire minimum. Rares sont celles qui paient plus de deux dollars l'heure. La seule mesure importante entreprise par les travailleurs aux États-Unis aboutit dans une impasse quand, en 1981, les employés de la compagnie Central American se mirent en grève à bord du *Carnival* à Miami. Ils furent arrêtés comme immigrants illégaux et renvoyés chez eux, sans salaire et sans emploi.

Essentiellement, les membres du «personnel hôtelier» d'un bateau de croisière, dont la majorité est originaire de pays comme la Jamaïque, Haïti et l'Indonésie, s'attellent au boulot et font ce qu'on leur dit de faire – obéissant à la fois à leurs collègues plus anciens qui les exploitent et leur volent leurs pourboires, à l'agent tout-puissant ou à la compagnie qui peut mettre fin à leur contrat à une minute de préavis. Les passagers du *Marco Polo* se réjouissaient de l'insouciance des Philippins et de les voir si heureux de travailler en haute mer – puis, ils ajoutaient qu'ils ne leur laisseraient pas de pourboire parce qu'ils ne leur avaient pas apporté leur vin assez vite. Entassés à plusieurs par cabine, trimant pendant des mois comme des esclaves sous les ponts, dans des coqueries ou des buanderies surchauffées, séparés de leurs enfants qui grandissaient sans les connaître... la vie sur un bateau de croisière semblait bien éloignée de l'idylle de départ de la Danse du résidu de noix de coco. Quand on y regardait de près, le navire de croisière devenait de plus en plus un exemple littéral du Quart-Monde – un décor de Premier-Monde avec des poches d'exploitation du Tiers-Monde.

Ah! Mais il n'y a pas de plaisirs innocents. Le lendemain soir, après avoir passé une longue journée à Mykonos – notre escale à Delos avait été annulée à cause d'une mer houleuse –, mes commensaux commencèrent à me tomber sur les nerfs.

« Vous nous avez manqué hier soir au souper, me dit Marv. Mais nous avons surmonté ce contretemps et mangé quand même!» Des particules de moussaka flottèrent dans les airs quand il pouffa de son grand rire d'âne.

Suzy et Sherry comparaient les bijoux qu'elles avaient achetés à Santorini et à Mykonos – la plupart des femmes présentes dans la salle à manger arboraient des pendants d'oreilles et des colliers en or. Quand Nestor apporta une assiette de veau, je le félicitai pour sa performance de la veille. Il esquissa un léger sourire et j'eus l'impression qu'il commençait à rougir.

« C'était notre serveur qui chantait hier soir? dit Marv. Je ne l'avais pas remarqué! Hé! Scoobee-Doo! vociféra-t-il à Nestor qui se penchait sur un plateau de couverts.

– Marv, marmonnai-je. La chanson, c'était *Do-Be-Do*. Et il s'appelle Nestor. »

Marv ne broncha pas. «Scoobee-Doo, approche!» Nestor revint consciencieusement. «Tu fais mieux de t'assurer qu'il n'y a pas de poivrons dans mes pâtes!» dit-il.

Je ne pus résister: «Sans quoi, il y aura une urgence médicale?

– Exact. Je vais lui mettre mon poing dans la figure!»

J'étais heureux de n'avoir plus qu'une soirée à supporter le rire de Marv.

Il devenait plus difficile de considérer ma croisière avec optimisme. À un moment, un aide-serveur qui avait renversé un verre tenta de faire un petit mot d'esprit, disant qu'il n'avait pas encore le pied «tout à fait marin». Un grand sourire philippin illuminait son visage. Dès qu'il se crut hors de vue – dans les coulisses, pour ainsi dire –, son sourire se transforma en une expression revêche, comme si sa propre servilité lui faisait horreur. Le lendemain, après ma séance sur le tapis de jogging, je m'appuyai au bastingage et regardai approcher un garde de sécurité. Oh! me dis-je. Il me prend pour un terroriste. En repensant au film sur le saboteur du bateau de croisière, je me rendis compte que je correspondais parfaitement au profil : j'étais un jeune homme sans beaucoup de bagages, solitaire, évitant les excursions à terre. Pour empirer encore les choses, le mercenaire m'avait vu seul sur le pont supérieur un soir tard, dans un jacuzzi mal éclairé, en train de lire *Le Prince* de Machiavel – comportement des plus louches, en effet.

Mais il avait seulement envie de causer. M'indiquant d'un signe de tête les collines brûlées de soleil à la poupe, puis les collines arides à la proue, il me dit : « La Grèce et la Turquie n'ont pas l'air très différentes. Le même genre de pays, on dirait. Tout est brun… pas d'arbres. »

Il était Népalais, petit et costaud, avec des joues de la couleur des noisetiers brûlés sous une casquette de base-ball blanche. C'était son premier voyage sur le *Marco Polo*. Je lui dis que j'espérais bientôt me rendre dans son pays.

« Ah ! C'est une bonne période pour le visiter. Beaucoup de festivals. Vous allez aimer. Plus d'arbres au Népal. »

Il se dégageait de lui un air de vigilance paisible qui paraissait contraster avec la perpétuelle expression d'anxiété mesquine, obsédée par le fantasme d'une supériorité de classe, qui infectait la désinvolture des passagers. Soudain, je fus heureux d'aller vers l'Orient.

Il semblait approprié d'approcher la frontière de l'Asie sur un bateau de croisière. Dans un sens, c'était l'apothéose du processus de formation de la bulle touristique idéale qui durait depuis un millénaire. Depuis le XIXᵉ siècle, les pays développés n'avaient plus à compter sur un système de classe rigide pour distinguer les quelques privilégiés ayant des loisirs des masses de travailleurs. Les deux classes s'étaient mêlées – les travailleurs nord-américains et européens avaient depuis longtemps les moyens de se payer voitures, appareils de télévision et vacances. De nos jours, la grande division n'est pas nationale – entre les classes dans un même pays –, mais internationale, avec les citoyens bien nourris du Premier-Monde comptant sur les ressources et la main-d'œuvre du Tiers-Monde.

Malheureusement, c'était ce même Tiers-Monde qui semblait posséder une large part de l'Exotique, de l'Authentique, du Traditionnel et du Naturellement Beau. Quelle meilleure façon, après tout, de voir les Antilles, la Thaïlande ou la Turquie que depuis une plateforme géante pouvant s'enfuir à toute allure dans les eaux internationales au moindre signe de problème. En tant que moyen de dissocier le voyageur des réalités économiques du monde, le bateau de croisière était encore plus raffiné que la station balnéaire. Les lieux de vacances en Jamaïque, en République dominicaine et en Indonésie étaient contaminés par des agressions, des soulèvements et un courant palpable de mécontentement chez les indigènes. Séparés de leur terre natale, les employés des bateaux de croisière ne pouvaient même pas revendiquer la force d'indignation morale des envahis. En ce sens, les navires de croisière étaient réellement démocratiques. Ils permettaient à quiconque disposant de revenus suffisants d'acheter une ou deux semaines de féodalité.

Communautés protégées dotées de barres antiroulis, les plus grands de ces vaisseaux représentaient le courant dominant de l'avenir du voyage. Le prolétariat révolutionnaire du XXᵉ siècle avait frappé les palais urbains des tsars. On avait l'impression que la prochaine vague de révolutionnaires devrait utiliser des zodiacs et des hélicoptères pour attraper leurs exploiteurs.

Le dernier cru des navires de croisière était une métaphore limpide de l'orientation que prenait le monde. Le *Marco Polo* en constituait un exemple anodin avec son partage équitable entre les excursions à terre et les activités à bord. L'avenir reposait sur les géants comme l'*Explorer of the Seas* de la Royal Caribbean. Avec des cabines pour 3844 passagers, 10 salles à manger, le plus gros casino flottant, une patinoire de hockey et un centre commercial rempli de boutiques, c'était le plus grand bateau de croisière jamais construit. Éloquemment, plusieurs des hublots des suites donnaient à l'intérieur, vers le pont-promenade – l'expérience était axée sur la croisière plutôt que sur le voyage en mer. Récemment, une organisation appelée ResidenSea avait lancé *The World*, le «premier centre de villégiature océanique de luxe». Ses 110 appartements, dont le prix de location pour cinquante ans pouvait atteindre 10 millions de dollars, étaient le foyer permanent de PDG, gardés par des Gurkhas népalais. Construit en Norvège, enregistré aux Bahamas, *The World* errait sur les mers sans être soumis à des lois nationales et ses résidants étaient libérés de payer des impôts qui auraient pu procurer des programmes sociaux aux plèbes défavorisées qui vivaient à terre. Arrivant pour le Grand Prix de Monaco ou le Festival de Cannes, les industriels naviguant sur le *World* ne seraient jamais affectés par la pollution, la pauvreté et la hausse du niveau de la mer que leurs lucratives entreprises avaient infligées au reste du monde. Avec 10 millions de clients par année, le secteur des croisières, qui offrait un sentiment de sécurité dans un monde où les privilèges arbitraires provoquaient si manifestement la haine, était celui dont la croissance était la plus rapide de toute l'industrie du tourisme.

Un soir, avant le souper, j'entrai dans un ascenseur sur le *Marco Polo*. Un couple obèse avec un accent du Sud prononcé monta avec moi, leur poids faisant faire un soubresaut au petit ascenseur. Au moment où nous sortions, la femme eut une quinte de toux phlegmoneuse.

«Oh! Excusez-moi, dit-elle. Je vous en prie, ne respirez pas. Je viens de prendre un expectorant.»

Voulant faire une petite blague, je répondis: «Ce n'est pas juste – guerre biologique.»

Leur expression se figea aussitôt.

«Vous n'êtes pas drôle», lança-t-elle d'un ton sec. Ils s'éloignèrent de l'ascenseur dans un silence offensé, se dirigeant en droite ligne vers le buffet.

Voilà. Sans humour, paranoïaques et surprivilégiés. Le modèle des futurs citoyens du *World*.

IL ME SUFFISAIT de regarder les choses d'un point de vue légèrement différent pour me laisser tromper par les sourires professionnels des Philippins. Tout compte fait, c'était plus réconfortant de laisser l'illusion telle quelle : nous avions gagné nos loisirs par notre labeur acharné plutôt que par les circonstances géopolitiques d'une naissance sous une bonne étoile, alors que les stewards et les barmaids profitaient d'avantages – voyages illimités, pourboires en devises fortes – qu'ils ne trouveraient jamais chez eux. Parce que cette croisière était, indéniablement, un plaisir. Pendant notre dernière journée en mer, comprenant qu'il n'y aurait plus de cartes « Doux rêves » sur mon couvre-lit, de choix de films en soirée, de repas gratuits, je me sentis envahi de tristesse. Je m'étais empiffré pendant presque une semaine et je savais que, sur la route qui m'attendait, j'allais perdre le peu de poids que j'avais gagné pendant ces quelques jours hors du temps.

Lorsque nous accostâmes à Kuşadasi, je fis ma seule et unique excursion à terre, à Éphèse. Le guide, un Turc de belle prestance et de manières joviales, prit le micro pour faire son baratin.

« Soyez les bienvenus en Turquie ! Aujourd'hui, vous allez voir bien des gens qui vont essayer de vous vendre des choses. Pour les brochures sur Éphèse, il ne faut pas payer plus de deux dollars.

– J'en ai payé trois ! » gronda un Américain.

– Merci de contribuer à l'économie turque, répliqua le guide du tac au tac. Ne vous en faites pas, il m'est arrivé la même chose à New York. »

Lorsque Mark Twain avait visité Éphèse avec les passagers du *Quaker City*, ils s'étaient rendus sur le site à dos d'âne et les visiteurs étaient si rares qu'un représentant du gouvernement avait été délégué de Constantinople pour s'assurer qu'ils ne volaient aucune relique. (« Ils ne peuvent se permettre de courir le risque, expliqua Twain, de voir les voyageurs abuser de leur hospitalité, surtout qu'il est de notoriété publique que les voyageurs méprisent l'honnêteté. ») À notre arrivée, il y avait des dizaines de voyageurs d'au moins quatre bateaux de croisière différents. Armés de pagaies, les guides turcs se disputaient l'espace devant les colonnades de la bibliothèque en ruine.

« Il y a deux mille ans, cet endroit tirait ses principaux revenus du tourisme, commença notre guide, nous donnant ainsi une vision rassurante de la pérennité des choses. Les visiteurs affluaient de partout pour voir le temple de Diane. C'était l'une des Merveilles du monde. Dans les boutiques, on vend des idoles. L'apôtre Paul a vécu trois ans ici. »

Autrefois ville portuaire, Éphèse avait depuis reculé de plusieurs kilomètres à l'intérieur des terres ; les Goths pillèrent la ville au IIIe siècle et la proximité des marais à malaria la dépeupla au XIIe. Nous dûmes faire la queue pour pénétrer dans le théâtre de 25 000 places. Sur le chemin du retour, notre autobus nous déposa devant un magasin où l'on vendait des kilims et on nous poussa à l'intérieur pour acheter des tapis de Turquie.

Ce soir-là, je fis mes adieux à Bob et à Midge, je soupai pour la dernière fois avec Marv et la bande, je tentai d'apaiser ma conscience en glissant des enveloppes remplies de billets verts dans la paume de mon steward, Nestor, et du maître d'hôtel. Le lendemain matin, à mon réveil, je vis une scène dont je rêvais depuis longtemps. Nous entrions dans le port d'Istanbul ; le bateau longeait les coupoles de la Mosquée bleue, étalées comme les tétons d'une truie couchée sur le dos. L'Asie était à tribord, l'Europe à bâbord – j'entreprenais une nouvelle phase de mon périple. Je frissonnai en voyant un corbeau se poser sur le bastingage. Il avait les ailes grises, un bec meurtrier en forme de vrille, idéal pour fourgonner dans la charogne. La dernière fois que j'en avais vu un comme ça, c'était en Inde.

Le dernier jour du voyage, on nous transféra dans un gratte-ciel de gens d'affaires, un hôtel sur la place Taksim. Le segment « croisière » de mon odyssée venait de prendre fin. Sans vraiment m'en apercevoir, j'avais été poussé sur une surface glissante et ensoleillée et dans la réalité revigorante et intimidante des temps modernes à Istanbul. En me rendant au marché de poissons, je tombai sur Jerry qui mâchonnait sa pipe éteinte en attendant l'autobus qui le conduirait à l'aéroport.

« Vous ne m'avez jamais trouvé de femme, Jerry, le grondai-je.

— Ah ! C'est parce que je voyais bien que vous n'en cherchiez pas vraiment une. » L'autobus arriva et il mit ses valises dans le compartiment à bagages. « Vous venez aussi ?

— Non, répondis-je. Je vais en Inde. »

Il eut l'air vraiment déconcerté.

« Mais pourquoi avez-vous envie d'aller *là* ? »

Je n'eus pas le temps de le lui expliquer : il était déjà de l'autre côté de la bulle. La porte de l'autobus se referma en faisant entendre un chuintement pneumatique.

Chapitre X

Shanti Town

Planifier un itinéraire en Afghanistan – L'Asie bon marché – Seinfeld dans l'avion d'Emirates – Extorsion à l'aéroport international de Mumbay – Sur la piste du *Lonely Planet* – Les plats du voyageur à Panaji – « Trustafarians » à Palolem Beach – Le voyage original en Inde – Des touristes hindous me font une démonstration de karaté – *Lassis* spéciaux au bazar Hampi – Un petit doué – Trente-six heures jusqu'à Varanasi – Un mort sur la route du Népal – Par-delà les montagnes avec des randonneurs – Brownies dans Freak Street – La fin de la route à Katmandou

Au bar Orient-Express de l'hôtel Pera Palas d'Istanbul, je commandai un capuccino, puis j'étendis une carte sur ma table, sous la lampe de bronze en forme de Cupidon. Ma prochaine étape serait l'Inde, mais les larges étendues de la Turquie et de l'Iran étaient devant moi et la distance était plus considérable que tout ce que j'avais traversé jusque-là en Europe occidentale. Si nous avions été à la glorieuse époque de la première grande vague d'orientalisme postcolonial, je me serais sans doute rendu en Inde par voie de terre ; à Londres, j'aurais réservé un siège pour la somme de 65 livres – à la fin des années 1960, c'était le prix du voyage dans un autobus bon marché, doté de sièges inclinables. En 1972, Tony et Maureen Wheeler, un couple britannique, achetèrent une minicaravane usagée de marque Austin et atteignirent l'Inde en passant par l'Europe occidentale, les Balkans et l'Iran. Ils revendirent leur véhicule en Afghanistan et poursuivirent leur voyage par autobus, bateau et auto-stop avant d'aboutir, neuf mois plus tard, complètement fauchés, en Australie. Le compte rendu de leur périple, intitulé *Across Asia on the Cheap*, dont les exemplaires collationnés et brochés à la main furent l'embryon de *Lonely Planet's India*, le plus gros succès au catalogue de ce qui est désormais le plus important éditeur indépendant de guides de voyage.

Je regardai longuement la carte. Les choses étaient moins in en Afghanistan, au Pakistan et au Cachemire qu'à l'époque des Wheeler. Je détestais rompre le fil de mon voyage, que j'avais jusqu'à présent effectué exclusivement par terre et par mer, mais on ne pouvait plus vraiment envisager de marchander des vestes afghanes dans les bazars de Kaboul. De nos jours, le trajet par voie de terre implique qu'il faut affronter la prolifération nucléaire, les militants fondamentalistes et la récente plongée du pays dans le chaos. Je payai mon café avec des billets d'un million de lires à l'effigie de Kemal Atatürk – avec son air renfrogné, il faisait penser à Bela Lugosi –, et je résolus de prendre une décision sensée. À l'origine, le chemin de Katmandou n'était pas pavé avec des *Air Miles*, mais les temps avaient manifestement changé.

Quelques jours plus tard, je me trouvais dans une boutique hors taxes de l'aéroport international d'Istanbul où je flambais mes dernières lires pour acheter un porte-clés en forme de globe oculaire bleu, le symbole nazar turc pour conjurer le mauvais sort. La compagnie aérienne Emirates avait été élue la meilleure au monde cette année-là et elle répondait de façon satisfaisante à toutes les exigences de l'exotisme sur commande. Les agents de bord, qui parlaient arabe, thaï, suédois, bulgare et swahili, portaient un foulard beige qui pendait d'un béret plat rouge et elles servaient, en inclinant gracieusement la tête, des repas de poulet birman, d'agneau rôti halal et de mezze turcs. J'étais assis à côté de deux fabricants de tapis rares originaires d'Ankara qui allaient passer les deux prochaines semaines avec le propriétaire d'un magasin de meubles de

Delhi. Sur mon écran de télévision personnel, qui s'insérait dans l'accoudoir de mon siège, je pouvais regarder les plus récentes sitcoms américaines et britanniques.

C'était peut-être agréable d'être ainsi dorloté – dans cet avion, j'avais si peu l'impression de voyager que j'aurais aussi bien pu être chloroformé –, mais un simulateur de vol m'aurait procuré la même illusion de mouvement. Alors que nous accélérions sur la piste d'Istanbul, je sentis ce que je sens toujours quand je prends l'avion : l'impression d'avoir consenti à me faire enfermer dans une boîte pressurisée dans le ciel pour retomber, étourdi et déshydraté, sur quelque partie absurdement éloignée de la planète quelques heures plus tard.

D'Istanbul, je fus catapulté au-dessus du golfe Persique vers la pointe de la péninsule arabe. Après avoir passé quelques heures au milieu de cheikhs et de femmes en burkas au Starbucks de l'aéroport de Dubaï, je fus de nouveau lancé dans le ciel et je traversai cette fois la mer d'Arabie vers la côte ouest de l'Inde.

Toute cette sensation d'isolement de la réalité éclata quand la boîte toucha le sol à Mumbay. Heureusement, l'Inde ne se laissera jamais homogénéiser par la modernité. Ici, le spectacle du consumérisme occidental est subsumé par la *maya*, la notion que le monde phénoménal n'est qu'une illusion, que toutes nos Birkenstocks et nos brebis clonées sont destinées à tomber en morceaux comme des mangues sous le soleil tropical. C'était ma deuxième visite et je me rappelai la vigueur, la résistance et l'ancienneté d'une civilisation dont les capitales spirituelles étaient florissantes quand La Mecque et Jérusalem n'étaient encore que des étendues de sable dans le désert. Installé dans un autobus décrépit et suffocant, je remarquai, à proximité de l'aéroport, le logo de Coca-Cola peint sur le bois délabré et le métal ondulé des bicoques qui composaient le plus grand bidonville d'Asie. En descendant, je fus assailli par des porteurs. L'un deux m'apostropha :

« D'où tu viens ?

– Du Canada, répondis-je.

– Pays riche! aboya-t-il. Pays dollar. Tu donnes un dollar chacun!»

Je portais moi-même mon sac, protestai-je, et cette navette était gratuite. Cinq paires d'yeux me dévisagèrent.

«C'est trajet spécial au Terminal 2. Pas gratuit.»

Je tendis au chef de la bande un seul billet vert et m'éloignai en vitesse. Je ne leur en voulais pas de m'avoir fait cracher mon fric; j'admirais leur franchise. C'est exactement parce qu'elle croit en sa propre imprenable quiddité que l'Inde ne laissera jamais les voyageurs oublier à quel point ils sont des étrangers.

Mes bagages furent vérifiés, un article après l'autre, par des soldats qui se trouvaient sur la piste (une table pour les hommes, une table pour les femmes), puis je montai à bord de mon dernier avion. Je somnolai pendant que l'intercom diffusait une version tabla et sitar de *Strawberry Fields Forever* et ne retrouvai un état de demi-conscience qu'au moment où je fus éjecté de mon dernier relais et catapulté sur la piste d'atterrissage de Goa.

Si nous avions été dans les années 1960, le trajet d'Istanbul à l'État de Goa aurait pris des mois par voie de terre – le voyage par bateau de Bombay (la ville a pris le nom de Mumbay en 1981) durait 24 heures. C'est à Goa, une région de 1,3 million d'habitants et de 100 kilomètres de côtes, que j'aurais pu, pour la première fois, me baigner nu sur la plage et soigner ma dysenterie. Les choses ont changé pour toujours en 1987 avec l'atterrissage d'un premier charter – un Concorde en provenance de Francfort. Goa devint une destination soleil – un Corfou dans l'océan Indien. Découvert par des DJ de Londres, l'endroit fut brièvement un centre prospère «transe et jungle», puis, en 2000, le gouvernement indien vota une loi antibruit à l'échelle du pays qui interdit les activités de plus de 45 décibels après 22 heures.

Je traversai la piste – dans une atmosphère chargée d'humidité – en compagnie non pas de *ravers* mais de vacanciers indiens et de quelques couples européens qui voyageaient avec de jeunes enfants. Dans le taxi, je contemplai le luxuriant paysage riverain où des aigrettes blanches et des grues pataugeaient sous les palmiers. Un panneau d'affichage peint à la main annonçait un moniteur de télévision géant. « *Video-com Bazoomba*, était-il écrit. *Not just* thunderous/*but* wondrous ! » C'était bon d'être de retour dans un pays où la technologie dernier cri était annoncée dans un anglais des années 1940.

Le chauffeur me laissa dans une petite rue qui partait d'un ruisseau qui se jetait dans la rivière Mandovi à Panaji, capitale de l'État de Goa. Je lui avais demandé de me conduire au Panjim Inn, le premier hôtel « de catégorie intermédiaire » mentionné sur la liste du *Lonely Planet*. Un jeune homme monta mon sac à un *balcao* de bois, au deuxième étage. Dans la salle commune, un couple – lui en débardeur, elle en sarong – fuyait la chaleur de l'après-midi en buvant de la bière King-fisher et en visionnant une vidéo.

« C'est *Romy and Michele's High School Reunion*, me dit l'homme avec un accent sud-africain. Un film de cul, mais plutôt rigolo. »

Je remarquai qu'un exemplaire du guide de voyage était ouvert sur la table – j'avais la même édition. J'avais dû déployer quelques efforts – trois avions, quelques centaines de dollars et 24 heures sans sommeil véritable –, mais j'avais retrouvé la bulle touristique que j'avais laissée en débarquant du *Marco Polo*. Ici, cela s'appelait la piste du *Lonely Planet*.

Le Lonely Planet de l'Inde a l'épaisseur d'une brique. L'illustration floue de la page couverture montre des femmes coiffées de beaux foulards multicolores sous les mots « Saris, swamis & maharanis » – la recette assonancée d'un cocktail oriental exotique. (Pour créer le nom de la collection, Tony Wheeler s'inspira de la chanson *Space Captain* de Joe Cocker, dans laquelle il parle de cette charmante planète, *this lovely planet*. Il est juste que la plus grosse industrie léguée par l'époque hippie soit basée sur la mauvaise compréhension des paroles d'une chanson.) Le *Lonely Planet* a beau être un peu lourd, il est un guide indispensable. Non pas pour découvrir l'Inde – n'importe qui peut y arriver encore mieux en parlant avec des Indiens anglophones –, mais pour suivre la piste d'autres voyageurs occidentaux.

Au cours des vingt dernières années, un genre de piste *banana-pancake* posthippie a été établi à travers l'Asie. Elle a ses propres bornes, elle s'étire de Pokhara, au Népal, via l'île de Ko Pha-Ngan, en Thaïlande, jusqu'à Nha Trang, au Viêt-nam, et Yangshuo, en Chine méridionale. Après un arrêt à Angkor, au Cambodge, pour ceux qui ont le goût de l'aventure, la piste bifurque au nord vers les plages de Boracay, aux Philippines, ou au sud, vers Kuta Beach, à Bali. Elle se termine souvent, quand on est à court de chèques de voyage, à Sydney ou à Melbourne. Elle a son propre vocabulaire : des *gap-year wanderers* (vagabonds en année sabbatique) – ces étudiants britanniques qui prennent une pause d'un an entre le lycée et l'université – font la connaissance de *britpackers* (routards britanniques) avec qui ils partagent des *bhang lassis* à des boulangeries allemandes ou des *chai shops*. Elle a sa propre littérature : des exemplaires déglingués de bouquins comme *Backpack* d'Emily Barr, *La Plage* d'Alex Garland et *Vacances indiennes* de William Sutcliffe sont échangés dans les auberges de Manali à Bali. Dans le roman de Sutcliffe, Dave, qui vient de terminer son cours secondaire, suit Liz en Inde et ne cesse de dénigrer les autres voyageurs sans pourtant jamais parvenir lui-même à échapper au circuit. À un moment, Liz demande à un pédant qui a déjà voyagé en Asie comment il a déniché un certain restaurant.

« Je suis simplement tombé dessus, j'imagine. Il n'est pas nommé dans le livre ni rien.

– Quel livre ? demande-t-elle.

– Le livre. Le Livre. Il n'y en a qu'un qui en vaille la peine.

– Nous avons le *Lonely Planet*… Est-ce celui-là ? » Son visage était submergé d'anxiété.

« C'est celui-là. » Il fit une pause pour donner plus d'effet à ses mots. « C'est le seul. »

Bien que débordant de mépris à l'égard des routards, le livre de Sutcliffe, comme d'ailleurs le *Lonely Planet*, peut servir de guide pour trouver les endroits de voyageurs les plus branchés en Inde. Quand on lit entre les lignes, on apprend que c'est à McLeod Ganj qu'on peut fumer des joints dans l'Himalaya, que Pushkar est bien pour son lac sacré et sa foire aux chameaux, qu'il ne faut à tout prix rater Kochi au Kerala, avant de récupérer à Kovalam Beach, et que Varanasi est une Amsterdam sur le Gange. Dans tous ces endroits, on est assuré de trouver des auberges hébergeant une clientèle exclusivement occidentale. À présent dominé par les Britanniques, les Australiens, les Canadiens, les Israéliens et les Sud-Africains – les Américains sont remarquablement sous-représentés, surtout en Inde –, le circuit posthippie est en passe de devenir un itinéraire touristique indépendant, résistant avec la même virulence à tout ce qui est étranger que celui « passe de train et auberges de jeunesse » des fêtards en Europe.

Ce soir-là, après une longue sieste, je feuilletai le livre… oups, *Le* Livre, à la recherche d'un restaurant. Je lus que : « À Goa, l'hôtel Venite est un restaurant qui a beaucoup de caractère. Avec ses quatre petits balcons surplombant la rue et son décor portugais rustique, c'est un endroit sympathique pour savourer un repas ou simplement siroter une bière bien fraîche pendant l'heure de la sieste. » Je suivis une petite rue, étonné que l'architecture rappelle autant celle de l'Amérique latine coloniale et que les filles portent des robes imprimées démodées plutôt que des saris. L'État de Goa fut colonisé par les Portugais en 1510 et utilisé officieusement comme base par les pirates qui terrorisaient depuis des siècles les vaisseaux sur la mer d'Arabie. Bien que les derniers laquais de Salazar aient été chassés en 1961 après une trêve honteuse avec la marine indienne, les Portugais ont laissé un héritage d'églises catholiques, de chemises empesées, de longues siestes sous des porches ombreux et d'une sorte de réserve polie contrastant avec l'exubérance de la vie publique dans le reste de l'Inde. Je demandai à un pharmacien en train de verrouiller sa porte pour la nuit comment me rendre au Venite.

« C'est au bout de la rue, me dit-il en faisant un geste de la main.

– C'est bon ?

– C'est un des restaurants recommandés dans un guide de voyage étranger. Très populaire auprès des touristes.

– Et la nourriture ?

– Permettez-moi de vous suggérer l'Avanti, me répondit-il diplomatiquement. Les familles indiennes le comptent parmi leurs préférés. J'y vais moi-même rejoindre quelques amis. »

Je promis d'essayer l'Avanti, mais je ne voulus pas déroger à mon plan. Le Venite se trouvait dans un petit complexe pour voyageurs comprenant une agence de voyages et une boutique Internet au rez-de-chaussée. À l'étage, dans une salle à l'éclairage tamisé, les tables « portugaises rustiques » étaient toutes occupées par des voyageurs. Une chanson soporifique d'Enya, l'éternel *Sail Away*, jouait sur la stéréo, conférant à l'endroit une atmosphère décontractée d'apologie de la fuite. J'aperçus le couple de mon hôtel assis sur l'un des petits balcons et ils m'invitèrent à me joindre à eux. Elle venait d'Afrique du Sud et s'appelait Lee, il venait de Namibie et s'appelait Nicki. Ils voyageaient depuis six mois ; ils avaient pratiqué le surf à Bali et à Lombok avant d'aller en Thaïlande. Récemment, ils avaient passé deux semaines à faire de la plongée et une cure de santé sur l'île de Ko Tao. Ils trouvaient l'Inde plus difficile à prendre.

« Après la Thaïlande, ça donne tout un choc, me dit Lee. Là-bas, on peut trouver des plages isolées où il n'y a que quatre ou cinq personnes. Aujourd'hui, nous sommes allés à la plage de Colva en scooter. C'était pas mal crotté et il y avait 40 ou 50 personnes qui essayaient de nous vendre des choses. »

On m'apporta mon repas : une assiette de calmars caoutchouteux baignant dans une sauce tomate, accompagnés de frites et de légumes surgelés, que je fis passer avec une boisson gazeuse au citron appelée Limca. Cela sortait directement du menu des voyageurs identique dans toute l'Asie : macaronis à la sauce tomate, falafels, pizzas au fromage, une approximation étrange et insipide des mets que les Occidentaux sont censés aimer. Nous mangeâmes en contemplant des chiens errants et des corbeaux fouillant dans les poubelles. Ces restaurants en hauteur sont les préférés des voyageurs, car ils leur permettent de contempler la rue – comme des voyeurs – sans jamais être véritablement en contact avec la pauvreté locale. (McDonald's a commis une grave erreur tactique à Mumbay en conservant ses fenêtres panoramiques : les clients devaient manger leurs Maharaja Macs à l'agneau sous le regard des enfants affamés qui pressaient leur nez contre les vitres.)

Je leur demandai où se trouvaient les plages les plus sympathiques de Goa.

« Nous arrivons d'Arambol, dans le nord, et ça allait, dit Nicki. Mais nous avons rencontré plein de gens qui se dirigeaient vers Palolem et Gokarna, loin au sud. C'est notre prochaine étape. »

Le lendemain soir, je suivis le conseil du pharmacien et j'allai manger à l'hôtel Avanti, qui n'était pas inscrit dans Le Livre. Désert à mon arrivée, le restaurant se remplit lentement de familles de Goa. Ici, les calmars étaient frais, servis dans une pâte chili douce, au goût très prononcé ; le deuxième plat était un délicieux poisson local, le *pomfret*, tranché en petites darnes et baignant dans une sauce épicée d'origine portugaise. Le repas me coûta également 30 roupies de moins que celui, médiocre, qu'on m'avait servi au Venite. Ensuite, je bavardai avec Bernard, le caissier, un jeune Goanais de belle apparence, au front haut, aux cheveux lissés en arrière, aux yeux brillants. Ses grands-parents étaient portugais et il avait été élevé dans cette langue. Il faisait preuve d'un chauvinisme virulent quand il parlait de sa région natale.

« Goa est propre ; en Inde, les autres endroits sont sales. Dans le reste du pays, les gens mâchouillent du *paan* » – une sorte de gomme digestive à base de noix de bétel – « et ils crachent partout. Ici, on a fermé tous les magasins où on vendait du *paan* et il n'y a pas de dégâts sur les murs. »

Il m'offrit un verre de la spécialité locale, le *feni*, un alcool de noix d'acajou. J'avalai cette liqueur claire. Assez proche de l'essence à briquet, pensai-je, cherchant en vain sur mon palais quelque chose rappelant le goût des noix. Bernard sourit en me voyant faire la grimace.

« C'est meilleur avec du Limca », dit-il.

Exact. Cent parts de limonade pour une part de *feni*.

Nicki et Lee m'avaient parlé de Palolem Beach. « Selon certaines personnes, c'est le paradis perdu de Goa », disait Le Livre. « La plupart du temps, on trouve encore à se loger dans des cabines sur la plage ou chez l'habitant, dans les villages. C'est toujours la plage la plus idyllique de l'État, mais les voyageurs l'envahissent de plus en plus et les commerces se multiplient pour les desservir. » Commode : ils déploraient le phénomène qu'ils avaient eux-mêmes engendré.

Sur le *balcao* du Panjim Inn, je causai avec Jean-Marc, un Français aux cheveux teints en blond, qui portait un sac-ceinture et un anneau à une oreille. Il venait d'arriver, par avion, de Mumbay. Il avait, jusqu'à récemment, voyagé avec sa petite amie, mais elle était depuis peu en *crise**, en proie à la dépression.

« Nous avons décidé d'arrêter de fumer du hasch » — en anglais, il prononçait *sheet* — « quand nous sommes venus en Inde, parce que, ici, ça peut être dangereux d'en acheter, m'expliqua-t-il. Après quelques semaines, elle a commencé à flipper. Nous étions dans un train vers Udaipur et elle s'est mise à trembler. Elle ne pouvait plus supporter tous les enfants qui mendiaient en la regardant fixement. Je l'ai mise dans un hôtel très cher avec l'air conditionné. Elle ne se sentait bien que quand je lui achetais un peu de *sheet*. Mais elle voulait retourner à Montpellier. Alors, je continue tout seul. »

Je pris mon sac et lui dis que nos routes se recroiseraient peut-être.

« Le penses-tu vraiment ? lança-t-il. Nous sommes dans un pays de centaines de millions d'habitants, *tu sais** ! »

Je jetai un regard appuyé sur l'édition française du Livre sur la table.

« *Au revoir** », dis-je.

COINCÉ sur la banquette arrière d'un petit autobus parmi des Goanais proprets en pantalon et en chemise à manches courtes, je me rendis à Palolem Beach. Le premier endroit recommandé par Le Livre était le Cozy Nook. « Un endroit excellent très bien situé à l'extrémité nord de la plage. Solides huttes de bambou et maisons dans les arbres au prix de 350 roupies. » Là où le sable s'arrêtait et où les palmiers commençaient, une femme morose me montra 10 huttes de chaume sur pilotis dans l'ombre d'une palmeraie. La mienne était un truc simple, sans serrure ni lavabo – il y avait des douches et des toilettes communes à l'extérieur et des casiers pour ranger les sacs-ceintures près du restaurant –, avec une moustiquaire suspendue comme une petite tente rectangulaire au-dessus d'un matelas avachi. Je réservai la hutte pour trois nuits.

J'allai voir ce qui se passait au restaurant à aire ouverte. J'examinai un autre menu du voyageur pendant que No Woman, No Cry – au sommet du palmarès sur le circuit crêpe-aux-bananes avec les chansons de Jimmy Cliff, de Tracy Chapman et de l'omniprésent Manu Chao – suintait des haut-parleurs. Le « burger aux épinards garni de frites » et la « soupe aigre-douce » me tentaient, mais j'optai pour le curry de pommes de terre et d'épinards. Quatre néo-hippies avançaient lentement sur la plage et ils prirent place à la table voisine. Ils arboraient l'habituel mélange de styles tribaux : anneau celtique tatoué sur le biceps, piercing au sourcil, sarong malaisien drapé sur le torse. (Les fringues du voyageur n'ont d'habitude rien à voir avec l'endroit où elles ont été achetées. On trouve à Bangkok des tee-shirts avec l'œil qui voit tout des stoûpas népalais et des dashikis nigériens imprimés selon une technique de batik javanais au marché aux puces d'Anjuna, à Goa.) Un de mes voisins, un type au torse nu et aux cheveux ondulés rouges qui lui arrivaient à la taille, sortit de son sac tricoté guatémaltèque un livre couvert de sable : c'était No Logo, le manifeste antimondialisation, en format de poche.

« Avez-vous remarqué que tous les codes-barres portent le nombre 666 ? » demanda-t-il en rejetant ses boucles derrière une oreille.

« Oh ! J'adore cette chanson », dit la femme à côté de lui, une Mama Cass à la voix de stentor. Elle entonna *Walking on Sunshine* d'une voix affectée de contralto. « C'est K. C. et le Sunshine Band, non ? »

Il l'ignora. « Il paraît qu'à l'avenir on aura tous un code-barre tatoué sur le cou. » Il saisit le paquet de Marlboro d'une des filles et lui montra que les M sur trois côtés du paquet pouvaient ressembler à des *K*. « Tu vois : K… K… K. C'est un genre de code. Elles sont fabriquées par Philip Morris. Le Sud profond, tu sais. » Il prit une bouffée de son bidi d'un air satisfait.

« Vous savez, ce grand drap suspendu dans la hutte ? dit Mama Cass, manifestement déterminée à percer la bulle du rouquin. Ne vous en servez pas. J'ai accidentellement craché dessus un gros grumeau de flegme. »

Je faillis m'étouffer avec mon pain *nan*.

« Maudits *trustafarians* », dit le type à côté de moi quand les hippies se furent éloignés pour aller jouer au aki sur le sable. John était un bel homme. Il avait les cheveux courts et il était torse nu. Il faisait partie de la Royal Shakespeare Company à Stratford et il voyageait avec sa nouvelle petite amie, Victoria, pendant les six semaines de congé de la troupe. Ils s'étaient rencontrés pendant les répétitions du *Roi Jean* : après les baisers répétés que son personnage du dauphin avait donnés à la Blanche d'Espagne incarnée par Victoria, ils étaient devenus amoureux.

« C'est mon deuxième voyage en Inde, mais Victoria n'était jamais venue en Asie. Je me demandais si elle serait capable de le supporter. Mais on a fait un trajet de seize heures depuis Mumbay dans un autocar crasseux – le molleton *puait*, je veux dire – et elle s'en est sortie haut la main. »

Victoria arriva de la plage d'une démarche nonchalante et lui entoura les épaules de son bras. « Salut, bébé », dit-il en la prenant par la taille. Elle avait un teint orangé, était couverte de taches de rousseur et ses boucles rousses cascadaient sur ses épaules. Nous bavardâmes quelques instants. Comme nous étions sur la même longueur d'ondes, nous décidâmes de souper ensemble deux jours plus tard.

Je passai le reste de l'après-midi à explorer la plage. À l'extrémité sud, où l'exhortation *No Topless* avait été griffonnée sur un rocher, un établissement appelé Cocohuts attirait les amateurs de volley-ball et de soccer. C'était aussi là qu'habitaient les *trustafarians* et j'aperçus le gars qui adhérait à la théorie du complot. Il gratouillait *Buffalo Soldier* sur une guitare. Tout le long de la laisse de haute mer, des poissons globes gonflés se décomposaient, entourés d'anguilles aux yeux vitreux, le tout évoquant une macabre nature morte flamande sur le sable. Il y avait des parties de cricket toute la journée et de jeunes Indiens décharnés couraient entre les guichets. Les yeux fermés, un Goanais en pagne plongea une pique de métal dans les flots et en ressortit un poisson plat prestement embroché dont la face évoquait Picasso. J'allai lui demander le nom de ce poisson.

« Tu veux acheter quelque chose à fumer ? » me demanda-t-il, hors de propos.

Palolem était comme ça. Après tout, je me trouvais sur *la plage tropicale*, cet éternel cliché du voyage. L'histoire se poursuivait quelque part dans le monde, où des hamacs sur une bande de sable poudreux représentaient l'Idéal platonique de la Vie sur la plage, où les gens vivaient comme Fletcher Christian dans une idylle d'amour libre, de surf sans planche et de sexe sans culpabilité. Peut-être... mais ce n'était sûrement pas à Palolem. Des truies géantes, entraînées par des porcelets poussant des cris aigus, farfouillaient dans des monceaux de détritus et d'algues. À des intervalles de quelques centaines de mètres, on trouvait un nouveau complexe de huttes de plage cachées derrière des palmiers (seule la loi promulguée par Indira Gandhi en 1981 interdisant les constructions importantes à moins de 500 mètres de la ligne de la marée haute permit à l'État de Goa d'éviter que des hôtels géants soient érigés sur le front de mer). Si l'on s'allongeait au soleil trop loin de sa hutte, on trouvait à son réveil un vendeur de souvenirs qui avait installé son éventaire sur une couverture à ses pieds, offrant aux passants ses tabatières, ses pipes à haschisch et ses coquillages incrustés de pierres du Rhin. Dans l'inconscient collectif, la plage rêvée – l'utopie du routard dans le roman d'Alex Garland – était un endroit non commercial, non découvert par les auteurs de guides de voyage. Et, préférablement, est-on en droit de penser, non contaminé par les autochtones.

Au Cozy Nook, mon voisin immédiat était un grand Français à la peau parfaitement hâlée, portant un Speedo noir moulant, qui passait ses journées à ramasser des coquillages et ses soirées à essayer de se rappeler les paroles des chansons de Manu Chao. J'étais assis dans les vagues avec un cuisinier espagnol de San Francisco à la tête presque complètement rasée – il n'avait gardé qu'une petite touffe de cheveux rouges sur son crâne –, quand le Français s'approcha.

« *Tu fumes, toi** ? » me demanda-t-il.

Je secouai la tête et il se tourna vers l'Espagnol pour lui emprunter du papier à rouler. De retour sur la plage, je bavardai avec une Israélienne aux yeux verts qui feuilletait nerveusement une traduction en hébreu du *Lonely Planet*. Nous parlâmes de son service militaire ; dans l'expectative, elle me regardait en faisant glisser une bague sur son doigt d'un geste rythmique dont la signification freudienne était tout à fait limpide. Un peu plus tard, je vis le Français aborder l'Israélienne. Au coucher du soleil, ils partageaient un hamac et, complètement partis, ils adressaient aux passants des sourires radieux. Cette nuit-là, la hutte du Français dansa à la lueur des chandelles et, entre les quintes de toux et les bouffées de fumée, j'entendis le Français chuchoter les paroles de *Clandestino* de Manu Chao et l'Israélienne haleter en poussant des roucoulements ravis.

Sous son apparence de jungle authentique, le Cozy Nook avait été conçu pour plaire aux routards. Au restaurant, je trouvai parmi des livres de poche humides un bouquin intitulé *Primitive Architecture*, débordant de maisons en planches de cèdre des tribus haïdas, de huttes maliennes en boue séchée et de cabanes de chaume sur pilotis en tout point identiques aux nôtres. J'appris par la suite que l'architecte responsable de notre auberge s'était inspiré de cet ouvrage. Le propriétaire,

Aggi, était un Goanais branché au crâne rasé, toujours vêtu de blanc, qui avait fait ses débuts d'aubergiste dans les champs pétrolifères de l'Arabie Saoudite. Un soir qu'il était assis près de la caisse enregistreuse, je lui demandai s'il avait déjà rencontré les auteurs du *Lonely Planet*.

« Bien sûr. Ils ont passé trois semaines ici. Ils ne m'ont pas dit qui ils étaient. Ils ont répertorié tous les endroits sur la plage, dessiné une carte. Et, la veille de leur départ, ils m'ont dit que l'endroit leur avait beaucoup plu et qu'ils voulaient le mettre dans le guide. "Bien sûr !" ai-je dit. Je veux dire que je ne les ai pas payés ni rien. » Cette mention dans le guide avait indéniablement contribué au succès de son commerce. « Avant, les gens qui venaient à Palolem habitaient chez quelqu'un. Le lendemain soir, ils allaient marcher sur la plage et trouvaient mon auberge. Maintenant que je suis dans le *Lonely Planet*, ils viennent directement. C'est mieux comme ça. Je ne veux pas louer mes huttes aux touristes des charters pour des soirées "folkloriques" indiennes. Les touristes viennent, regardent les danses, ce genre de merde, passent une nuit dans la hutte et retournent à leur hôtel. »

Si Palolem était un *faux** concept primitif destiné aux Occidentaux, au moins les touristes indiens en profitaient-ils aussi. Des marins de la marine marchande, vêtus d'impeccables uniformes blancs, arpentaient la plage en lançant des coquillages de la pointe de leurs chaussures bien cirées. Un après-midi, un groupe d'Indiens corpulents retirèrent leurs chemises et coururent dans les vagues avec de boulottes bouteilles de bière King à la main.

« Je chante pour l'horizon, déclama un homme ventripotent qui gambadait dans une parodie de danse moderne. Là où la mer vient embrasser le ciel !

– Nous sommes du Kerala ! » hurla un autre, en pataugeant vers moi. Il était passablement pompette. « C'est en Inde. Et vous, s'il vous plaît ? »

Je déclinai ma nationalité.

« Mon oncle habite à Toronto ! Attendez ! Je vais vous donner son adresse ! »

Je n'avais pas de stylo, dis-je d'un air chagriné.

« D'accord. Plus tard ! » cria-t-il joyeusement. Et il s'éloigna en pataugeant.

Pour la communauté des routards, ces touristes indiens de la classe moyenne ont toujours été considérés comme bien trop ternes ; même les premiers hippies les traitaient avec mépris de « buffles » et de « wallahs en pantalons ». Pourtant, les locaux parlant le konkani – surnommés *Junglies* par les Goanais chrétiens – étaient suffisamment pittoresques, bien que parfois trop réels. Des hommes aux pieds nus grimpaient dans les cocotiers comme s'il s'agissait d'échelles d'escalade ; une équipe de femmes pelletaient du sable vingt-quatre heures sur vingt-quatre sur un bout de la plage, puis le transportaient dans des seaux en équilibre sur leur tête. Un soir, le Cozy Nook fut le théâtre d'une scène de violence conjugale, un Goanais poursuivant sa femme qui hurlait sur le terrain voisin ; le tout se termina par des bruits de claques et des gémissements prolongés. À Goa, les deux groupes semblaient se trouver mutuellement exotiques : les Occidentaux photographiaient des pêcheurs tirant leurs canots de manguier sur le sable tandis que d'élégants Indiens prenaient des photos de voyageuses coiffées en dreadlocks qui avaient détaché le haut de leur bikini pour se faire bronzer. On ne communiquait ni d'un côté ni de l'autre, chacun restant prisonnier de sa bulle.

Le dernier soir de mon séjour à Palolem, j'allai marcher avec John et Victoria dans la grand-rue – où se suivaient les boutiques Internet, les agences de voyages et les magasins où l'on vendait du papier hygiénique, de la lotion solaire Nivea et des pantalons bouffants chamarrés. Nous mangeâmes des pizzas garnies de mozzarella de bufflonne qu'un Italien originaire de Brescia faisait cuire dans un four de brique. Je fis remarquer que, sans les porcelets à l'arrière-plan, nous aurions aussi bien pu nous trouver sur la terrasse d'une trattoria.

« Ouais, un petit peu trop familier, non ? dit John en pouffant de rire. Je me demande parfois si je ne deviens pas blasé. Quand j'ai visité Delhi à mon premier voyage en Inde, c'était la première fois que je prenais l'avion. C'était en pleine période de mousson. Je n'oublierai jamais le choc que j'ai éprouvé – la poussière, le bruit, les odeurs. Je me souviens que j'étais debout dans l'embrasure d'une porte à regarder tomber la pluie. On aurait dit un océan qui se déversait dans la rue. Je me suis rendu au Rajasthan – seize heures dans un autobus de nuit – pas de cahots, nous étions coincés sur des sièges de métal. J'avais l'impression de rêver. Cette fois, je n'ai pas ressenti la même chose en arrivant à Mumbay. »

C'étaient peut-être les voyageurs qui avaient changé, suggérai-je, et non pas l'Inde. Au cours de la dernière décennie, l'émergence d'Internet et la prolifération des auberges ont complètement transformé le circuit. Les voyageurs ne prenaient plus de risques – ils préféraient se regrouper. Il suffisait de nous regarder, dis-je : nous étions à Goa et nous mangions de la *pizza al tonno*, entourés d'Européens.

« Mais regarde ce qui s'est passé dans les années 1960, protesta John. C'était plutôt gênant, non ? Tous ces gens qui allaient en Asie pour se retrouver. Ils ont seulement réussi à se perdre davantage. Ils avaient peut-être brûlé leurs passeports, mais ils sont tous revenus en rampant à leurs ambassades. La plupart d'entre eux ont fini par devenir des comptables agréés. »

Peut-être. Mais certains ont également découvert de nouvelles façons de regarder le monde. C'était la composante spirituelle – la volonté d'être transformé par un endroit – qui semblait faire défaut aux adeptes du *Lonely Planet*.

John haussa les épaules. Cette fois, l'Inde était un séjour de deux semaines à la plage et il se plaisait à jouer le rôle du vieil habitué de l'Asie pour le bénéfice de Victoria.

Après avoir réglé l'addition, nous nous dîmes au revoir à la façon moderne. Pas d'accolade, de poignées de mains ou de souhait d'un bon karma : nous échangeâmes nos courriels.

À PARTIR DE 1966, l'année de ma naissance, un filet – mince mais significatif – d'Occidentaux commencèrent à arriver en Inde et au Népal. Rejetant la conception du voyage de leurs

parents – la bulle touristique d'après-guerre, en constante expansion, privilégiant jets et stations balnéaires –, ils osèrent le
voyage par voie de terre sur des routes de gravier. Le premier
contingent était surtout composé d'Américains (certains faisaient le vol direct, mais la plupart partaient d'Europe) que la
guerre du Viêt-nam avait chassés de chez eux. Après les émeutes de Mai 68, des étudiants français désabusés empruntèrent
la piste à leur tour. La culture pop joua un rôle, lorsque les
Beatles et Donavan se rendirent à Rishikesh, dans l'Himalaya,
pour rencontrer le Maharishi, suivis par Mike Love des Beach
Boys et Mia Farrow (qui se réfugia à Colva Beach, à Goa,
après s'être défoncée à l'ashram des Beatles).

Jusqu'à l'apparition du *Guide du Routard* français en 1973,
les seuls guides de voyage disponibles étaient *Le voyage en
Orient* de Hermann Hesse, *Le Livre des morts tibétain* et *Soyez ici
et maintenant* de Baba Ram Dass. Les voyageurs comptaient sur
le bouche à oreille pour dénicher des auberges et des restaurants. Environ 47 000 Américains visitèrent le Népal en 1966 ;
cinq ans plus tard, il y avait 301 000 voyageurs, pour la majorité originaires de l'Europe de l'Ouest. Selon l'auteur David
Tomory, la fin du circuit hippie s'est produite en 1973, l'année
où les forces armées américaines furent retirées du Viêt-nam, où
le prix de l'essence augmenta et où le roi du Népal interdit la
vente légale du haschisch dans les *pie shops* de Katmandou.

Le circuit hippie, c'est vrai, avait constitué une piste de la
même façon que le *Lonely Planet* le faisait aujourd'hui. On
séjournait au Gulhane à Istanbul, à l'hôtel Amir Kabir à Té-
héran et dans des péniches à Varanasi. L'hôtel Crown de Delhi
était célèbre : plus on montait, moins les chambres étaient
chères et plus il y faisait chaud et la direction était réputée
pour faire crédit jusqu'à ce que l'argent soit télégraphié de
chez soi (c'était à ce moment seulement qu'on vous remettait
votre passeport). Une fois à Delhi, les gens se dispersaient et
prenaient la route du Modern Lodge de Calcutta ou du
Hotchpotch de Katmandou.

Malgré cette affluence, le voyage en Inde comportait une
dimension spirituelle. Pour ceux que l'angoisse et le mal de

ventre submergeaient après trop de nuits blanches dans des trains de troisième classe, trop de « *Hello, Baba!* » criés à leur passage, il existait des retraites comme l'ashram de Sri Aurobindo à Pondichéry, celui de Sai Baba à Puttaparthi et, plus tard, le complexe Rajneeshi à Pune. Bien que l'hindouisme soit une religion qui ne recrute pas de convertis, de nombreux voyageurs ont fait fi de la caste et de l'hérédité et sont devenus des sâdhus errants, méditant sur les rives du Gange dans leur tunique safran.

Pour finir, même en Inde, les hippies furent poursuivis par leur réputation de *freaks* écervelés. En 1971, le réalisateur indien Dev Anand tourna un film intitulé *Hare Rama Hare Krishna*, qui parodiait le style de vie hippie. Soudain, peu importe où ils allaient, les voyageurs se faisaient chanter les paroles de la chanson thème du film *Dum Maro Dum*. Les enfants couraient après eux, essayant de les tenter avec des paroles hindi qui signifiaient : « Prends une bouffée. Prends une bouffée. Je plane ! »

Quand les gens déplorent que la bonne vieille époque du voyage en Asie ait disparu à jamais, ils n'ont que partiellement raison. Jamais l'Inde n'a accueilli autant de voyageurs internationaux – 2,6 millions en 2000. Dans un pays qui compte plus d'un milliard d'habitants, cela veut dire que la proportion des Indiens pour chaque voyageur est de 385 (comparé à 9 touristes par habitant aux Bahamas). Malgré les changements sociaux – le développement de la classe moyenne, le boom dans la production cinématographique, l'émergence du pays en tant que géant informatique, la propagation du fondamentalisme hindou –, l'Inde d'antan est restée là où elle était. Il suffit de s'écarter de quelques rues des ghettos pour touristes pour se retrouver dans des communautés où l'on laboure les champs avec des houes de l'époque néolithique, où l'on lutte contre la lèpre et la peste et où l'on célèbre des festivals vieux de 3000 ans. C'est moins l'Inde qui a changé, que la façon dont les gens voyagent.

Quelques voyageurs hippies se sont à tout le moins arrangés pour sortir de l'ornière. Les résultats ont beau être troublants, ces voyageurs cherchaient l'expérience, l'authenticité et la transformation, tout comme Byron et Rimbaud l'avaient fait avant eux. Tout a changé avec la parution du premier *Lonely Planet* de l'Inde en 1981. Les voyageurs se faisaient indiquer de façon précise comment trouver d'autres voyageurs et le circuit, avec ses fêtes de la pleine lune, ses *chai shops* et l'amour libre, devint une fin en soi. Aujourd'hui, les routards n'apportent pas Le Livre, c'est Le Livre qui les porte.

Alors que je cherchais dans la rue principale de Palolem un cyclo-pousse pour me conduire à la gare, je tombai sur le blond Jean-Marc, que j'avais rencontré au Panjim Inn. Trop *cool* pour manifester quelque surprise de me retrouver par hasard dans cet océan d'humanité, il me serra la main avec componction.

« Moi aussi, je suis sur le point de quitter Palolem, m'annonça-t-il. Je ne suis plus capable de supporter la musique techno du bar à côté de ma hutte. Je viens de passer quatre mois de cette vie de plage chez moi, à Montpellier. Ce bruit, boum boum, dès qu'on se réveille le matin ? *Non, merci**. Et puis, les gens qui viennent ici ne respectent pas vraiment les Indiens. »

J'acceptai ces propos désapprobateurs gaulois – il était intéressant de voir que, même quand ils voyageaient avec un sac à dos, les Français étaient fiers de leur finesse. Au moment de nous quitter, j'insistai de nouveau pour ne pas dire *Adieu**.

Cette fois, Jean-Marc me rendit de mauvaise grâce mon *Au revoir**.

SUR LE QUAI de la toute petite gare de Canacona, je regardai le soleil se lever. Un cycliste solitaire traversait des champs qui semblaient étrangement européens, en direction d'une église au pied de la colline. Je n'aurais pas été surpris d'entendre, au loin, une cloche sonner l'angélus. Cette sensation de me trouver dans une gare provençale pendant la saison touristique était encore exacerbée par mes compagnons sur le quai.

Un couple irlandais s'en allait à Mumbay. Un jeune sportif bouclé, arborant autour du cou un pendentif en forme de planche de surf, était assis à côté d'un énorme sac noir servant à transporter de l'équipement sportif. Deux Anglaises échevelées critiquaient le thé sucré offert par les vendeurs de *chai* dans des thermos en acier inoxydable.

Dans le train, j'engageai la conversation avec le sportif. Je l'avais pris pour un Australien – à cause de ses cheveux blonds qui commençaient à grisonner, de sa carrure athlétique et de son allure bon enfant –, mais Paul était en réalité un triathlète anglais. Je lui demandai où il se rendait.

« À un endroit qui s'appelle Hampi, répondit-il. Tu connais ? »

C'était également là que j'allais, dis-je. Les deux Anglaises assises de l'autre côté de l'allée nous entendirent.

« C'est fantastique ! s'exclama l'une d'elles. Nous y allons aussi ! »

Une demi-heure plus tard, nous descendîmes à Margao et courûmes vers les guichets pour acheter nos billets. Une fois de plus, nous nous retrouvâmes tous dans le même wagon. Un conducteur vint nous informer que, pour un petit supplément, nous pourrions avoir des sièges en deuxième classe, quelques wagons plus loin.

« Ce sera plus confortable là-bas », ajouta-t-il en hochant la tête avec une légère condescendance.

J'aidai Paul à descendre son sac – il devait peser 20 kilos – et je le suivis dans l'allée où des pieds sans chaussettes surgissaient un peu partout. Nous aboutîmes dans un wagon exclusivement occupé par des Caucasiens. C'est *ça* que le conducteur avait voulu dire – ce serait plus confortable pour nous si nous étions avec nos semblables. Mon billet m'assignait un siège en face d'une Allemande plongée dans *Der Kleine Hobbit*. Son petit ami, dont les bouclettes et le visage joufflu lui donnaient une légère ressemblance avec Bilbo Baggins, me demanda si j'accepterais de m'asseoir ailleurs. J'allai rejoindre Paul, qui avait déjà ouvert un exemplaire de *The Celestine Prophecy* et je lui demandai ce qui pesait tant dans son sac. Il en sortit un minilecteur de CD de marque Sony.

« Très ingénieux. Chacun d'eux peut porter trois ou quatre CD », m'expliqua-t-il. Il me montra sa caméra vidéo perfectionnée. Et sa caméra numérique, qu'il apportait dans les cafés Internet pour envoyer des photos de voyage aux 150 amis inscrits dans son carnet d'adresses. Il avait un purificateur d'eau à iode dernier cri et il portait une montre numérique Nike.

« J'ai peut-être *trop* de matériel, dit-il. C'est parfois difficile à transporter. »

N'avait-il pas peur de se faire voler ?

« Non. J'ai payé 400 livres pour une assurance. J'ai la police de luxe – qui couvre même les enlèvements. »

Un mendiant, la jambe prise dans un invraisemblable tube en plastique, traîna sa carcasse ratatinée dans l'allée, s'arrêta devant nous et leva les yeux en une supplication muette. Paul haussa les épaules avec bonne humeur.

« Désolé, camarade. Je n'ai pas de monnaie. *Pas de roupies.* » Il me regarda, l'air perplexe. « C'est bizarre. On dirait que je n'ai jamais de pièces de monnaie à donner. »

Notre wagon caucasien n'était pas encore rempli ; je m'excusai et j'allai m'asseoir dans un autre siège à côté de la fenêtre afin d'allonger mes jambes. À une ville appelée Londa, trois jeunes Indiens en shorts et tee-shirts teints au batik montèrent dans le train et s'installèrent dans les sièges libres de l'autre côté de l'allée. Ils étaient également des touristes : étudiants au Andhra Pradesh, sur la côte est, ils étaient en route vers Jog Falls.

Lorsque le train s'arrêta à Hubli, des mains ouvertes au bout de poignets maigres se faufilèrent entre les barreaux des fenêtres : des enfants mendiaient en chuchotant plaintivement « *Anna, anna* ».

« Qu'est-ce que vous pensez de toute cette pauvreté ? me demanda l'un des touristes indiens.

– Pour un Occidental, c'est un choc, avouai-je. Je me demande parfois si les politiciens indiens ne sont pas plus intéressés à s'emplir les poches qu'à aider leurs concitoyens. »

Il approuva d'un signe de tête. « Nous avons suffisamment de nourriture pour tout le monde, dit-il. Le problème, c'est la classe politique. Les Britanniques, ils ont seulement mis Gandhi en prison, ils le respectaient. Si Gandhi vivait aujourd'hui, le gouvernement actuel ne le mettrait pas en prison. Il le ferait *abattre*. Aucune protestation n'est tolérée. Il y a eu une manifestation contre l'augmentation des tarifs de l'électricité dans notre État récemment et on a tiré sur les gens. Quatre personnes ont été tuées. »

C'était frappant de voir la différence quand on s'éloignait – même de quelques mètres – de la piste du *Lonely Planet*. À mon premier voyage en Inde, j'avais apporté un guide publié par Cadogan, une maison d'édition britannique. Très littéraire, excellent dans les domaines de l'art, de l'histoire et de l'architecture, il me fit voyager de Mumbay à Varanasi par le Rajasthan, avec des arrêts aux forteresses d'Orchha et de Gwalior peu fréquentées par les touristes. Je louais une chambre dans de modestes hôtels pour touristes indiens – plutôt que dans les pensions pour voyageurs –, je prenais le petit-déjeuner avec des Indiens et j'étais habituellement l'unique passager non originaire d'Asie dans les trains et les autobus. Une famille de Delhi m'avait offert des *papadums* dans un wagon-lit de deuxième classe, un étudiant à l'université hindoue de Bénarès m'avait fait faire un bout de chemin à l'arrière de son scooter et j'avais assisté à la représentation d'une épopée en hindi en compagnie de deux jeunes jaïnistes dans un cinéma de Jaipur. Je n'avais été en contact avec des touristes occidentaux en nombre important que lorsque je m'étais arrêté à des lieux touristiques comme le Tāj Mahal et les grottes Elephanta. Cette fois, avec le *Lonely Planet* pour guider mes pas, je ne parvenais jamais à m'éloigner d'eux.

Le nez dans leurs romans pour midinettes, les Anglaises parurent inquiètes en entendant notre conversation, surtout lorsque les touristes indiens se mirent à faire une démonstration de mouvements de karaté en poussant des hurlements aigus comme le fait Bruce Lee. Passablement intrigué, Paul s'approcha de nous. L'un des Indiens, frappé par sa belle apparence, lui demanda la permission de toucher ses cheveux.

« Ils sont tellement doux ! Et tes yeux, tellement bleus. C'est beau », dit-il.

D'un geste emprunté, Paul tapota ses cheveux. « Ouais, c'est vrai, mais ils sont très secs. J'ai vaporisé un produit et le résultat est désastreux. »

À Hospet, Paul et moi prîmes congé des Indiens et partageâmes un pousse-pousse pour nous rendre à Hampi. Nous traversâmes cahin-caha un invraisemblable terrain parsemé de rochers gigantesques, aux parois lisses, qui avaient l'air d'avoir été éparpillés sur un diorama géant par quelque photographe amateur préhistorique.

« Ça sort tout droit des *Pierrafeu* ! », s'exclama Paul, sidéré.

Les Anglaises, qui nous suivaient dans leur propre taxi-scooter, s'arrêtèrent devant une rangée de pensions à Hampi. Après avoir consulté Le Livre, elles se ruèrent vers un établissement recommandé. Je les suivis en haussant les épaules et j'obtins la dernière chambre du Padma Guest House, classé sixième sur la liste.

AU XVIᵉ SIÈCLE, Hampi était un centre du commerce des épices, une métropole d'un demi-million d'habitants. Pillée par une confédération de sultanats du Dekkan à l'apogée de sa puissance, la ville avait connu un déclin rapide. Actuellement, sa population normale est d'un peu plus de 1000 habitants, concentrés dans le Bazar Hampi, une rue poussiéreuse où se pressent les pensions pour touristes, les restaurants et les agences de voyages qui se sont développés pour desservir la foule attirée là par le *Lonely Planet*. Je louai un vélo et parcourus les 33 kilomètres carrés de ruines, entrant dans d'immenses temples et effrayant les perroquets verts perchés sur les façades d'édifices offrant une vague ressemblance avec les temples mayas. C'était un lieu fascinant où se perdre – un empire fantôme – et les enceintes les plus éloignées étaient patrouillées par des gardes de sécurité somnolents embauchés pour repousser les bandes venues de Mumbay pour voler les appareils photo et les passeports des touristes en balade.

Ce centre pour voyageurs était aussi un lieu idéal pour les amateurs de drogues. Dans un restaurant sur le toit d'un immeuble, le serveur me proposa de l'opium en chuchotant. En plus des boissons salées habituelles à base de yogourt et de mangue, tous les menus proposaient avec coquetterie un *lassi* «spécial» – assaisonné de *bhang*, un mélange de pollen de cannabis et de beurre clarifié. Des groupes d'Israéliens aux cheveux longs étaient assis dans les bars et ils aboyaient leurs commandes aux serveurs à travers un nuage de fumée de haschisch. Bien que Hampi fût un lieu saint où l'alcool était théoriquement interdit, dans la plupart des restaurants, les serveurs versaient discrètement, sous la table, de la bière dans des tasses de métal.

Dans un restaurant du Bazar dont l'enseigne arborait fièrement «Restaurant Geeta – Recommandé dans le *Lonely Planet*» –, je commandai un café au lait. Un bel Anglais portant une chemise noire sans col et un ample pantalon bleu, des lunettes de soleil aux verres jaunes en équilibre sur son crâne rasé, me demanda de lui prêter ma carte. Avec son regard concupiscent et sournois, James était l'incarnation du petit doué, mais je soupçonnai que sa verbosité onctueuse était plutôt un effet secondaire de l'usage des benzodiazépines. Récemment diplômé de l'université de Bristol, il avait pris l'avion pour Goa un mois plus tôt et loué une Enfield flambant neuve – en Inde, les motos sont encore produites selon des normes datant de la Deuxième Guerre mondiale – pour se promener sur les plages.

«Je suis resté à Calangute. C'était comme un centre de touristes en voyage organisé, mais c'était au milieu de tout. J'ai trouvé un bar fantastique où on te vend une bouteille de vodka pour, disons, 120 roupies. Ils ont trois chiens *méchants* qui n'aboient que lorsque des policiers marchent sur la plage – ce qui te donne le temps de te débarrasser de la drogue… J'étais vachement content de trouver autant de Valium. Je veux dire, ça vaut de l'or en Angleterre, mais ici, on t'en vend sans poser de questions pour quelques *roups*. Mon copain et moi, on faisait de la moto à Calangute et il a eu un très grave accident – on voyait les tendons de son genou là où il a heurté la chaussée. Alors, on est allés voir le pharmacien, on était complètement partis, et on a dit : "Bon. On veut une boîte de Valium. C'est ça, 250 pilules. Et quelques-unes de sulfate d'amphétamine, s'il vous plaît." En fait, c'était un peu pathétique, il nous restait juste assez d'argent pour acheter le plus petit bandage... Goa était *fan*-tastique. J'ai rencontré une Parisienne, et on a eu une aventure tumultueuse. J'étais là avec mon Enfield flambant neuve – je veux dire, le chrome brillait encore – et je me baladais avec cette supernana française. Ça a été ma meilleure conquête, à tous les points de vue : rire, conversation, sexe. Quand elle est partie, je me suis dit que je n'étais pas capable d'affronter cette nuit solitaire. Alors, j'ai bu une bouteille de *feni* à la noix de coco sur la plage. La dernière chose dont je me souvienne, c'est que quelqu'un me disait : "Tu veux des Valium ?" Je me suis réveillé le lendemain matin dans la hutte d'une fille. Ça m'a pris une heure pour comprendre où j'étais. Mais après quelque temps, je me suis dit : "Relaxe, mon gars, l'Inde ne se résume pas à Goa." Depuis ce jour-là, je voyage en train. Je suis allé à Mysore, à Trivandrum, à Mangalore. J'ai même voyagé en classe jungle. »

En me voyant hausser un sourcil, il m'expliqua : « La troisième classe – c'est comme si on était dans la jungle. Il y a des bancs de bois, je veux dire, on est assis genou contre genou. Si tu vois un espace de trois pouces entre des jambes, tu plonges. Je me suis endormi la tête sur mon sac. C'est ce qui est super avec les Valium : on peut dormir n'importe où. »

James interrompit son monologue en voyant un couple en shorts blancs et sandales de sport identiques qui marchait dans la rue. « Hé ! cria-t-il en se levant d'un bond. Comment ça va ? » Ils s'assirent à sa table.

« Nous arrivons de Gokarna », dit le jeune homme. Il avait les cheveux coupés en brosse, un accent du sud de Londres et il portait une chemise ordinaire à manches courtes. Sa compagne avait, elle, de grandes dents, des taches de rousseur et, souffrant d'insatisfaction chronique, elle avait les sourcils perpétuellement froncés.

« C'était comme une publicité du Bounty ! s'écria-t-il. Totalement pur. Nous sommes restés à la plage d'Aum, où il n'y avait ni techno ni rien. Un paysage absolument rafraîchissant. » Il inspecta la bouteille d'eau que la serveuse venait d'apporter à sa petite amie. « Oh ! cria-t-il. Pas question de boire ça. Le sceau est brisé. » Il pointa le doigt vers le bout de plastique légèrement tordu sur le goulot de la bouteille. « Écoutez, je ne vais *pas* payer pour ça. Vous venez de la remplir avec l'eau du robinet. »

« Je ne m'en ferais pas trop avec ça, camarade », dit James, l'air un peu gêné.

« D'accord, mais c'est elle qui va souffrir, répondit le Londonien du sud en tournant son pouce vers la jeune fille. Elle a eu la diarrhée toute la semaine à Gokarna. »

Le milieu des voyageurs d'Hampi me tomba bientôt sur les nerfs. Le dernier soir, je rencontrai deux Hollandais au New Shanthi Restaurant (dans tous les ghettos pour voyageurs, il semble y avoir un établissement appelé *Shanthi* ou *Shanti*, un mot sanscrit voulant dire « paix »). Ils étaient de mon âge, ils avaient fait le tour du monde, voyagé récemment au Moyen-Orient et ils venaient d'arriver de Goa sur une paire d'Enfield de location. Paul se joignit à nous et la conversation porta alors sur le nombre impressionnant de voyageurs israéliens dans les restaurants d'Hampi.

« J'étais ici l'autre jour, dit Paul, et je les entendais hurler "Apporte-moi une bière" aux serveurs. Très grossiers. »

Voulant prendre des vacances à bon compte après leur service militaire, les Israéliens voyagent en général en groupes nombreux et tapageurs. Un des deux Hollandais, qui avait un piment chili tatoué sur le biceps, indiqua d'un signe de tête un groupe de jeunes branchées à la peau sombre, vêtues de shorts très courts et de hauts moulants, qui jouaient au billard dans un coin.

« On dirait des Israéliennes, n'est-ce pas ? Eh bien, non. Elles viennent toutes de Mumbay. C'est comme si les gens avaient décidé que les Israéliens étaient les plus durs, les meilleurs braves, et qu'ils voulaient les imiter. »

Un type en béquilles arriva en titubant. C'était loin d'être le premier routard blessé que je voyais.

« J'ai loué une moto, raconta le nouveau venu avec un accent australien, une grosse moto, à Goa. J'essayais de contourner une camionnette et elle a reculé au moment où je passais. La fille derrière moi a fait un vol plané, elle s'en est tirée sans une égratignure, mais j'ai éraflé l'aile du véhicule. Trois Indiens costauds sont sortis et ils étaient vraiment enragés. Ils m'ont pratiquement kidnappé. Ils exigeaient que je leur donne immédiatement 7000 roupies. Je n'avais presque pas d'argent sur moi. Je pense qu'ils ont dû se contenter de quelque chose comme 300 roupies. J'ai épouvantablement mal au pied. »

Le couple de gentils Français que j'avais remarqués dans le wagon caucasien du train de Goa furent les dernières personnes que je rencontrai à Hampi. Nous échangeâmes des anecdotes et je leur parlai du Français dont la petite amie avait sombré dans la dépression après avoir été trop longtemps privée de hasch.

« Mais, tu veux parler de Jean-Marc ! s'exclama la jeune fille. Nous avons voyagé avec lui pendant une semaine. *C'est incroyable** ! Il y a tellement de coïncidences, en Inde. »

Monde tout petit. Planète qui s'ennuie.

ET ÇA CONTINUA comme ça : guidé par le *Lonely Planet*, mon chemin de Katmandou se résuma à une suite de bonds d'un ghetto occidental à l'autre, tous bondés de voyageurs qui fumaient de la drogue, sirotaient des *bhang lassis* et essayaient de coucher les uns avec les autres, mais se mêlaient rarement aux Indiens. Je pus connaître des expériences de voyage enrichissantes seulement lorsque je m'écartai du circuit et quittai brièvement la compagnie des autres routards.

À Hampi, un Américain in d'âge moyen se gaussa de moi en me voyant acheter un billet de deuxième classe, plus cher, dans un wagon-lit climatisé de deux étages.

« Pourquoi veux-tu te retrouver avec une bande d'Indiens de la classe supérieure ? me demanda-t-il. Je l'ai fait une fois et je me suis ennuyé à mourir. Et je me les suis gelés. »

C'était froid, bien sûr, mais, une fois dans le train, j'ai engagé la conversation avec une belle dessinatrice de mode de Delhi. Nous avons étalé une feuille de bananier sur nos genoux et partagé un repas végétarien thali pendant qu'elle me parlait du milieu indien de la mode, de l'héritage culturel de la colonisation britannique et de la vie avec son mari, un musicien de blues du Bengale. Elle était allée visiter une amie à Hampi, une femme qui luttait pour s'assurer que le développement du site se faisait conformément aux exigences du Patrimoine mondial. Je lui demandai ce qu'elle pensait des voyageurs qui venaient à Hampi.

« Il y a une blague qui circule parmi les Indiens, dit-elle. On raconte que les premiers qui sont venus à Goa dans les années 1970 étaient des hippies britanniques. Les Américains sont venus ensuite et, comme ils ne voulaient pas d'eux, ils leur ont dit que l'herbe était meilleure à Hampi. »

Je passai plusieurs jours à Varanasi, une ville que j'avais adorée à mon premier séjour. Les voyageurs la considéraient comme un repaire de voleurs, la Naples de l'Inde. Les conducteurs de rickshaws recevaient une commission quand ils conduisaient les étrangers à des endroits comme le Real Vishnu Guest House – plutôt qu'au Vishnu Rest House recommandé dans le *Lonely Planet*. Selon une légende, un certain nombre de routards y trouvaient chaque année la mort, apparemment empoisonnés par des restaurateurs qui s'arrangeaient avec des médecins locaux pour escroquer les compagnies d'assurance. Mais c'était également un endroit spirituel, cultivé, où les gens venaient étudier la musique, travailler avec les indigents, descendre les ghâts pour se baigner dans le Gange et étudier à l'université hindoue de Bénarès.

Sur la véranda de ma pension, je bavardai un soir avec un Américain, professeur dans une université suédoise, qui venait depuis trente ans à Varanasi étudier l'hindouisme. Il était sur le point d'amener ses fils adolescents assister, en compagnie de centaines de milliers de fidèles, à une procession de minuit pour célébrer l'épopée hindoue du *Râmâyana*. Ses étudiants américains, dont certains bénéficiaient d'une bourse Fulbright pour poursuivre des études à l'étranger, le préoccupaient.

« L'autre jour, je me suis rendu pour la première fois au café Haifa, me confia-t-il. Je veux dire, nous essayons d'empêcher nos étudiants de trop se tenir ensemble, mais ce n'est pas facile. Et quand ils se rassemblent, ils parlent pratiquement comme des missionnaires. À quel point les locaux peuvent être affreux, c'est leur seul sujet de conversation. Le niveau d'ethnocentrisme est incroyable. »

Il y avait heureusement des exceptions. Un matin, dans un café chrétien appelé Bread of Life, un Américain vêtu d'un kurta marron vint m'emprunter mon exemplaire du *Times of India*. Il s'appelait John, il était originaire de la Caroline du Nord et il travaillait à Varanasi depuis six semaines, à panser les blessures dans les bidonvilles avoisinants.

« Les lépreux sont des gens étonnants, dit-il. Ils sont si joyeux. Je veux dire, ils sourient et ils rient pendant que tu panses leurs plaies. Ce sont des durs, ces Indiens, merde ! »

Il me présenta le Dr Bernard, un médecin suisse aux cheveux longs retenus sur la nuque, aux manières à la fois affables et autoritaires, qui avait travaillé avec Mère Teresa à Kolkata et qui œuvrait à Varanasi depuis vingt-deux ans. John m'invita à rester dans sa pension, où le prix des chambres était de seulement 60 roupies par nuit. Le Dr Bernard était toujours à la recherche de bénévoles. Je lui expliquai que j'étais coincé sur la piste des voyageurs et que je devais poursuivre ma route.

« Eh bien, me dit-il après m'avoir souhaité bonne chance, tu vas probablement te fatiguer de ça, comme moi. Khao San Road à Bangkok, Paharganj à Delhi, Freak Street à Katmandou : c'est toujours la même route. Mais si tu l'éloignes d'une centaine de mètres, tu te retrouveras dans un monde différent. »

J'AVAIS BIEN SÛR été fatigué de la piste *Lonely Planet* avant même de commencer. En vérité, j'en avais marre du voyage, point à la ligne. Le peu de poids que j'avais gagné sur le bateau de croisière avait rapidement fondu, j'étais couvert de piqûres de moustiques et mon gros orteil blessé en Suisse avait fini par perdre son ongle et il était à présent lamentablement nu. Mes vêtements puaient, j'avais un coup de soleil sur la nuque et j'avais toujours l'impression de manquer de sommeil. Au mieux, voyager en Inde est difficile, mais la journée et demie que j'avais passée dans un train à essayer de lire *Guerre et paix* avait eu raison de moi. De façon plus inquiétante, un coupe-feu à l'intérieur de moi s'était brisé. Je me fichais éperdument de la façon dont j'allais passer au travers des prochaines semaines ; tout ce que je voulais, c'était minimiser l'ennui et l'inconfort.

Ma prochaine étape était le Népal, ce qui voulait dire deux jours dans un autobus brinquebalant. Après avoir acheté un billet chez Radiant Services, l'unique compagnie privée de transport par autobus recommandée dans Le Livre, je me souvins de James et de ses histoires de tranquillisants et j'entrai dans une pharmacie. Je me raclai la gorge et le pharmacien, qui somnolait, la tête sur une table de bois, se réveilla en sursaut. Je lui demandai des Valium.

« Certainement », dit-il. Il glissa une plaquette de 10 comprimés dans un sachet de papier. Il avait, selon toute apparence, l'habitude de servir les voyageurs occidentaux. « Vous voulez des amphétamines ? De la kétamine ? Du speed liquide ? » reprit-il. Je refusai poliment.

Le lendemain matin, je me rendis à une agence de voyages à proximité de la gare ferroviaire où je me retrouvai au milieu d'une montagne chancelante de sacs à dos fluorescents et d'un groupe d'une cinquantaine de voyageurs. Le trajet en autobus, une navette exclusivement réservée aux fidèles du *Lonely Planet*, ne fut pas une sinécure. J'avais les genoux coincés contre le dossier du siège devant moi et mon siège chichement rembourré devait être directement soudé à un essieu sans suspension. Le conducteur semblait naviguer au son plutôt qu'à la vue, et il utilisait son klaxon comme une forme primitive d'écholocalisation. Deux heures plus tard, l'autobus tomba en panne et se traîna tant bien que mal jusqu'à une station-service, où on le hissa sur un cric grêle jusqu'à ce qu'on finisse par trouver un pneu de rechange.

De retour sur la route, j'engageai la conversation avec une jeune Israélienne décontractée qui me montra des photos hors foyer de charmeurs de serpents à Manali et fredonna un air hindi qu'elle écoutait sur son walkman. Elle ponctuait ses propos du mantra « *Shanti, shanti* ». Après avoir avalé un Valium, je me mis à voir les choses de son point de vue. Lorsque, près de la frontière népalaise, le conducteur donna un coup de volant pour éviter un mort étendu sur le ventre au milieu de la route, son dhotî remonté autour de ses cuisses, je clignai à peine les yeux.

À notre arrivée à Pokhara, un point de départ de trekking dans l'Himalaya, j'étais exténué. Je me joignis quand même à un jeune couple, lui de San Francisco, elle de Lille, avec qui je marchai pendant trois jours dans des villages de montagne et d'étroits sentiers forestiers. Ils embauchèrent un porteur, qu'ils payaient quelque 400 roupies népalaises (environ cinq dollars et demi) par jour pour porter leurs bagages. Le dos voûté, les pieds tournés en dedans dans ses Vans décrépites, il cheminait clopin-clopant. Aux abords du mont Poon, nous l'entendîmes chantonner une variante d'une chanson de folklore népalais.

« *Resum phri phri phri*, chantait-il de sa voix douce de soprano. *Israeli monkey, Nepali donkey, Resum phri phri phri.* »

Nous éclatâmes de rire et lui demandâmes de nous expliquer les paroles.

« Singes, *monkeys*, fous, pas vrai ? Israéliens aussi, comme singes, et font Népalais ânes, *donkeys*. » Je lui demandai s'il retournerait marcher avec eux. Il leva la main et cria : « Non ! » Ce fut la seule fois où Krishna éleva la voix. « J'essaie, deux fois, trois fois. Pas bonnes personnes. Pas valoir argent. Pas pourboires. Moi *pas* aimer. »

Ce soir-là, notre pension était bondée de touristes hollandais. Je bavardai avec le chef du groupe, un physiothérapeute

rongé par les soucis, qui lisait un bouquin intitulé *Total Fitness*.
Il venait au Népal depuis 1993. De nos jours, un grand nombre de randonneurs sont dans la quarantaine ou la cinquantaine, et pas très en forme, déplorait-il.

« Au début, il n'y avait que des routards, avec leurs propres
sacs à dos. C'était bien de les guider. Maintenant, ils sont plus
vieux et nous devons guider le genre de personnes qui vont à
Ibiza. Ils ont tous vu Brad Pitt dans *Sept ans au Tibet*. Ils ne
savent pas à quoi s'attendre, ils n'ont jamais fait de randonnée
en montagne. Cette fois-ci, l'un d'eux m'a dit littéralement:
"Toutes ces marches, Harry. Maintenant, dites-moi, quand
allons-nous cesser de grimper comme ça?" Un des hommes de
notre groupe, victime de surmenage, souffre de problèmes
mentaux. Il a fondu en larmes à Katmandou en voyant la
poussière et les enfants indigents. Il voulait rebrousser chemin. Pour finir, j'ai dû le faire monter de force dans l'autocar.
Un pas à la fois. Ah! Ce n'est pas comme dans le bon vieux
temps! »

En fait, l'âge moyen sur le circuit de l'Annapurna s'approchait de celui des passagers sur le bateau de croisière. Je me dis
que je m'étais trop écarté de la piste des routards et je pris
congé de mes compagnons de randonnée à Ghorepani. Nous
bûmes avec Krishna quelques petits verres de *raiksi*, un vilain
vin de millet servi dans une bouilloire. Le goût était assez proche de celui du saké – si le saké était fait avec du riz brun moisi
et coupé de neige de montagne fondue.

De retour au Lakeside, le ghetto des étrangers à Pokhara,
j'avais attrapé le rhume et j'avais les sinus congestionnés.
Légèrement abruti par des médicaments contre le rhume
achetés sous la table, je pris l'autobus pour Katmandou – un
trajet à faire dresser les cheveux sur la tête avec des ponts
arachnéens enjambant des rivières de montagne d'un vert lai-
teux. Jetant un coup d'œil au-dessus d'une falaise, j'aperçus un
autobus qui venait de nous dépasser; il était à présent 30 mètres plus bas, dans la rivière, et de la fumée noire sortait de ses
portes. Nous fîmes une pause à une halte routière et je demandai à un Israélien aux lèvres minces, les cheveux coiffés en

queue de cheval, que j'avais déjà rencontré dans l'autobus de Varanasi, comment il trouvait le voyage.

« Il y a un Népalais à côté de moi et il est insupportable, me dit-il en allongeant ses jambes devant lui pour me montrer. Et cette musique hindi qui joue à tue-tête. Horrible.

– Pas de bouchons d'oreilles ? demandai-je.

– On ne devrait pas forcer les étrangers à écouter cette musique affreuse. J'ai pris mes ciseaux à ongles pour couper les fils à côté de la fenêtre. Mais j'ai l'impression que ce n'étaient pas les fils des haut-parleurs. Les freins, peut-être ? »

Seigneur, pensai-je, je voyage avec un sociopathe. Je farfouillai dans mon sac et j'avalai un autre Valium.

APRÈS M'ÊTRE ESQUINTÉ la colonne vertébrale pendant un mois dans de mauvais moyens de transport, j'arrivai enfin à Katmandou. Et, pour paraphraser le groupe Grateful Dead, quel long voyage, étrangement familier ce fut. En suivant la piste du *Lonely Planet*, j'avais traversé la plus grande démocratie du monde, un pays qui se targuait d'avoir 18 langues officielles, 1600 dialectes et 330 millions de dieux, sans avoir jamais vécu autre chose que des rencontres purement superficielles avec de vrais Indiens. Ce n'est pas la faute du *Lonely Planet* – le guide est précis, détaillé, bien documenté et aussi exhaustif, à sa façon, qu'un Baedeker du XIXᵉ siècle. Le problème, c'est plutôt la piste éternelle qu'il a engendrée.

Les prétentions des touristes occidentaux actuels rendent le phénomène particulièrement offensant dans le contexte asiatique. Bien sûr, il est essentiel que les jeunes puissent jeter un regard sur le monde, voir comment une grande majorité de l'humanité est encore aux prises avec la famine, les conflits religieux et la maladie et lutte contre ces problèmes dans des conditions préindustrielles. Un « grand tour » contemporain de l'Asie, de l'Amérique latine ou de l'Afrique permet également de se pencher sur ce grand truisme caché de la modernité : l'Europe et l'Amérique du Nord doivent leur richesse et leur pouvoir à leur exploitation continue des ressources du Tiers-Monde, par l'intermédiaire des élites locales orientées vers l'Occident. Mais, profiter des privilèges découlant de la naissance pour se cacher derrière de minilecteurs de CD et des nuages de haschisch dans des autobus exclusivement réservés aux étrangers, sur des plages à la mode et dans des ghettos de pensions pour voyageurs, cela équivaut à dilapider ces mêmes privilèges.

Il y avait des exceptions – comme cet homme à Varanasi qui avait interrompu son voyage pour venir en aide aux lépreux. C'étaient les gens qui, les yeux ouverts sur ce qu'ils avaient vu, retourneraient là-bas donner un coup de main dans des projets de micro-électricité au Teraï népalais, des coopératives de crédit au Gujarat, ou travailler à Kolkata auprès des victimes des « accidents de cuisine » (les épouses dont on ne veut plus et qu'on enferme dans la cuisine pour les brûler avec du kérosène une fois que leur dot a été dépensée). Mais la grande majorité des voyageurs traitaient le Tiers-Monde comme s'il s'agissait d'un centre de villégiature – qui, de retour chez eux, leur donnerait une fausse aura d'expérience – et passaient leur temps à se plaindre de la mauvaise qualité et de la saleté qui nuisaient au plaisir de leurs vacances. À Katmandou, je me réjouis intérieurement quand les indigènes volèrent des appareils photo et des caméras vidéo Sony hors de prix. Il me semblait normal qu'on pique dans des sacs à dos trop remplis les appareils utilisés pour rendre exotiques ces pauvres gens – un seul de ces machins aurait été suffisant pour rembourser les dettes d'une famille villageoise, asservie selon les termes de contrats synallagmatiques.

Mon Katmandou imaginaire avait été un Zermatt médiéval dans l'Himalaya, un gros hameau entouré de hauts sommets, où tout était fait en bois, où la neige tombait des avant-toits et où, drapés dans des couvertures de laine, des voyageurs purs et durs buvaient du thé au beurre de yak en planifiant des expéditions en montagne. À mon grand étonnement, je trouvai une métropole suffocante et tentaculaire, infestée de Nissan et d'Enfield agressives ; c'était à peine si on arrivait à distinguer les sommets enneigés à travers un brouillard de gaz d'échappement rappelant le sud de la Californie. Tandis que je réservais une chambre au Kathmandu Guest House, une enclave gardée par des Gurkhas au milieu des casse-croûte et des boutiques d'équipement de randonnée du ghetto touristique de Thamel, mon rhume de cerveau atteignit son point culminant ; grâce à la poussière et à la pollution, je battis mon propre record en éternuant 25 fois de suite, un accès qui me laissa étourdi et épuisé.

Katmandou avait conservé les vestiges de la vieille époque hippie. Je fis un pèlerinage à la légendaire Freak Street, qui partait de la place Durbar. Dans le restaurant Snowman, une paire de néo-freaks – dreadlocks, boucs et marques de tikka rouge sur le front – assaisonnaient une laconique conversation en allemand d'expressions comme *peace and love* et *cool*. (Alors que les voyageurs à la page étaient tous habillés comme les enfants bâtards de Grace Slick et de Sai Baba, les revendeurs de drogue de Katmandou préféraient les tee-shirts Guns N'Roses et les blousons de cuir de style Ramones.) Une cassette de Captain Beefheart tournait sur la stéréo et le serveur nous apporta de la croustade aux pommes et du café au lait. J'étais assis avec un personnage aux cheveux clairsemés, à la fin de la quarantaine, qui s'était donné le nom sanscrit de Tarachandra. Vêtu d'un chandail de laine fané, il me confia qu'il vivait à San Francisco, mais qu'il venait au Népal depuis les années 1970 pour étudier le sanscrit et les tantra.

« La première fois que je suis venu ici, Thamel n'existait pas. Il n'y avait que Freak Street. On trouvait de la drogue partout. L'endroit était plein de *pie shops*, où les hippies et les Népalais allaient s'asseoir pour fumer des chiloms. *Man*, on n'avait même pas besoin de fumer, il suffisait d'inhaler. Ça se passe encore, mais c'est plus discret, les gens le font en cachette. »

Je lui demandai si, aujourd'hui, les voyageurs étaient différents.

« Eh bien, avant, on ne voyait pas de randonneurs. J'imagine que notre génération était différente parce que, avec tout ce qui se passait – la guerre du Viêt-nam, tout ça –, on avait l'impression que rien ne nous attendait chez nous. Qu'est-ce que les États-Unis avaient à nous offrir, je veux dire ? On ne voulait pas rentrer au pays et être enrôlés, alors on restait en Inde. »

Je rencontrai un autre vieux hippie, venu d'Australie cette fois, au café New Orleans, à Thamel. Attablés devant des brownies et de la crème glacée, nous bavardâmes pendant qu'un chœur d'enfants chantaient et rechantaient : *If you're happy and you know it, clap your hands*. Il s'appelait Terry et il venait au Népal depuis douze ans pour acheter des objets d'artisanat qu'il revendait dans des marchés près de chez lui, à Adélaïde.

« Je ne fais pas d'argent, mais j'adore ça. Et j'aide les Népalais. Dans les villages, les gens ont de la chance quand ils arrivent à manger un repas tous les deux jours. Dans les régions éloignées, une seule averse de grêle peut ravager une récolte et tuer tout un village. Je sais que les terres agricoles ont l'air riches, mais c'est seulement ce qu'on voit dans les régions de randonnée. La plupart des gens cultivent pendant douze mois, mais la terre ne produit que pour six mois. J'ai des amis dans les villages, je veux dire. Quand je reviens un an plus tard, ils sont en train de mourir de faim. Avant, tout ça me faisait verser des torrents de larmes. Mais il n'y a pas grand-chose qu'on puisse faire. » Il me regarda sans rire. « J'espère que je ne te coupe pas l'appétit. »

Je lui répondis que oui en repoussant mon gâteau.

« Allons, profite de ton dessert. Les Népalais le feraient s'ils étaient à ta place. D'ailleurs, qui sait, dans cent ans, nous serons peut-être ceux qui espéreront recevoir un seul bol de *dal bhaat* par jour. »

Cela m'abattit encore davantage. Terry me regarda d'un air paternellement préoccupé. Il avait une cinquantaine d'années et deux fils adultes. « Tu as l'air fatigué, tu sais, dit-il. Parfois, la meilleure chose à faire, c'est de *rentrer chez soi*, tout simplement. Tu ne peux pas porter le monde entier sur tes épaules. Commence par ta famille, chez toi. Occupe-toi de tes voisins, prends soin de ceux que tu aimes. C'est par là que tu dois commencer. »

Il avait raison. J'*étais* fatigué. Vidé. J'avais le mal du pays, je n'en pouvais plus de faire mes bagages tous les deux ou trois jours, je voulais prendre Karen dans mes bras. J'avais besoin d'un chez-moi – non pas un appartement sous-loué, un lieu d'entreposage et la promesse d'un sofa pour dormir. Il était temps de penser à me trouver un appartement qui serait un foyer – peut-être même à en acheter un. Je pourrais me procurer des plantes d'intérieur et rester à la maison assez longtemps pour les garder en vie.

Entre-temps, j'avais toutefois des problèmes plus pressants. Cet incessant va-et-vient m'avait mis à plat et ma résolution – longtemps respectée – d'éviter les drogues était compromise, elle était tombée en cours de route comme un livre de poche encombrant, relu trop souvent.

Feni à la noix de coco, *raiksi* de millet – cela pouvait faire l'affaire quand on voulait essayer les spécialités locales. Mais le petit supplément pour t'aider à vivre ? Les choses commençaient à échapper à mon contrôle.

CHAPITRE XI

Tirez sur le touriste

« Fascinante Thaïlande » – Je me trouve une femme française – Tours de *túk-túk* à 10 bahts dans Khao San Road – Soirée aux Olympiques du vagin de Patpong – Se louer une petite amie : combien ça coûte ? – Une brève histoire du *I & I* – Gauguin, Loti et autres voyageurs lubriques – Les mystères du peuple au long cou – Excursion dans un village tribal – Où je découvre que certains de mes compagnons de randonnée sont de fieffés imbéciles – La danse du feu – Un massage et un peu d'« oplium » – Le problème de l'authenticité – Fusion gastro-intestinale à dos d'éléphant – « Tirez sur le touriste ! » – Le tueur du Silver Sands – On ne s'ennuie jamais à Pattaya

J'AVAIS BESOIN de relaxer. La Thaïlande me donnerait, du moins je l'espérais, ce dont j'avais besoin.

Dans l'appareil de Thaï Airways en route vers Bangkok, une hôtesse aux yeux de biche, en robe violette, m'apporta mon repas et j'eus l'impression de goûter l'Indochine dans le curry au lait de coco, de sentir l'Extrême-Orient dans l'exotisme sans bactéries du dessert aux papayes et aux longanes. Après tous les sucriers constellés de mouches de l'Inde et du Népal, la perspective d'utiliser de petits sachets scellés de saccharine pour sucrer mon café dans de gros dépanneurs climatisés en Asie du Sud-Est offrait un certain attrait antiseptique. Sur le circuit des routards, la Thaïlande avait la réputation d'être l'endroit où l'on trouve des autocars de luxe avec sièges à dossier inclinable, où l'on se fait masser à bon prix sur des plages de sable blanc, où l'on s'empiffre de malbouffe sans culpabilité – bref, un centre de villégiature occidentalisé où l'on récupère des rigueurs du voyage. Qui avait besoin de drogue sur ces plages de sable si fin, dans ces forêts tropicales si parfaites, dans ces restaurants où l'on mangeait à volonté les mets *pad thaï*?

La brochure *Fascinante Thaïlande* en papier glacé que j'avais prise dans une agence de voyages à Katmandou était illustrée de photos d'orchidées dans la jungle, de sommets de montagnes drapés de nuages, de bungalows perchés sur des falaises verdoyantes et de kaléidoscopes de poissons tropicaux se dispersant devant des passionnés de plongée sous-marine. Le marché visé, semblait-il, était celui de l'écotourisme pompeux. « La région montagneuse du Nord est très populaire auprès des touristes; il s'agit d'une région de forêts de tecks et de sommets dans la jungle où de petites vallées secrètes se cachent dans les replis des montagnes – chacune de ces vallées étant un paradis terrestre potentiel. » À Chiang Maï, des agences offraient des randonnées « à faible impact » dans des forêts intactes et des villages tribaux de montagne, libres de touristes.

Depuis les années 1990, l'écotourisme se vend avec insistance comme une innovation sans précédent : c'est une façon de minimiser l'impact du tourisme de masse sur des environnements fragiles et des cultures éloignées en privilégiant les petits groupes et les pratiques de tourisme responsables. Axé sur des destinations de pays en voie de développement comme le Costa Rica, le Kenya, les îles Galápagos et l'Asie du Sud-Est, il promet d'apporter des profits d'ordre économique à des pays du Tiers-Monde ayant désespérément besoin de préserver les cultures indigènes et les écosystèmes menacés. J'avais vu comment les dandys du tour d'Europe avaient envahi les *piazze* italiennes et comment les jeunes voyous avaient ravagé Corfou; j'avais maintenant envie de croire qu'il existait une façon de voyager sans faire dégénérer une culture.

En regardant par le hublot, je constatai que nous volions au niveau des sommets ensoleillés de l'Himalaya – une vision époustouflante, comme si nous venions d'atteindre une hauteur de 9000 mètres. Les avions ne cessent d'émettre des gaz contribuant à l'effet de serre et c'est là un des secrets les plus inavouables de l'industrie du voyage ; la piste pittoresque que notre avion traçait dans le ciel asiatique injectait directement de l'oxyde d'azote dans l'atmosphère supérieure, augmentant par le fait même les concentrations d'ozone et accélérant les changements climatiques. Chacun des « écotouristes » britanniques qui allait marcher dans les forêts tropicales humides du Brésil était responsable de la combustion de 2,2 tonnes de carbone – la part individuelle d'un passager par rapport aux émissions totales de l'avion –, soit deux fois plus que ce qu'un Africain produit en moyenne par année. Si je me glorifiais de n'avoir jamais possédé de voiture, je savais pourtant que, ayant traversé l'Atlantique en avion pour faire ensuite ces petits sauts à travers l'Asie, je vomissais autant de carbone que si je me rendais chaque jour au travail en 4 x 4. En encourageant les privilégiés à faire le tour du monde dans des jets pollueurs pour aller vivre une expérience bucolique dans les huttes de chaume du Tiers-Monde, le concept d'écotourisme sera toujours davantage un oxymoron qu'un mot à la mode.

D'ailleurs, des quelque 10 millions de gens qui visitaient la Thaïlande chaque année – dont 70 % étaient des hommes seuls – combien venaient vraiment pour les tribus de montagne et le corail ? La documentation touristique mettait l'accent sur la vie sauvage intacte ; les touristes sexuels savaient lire entre les lignes. Pour eux, la Thaïlande était le lieu où trouver des filles faciles et du Viagra sans ordonnance pendant que des ripoux regardaient ailleurs.

APRÈS AVOIR ENCAISSÉ un chèque de voyage – un dollar américain valait 45 bahts –, je sortis de l'aéroport de Bangkok et j'attendis un autobus dans la chaleur subtropicale. Des

Thaïlandaises portant des sacs de boutiques hors taxes au bout de leurs bras minces, accompagnées par des hommes blancs gros et mous en shorts et chemises bariolées, se hâtaient de monter dans des taxis Corolla climatisés. Je demandai à un grand routard à la fin de la vingtaine comment me rendre à Khao San Road. Dirk était allemand et il m'expliqua qu'il s'arrêtait pour la nuit à Bangkok avant de retourner à la pension qu'il dirigeait dans le nord avec sa compagne thaïlandaise. Nous parlions tous deux le français et Dirk suggéra que, pour économiser, nous partagions une chambre d'hôtel.

Le soleil était couché depuis longtemps et, par les fenêtres de l'autobus A2, Bangkok ressemblait à une métropole de gratte-ciel caressée par des viaducs sinueux. Après le faible éclairage des nuits indiennes, le paysage nocturne – un défilé de panneaux d'affichage annonçant les cigarettes Marlboro et des téléphones cellulaires – semblait criard et étincelant ; on aurait dit une Los Angeles entièrement construite pendant la dernière décennie. Dirk me conduisit dans une *soi* – une artère urbaine – où se pressaient salons de massage et laveries, jusqu'à une petite rue tranquille bordée de pensions. Nous réservâmes une chambre sinistre, mais bon marché, puis nous allâmes boire un coca dans un café de *soi* Rambutri. Là, notre conversation décousue attira l'attention d'une Française assise à la table voisine.

« *Vous permettez* * ? » demanda-t-elle en tirant une chaise de rotin vers notre table.

Cécile était arrivée d'Australie la semaine précédente et elle avoua avoir trouvé difficile de pénétrer la vie nocturne de Bangkok. « Pour un homme, il n'y a pas de problème, se plaignit-elle. Tu plonges dedans et personne ne trouve rien à redire. Mais, moi aussi, je veux voir ces fameux bars go-go ! »

Dirk sympathisa avec elle. « C'est vrai, on ne veut pas vraiment voir de femmes *farang* à Patpong. »

Farang était le terme thaïlandais pour désigner les étrangers de race blanche et Patpong était le district – trois *sois* parallèles, croisées par des ruelles encore plus étroites – où s'agglutinaient les bars de strip-tease. Je dis à Cécile que je voulais également voir les filles de Patpong – seulement les regarder, pas les toucher. Nous parviendrons peut-être à écarter les rabatteurs en faisant semblant d'être mari et femme. Nous prîmes rendez-vous pour souper ensemble le lendemain soir et elle m'écrivit le numéro de la chambre qu'elle louait dans une pension à proximité.

« *Salut, chéri** ! » dit-elle, puis elle me quitta après m'avoir donné deux baisers collants sur les joues.

Dirk haussa un sourcil. « Tu es bien sûr d'avoir besoin d'une femme française ? »

J'en avais déjà eu une, répondis-je, et je pouvais sans doute en supporter une temporaire.

Le lendemain matin, Dirk me dit au revoir et alla prendre son train vers le nord. Quant à moi, je coupai à travers un complexe de temples et d'écoles pour aboutir à Khao San Road, le célèbre ghetto des routards. Faisant saillie sur les immeubles de plusieurs étages abritant des pensions, des enseignes superposées rivalisaient pour attirer le regard du passant : *Welcome Travel, Hello Internet Café, Rainbow Silver* et, ma préférée, *Aporia Books* – un havre, sûrement, pour le voyageur incertain. À la recherche de clients, un conducteur de cyclopousse à trois roues gesticula avec désinvolture vers les sièges rembourrés en vinyle de son véhicule :

« Tour de *túk-túk* ? demanda-t-il. Dix bahts seulement. »

Les agences de voyages proposaient des tours de minibus jusqu'à Phuket, des visas pour le Cambodge et des voyages à « la chute Heaw Suat, comme dans le film LA PLAGE ». Dans la vitrine d'une pharmacie, on avait placé un écriteau pour indiquer résolument qu'on n'y vendait « Pas de pilules amaigrissantes ». Une femme trapue coiffée d'un feutre mou, le visage constellé de grains de beauté, vendait des sauterelles et des larves frites dans des sachets de papier. (J'achetai des larves. Éclatant contre les gencives avec un *pop* évocateur des plus désagréables, elles avaient un goût assez semblable à celui de sachets de thé graisseux farcis de poussière.)

Je m'imprégnai de l'ambiance devant un petit-déjeuner *banana pancake* dans un établissement appelé Lucky Beer. Des motos Triumph et BMW, dont plusieurs avaient des side-cars, étaient garées devant des bars où des routards regardaient les DVD des derniers films hollywoodiens. De petits groupes d'Anglais fraîchement descendus de l'avion se ruaient entre les taxis. Avec leurs sandales de sport de marque connue et leurs débardeurs arborant le symbole d'une boisson vitaminée thaï – deux taureaux s'affrontant –, ils avaient l'air d'avoir tous reçu le même uniforme dans un wagon d'accueil tropical. Khao San Road, c'était l'Asie réduite à un centre commercial pour routards ; dans une rue comme celle-ci, où affluaient de jeunes Occidentaux bruyants venus faire la fête, 120 routards et vacanciers trouveraient la mort dans l'explosion d'une voiture piégée à la plage Kuta de Bali.

Le restaurant où j'allai souper avec Cécile était situé dans une cour remplie d'arbres. Nous commandâmes un plat de curry aux crevettes rouges. Je la complimentai : elle portait une robe, elle s'était maquillée et avait rassemblé ses cheveux en chignon.

« Que veux-tu ? On commence à se sentir complexée en voyant tous ces hommes en compagnie de Thaïlandaises maigres comme… » Elle brandit son petit doigt d'un air dégoûté.

Enseignante dans un lycée, elle avait été récemment licenciée. Une nouvelle mesure du système de sécurité sociale en France lui donnait droit à 912 jours d'assurance-chômage. Décidée à faire durer son argent, elle était venue en Thaïlande en passant par Sydney.

« Mais je ne crois pas que je vais rester à Bangkok. Pour une femme étrangère, c'est trop déprimant. Comparées à toutes ces petites go-go girls, nous n'avons aucune chance ! »

Et que pensait-elle des Thaïlandais ?

« Ah ! *Ça, par contre** ! Certains sont très mignons avec leurs hanches étroites. *Oui**, ce serait peut-être rigolo d'avoir *une petite aventure**. À condition qu'il ait son propre scooter. Mais s'il me demande de payer ses repas et son alcool, *ça, non** ! »

Nous prîmes un taxi pour nous rendre à Thanon Surawong, une rue moderne bordée de banques et de gratte-ciel au centre du quartier des affaires de Bangkok, et nous nous arrêtâmes devant une section du trottoir où la foule débordait jusque dans la rigole. Mon pied n'avait pas encore touché l'asphalte qu'un homme d'âge moyen avec une fine moustache me saisit par le bras.

« Où vous aller ? demanda-t-il en me poussant une carte laminée dans le visage. Spectacle. Venir voir ! »

« *Pussy Ping Pong Pussy Œuf Pussy Fléchette Pussy Rasoir Pussy Fume Cigarette* », promettait le texte à demi effacé sur la carte.

J'avais entendu parler de ces « Olympiques du vagin » de la Thaïlande, une sorte de cirque gynécologique. Cécile me suivit dans *soi* Patpong 1, une rue étroite où se pressaient des éventaires, marché de nuit où l'on vendait de faux portefeuilles Calvin Klein, de faux verres fumés Versace et des tee-shirts sur lesquels Coca-Cola était écrit en thaï. Les immeubles étaient des structures boulottes de deux étages. Les façades de brasseries, éclairées au néon, se suivaient à des intervalles de quelques mètres. Vêtus de coutil blanc, des touristes américains obèses avançaient pesamment devant les tables serrées les unes contre les autres sur le trottoir, suivis de près par d'agiles Thaïlandais. Le genre d'endroit qui me donnait l'impression que mon portefeuille picotait, comme s'il était collé dans mon système nerveux. Je le transférai prudemment dans ma poche de devant.

Nous suivîmes le rabatteur dans une rue transversale appelée *soi* Crazy Horse jusqu'au King's Lounge. Au sommet d'un étroit escalier, nous débouchâmes sur une salle vide où une demi-douzaine de filles aux longues jambes pivotaient nonchalamment sur la scène.

« Ça ne m'a pas l'air très palpitant », dit Cécile, et je l'approuvai. En nous voyant réapparaître dans la rue une minute plus tard, le rabatteur mécontent fronça les sourcils et il nous emboîta le pas en agitant ses cartes *pussy* d'un air menaçant.

« Pourquoi pas rester ? Vous revenir ! »

Nous le congédiâmes d'un haussement d'épaules et traversâmes la rue. Pussy Galore, pouvait-on lire en lettrage au néon démodé devant un immeuble ; sur la façade, une enseigne promettait : « *Go-go Girls – Spectacle érotique pour amoureux.* »

Une femme bien en chair, engoncée dans son blue-jean, nous accueillit à la porte en nous montrant la carte des consommations.

« Singha, 90 bahts. Heineken, 100. Vous venir ? »

J'acquiesçai d'un signe de tête. Elle me planta alors une main dans le creux des reins et me poussa dans l'escalier. J'entendis qu'on déverrouillait la porte et une hôtesse d'âge moyen dans une robe très moulante nous conduisit à nos places au bord de la scène.

Quelque chose explosa au-dessus de ma tête. Tandis que mes yeux s'ajustaient à l'éclairage, je vis une femme allongée sur le dos, qui, à partir d'un tube enfoncé entre ses grandes lèvres, soufflait des fléchettes vers des ballons en forme de saucisse appliqués à un pilier à côté de la scène. Le Pussy Galore était une petite salle rectangulaire avec une scène surélevée en forme d'arène de boxe entourée de tables ; des sofas étaient disposés le long des murs. L'hôtesse nous traitait avec cette attention crispée, vigilante, qu'un poméranien réserve aux nouveaux invités de la maison. À notre droite, il y avait trois fringants Arabes en chemise blanche habillée, accompagnés de femmes à la poitrine dénudée. Ils applaudirent lorsque la fille sauta de la scène poussiéreuse et retira le tube de son entre-jambe. *Start Me Up* commença et une demi-douzaine de jouvencelles au ventre plat se mirent à se dandiner nonchalamment autour de la scène en faisant bouger leurs coudes dans une évocation approximative de rock'n'roll.

Je sentis des mains inexpertes me pétrir les épaules. Deux filles aux seins nus étaient apparues derrière nous. « Toi, tendu. Vouloir massage ? demanda celle qui était dans mon dos.

– J'ai l'impression qu'elles essaient de mettre quelque chose dans ma bière », chuchota Cécile. Elle éloigna la bouteille de sa masseuse et la couvrit de sa main.

Comme les filles sur scène étaient déjà nues, il n'y avait aucun strip-tease à voir. Elles ne savaient pas danser, alors il n'y avait pas vraiment de technique à admirer. Dénuées de talent, elles se concentraient sur l'avilissement. Au son de *Itsy Bitsy Teeny Weeny Yellow Polka Dot Bikini*, une femme retira de ses entrailles une chaîne fluorescente en plastique. Une autre brandit un œuf, le fit entrer de force dans son vagin, puis frappa trois fois le sol de la scène de son ventre concave pour le faire sortir. Elle se releva prestement, couva son œuf – un passage de l'*Histoire de l'œil* de Georges Bataille me revint à l'esprit –, puis le leva dans les airs pour montrer qu'il ne s'était pas cassé. La fille qui avait tiré les fléchettes s'inséra un autre tube dans le vagin et, tandis que le barman lui présentait un gâteau souillé couvert de glaçage pétrifié, elle contracta son ventre et souffla quatre bougies inclinées. Ensuite, elle se mit une trompette entre les jambes et joua trois notes.

Cécile était bouche bée. « Peut-on imaginer que je fasse ce genre de truc durant une relation sexuelle ? *Attends, chéri**, je voudrais te montrer quelque chose... Et je sors ma petite trompette ! »

Les filles paradaient sur la scène, leurs genoux à la hauteur de nos yeux. « Comment peuvent-elles être aussi minces et avoir quand même des vergetures ? » s'étonna Cécile à voix haute.

Peu de temps après notre arrivée, un grand type à la pomme d'Adam proéminente, le nez chaussé de lunettes aux verres épais, s'assit en face de nous. Il attira instantanément tous les regards et l'hôtesse poméranienne se précipita pour lui apporter une Heineken. Il avait beau ressembler à un animateur mal aimé de Sausalito, il était reçu comme une rock star triomphante et huit filles aux seins nus se pressèrent bientôt autour de lui. Submergé par toute cette attention, il commanda à boire pour ses groupies. Après le dernier numéro des *Olympiques* – on nous fit grâce de l'infâme *Pussy Rasoir* où une fille tire une ficelle à laquelle sont enfilées des lames de rasoir d'un sac caché dans son vagin –, il sélectionna une candidate angélique qui ne devait pas avoir plus de 18 ans. Elle appuya sa tête contre l'épaule de l'homme, comme s'ils étaient de vieux amoureux. Des négociations avec l'hôtesse s'ensuivirent, la fille revint d'une loge dans les coulisses, vêtue d'une camisole scintillante, et ils nous précédèrent dans l'escalier pour se fondre dans la nuit de Bangkok.

L'hôtesse nous accompagna à la porte. « Ça va, ça va, dit-elle en me donnant une légère poussée. Vous avoir bon temps ? Bien. Salut ! » La porte claqua derrière nous. Patpong ne semblait pas apprécier beaucoup les sociologues, les couples et les voyeurs.

Je déambulai avec Cécile dans une impasse où des bars comme le Screw Boy Go-Go et le Pinocchio alimentaient la foule gay. Un bonimenteur tenta de nous attirer dans un établissement situé au rez-de-chaussée d'un immeuble, où de jeunes et minces Thaïlandais à la peau mate en string d'un vert chatoyant, un haut-de-forme sur la tête, terminaient un spectacle de cabaret. Pour décourager Cécile, le portier nous demanda de payer 500 bahts – plus de 10 dollars – de frais d'admission. Je refusai.

« C'est injuste, se lamenta-t-elle. Tu as bien vu les femmes ! »

En guise de compensation, je lui offris un tequila sunrise, que l'on vendait dans une camionnette Volkswagen au toit ouvrant, sorte de disco mobile avec tables tournantes et stroboscope. Nous échangeâmes de chastes *bises** dans Khao San Road et je la remerciai d'avoir été une si merveilleuse – et si tolérante – épouse.

« *C'était un plaisir, mon cher** ! » répondit-elle avec une politesse de commande – j'avais été un bien piètre soupirant et elle tenait à me le faire sentir.

J'étais trop loin – et trop près de la fin de la route – pour perdre la tête à cause d'une soirée en compagnie d'une Française dans un bar de strip-teaseuses. Avec leurs seins parfaits et leurs longues jambes, les filles de Patpong étaient splendides, mais l'atmosphère était à peu près aussi érotique qu'un élevage de poulets en batterie. Pour me réveiller, il fallait stimuler mon imagination. Et, depuis peu, tous mes efforts en ce sens aboutissaient à Karen, chez moi.

Je trouvai une table tranquille au bar d'un petit hôtel et je repensai à ce que j'avais vu. L'habitué que j'avais regardé au Pussy Galore, un pauvre type, était un client modèle. Il avait fait son choix parmi les filles du bar – elles étaient là pour ça – et payé l'« amende » d'environ 500 bahts à l'hôtesse, ce qui libérerait la jeune fille pour la soirée. Ils se rendraient probablement à la chambre d'hôtel du client. Elle demanderait 1500 bahts pour la nuit et, s'ils s'entendaient bien, elle lui demanderait un cadeau et s'arrangerait pour le revoir. La location d'une petite amie était une institution célèbre en Thaïlande, ce qui donnait des couples invraisemblables : des Européens au front dégarni, en chaussettes noires tirées sur des mollets chauves, dégageant des relents de bière et de saucisse, se laissaient entraîner dans les bijouteries de Chinatown par des filles séraphiques juchées sur leurs talons aiguilles.

Si l'on acceptait la version privilégiée par les touristes sexuels, la Thaïlande représentait un répit par rapport à l'hypocrisie de l'Occident. Les jeunes Thaïlandaises étaient affectueuses, disaient-ils, certainement plus que les vénales prostituées européennes et américaines, qui faisaient leur boulot de façon mécanique ; leur culture leur avait montré à respecter et à aimer les hommes plus âgés ; et les adeptes étaient capables de citer nombre d'aventures qui avaient évolué en amour et s'étaient même terminées par un mariage. Habituées à mêler sentiments et commerce, les prostituées de Patpong étaient expertes en l'art de berner leur clientèle. Une fois qu'elles s'étaient trouvé un chevalier servant, elles lui faisaient cracher son fric pour leurs parents dans des villages du nord de la Thaïlande, le mariage de leurs sœurs ou le traitement de leur petit frère atteint de malaria. Les hommes qui, chez eux, étaient de parfaits crétins – ayant laissé le surmenage, l'alcool ou une communication déficiente assombrir leurs relations – devenaient des héros en Thaïlande et les regards reconnaissants pleuvaient sur eux tandis qu'avec leurs « cadeaux » ils sauvaient des familles entières du vice et de la pauvreté. En réalité, la famille ne recevait habituellement qu'une fraction de l'argent – le reste servait à payer les vêtements, le jeu et parfois la drogue – et la fille du bar berçait des mêmes illusions plusieurs prétendants à la fois.

En Thaïlande, au moins 200 000 femmes adultes se prostituent. (Selon certains organismes non gouvernementaux, le nombre des travailleurs du sexe, y compris les hommes et les

enfants, atteindrait deux millions.) Bien entendu, la Thaïlande n'a pas attendu l'avènement du tourisme de masse pour
ériger la prostitution en institution. Les hommes étaient considérés comme des êtres irresponsables, naturellement portés à
la méchanceté, et la version thaïlandaise du bouddhisme pla-
çait les femmes au bas de l'échelle sociale. Ce n'était qu'en
acquérant du mérite dans cette vie qu'une Thaïlandaise pouvait espérer se réincarner dans le corps d'un homme. On s'attendait à voir les hommes thaïlandais fréquenter les bordels
qui, actuellement comme au début du XIXᵉ siècle, sont camou-
flés dans des arrière-boutiques de quartiers ouvriers.

Ce fut la guerre du Viêt-nam qui amena la prostitution au
grand jour. Bien que, de nom, un royaume indépendant – gouverné par Sa Majesté amateur de jazz Bhumibol Adulyadej,
dont on voyait le visage à lunettes sur des affiches éclairées par-
derrière à toutes les principales intersections de Bangkok –, la
Thaïlande devint de facto, dans les années 1960, un avant-
poste militaire des États-Unis, une base à partir de laquelle les
B-52 bombardaient intensivement le Nord Viêt-nam. En 1967,
Robert McNamara, secrétaire à la Défense des USA, signa des
contrats avec le gouvernement thaïlandais permettant aux soldats américains d'utiliser le pays comme base *R & R* (*Rest &
Rotation*) – ou *I & I* (*Intoxication & Intercourse*), comme les GI
la qualifiaient avec plus d'à-propos. Si les go-go bars comme le
Suzie Wong et le Goldfingers privilégiaient toujours la musique de Creedence Clearwater Revival et de Jimi Hendrix,
c'était parce que, à l'instar de leur clientèle, ils avaient atteint
leur majorité dans les années 1960. Des milliers de vétérans
américains vieillissants vivent encore en Thaïlande, incapables de s'extirper d'un paradis sexuel imaginaire où leur richesse relative leur procure un statut et un respect qu'ils seraient incapables de trouver chez eux.

Les touristes sexuels qui ont suivi – Japonais et Arabes dans
des voyages organisés, Anglais fredonnant *One Night in Bangkok* en se déversant des avions nolisés – profitèrent non seulement des traditions culturelles qui sanctifiaient l'homme et
dévalorisaient la femme, mais aussi de l'espace social créé par

les soldats qui avaient fréquenté les go-go bars et entretenu (puis abandonné) des *miachao*, des femmes de location. La guerre faisait encore rage lorsque McNamara devint président de la Banque mondiale. Il encouragea alors la Thaïlande « à augmenter ses activités d'exportation et à déployer tous les efforts pour attirer de riches étrangers à profiter des diverses infrastructures touristiques du pays ». Le plan fonctionna : en 1980, 2,2 millions de touristes visitèrent la Thaïlande, procurant au pays l'argent nécessaire pour rembourser ses emprunts à la Banque mondiale et au FMI. Avec l'exploitation forestière illégale et le commerce de la drogue, les rentrées de l'industrie déclenchèrent un boom dans la construction (dont l'effondrement écrasa l'économie thaïlandaise et provoqua la dévaluation du baht en 1997). En théorie illégales, la prostitution et les industries qui y sont associées représentent néanmoins la principale source de devises étrangères pour la Thaïlande.

Selon quelques penseurs féministes, la prostitution pourrait être considérée comme un moyen de s'approprier un certain pouvoir. Une femme originaire de la région défavorisée d'Isan au nord-est de la Thaïlande, comme la plupart des filles de Patpong, aura peut-être plus envie de travailler dans un go-go bar que de devenir une *saphay* (une bru, traitée en esclave) ou une *chee* (une nonne qui mendie pour vivre, d'un statut inférieur à celui d'un moine). Travailler derrière une machine à coudre dans une manufacture de vêtements lui rapporterait environ 825 bahts (18 dollars par semaine) ; elle gagnerait autant en quelques heures à Patpong. Ces femmes ne sont pas nécessairement ostracisées ; elles retournent à leurs villages avec de l'argent et, parfois, elles achètent une nouvelle maison à leurs parents.

Mais il faut avoir de la chance pour travailler longtemps à Patpong. Lorsqu'une femme attachée à un bar comme le Pussy Galore échoue à son test VIH, elle est rétrogradée dans un bordel de bas étage, où elle travaille avec des femmes des minorités ethniques vendues selon des contrats de servitude, forcées de rembourser aux trafiquants des dettes qui ne cessent d'augmenter. Ce genre de bordel est fréquenté par les travailleurs saisonniers, qui, de retour dans leur village, contaminent à leur tour leur femme. Pendant la majeure partie des années 1990, la Thaïlande a minimisé l'importance du sida dans le pays. Mais le gouvernement a récemment admis que 100 000 habitants de Bangkok sont infectés par le VIH et qu'un Thaïlandais sur 60 est porteur du virus. Une chose est sûre : le sida est devenu la principale cause de mortalité au pays.

Le tourisme sexuel dépend, plus que tout, du point de vue où l'on se place. Vu de l'extérieur, cela peut paraître un arrangement satisfaisant pour le client berné comme pour l'insouciante travailleuse du sexe qui tire des avantages, pour elle-même et pour sa famille, de son aptitude à exprimer la tendresse, réelle ou simulée. Mais le véritable esclavage sexuel – fournir des femmes à des hommes d'affaires japonais, à des Chinois qui paient plus cher pour déflorer des vierges et à des ouvriers thaïlandais qui veulent des filles des tribus de montagne – a lieu derrière des portes closes. Il s'agit d'une énorme industrie panasiatique et les clients versent une prime pour des filles jeunes et saines. Le fait que de riches Occidentaux se baladent si ouvertement avec des prostituées dans les rues de Bangkok constitue une approbation tacite de l'institution. C'est seulement lorsque l'on tient compte des coûts sociaux cumulatifs que le tourisme sexuel affiche son véritable visage : celui d'un désastre au ralenti qui accélère l'effondrement de la famille, des modes de vie traditionnels et précipite les pauvres dans des zones urbaines misérables, de plus en plus vastes.

J'étais attablé à une terrasse dans *soi* Rambutri lorsqu'un couple invraisemblable passa en titubant devant moi. Elle : ossature délicate, talons hauts et robe diaphane imprimée d'orchidées laissant deviner le slip noir en dessous. Lui : vacillant et rotant, deux fois son âge. La seule vue de ce type constituait une mise en garde contre la consommation des barres Mars frites et des sandwiches aux patates.

« Viens, mon chou, dit-elle en le faisant tourner dans une rue transversale. Nous sommes presque arrivés. »

Si je devais tomber sur lui le lendemain dans l'express du fleuve Chao Phraya, il me parlerait avec enthousiasme de sa nouvelle petite amie – pas une pute, non – et il me raconterait comment il lui avait acheté une fausse montre Cartier au marché du week-end. Pour la majorité des touristes sexuels, sauver la face voulait dire nier qu'ils payaient à la fois pour le sexe et la compagnie.

Bien sûr, le tourisme sexuel est une vénérable tradition de voyage. Pendant des générations, des hommes occidentaux se sont libérés des contraintes d'une civilisation corrompue en adhérant aux mœurs prétendument plus libres de l'Orient. Julien Viaud se rendit à Tahiti en 1872, il devint amoureux d'une femme appelée Rarahu et adopta une nouvelle identité : à partir de ce moment, il fut Loti, le surnom que les Polynésiennes lui avaient donné. Il raconta son histoire dans *Le mariage de Loti*, ce qui incita Gauguin à aller chercher un paradis dans les mers du Sud. (Gauguin finit par être tellement défiguré par la syphilis contractée en Europe que même les adolescentes de 13 ans qu'il préférait comme partenaires sexuelles ne voulurent plus accepter ses « cadeaux ».)

En nimbant les prostituées thaïlandaises d'une aura romantique et en les inscrivant dans la tradition du noble sauvage (qui les décrit comme des êtres sexuels naturellement portés à la tendresse), les clients modernes tentent de conférer une certaine dignité à la pédophilie et au sexe rémunéré. Ceci fait fi de toute la révolution sexuelle et du fait que, depuis les quarante dernières années, des adultes consentants se sont rencontrés dans les bars du monde occidental et ont eu des aventures éphémères sans échange monétaire. (Quelque chose se cache évidemment derrière tout ça : depuis les années 1960, les femmes ont acquis suffisamment de pouvoir social et économique pour exiger que les hommes qu'elles choisissent soient attirants d'une façon ou d'une autre.) Les touristes sexuels qui envahissent l'Asie du Sud-Est prétendent fuir l'hypocrisie de la société. Selon moi, c'est davantage comme s'ils exportaient leur propre corruption.

De ce point de vue, l'écotourisme représentait une opération mineure de chirurgie esthétique, un effort optimiste pour donner, dans les brochures, une apparence décente à une grue vieillissante. Bangkok n'a, en soi, pas beaucoup d'écologie à offrir. C'est l'une des villes les plus polluées de l'Asie et 17 % de ses habitants vivent dans des taudis, étouffant dans des ruelles fétides où le niveau de particules de poussière atteint 106 000 milligrammes par mètre cube, soit plus de 10 fois la limite de sécurité. Je passai une journée à me promener dans le nouveau *Skytrain*, à visiter les enclaves touristiques des *wats* royaux dorés, tout en ayant une vision périphérique des bidonvilles qui s'étalaient le long de canaux paresseux. Au début de la soirée, le smog m'avait mis la gorge en feu. Dans les *sois* et les passages souterrains, une foule de paysans fouillaient dans les ordures et des fillettes minuscules vendaient des chiots remuants. La dépendance au *ya ba* – « remède fou », une amphétamine birmane – est largement répandue : on croit qu'un tiers des accidents de la route sont causés par cette drogue. Entre la famine qui se traînait léthargiquement les pieds et la psychose qui se ruait avec de brusques soubresauts, naviguer sur les trottoirs de Bangkok était à peu près aussi relaxant que louvoyer en patins à roulettes dans un souk marocain.

JE POUSSAI un soupir de soulagement quand, le lendemain après-midi à la gare de Hualamphong, je sautai dans un train vers le nord. Une hôtesse habillée comme une représentante Avon me servit des légumes avec du riz et des crevettes dans des assiettes en mélamine rose et m'offrit une grande serviette de bain pour rendre ma couchette confortable. Je me réveillai le lendemain matin à Chiang Maï, la capitale du Nord, et pris un *túk-túk* jusqu'au Kavil Inn. Le sommet de ma tête contre le toit en plastique, j'apercevais sur les trottoirs les mollets dodus des touristes.

De façon marginale, le rythme était plus lent dans le nord. Il y avait moins de gratte-ciel dans la deuxième ville de la Thaïlande et les 121 temples du vieux quartier étaient entourés d'une douve rappelant le statut de Chiang Maï comme capitale d'un royaume médiéval. Mais un aéroport international accueillait les charters européens, une autoroute à six voix cernait la ville et, même en plein jour, les filles de bar m'invitaient à les suivre dans la pénombre de leurs tanières. Dans les rues, des panneaux annonçaient des écoles de cuisine thaïe à grand renfort de photos de blondes et rayonnantes Californiennes en train de hacher des piments, et d'innombrables instituts offraient des cours de massage, de méditation et d'escalade. Tandis que je passais devant le Hill Tribe Hemp Café (« Jus d'herbe de blé de notre extracteur à jus »), le German Hofbraühaus (une Thaïlandaise en ample jupe alpine tendait un menu de *Wienerschnitzel*) et le Chiangmai Saloon (« La meilleure bouffe en ville »), des hordes de motards vieillissants roulaient en pétaradant le long des avenues – un vacarme propre à desceller les briques des fortifications décrépites.

Chiang Maï est le point de départ d'excursions dans les territoires traditionnels des peuples minoritaires, qui représentent moins de un pour cent de la population du pays. La brochure du ministère du Tourisme les réduisait à des effigies pittoresques. « Dans un paysage à couper le souffle, pouvait-on y lire, ces attrayantes silhouettes colorées sont celles des gens des tribus de montagne, un peuple semi-nomade qui a son propre style de vie. » Les agences se suivaient à des intervalles de quelques centaines de mètres, leurs vitrines débordant de descriptions de pistes. L'une montrait la photo pâlie d'une femme de tribu, son visage à l'ovale parfait posé comme un point sur le *i* formé par la longue colonne d'anneaux dorés reposant sur ses épaules. « Mystères du peuple au long cou », était-il écrit sur l'affiche, « Allons les visiter et les toucher en même temps ».

Si j'étais amateur d'émotions fortes, je pouvais opter pour le saut à l'élastique dans la jungle ou, si je préférais l'anthropologie lascive, il me suffisait d'aller faire un tour à Pasang, la « Ville des belles femmes ». Troublé par cette abondance de richesses – il y avait 300 organisateurs de voyages à Chiang Maï seulement –, j'allai au Night Bazaar, un marché permanent de produits des tribus de montagne, et m'approchai d'un stand en bois d'apparence rustique. GREAT TRAVEL CENTRE CO. LTD., disait l'enseigne. « Je ne suis pas comme les autres, je suis ici depuis 1983 apr. J.-C. » (Parfait. Je suis strictement contre les agences de voyages d'avant l'ère chrétienne.)

Au comptoir, un Thaïlandais en veste de denim délavé sortit un album de photos montrant des touristes en sueur pataugeant dans des rizières. « C'est notre plus populaire, dit-il. Numéro 11. Départ demain matin. » Quarante dollars pour une randonnée de trois jours : je ne pouvais pas vraiment me plaindre du prix. Il me fit un reçu truffé de fautes dans une écriture baroque, tout en boucles.

Le lendemain matin, je grimpai dans un *sawngthaew* – une camionnette découverte avec deux rangées de bancs de bois à l'arrière – et nous nous engageâmes dans le réseau de rues à sens unique de Chiang Maï, nous arrêtant à toutes les pensions pour faire monter de nouveaux compagnons de randonnée. Pour commencer, ils vinrent par couples : deux physiothé-rapeutes de Tasmanie, deux étudiants danois aux cheveux blonds, un couple marié de programmeurs informatiques de Roscommon. Un instituteur coréen, Hyung, se tassa entre nous. Les derniers furent Mark et Alan – tête rasée, une ving-taine d'années –, du Lincolnshire. Nous étions assis face à face, tels des prisonniers dans un panier à salade, agrippés à la barre anticahots qui faisait toute la longueur du *sawngthaew*. Les deux Anglais sirotaient de petites bouteilles de Red Bull, la boisson corsée fabriquée en Thaïlande, à base de caféine et de sang de taureau, populaire sur le circuit des clubs.

« Ça nous sert de nourriture, expliqua Mark, le moins fébrile des deux. Comme on essaie d'en faire le plus possible pendant nos trois semaines ici, on ne dort que trois ou quatre heures par nuit. On a *tout* fait. On est allés à Ko Phi-Phi, on a vu l'endroit où ils ont tourné *La Plage*. Ensuite, on est allés à Phuket, on a visité une ferme d'élevage de serpents et un stand de tir. Ils m'ont donné un .45. La puissance de ce ma-chin ! Je comprends pourquoi les gens se déchaînent. »

Tandis que nous quittions Chiang Maï, Alan tira sur son pantalon Camel. « Génial. Quand il fait trop chaud, on peut enlever les jambes et le transformer en short en descendant la fermeture éclair. » Il portait un chandail Adidas neuf et un sac à dos Diesel. « Ce sont des faux, mais des faux *vraiment*, genre, de qualité. J'ai acheté ça à Bangkok, au marché du week-end. Je vais me faire rembourser tout mon voyage en les vendant aux enchères par Internet une fois de retour chez nous. »

Ils travaillaient dans une boulangerie industrielle à asperger des baguettes de beurre à l'ail sur une chaîne de montage. « Puis, notre compagnie les vend à des supermarchés en France, dit Mark. Dingue, non ? »

Le *sawngthaew* vibrait et faisait des embardées ; l'unique paysage que nous pouvions voir de l'arrière du camion consistait en une bande d'autoroute. Après un arrêt d'une demi-heure dans un marché couvert, Alan et Mark revinrent avec deux bouteilles de whisky de riz et une paire de chapeaux de paille coniques.

Nous quittâmes enfin la route pavée et descendîmes du camion dans un village appelé Khun Wang. Notre guide, qui s'était assis devant avec le chauffeur et sa cousine, se présenta. Il s'appelait Tim. (« Mon nom thaïlandais est trop difficile pour les touristes », expliqua-t-il.) Vingt ans, un visage de bébé, à mes yeux, il résumait l'Est au complet : il parlait comme un jeune tombeur branché d'un village de l'Est, avec un accent londonien de l'Est, et il était habillé comme un voyou de l'est de L. A. Il était de petite taille, à peine cinq pieds de haut, et il portait un sac plein d'aliments pour randonneurs, qui devait peser au moins deux fois plus que celui de l'Irlandais costaud qui le dominait de toute sa taille.

Il nous fit un petit laïus pour la forme : « Aujourd'hui, nous allons marcher environ une heure et demie jusqu'au prochain village, où nous passerons la nuit. » Nous nous mîmes en file, 11 touristes occidentaux en short et en tee-shirt, titubant dans l'âge de pierre.

C'était du moins ce que nous pensions. En réalité, Khun Wang était un village de la tribu Hmong, l'une des 13 minorités reconnues de la Thaïlande du Nord. Les tribus de montagne étaient des *swiddeners* animistes – des fermiers non bouddhistes pratiquant l'agriculture itinérante sur brûlis – venus du Viêt-nam, du Laos, de la Birmanie et du sud de la Chine. Quelques tribus avaient immigré au siècle dernier, alors que d'autres, comme les Karens, vivaient dans les montagnes de la Thaï-lande depuis des générations. Notre groupe arriva devant un terrain de soccer et s'arrêta pour regarder un demi-cercle d'en-fants qui lançaient des balles vers un marqueur dans la pous-sière. Le Coréen, qui se révéla être un ethnologue arrogant, s'avança prestement et saisit le marqueur.

« Il est en bois ! s'écria-t-il en l'approchant de ses lunettes. Comme c'est intéressant ! »

Les enfants, qui venaient de perdre leurs résultats, se mi-rent à sauter d'un air consterné.

Je remarquai des rangées de légumes qui poussaient sous des feuilles de plastique et un drapeau thaïlandais qui flottait au-dessus de l'école. Le village ne me semblait pas si tradition-nel que ça.

« Le roi est venu ici, il y a quelques années, expliqua Tim, et il a convaincu les gens de la tribu hmong de faire pousser des légumes plutôt que de l'opium. Il y a des tomates, des papayes et des piments », ajouta-t-il en pointant le doigt vers des pousses sous les plateformes.

Nous marchâmes dans une forêt où des orchidées sauvages poussaient sur des troncs d'arbres, enjambâmes une rivière sur un tronc abattu et avançâmes en file indienne le long des bil-lons qui se dressaient entre les rizières – le riz venait d'être récolté, il était sec et pas encore décortiqué. Nous n'étions pas encore arrivés à notre étape pour la nuit – un sommet peu élevé qui surplombait les vallées forestières –, mais les deux Anglais avaient déjà commencé à boire du whisky à même la bouteille. J'explorai rapidement le village. Il y avait deux ou trois cabanes autour desquelles se pavanaient de maigres coqs à la collerette iridescente, des cabinets extérieurs et la table sur laquelle la cousine de Tim nous servit un repas de curry au poulet, de légumes et de riz. Je demandai à Tim si quelqu'un habitait ici.

« Quelques personnes âgées. Mais nous avons construit ce village pour les touristes. »

J'aimais bien Tim. Il parlait sur un ton égal, il était dé-sabusé, gentiment sardonique. (À un moment, nous avions entendu une détonation se répercuter dans les montagnes. Je lui avais demandé sur quoi l'on tirait. «Des Canadiens», avait-il répondu en penchant la tête de côté, et il avait continué de marcher.) Il regardait maintenant Alan et Mark avec une certaine inquiétude; ils avaient commencé à piger dans la réserve de bière Chang du campement et n'étaient déjà plus capables d'articuler.

Mark ne finit pas son repas. «Je ne peux plus manger de nourriture épicée, dit-il. D'après mon médecin, j'ai mangé trop de sauce HP et ça m'a donné un ulcère. Dès que j'arrive à Chiang Maï, je me précipite au Kentucky Fried Chicken – pour les frites. Je ne supporte plus leur maudit riz.»

Le soleil se coucha et il se mit à faire très froid. La région de Chiang Maï connaissait une vague de froid jamais vue auparavant et notre excursion coïncida avec le pire moment. Aidé par un vieillard ratatiné coiffé d'une tuque de laine à pompon, Tim alluma un feu de camp, et nous nous regroupâmes sur des bancs près des flammes. Les deux Anglais devenaient grossiers.

«Ça va! vociféra Alan. Qui a pris le whisky Mekong? Apportez-le!» Il regarda Hyung. «Hé, toi, l'homme-chien. Ouais, toi, le mangeur de chiens! Est-ce toi qui caches mon maudit whisky?»

Furibond, Hyung hurla à son tour: «Pourquoi me traites-tu d'homme-chien?

– Écoute, c'est un fait. Tu as toi-même admis que les gens mangent des chiens dans ton maudit pays. Ça ne me ferait rien que tu me traites de mangeur de bœuf!»

L'homme au pompon approcha et Alan fit un geste pour l'attraper. «Hé! Le vieux! Où est l'opium? Tu *sais* de quoi je parle!

– Je ne crois pas qu'il y ait de l'opium dans ce village», dit calmement Tim.

Alan était enragé. «Apporte la maudite pipe! Vite! On veut la pipe!»

Pour le calmer, je lui tendis la bouteille de Johnny Walker Red. Alan la tourna à l'envers devant sa bouche et eut l'air comiquement déconcerté quand il commença à comprendre. «Qui a mis le maudit bouchon sur la bouteille?» beugla-t-il. Il le dévissa et engloutit d'une seule gorgée les deux pouces d'alcool qui restaient.

Une structure de bois brinquebalante avait été érigée autour du feu et Alan menaça de grimper au sommet. «Je vais exécuter la danse du feu! Mark, fais une photo de moi en train de danser!» Montant sur la plateforme, il oscilla précairement pendant une seconde, faillit tomber en pleine face dans les flammes avant de dégringoler par-dessus le banc et de retomber, avec la souplesse caractéristique des ivrognes, sur son derrière. Je n'avais pas bu une seule goutte d'alcool et j'avais honte de partager la même couleur de peau que ces goujats. Je m'excusai, me trouvai un coin isolé dans la *longhouse*, m'enfonçai des boules Quies dans les oreilles et m'endormis en grelottant dans mon mince sac de couchage.

Réveillé au chant du coq, j'allai m'asseoir à côté de l'épais chaudron de fer dans lequel une vieille femme hmong faisait bouillir des œufs pour le petit-déjeuner. À ma grande surprise, Alan, fier possesseur d'un foie de 26 ans, vint me rejoindre; après quatre heures de sommeil, il paraissait crispé, mais il était cohérent. Il me montra une tache laiteuse sur la manche de son survêtement.

« Tu vois ça? dit-il. Il y en a partout sur mon sac de couchage. C'est ce maudit Coréen. Il m'a craché dessus hier soir pendant que je dormais, juste parce que je l'ai traité d'homme-chien. Il a de la chance qu'on reparte, sinon il aurait pris un bain de pisse cette nuit. »

C'était plus probablement Alan lui-même qui s'était bavé dessus, pensai-je. Je lui demandai s'il avait rencontré des Thaïlandaises pendant son voyage.

« Ouais, après Bangkok, on a fait le plein de *Vallies* » – il était aussi facile d'acheter des Valium en Thaïlande que ce l'avait été en Inde – « et on a pris l'avion jusqu'à Phuket. Là-bas, les filles ne nous lâchaient pas. On a passé trois jours avec ces putes, on a payé leurs amendes au bar, 400 bahts, encore 1000 bahts pour la nuit, on les a emmenées à la plage en moto.

À la fin, elles disaient : "Quand tu me vois ? Quand tu reviens au bar ? Tu reviens à sept *hures* ?" »

Il prit un ton sec, courroucé. « J'ai dit : "Écoute, on va prendre un verre, puis on va à la plage, et on vous retrouve à sept heures comme prévu." Je te jure : c'est comme avoir une autre petite amie dans les pattes ! »

Chez lui, en Angleterre, il avait acheté une maison avec sa compagne, me raconta-t-il, mais il avait fini par la plaquer. « Je ne sais pas – j'ai des problèmes avec les femmes. Elles me rendent fou. Elles passent leur temps à dire : "Quand est-ce que tu fais ceci ? Quand est-ce que tu m'achètes cela ?" Je ne suis pas un batteur de femmes ni rien. J'ai juste décidé que ça me plaît d'être célibataire. Mais je suis un peu inquiet. J'ai baisé avec une de ces filles de bar à Phuket et ma capote s'est déchirée. Dès que j'arrive chez moi, je passe un test de sida. »

Ce n'était pas facile d'absorber cette triste histoire de misogynie précoce à sept heures du matin. Heureusement, Alan et Mark avaient réservé la version abrégée de l'excursion – deux jours – et la cousine de Tim les ramena à Chiang Maï après le petit-déjeuner. Je les regardai, skinheads en chandail contrefait, avec la gueule de bois, disparaître dans la forêt de l'Asie du Sud-Est.

LES CHOSES SE CALMÈRENT après le départ des deux Anglais. Nous marchâmes toute la journée, et nous nous arrêtâmes au sommet du Doi Inthanon, la montagne la plus haute de la Thaïlande, pour manger du riz et des légumes dans une feuille de bananier. Nous nous trouvions devant un panorama de vallées forestières ; l'agence avait été bien inspirée de placer son excursion-vedette dans un parc national. En 1960, plus de 60 % de la Thaïlande étaient couverts d'arbres ; mais l'exploitation exagérée du bois, dont une grande partie se faisait illégalement, avait réduit la forêt à seulement 20 % du territoire et les excursionnistes qui insistaient pour visiter des villages tribaux dans des régions intactes, non touristiques, se retrouvaient souvent à marcher au milieu de vastes coupes à blanc.

Ce jour-là, nous marchâmes pendant cinq heures et tout le monde avait hâte de se reposer. Des poulets se dispersèrent lorsque nous émergeâmes de la forêt et entrâmes dans une cour. Un village karen dans la vallée d'une rivière s'étalait devant nous – quelques dizaines de maisons sur pilotis séparées par des allées poussiéreuses et surplombant des bouquets de bambous verts. Après avoir parlementé avec le chef de la maisonnée, Tim nous dit que nous pouvions laisser nos sacs chez lui. Par les interstices du plancher en lattes de bambou, j'aperçus une grosse truie noire enchaînée à l'un des pilotis sur lesquels s'élevait la maison. Les cochons et les poulets qui vivaient au-dessous servaient de poubelles : le riz tombé et les épluchures étaient tout simplement balayés entre les lattes jusque dans leurs gosiers.

Dehors, une femme atteinte de strabisme se planta une pipe de maïs entre les dents – comme Popeye. Les femmes portaient leurs bébés emmaillotés dans une étoffe drapée en bandoulière et avaient noué un foulard blanc et rose autour de leur tête. Hyung prit place à la longue table et fit sauter un enfant morveux sur sa cuisse tout en observant une femme manœuvrer avec son pied un levier qui faisait monter et descendre un pilon sur une pierre couverte de riz sec.

« Taras ! me dit-il. Qu'est-ce que cette machine ?

– Ça ressemble à un broyeur de riz », répondis-je.

Il mit l'enfant à terre, repoussa simplement la jambe de la femme de son pied chaussé d'une sandale et donna au riz non décortiqué quelques bonnes claques.

« Comme c'est intéressant ! Ce n'est pas comme ça que nous traitons le riz en Corée. »

Hum. Mais c'était manifestement comme ça qu'il traitait les femmes en Corée.

À la longue table, nous prîmes un repas collectif de poulet, de soupe épicée à la papaye et de riz, le tout suivi de café instantané servi dans des tasses en bambou coupé en diagonale. Pendant que je parlais de l'Irlande du Nord avec l'informaticien, le propriétaire de la maison vint me demander si je désirais un massage. L'homme n'avait pas l'air assez robuste pour pétrir un porcelet et tous les autres avaient refusé son offre. Mais j'avais mal aux épaules et je le suivis dans la *long-house*. Je m'allongeai sur mon sac de couchage et me laissai masser par ses mains noueuses. Le massage fut rapidement bâclé. Il mit son pied nu dans mon dos et tira mes bras en arrière, arquant mon torse, puis il chuchota :

« Oplium ? Toi vouloir ? »

Comme Alan et Mark le savaient bien, fumer quelques pipes d'opium faisait partie des gâteries non annoncées des excursions dans les villages tribaux de Thaïlande. Je répondis que j'en avais envie et le vieillard me fit signe de le suivre dans la cuisine. C'était une toute petite cellule au bout de la maison, où la famille dormait quand les randonneurs envahissaient les pièces principales. Tim me suivit et referma la porte derrière lui.

« J'ai dit au vieux que tu serais peut-être intéressé, me dit-il. Mais je ne voulais pas le faire avec ces deux Anglais dans les parages. Ils étaient trop ivres, trop bruyants. » Nous nous agenouillâmes sur les lattes de bambou sous une ampoule électrique ; avec ses pouces, le vieillard façonna un petit bateau avec du papier d'aluminium. Il me montra ensuite un paquet de plastique transparent de la taille d'un ongle, rempli de poudre blanche.

« Ce sera 100 bahts pour fumer, d'accord ? » dit Tim.

Un peu plus de deux dollars. Je fis signe que oui.

« Tu sais… », commença-t-il. Puis il se tut.

« Quoi, Tim ? »

Il regarda au loin. « Je te le dirai plus tard. »

L'homme fendit le sachet avec son ongle long et fit tomber la poudre sur le papier d'aluminium. Il alluma une allumette et me tendit un billet de 20 bahts roulé, que je plaçai entre mes lèvres sèches. La poudre se volatilisa aussitôt que je mis l'allumette sous l'aluminium et une arabesque évocatrice de fumée monta dans l'air. Je l'aspirai à l'aide de mon tube de papier. J'éprouvai une sensation de froid dans les poumons et, quand j'exhalai la fumée, elle laissa sur mes lèvres un arrière-goût amer. Tim était assis en face de moi et nous aspirions des bouffées à tour de rôle. Toute la douleur dans mon dos et mes cuisses s'évanouit et je ressentis cette impression familière d'être immergé dans un bain de liquide amniotique. Ça ressemblait assez à la sensation qu'on éprouve après avoir pris de l'héroïne, pensai-je, une sensation que je n'avais pas éprouvée depuis huit ans. Nous continuâmes à fumer ; le vieil homme ouvrit un autre sachet, le tapota avec son doigt. Tout le malaise que j'éprouvais à me sentir délinquant se trouva relégué dans une arrière-salle de mon esprit. Je me sentis totalement réconcilié avec cette hutte de bambou et de chaume, comme si je retrouvais mon foyer ancestral, un lieu chaud et douillet quitté depuis longtemps. J'adressai un sourire extatique à un petit enfant flottant dans un chandail d'un club de football de Liverpool qui nous observait de ses yeux noirs profonds dans un coin de la pièce.

« Qu'allais-tu me dire, Tim ? »

Il se pencha en arrière et exhala la fumée. « Ce n'est pas de l'opium que nous fumons. C'est de l'héroïne. »

J'acceptai cette affirmation passivement. Je savais que l'opium venait de la résine qui suinte des cosses de pavot fendues et qu'il se fumait en boulettes noires collantes. L'opium, m'étais-je dit, était une spécialité locale – comme l'aguardiente en Galice ou la liqueur de kumquat à Corfou – et le voyageur que j'étais devait s'ouvrir à l'expérience d'en fumer dans un décor authentique. L'héroïne, d'autre part, était une drogue de rue dans laquelle j'avais passablement barboté au début de la vingtaine – une aventure pénible dont je m'étais sorti difficilement. Je savais exactement à quoi cela ressemblait et je savais qu'en m'y adonnant de nouveau je porterais un coup très dur à mon intégrité psychologique. Mais j'avais regardé la poudre blanche, j'avais décidé de brouiller ma vision et j'avais inhalé.

Les opiacés, heureusement, procurent un parfait réconfort même dans les plus graves états de doute existentiel. Quand je revins vers le feu, tous les yeux se posèrent sur moi – mais mes pupilles étaient réduites à la dimension d'une tête d'épingle et j'étais incapable de croiser le regard de mes compagnons. Ils faisaient une sorte de tournoi dans lequel il fallait nommer des villes et des pays. J'avais les paupières lourdes et mes réponses venaient si lentement qu'on finit par passer mon tour. Je passai la nuit dans un demi-sommeil béat à contempler le plafond de chaume comme si c'était un spectacle au planétarium. Le lendemain matin, les autres excursionnistes se plaignirent que j'avais ronflé comme un vieillard obèse.

COMME LE REPAIRE oriental de Baudelaire, que l'aube transformait en chambre misérable au bord de la Seine, le village m'apparut comme un lieu différent à la lumière du jour. Je m'étais persuadé que j'étais dans un inaccessible hameau tribal de montagne, mais les signes extérieurs de la modernité montrèrent bientôt leur nez. Sous une affiche électorale déchirée à l'intérieur de notre maison, il y avait un lecteur de cassettes avec une pile d'enregistrements. Un hélicoptère volait dans le ciel – Tim me dit que c'était une patrouille de police. Dans notre maison, les femmes portaient des châles traditionnels, mais leurs voisines étaient en survêtements noirs et en baskets. Je remarquai le drapeau thaïlandais qui flottait au-dessus d'une école gouvernementale où quelques randonneurs européens, torse nu, jouaient au soccer avec des enfants du village sur la terre rouge. Tandis que j'essayais de deviner leur nationalité – des Hollandais, pensais-je –, un jeune homme qui m'avait suivi dans l'allée m'aborda pour me vendre de l'héroïne. Avec son sweat-shirt sale et son œil gauche larmoyant, il aurait pu être un revendeur de *ya ba* dans une *soi* sordide de Bangkok.

Juste à côté des cabinets extérieurs qui flanquaient l'école, j'attendis que l'informaticien irlandais termine ses ablutions. Une demi-douzaine de gamins d'âge préscolaire s'approchèrent timidement de moi et je tentai de leur sourire. Soudain, le plus vieux de la bande – comme j'étais assis sur un perron en béton, nos regards étaient vis-à-vis – lança son pied nu en direction de mon visage et s'enfuit. À tour de rôle, les autres suivirent son exemple, feignant de m'envoyer des coups à la tête, leurs orteils minuscules s'arrêtant à deux pouces de mon nez. Je restai passif ; cela me semblait une réaction honnête à l'égard des excursionnistes. Ce matin-là, j'avais l'impression de mériter un bon coup de pied au visage.

La famille de la tribu eut l'air soulagée de nous voir partir. Pendant que nous nous dirigions vers les rizières, l'une des femmes mit une cassette de musique pop thaïlandaise et augmenta le volume, comme si elle était soudain libre de laisser tomber la façade de vie primitive. Le reste de la journée, je traînai derrière le groupe avec la sensation d'être moite et corrompu, troublé par la facilité avec laquelle j'étais passé des petits verres d'alcool local à l'héroïne. Mais autre chose m'agaçait. En acceptant de me leurrer moi-même, en me convaincant que fumer de l'« opium » me faisait participer à quelque chose d'authentique, j'avais franchi une frontière. Jusque-là, j'avais suivi les routes du voyage avec une sorte de réserve, attentif aux cordes et aux sacs de sable dans les coulisses d'une scène arrangée de toute évidence pour me tromper. Cette fois, j'avais permis au désir de l'authentique de voiler mon jugement. J'avais gobé la façade de ce que les sociologues appellent une région « mise en scène » : un village tribal simulant le mode de vie primitif de l'âge de pierre tout en montrant toutes les caractéristiques d'une réserve construite par le gouvernement, aux prises avec la dépendance aux drogues et autres problèmes sociaux contemporains. Dans les hautes terres de la Thaïlande, je m'étais laissé intégrer dans ces grandes hordes de touristes illusionnés qu'a connues l'Histoire.

Je me sentis déprimé en prenant conscience de cela. Ce long voyage, avec ses nuits solitaires loin de la femme que j'aimais, m'avait donné trop d'excuses pour barboter dans des stupéfiants non encore expérimentés. Si je n'y prenais pas garde, à mon retour, il me faudrait mettre sur pied mon propre groupe – Adeptes des spécialités locales anonymes –, avec sa thérapie en 12 étapes, dans un sous-sol d'église bondé d'auteurs de chroniques de voyage accros à l'absinthe tchèque et aux champignons d'Oaxaca.

VERS LA FIN de notre excursion, nous émergeâmes par la route dans un village shan. Trois filles en tee-shirts trop grands se détachèrent du groupe d'excursionnistes devant et coururent vers nous en balançant des colliers de perles dans leurs paumes.

« Allô ! Dix bahts ! » crièrent-elles de leur voix chantante.

Tim rit d'un rire un peu triste. « Ça, c'est le seul anglais qu'elles connaissent, *ten-baht, ten-baht.* »

Nous achetâmes des cocas à la Thaïlandaise qui tenait un petit éventaire au bord de la route. (Parmi les boutiques que nous vîmes, rares étaient celles qui appartenaient à des villageois, lesquels tiraient un profit symbolique du passage des excursionnistes, et seulement quelques dizaines de bahts du tarif demandé allaient aux familles de tribus qui nous hébergeaient. Les intermédiaires thaïlandais et l'agence du bazar de nuit en raflaient la quasi-totalité.) Une équipe d'ouvriers finissaient une route à travers les rizières où les femmes shans faisaient voler du riz dans les airs à l'aide d'écrans circulaires.

Au début des années 1990, le filet d'excursionnistes qui avait commencé à couler en Thaïlande du Nord vingt ans plus tôt atteignait le chiffre de 60 000 par année, entraînant par le fait même des villages éloignés dans l'orbite de Chiang Maï. Dans ce processus, appelé fer de lance, des voyageurs en quête de beauté lointaine et d'expériences culturelles authentiques pavent la route du futur développement touristique. Ce phénomène est particulièrement néfaste dans le cas des régions tribales. Les guides promettent aux excursionnistes de les conduire dans des villages « non touristiques ». Quand il y a trop de touristes et qu'ils laissent dans leur sillage des chandails de clubs de football, des routes facilitant l'accès aux lieux et des piles de cannettes de Coca-Cola, les randonneurs trouvent que le village n'est pas assez authentique et ils se plaignent.

Les guides abandonnent alors le village qu'ils ont ruiné – dont plusieurs familles ont renoncé à l'agriculture à cause de la promesse d'un écotourisme durable – et se mettent à la recherche d'un hameau encore plus éloigné. D'un village à l'autre, les tribus de montagne sont entraînées sous la domination de la Thaïlande urbaine moderne. L'opium cultivé localement était jadis utilisé à des fins rituelles et médicinales ; voyant leur agriculture traditionnelle interrompue par la guerre contre la drogue menée par le gouvernement, un grand nombre de villageois ont désormais recours à l'héroïne produite dans des laboratoires en Birmanie. Cette situation peut être attribuée à l'excursionniste et au touriste, une seule et même personne. Et je faisais partie du problème.

Les choses empirèrent. Les « femmes au long cou » dont j'avais vu les photos sur des affiches à Chiang Maï étaient en réalité des réfugiées birmanes, membres de la tribu kayah, qui avaient été placées dans trois villages au nord-ouest du pays par le gouvernement thaïlandais. Dès l'âge de cinq ans, ces « femmes girafes » se faisaient entourer le cou d'anneaux de bronze qui repoussaient leurs épaules et leurs clavicules. Si on retirait les anneaux, les femmes, dont les muscles du cou ne s'étaient jamais développés, risquaient de suffoquer. Et les touristes payaient des policiers armés 250 bahts pour les voir. Cette pratique était sur le point d'être abandonnée lorsque l'écotourisme avait frappé la Thaïlande ; encouragées alors par des allocations mensuelles versées par le gouvernement, au moins 100 femmes avaient recommencé à porter les anneaux. Chassées de chez elles par des conflits ethniques, les femmes kayahs ne pourront jamais retrouver leur mode de vie traditionnel ; avec leur long cou, jamais non plus ne pourront-elles s'intégrer au courant principal de la société thaïlandaise. Tous les visiteurs qui paient les frais d'entrée financent en réalité la subsistance d'un zoo humain.

Je regardai les filles shans aux cheveux flottants essayer de nous vendre des colliers. D'ici quelques années, elles auraient l'âge d'attirer l'intérêt des trafiquants qui arriveraient dans les montagnes par la route tracée pour les excursionnistes. C'était des tribus de montagne qu'étaient originaires la plupart des filles des bordels bas de gamme. Les Karens étaient particulièrement appréciées pour leur peau claire et on savait que leurs familles les vendaient pour aussi peu que 5000 bahts. Jusqu'à récemment, le gouvernement thaïlandais avait refusé de donner aux membres des tribus des cartes d'identité nationale. Sans ces cartes, ils étaient des gens sans statut et les filles des tribus de montagne trouvées à l'extérieur de leur district pouvaient se faire arrêter. Les propriétaires de bordels les gardaient prisonnières du marché du sexe en les menaçant de les dénoncer à la police. Les policiers n'étaient d'ailleurs d'aucune aide – ils étaient parmi les plus fidèles clients des lupanars.

J'avais mal au corps et à l'âme, j'étais dégoûté par ces effets trop visibles produits dans la région des montagnes par les excursionnistes – des gens comme moi. Je me disais qu'il était moins néfaste de faire partie des hordes qui submergent les squares de l'Italie et les ruines de la Grèce. Au moins, le monde développé est capable de composer avec les foules – il le fait depuis une couple de millénaires. Comme le gamin qui refuse d'admettre que c'est lui qui laisse des traces dans le couloir avec ses bottes boueuses, les excursionnistes sont des touristes niant l'impact qu'ils produisent. En dernière analyse, l'écotourisme n'est rien d'autre que le tourisme essayant de ne pas se sentir coupable.

ON NOUS CONDUISIT au fleuve Mae Wang. Assis sur un radeau – neuf poteaux creux de bambou vert attachés ensemble –, je commençai à avoir l'impression que mes entrailles se liquéfiaient – un effet secondaire que les opiacés produisent habituellement sur mon système digestif. Chaque mouvement sur l'eau verte tumultueuse provoquait une nouvelle crise gastro-intestinale. Le cadavre d'un chien flottait à côté du radeau et des sacs de plastique, des tampons hygiéniques, des égouttoirs de plastique et de vieux magazines étaient accrochés aux branches nues des arbres qui bordaient le fleuve, comme si nous descendions le courant à partir du cloaque d'une grande ville. Chancelant sur la grève une heure et demie plus tard, je compris que l'épreuve n'était pas finie : il restait encore la promenade à dos d'éléphant. Je partageai un perchoir avec Hyung sur le dos de l'énorme bête et ma nausée se trouva encore aggravée par les incessantes questions de l'enseignant coréen.

« Taras ! s'exclama-t-il pendant que nous roulions, sursautions et tanguions tout à la fois. En moyenne, combien ça coûte pour étudier au Canada ? »

Je ne savais pas ces chiffres par cœur et je marmonnai quelque chose entre mes dents serrées. Un spasme me déchira les entrailles.

« Taras ! Pourquoi es-tu un auteur pigiste ? »

J'émis un grognement tout en me cramponnant au siège de bois pour éviter de dégringoler de l'éléphant.

« Aucune sécurité ! poursuivit-il tandis que notre monture progressait pesamment dans le fleuve. En Corée, la chose la plus importante, c'est la sécurité ! C'est bien mieux de travailler comme enseignant ! »

Je promis à Hyung d'y réfléchir. En descendant de l'éléphant à une plateforme de bois, je me ruai vers les toilettes, un rouleau de papier hygiénique se déroulant dans mon sillage.

Quelques heures plus tard, le *sawngthaew* me déposa devant ma pension. Je m'allongeai sur mon lit, me détestant moi-même. J'allais devoir mettre un terme à mon barbotage dans les spécialités locales. En bout de ligne, le désir de m'évader – de la routine, de chez moi, de moi-même – était une dépendance qui s'exprimait de différentes façons. L'euphorie du voyage n'était pas vraiment différente de l'intoxication par les drogues et, ici, près de la fin de la route, j'avais permis aux deux de se réunir. Je fouillai dans ma trousse de produits de toilette, trouvai la plaquette de Valium que j'avais achetée en Inde et me servis d'un seau d'eau pour la jeter dans les toilettes.

Tim nous avait invités à aller le rejoindre dans un bar pour prendre un dernier verre. À présent qu'il avait reçu ses pourboires, il n'avait plus besoin de faire semblant d'être un écoguide respectueux. Une bouteille de rhum Saeng Som était posée devant lui et je le regardai ingurgiter un verre après l'autre comme s'il tentait de noyer quelque chose qui passait mal. Le lendemain matin, il devait conduire un autre groupe de touristes pour une excursion de trois jours. Installé sur un tabouret à quelques mètres de nous, un de ses amis, un Suisse-Vietnamien de belle apparence, jouait de la guitare électrique et chantait *Sultans of Swing*. Les couples danois et irlandais entamèrent une partie de billard et Tim me proposa d'aller chez lui pour fumer un peu d'« opium ». Je répondis que j'étais fatigué et qu'il était trop soûl pour me prendre sur son scooter.

« Tu ne me fais pas confiance, c'est ça ? dit-il. Tu ne me fais pas confiance ! »

Le guitariste commença à jouer un vieil air de reggae. Tim bondit et saisit le micro, étreignant sa bouteille de rhum comme un Keith Richards en version réduite.

« *I shot the* TOURIST ! improvisa-t-il avec son accent de l'est de Londres, *mais je jure, je jure que j'étais en état de légitime défense !* »

Je chantai avec lui. Après une semaine en Thaïlande, tirer sur les touristes me semblait être une politique nationale tout à fait défendable.

DE RETOUR À BANGKOK, je réservai un billet d'avion pour Hong Kong. Même si j'en avais assez de la Thaïlande, la Thaïlande n'en avait pas fini avec moi. Comme mon vol ne partirait pas avant une semaine, je décidai de célébrer mon anniversaire à Ko Samet, un île dans le golfe de la Thaïlande. Dans la minicamionnette climatisée, deux Allemands qui sentaient l'urine tenaient leurs bouteilles de bière Chang comme s'il s'agissait de bébés et firent une démonstration du talent national consistant à boire toute la journée sans s'eni-vrer. Après une traversée d'une demi-heure à bord d'un ferry délabré, je débarquai sur une plage de sable blanc et trouvai une pension dans une crique appelée Ao Phutsa.

Officiellement, Ko Samet était un parc national maritime, comme je l'appris quand je fus obligé de payer 200 bahts de frais d'entrée à des gardes en uniforme, mais je n'avais jamais vu un parc national ressemblant davantage à Acapulco. La majeure partie de la côte est de l'île était incrustée de bungalows et parsemée de bars à ciel ouvert où des voyageurs sirotaient des cocktails de glace pilée en regardant des DVD de contrebande sur des écrans de télévision géants. Des touristes gays d'âge mûr batifolaient dans les vagues avec leurs petits amis thaïlandais filiformes. Des chiens errants rôdaient sur les plages (dans chacune des criques, des affiches nous assuraient qu'il n'y avait pas de rage à Ko Samet) et les tenanciers de bars thaïlandais se servaient de frondes artisanales pour chasser les cabots étiques. Les plages du nord, bondées de gens venus de Bangkok, étaient les plus polluées. Les citadins thaïlandais jetaient des bouteilles d'eau et des contenants en polystyrène sur le sable, et faisaient un vacarme incroyable avec leurs motomarines, leurs hors-bord. Tout comme les bungalows, les motomarines étaient illégales – leurs vibrations abîmaient les récifs de corail –, mais quelqu'un se faisait de toute évidence graisser la patte. J'allai nager avec un tuba vers la pointe sud de l'île et je vis autant de bouteilles de San Miguel jetées à la mer que je vis d'oursins. La Thaïlande se targue de réserver 15 % de son territoire à des projets de protection environnementale et de parcs nationaux – l'un des pourcentages les plus élevés au monde. Si Ko Samet servait à illustrer cette affirmation, le chiffre ne voulait rien dire.

L'endroit était néanmoins une charmante station balnéaire. Je passai le jour de mon anniversaire dans un bar appelé Silver Sands avec une paire de boit-sans-soif irlandais. Vautrés sur des tapis de bambou, nous regardâmes des garçons de plage, torse nu, jongler avec des bâtons enflammés. Un Thaïlandais tatoué qui lutinait une Anglaise se pencha vers nous et nous annonça qu'il était un tueur professionnel.

« Avant, je faisais kick-boxing. Je gagner 20 combats, je jamais perdu. Puis, je tuer un homme et, pour sortir de prison, la police me demande tuer des gens pour elle. Revendeurs de drogue, méchantes personnes. Je tue ceux qu'on me dit tuer. »

Désormais, il vivait en exil, il était serveur dans l'un des bars de la plage parce qu'il ne pouvait retourner dans son village.

« Ko Samet très bien, dit-il. Beaucoup de filles *farang*. Mais une chose je déteste, toujours devoir sourire aux touristes. » Son visage se convulsa en un rictus. « Je veux pas sourire à maudits touristes. Je déteste touristes. Quand je souris, je pense : peut-être je te tue plutôt. »

FASCINANTE THAÏLANDE, « pays du sourire ». À titre de touriste qui n'était amateur ni de jeunes filles, ni d'alcool, ni de Viagra, ni de parapente, je ne cessai de voir le célèbre sourire s'effacer des visages. En ce sens, la Thaïlande représentait l'aboutissement d'un long processus historique. Si, depuis des millénaires, les gens voyagent à l'étranger, ce n'est pas seulement pour la détente et l'évasion ; c'est aussi pour vivre une expérience insaisissable qui leur prouvera qu'ils ont vraiment interagi avec l'endroit qu'ils ont visité. En tant que point de rencontre institutionnalisé des cultures, le tourisme fait penser à une graine de modernité enfouie dans le passé. Dès le départ, le tourisme enseigna aux gens qu'ils pourraient tirer avantage de se représenter eux-mêmes – leurs danses, leurs rituels, leurs croyances, leur culture entière – devant les visiteurs venus d'une autre civilisation, habituellement plus puissante. L'inauthenticité évolue quand une civilisation commence à trouver plus d'intérêt à se donner en spectacle qu'à être, simplement. Les voyageurs, depuis l'anthropologue discret jusqu'aux troupes de benêts, sont la pomme défendue : ils apportent à une culture le péché originel de la conscience de sa propre image. En même temps que le photographe amateur, vient la possibilité de se mettre en représentation pour en tirer du profit – et, pour finir, une industrie de fausse authenticité.

Un courant romantique, et même mystique, de la société occidentale situe le concept d'authenticité dans le sexe, dans l'union physique des corps. La plupart des touristes sont contents d'aller à l'étranger et d'être seulement les témoins d'un simulacre d'authenticité. En Thaïlande, les touristes sexuels croyaient traverser une importante frontière : ils revendiquaient l'étranger à leurs propres conditions, en payant pour la compagnie de garçons et de filles. Une part d'eux-mêmes croyait qu'il s'agissait d'amour, puisque la fille de bar se montrait si tendre, si enjouée ; une autre part savait qu'ils avaient payé pour cela, qu'ils avaient acheté cette tendresse comme n'importe quel produit de consommation et qu'ils pouvaient être remplacés par un autre *farang* dès l'instant où ils monteraient à bord de leur avion. À Patpong, les prostituées de luxe, qui placent l'essentiel dans leur famille et leur identité bouddhiste, ont appris à exploiter cette confusion du monde développé. C'est pourquoi il y a tant de touristes sexuels tristes, perdus, laissés en plan dans les rues de Bangkok, pris dans une galerie de miroirs, se demandant si la compagne qu'ils ont louée éprouve réellement l'affection qu'elle simule avec un art consommé. Pour avoir permis à l'amour – l'une des rares relations dans lesquelles le concept capitaliste d'échange monétaire n'entre pas en jeu – de pénétrer dans le royaume des produits de consommation, ces hommes méritent leur confusion.

Évidemment, je m'étais leurré moi-même en pensant que je pouvais acheter une expérience authentique. En laissant le désir autoriser l'incrédulité – en me persuadant brièvement que la poudre birmane sur le papier d'aluminium était aussi authentique qu'une pipe d'opium –, j'avais accepté de ne pas voir la réalité de la vie des tribus de montagne. Qu'avait vu le petit garçon qui portait le chandail de Liverpool ? Un Occidental, un membre de l'élite privilégiée de la planète, en train de fumer de la drogue dans sa hutte. Par l'exemple que je donnais, j'aurais aussi bien pu me pavaner dans les rues de Bangkok avec une prostituée mineure.

Le touriste qui aspire à être plus qu'un touriste cherche à toucher l'intouché. C'est pourquoi l'on met, auprès des voyageurs, l'accent sur la virginité, tant culturelle que physique. Plus l'objet du désir est immaculé, plus le prestige de sa profanation est grand. Le touriste sexuel exigeant flatte sa corruption en déflorant la vierge à peine nubile ; l'écotouriste critique aspire pour sa part à être le seul visiteur dans un village tribal ou sur une plage parfaitement isolée.

Tandis que j'arpentais le village karen avec l'impression d'être un voyeur captant des scènes d'intimité familiale, une partie de moi espérait expérimenter quelque chose que je ne possédais pas. Ma mobilité était une forme de décadence et, en voyageant dans le monde, quelque chose en moi cherchait son antithèse. J'avais parcouru la moitié du globe pour aller m'asseoir dans une hutte de bambou, à la recherche de réalité, de traditions et de communauté – toutes ces choses auxquelles j'avais renoncé en faveur de l'incessante nouveauté du voyage. Et en me leurrant moi-même à penser que j'avais acheté quelque chose de réel, j'étais devenu un crétin, un spoliateur. Un touriste, quoi ! Quelqu'un qui va à l'étranger pour acheter un semblant d'antidote à un manque existentiel et qui nie ensuite que la transaction a eu lieu.

Le fait d'avoir identifié le problème ne m'apporta aucun réconfort. Je me sentis encore plus perdu.

IL NE ME RESTAIT PLUS qu'un endroit à visiter en Thaïlande. En route vers l'aéroport de Bangkok, je m'arrêtai une couple de nuits à Pattaya. D'après la brochure, il s'agissait d'« un lieu coloré et vibrant où une gamme complète d'installations de sport nautique se combine à une variété de distractions sur terre pour assurer qu'il n'y a jamais un moment mort, de jour comme de nuit ».

Pendant la guerre du Viêt-nam, Pattaya avait été le plus important quartier général du *I & I* américain et la ville était encore à la hauteur de sa réputation. On me déposa devant le Porn Hotel, à côté d'un bar appelé Angels of Sleaze (« Tous les employés sont enregistrés auprès des autorités », annonçait un écriteau dans la vitrine obscurcie). Je me promenai devant des bars à ciel ouvert et en forme de corral sur le front de mer, où des centaines de filles tournaient la tête à mon passage en miaulant « Bienvenue ! Bienvenue ! » comme des poussins ouvrant leur bec devant le ver de terre. Sur la plage étroite, chaque vaguelette apportait des pelures de pastèque, des bouteilles d'huile végétale, des contenants en polystyrène, des sacs en plastique, des poissons morts. Assis à une terrasse de restaurant, un Caucasien de la dimension d'une montagne humaine – un phénomène de foire, pesant peut-être 200 kilos – inhalait une sorte de feuille verte dans un bol à soupe. Sa petite amie thaïlandaise était à ses côtés. Elle ne devait pas peser plus qu'une des cuisses du géant.

Par le grillage de la salle de bains de ma chambre d'hôtel, je pouvais entendre tout ce qui se passait dans la pièce voisine.

« Douche ? Chatte ! » dit une vieille voix d'Allemand.

Une jeune femme éclata de rire. L'homme se fâcha.

« Toi, douche… chatte. Chatte ! Laver ! Laver ! »

Il y eut une commotion dans le couloir et je sortis la tête pour voir ce qui se passait. Quatre femmes de chambre en uniforme rose criaient. Une prostituée thaïlandaise coiffée d'une perruque blonde sortit à reculons de la pièce, engoncée dans un corsage en lamé or, oscillant sur ses talons aiguilles. Un homme en chemise bleue, la cravate rejetée par-dessus son épaule, sortit à son tour, portant un Européen sans chemise, pieds nus, en boxer à pois, qui se convulsait tandis que sa tête pendait en arrière. J'appelai l'ascenseur pour eux. Quelques minutes plus tard, dans le hall de l'hôtel, je vis un homme assis sur un canapé en vinyle, qui vomissait dans une poubelle. En vérité, il n'y a pas de moment mort à Pattaya. Il était 16 h 15.

Le lendemain, quand je descendis pour régler ma note, un grand Danois se trouvait au comptoir de la réception. Il y avait deux enfants thaïlandais, un garçon et une fille, âgés au plus de sept ou huit ans, debout à côté de lui. Ils pleuraient.

J'allai prendre mon petit-déjeuner. À mon retour, le Danois gémissait sur le sofa, tenant de la glace sur un de ses yeux.

Les enfants étaient partis. Je demandai ce qui s'était passé à un jeune homme au visage rubicond qui attendait l'ascenseur.

« *Ja*, cet homme là-bas est un *trou du cul* ! » hurla-t-il en pointant le doigt vers le type sur le sofa. Celui-ci se détourna en sanglotant. Nous entrâmes tous deux dans l'ascenseur et mon compagnon parut se calmer un peu quand les portes se refermèrent.

« Je suis Danois, moi aussi. J'étais dans le même avion que cet homme. Il avait l'air sympathique. Il a demandé à un Thaïlandais, un guide, de lui trouver ces enfants. Aujourd'hui, ils pleuraient. Et lui, il m'a dit : "Vous ne devinerez jamais ce que j'ai fait avec ces enfants dans ma chambre." Alors, évidemment, je l'ai frappé. Les femmes, les adolescents, sont une chose. Mais les petits enfants ! »

Oui, évidemment. Il faut quand même tracer une limite quelque part dans ce monde.

CHAPITRE XII

La fin de l'ailleurs

Noël à Hong Kong – Ma phobie du nombre 13 prend le dessus – Un
Canadien non psychotique sans aubergines – La tour Eiffel sur la
rivière aux Perles – Des Tibétains posent pour le Han – Des tuyaux
sur le tourisme chinois – « Hawaï en Chine » – Une lotion mysté-
rieuse – Mon chauffeur de taxi veut me conduire à Bornéo – Les
rochers géants font les meilleures photos – La plage au bout de la
terre – Le dernier lever du soleil

UNE GROSSE LUNE ORANGÉE erre au-dessus des montagnes de
la Chine. Je suis assis sur le siège avant au deuxième étage de
l'autobus de l'aéroport et, depuis mon point de vue, elle semble gravide et paresseuse, indolente et maladive dans le soir.
Cela me rappelle d'autres lunes regardées au cours des sept
derniers mois : le robuste globe galicien suspendu au-dessus du
phare à Cabo Fisterra, le cercle cristallin aveuglant dans l'air
pur des Alpes, la petite boule de glace napolitaine déposée sur
le cône inversé du Vésuve. Sur les plages de Corfou, bondées
de fêtards, la lune commença à jaunir et, à Varanasi, au-dessus
des feux de camp au bord du Gange, sa teinte finit par évoquer
la jaunisse. À présent, dans l'Extrême-Orient subtropical, elle
paraît rousse et enflammée, menaçant d'accoucher dans les
Nouveaux Territoires. J'ai l'impression que ce sera une présen-
tation par le siège, un cas de césarienne, et ce qui naîtra, peu

importe ce que ce sera, tuera la mère. Je ne veux pas me trouver dans les parages au moment de la délivrance.

Il y a longtemps que je n'ai ressenti l'euphorie du mouvement. Ces derniers temps, toutes mes expériences ont été lestées de plomb – une montagne d'anxiété à propos de la correspondance ratée, du carnet perdu, du passeport oublié sur un siège de taxi. À chaque décollage, au moment où les roues avant quittaient le sol et que la cabine commençait à obliquer vers le ciel, je luttais contre la peur irrationnelle que l'arrière du fuselage érafle la piste, nous transformant aussitôt en boule de feu.

Au début de ce voyage, à l'autre extrémité de la masse continentale eurasienne, j'avais les yeux grands ouverts et j'étais disposé à trouver le meilleur chez tous ceux qui croiseraient ma route. À présent, après un tour de trop en pousse-pousse, je deviens mélancolique, sceptique, je soupçonne tout le monde du pire et j'éprouve une satisfaction lugubre quand mes soupçons se confirment. Chaque indigène curieux qui me demande ma nationalité essaie de me voler mon portefeuille ; mes compagnons de voyage sont des touristes illusionnés qui fuient une existence à laquelle ils n'ont jamais réfléchi ; même le paysage dans lequel je me déplace est une contrefaçon fabriquée pour répondre à un goût médiocre de l'exotisme.

En cette nuit de pleine lune, l'univers joue lui aussi avec ma phobie du nombre 13. Quand j'ai quitté Pattaya pour me rendre à l'aéroport de Bangkok, mon chauffeur de taxi a choisi le poste de péage numéro 13. Sur ma carte routière, l'arrêt d'autobus pour aller à l'hôtel que j'ai choisi à Kowloon est le 13. Nous sommes le premier décembre, le premier du douzième mois. Si j'additionne le jour et le mois, j'arrive au chiffre 13. Mon voyage est si près de son terme que j'accorde désormais une attention morbide aux présages. Aujourd'hui, ils ont tous l'air de m'indiquer la proximité d'un désastre. Au moment où je descends de l'autobus, une femme aux pieds tournés vers l'extérieur, portant une veste mi-officielle, aperçoit mon sac à dos.

« Mirador Mansion ? »

Je hoche la tête et elle me guide sur le trottoir bondé de Nathan Road jusqu'à un édifice en béton d'apparence sinistre, et me fait monter directement à la pension située au 13ᵉ étage. «Votre chambre!» dit-elle en ouvrant la porte d'une espèce d'entrepôt à viande sans fenêtre. Un matelas s'étale sur le plancher. Je m'excuse en lui expliquant que le chiffre 13 me porte malheur.

«Oh!» s'exclame-t-elle, comme si elle comprenait parfaitement.

Un étage plus haut, la propriétaire mange des légumes fanés au comptoir de la réception. Elle me montre une chambre avec une fenêtre. En tendant le cou, je vois le néon vert de l'enseigne Rolex qui enjambe la rue loin au-dessous. Les draps sentent la nuit d'épouvante et la seule façon d'occuper l'espace de cette chambre grande comme un placard, c'est couché sur le ventre sur le matelas. Je la prends quand même, heureux qu'elle ait le numéro 7.

Le lendemain matin, je vais marcher sur la promenade à la pointe sud de Kowloon et je regarde Hong Kong se profiler de l'autre côté du canal – le plus gros tableau d'affichage d'équipement électronique au monde. «Meilleurs vœux» est-il écrit sur l'édifice, ainsi que, de gauche à droite: Sanyo, Sharp, Bosch, Hitachi, Siemens, Canon et Toshiba – diffusant la propagande de la consommation vers une Chine qui n'a plus besoin d'être convaincue. Aujourd'hui, c'est dimanche, le jour de congé des Philippines, toutes les ouvrières et les domestiques sous-payées sont libres et Hong Kong se transforme en une métropole pour femmes célibataires. Les bonnes emballent d'énormes paquets dans du papier kraft devant le bureau de poste général, ou pique-niquent sous les colonnes postmodernes devant le centre culturel. Un jeu de scrabble est posé sur un seau retourné; je déchiffre HOWL – AJAR – JEST – BEAM – DUMB – GLAR, et l'un des joueurs pose triomphalement un E sur un mot qui compte triple.

À l'extérieur du Chungking Café, un Indien se frotte le bras contre une boîte de carton pleine de stylos.

«Mont-Blanc?» demande-t-il.

Un autre type relève sa manche. « Montre ? Copie de montre ? »

Un garde de sécurité frappe nonchalamment le colporteur sur la tête avec un journal roulé. Un peu plus loin dans Nathan Road, près de la mosquée, les banyans tordus et couturés de veines comme des mannequins anatomiques sans peau sont décorés de lumières de Noël. Au Starbucks, à côté de l'hôtel Peninsula, on joue *Jingle Bells* et les employés portent des chapeaux de lutin. Noël à Hong Kong. C'est un peu comme une chanson de Tom Waits.

Une gouttelette froide suinte d'un appareil d'air conditionné et s'écrase sur le sommet de ma tête. En levant la tête, j'aperçois l'enseigne au néon sur la façade de l'immeuble : *Shoestring Travel 4/F*. Une démarcheuse toute menue m'a vu venir.

« Visa ? » demande-t-elle. Je fais signe que oui et elle me pousse autoritairement vers un ascenseur. « Quatrième étage, okay ? »

Au bout d'un corridor où des fidèles hindous psalmodient devant des idoles drapées dans une étoffe jonquille, une jeune femme renfrognée en survêtement Adidas répond à des appels en cantonais et en anglais. Je remplis une demande de visa pour la Chine et j'achète mes billets d'avion. Je vois bien qu'elle n'a pas envie de travailler le dimanche, qu'elle n'a pas envie de travailler du tout. Elle semble au bord de la dépression nerveuse. « Revenez avec une autre photo de passeport », me dit-elle avec impatience. Je jette un coup d'œil sur la phrase qui balaie l'écran de son ordinateur bleu poudre. « N'attends pas à demain pour HAÏR !!! » est-il écrit.

Le jour où mon visa est prêt, je monte à bord du train Kowloon-Canton. Après une balade à travers les cités-dortoirs qui émergent dans les Nouveaux Territoires, je franchis la frontière à Lo Wu. Du côté de Hong Kong, un officiel qui porte un gant noir à la main droite vérifie mon passeport, puis me le rend. Je monte, me joins à une deuxième file d'attente (pour les étrangers et les détenteurs de passeports de Taiwan) et j'attends dans la longue queue en compagnie de familles portant des oursons en peluche et des sacs pleins de souvenirs d'Harry Potter. Un écriteau sur le mur m'informe qu'il m'est interdit d'importer des aubergines. J'avance lentement en remplissant ma carte d'entrée. Souffrez-vous de : psychose, jaunisse, toux, VIH (y compris le sida) ? À titre de Canadien non psychotique et sans aubergines, je n'ai droit qu'à un regard pour vérifier que ma photo et mon visage correspondent. Je traverse un fossé doublé de béton, avec des clôtures grillagées surmontées de lames de rasoir de chaque côté de l'eau, puis me voici à Shenzhen. Le premier visage que j'aperçois sur une affiche éclairée par-derrière est celui de Tiger Woods.

IL Y A VINGT-CINQ ANS, Shenzhen était un lieu de pêche où vivaient 30 000 membres de la tribu hakka. En 1980, Deng Xiaoping déclara l'endroit « zone économique spéciale », un vivarium pour une nouvelle génération de capitalistes, et, depuis lors, la population atteint 4,3 millions d'habitants. Les statistiques démographiques font penser aux données des relations publiques de quelque *tech town* comme San Fernando à l'époque de son expansion : l'âge moyen est de 30 ans ; les travailleurs de la construction de Shenzhen mettent moins de trois jours pour ajouter un étage à un gratte-ciel ; 150 nouvelles voitures prennent chaque jour la route. Au dernier comptage, il y avait 17 McDonald's, 600 hôtels, 8 terrains de golf et 1000 bars de karaoké.

Je hèle un taxi – une Volkswagen Jetta rouge – sur une place stalinienne entourée de centres commerciaux gigantesques et nous nous mêlons aux autres voitures sur une autoroute à quatre voies. Je vois défiler des tours d'habitation qui ne paient pas de mine aux balcons pourvus de grilles contre les cambrioleurs. À Hong Kong, on conduit à gauche, on boit son thé avec un nuage de crème à l'hôtel Peninsula et on parle anglais avec un accent british. À Shenzhen, on conduit à droite, on se régale de hamburgers américains et on ne parle pas un mot d'anglais. Au cours des prochains jours, de plus en plus seul et exaspéré, je me déplacerai dans un paysage d'écriteaux mal traduits et de gestes prêtant à contresens – une bulle touristique pour masochistes.

Pendant ce voyage, le système d'écriture a changé trop de fois – de l'espagnol au grec, à l'hindi, au thaïlandais – pour que je sois passionnément intéressé par les idéogrammes omniprésents. J'ai l'impression d'avoir atteint le cosmopolitisme factice d'un vieil auteur de récits de voyage, apte à forger des déclarations aussi sophistiquées que « Bien sûr, l'*espresso* napolitain est presque aussi court qu'un *ristretto* romain » ou « À Hong Kong, la soupe de serpent est légèrement moins *pimentée**** qu'à Bangkok ». Tout en continuant à recevoir des impressions et à noter avec diligence ce que je vois, je me sens engourdi, comme si, au fond de moi, j'avais conscience de l'impossibilité d'établir une relation significative avec ce lieu. J'ai peur que mon âme soit désormais détachée de moi, d'être en train de devenir un *gweilo*, un fantôme étranger, et je crains le moment où les portes automatiques cesseront de s'ouvrir devant moi. À Shenzhen, un non-lieu plein de non-résidants, tous les rapports que j'ai avec les gens se font désormais par l'intermédiaire de l'argent – dans ce cas, le tout-puissant *yuan*.

Le hall de l'hôtel Crowne Plaza est décoré en style vénitien et son toit porte le lion géant ailé de la place Saint-Marc. Des gondolières coiffées de chapeaux de paille à pompon accueillent les clients ; je m'informe du prix d'une chambre, espérant un miracle du taux de change, mais c'est aussi cher que dans n'importe quel hôtel cinq étoiles. Près de Happy Valley, un grand parc d'attractions – avec une piste de patin à roulettes et un restaurant Kentucky Fried Chicken –, je déniche une auberge de jeunesse et j'y loue une chambre pour la nuit. Dans le long couloir, les portes sont ouvertes et des hommes, torse nu, me regardent passer en fumant, en expectorant, en se taillant les ongles. Je laisse mon sac dans l'immense chambre qui m'est assignée et j'achète un billet de monorail, le *Happy Line*, qui serpente à grand bruit – et à une lenteur exaspérante.

«Hello, passagers! annonce une voix enregistrée dans le wagon. Nous nous dirigeons maintenant vers la Mangrove maritime, au sud.» Les haut-parleurs diffusent de la musak – un solo de vibraphone – et, sans les grues, tant à plumes que métalliques, qui tournent au-dessus de l'estuaire de la rivière aux Perles, on se croirait aux chutes du Niagara en 1971.

Dans la Chine des années 1990, les parcs thématiques se sont mis à pousser comme des champignons. La plupart de ces parcs, construits hâtivement en polystyrène et en grillage, ont été des échecs. Mais les quatre exemples bien conçus de Shenzhen, regroupés dans l'Overseas Chinese Town, sont des exceptions: depuis 1989, ils ont attiré 60 millions de visiteurs et la Fenêtre du Monde – offrant 118 attractions touristiques de taille réduite – est l'un des plus populaires.

Une réplique de la pyramide du Louvre, avec le logo de la Fenêtre du Monde blasonné dans ses losanges de verre, se dresse devant une billetterie sise dans une loggia faite sur le modèle des colonnades de Saint-Pierre. En traversant la place du Monde, je passe devant le pilier d'Ashoka de l'Inde et je me dirige vers la pièce de résistance du parc, la tour Eiffel, en marchant sous les lions barbus de la porte de Pergame. Elle mesure 108 mètres, soit environ un tiers de la taille de l'original. Un groupe de touristes chinois volubiles me suivent dans un petit ascenseur et nous grimpons vers le gland de l'arachnéen phallus. La vue est époustouflante: des puits de lumière jaillissent des gratte-ciel et un aéroglisseur frôle la baie de Shenzhen en direction d'un bosquet d'immeubles sur l'île de Hong Kong. Le parc est au-dessous de moi: je distingue le pont de la tour de Londres, l'Arc de triomphe et les pyramides.

Je suis arrivé à la Fenêtre du Monde deux heures seulement avant la fermeture. Bien que la place centrale soit bondée de visiteurs qui achètent des nouilles et des tranches de noix de coco au café de Eiffel, le parc est en grande partie désert – un centre Epcot après la bombe à neutrons. Je déambule dans un Grand Canyon mal éclairé et des chutes du Niagara éteintes. C'est irréel et troublant, comme si j'avançais à travers les souvenirs fumeux d'une vie de voyage, une impression encore exacerbée par une version soporifique de la chanson *Sounds of Silence* sortant des haut-parleurs. J'arrive devant des répliques des totems peints de Vancouver, la ville où j'ai grandi. Il y a une île de Manhattan miniature dans un lac, avec les Tours jumelles encore debout; sur un fond sonore de klaxons d'auto, un chœur de voix d'hommes chantent « *New York – it's a helluva town !* » J'arrive enfin au Manneken-Pis – l'icône bruxelloise est beaucoup, *beaucoup* plus petite que je m'y attendais. Impossible de manquer l'aileron de requin du Matterhorn aux flancs couverts de skieurs disproportionnés. L'escalier de la Trinité-des-Monts de Rome est placé au milieu d'un massif d'arbustes plutôt qu'au milieu de palazzi et son nom est mystérieusement devenu le « Grand Escalier d'Espagne ». La place Saint-Marc, sans pigeons, partage un lagon avec l'Opéra de Sydney. De l'autre côté de la place du Monde, on peut voir le Grand Palais de Thaïlande, le *wat* royal où je me suis promené il y a deux semaines. Ce lieu est comme un résumé des huit derniers mois de ma vie.

Grâce à des parcs comme la Fenêtre du Monde, il n'est plus nécessaire d'avoir un passeport pour voir le monde. Bien entendu, il y a déjà longtemps que Disney nous l'a prouvé. Avant le centre Epcot, les bulles touristiques étaient imparfaites : les stations balnéaires ou les vieux quartiers piétonniers implantés dans des localités étrangères étaient constamment envahis par la réalité locale. En rassemblant les plus importants monuments du monde dans un seul emplacement commode, Disney a véritablement supplanté l'authentique, en obviant au besoin du voyage. (En ce qui concerne l'insularité, le bateau de croisière représentait la seule compétition au parc thématique. Disney en possède maintenant deux.) Copié avec art, nettoyé, ses traits saillants réunis en un site unique pourvu d'une aire de stationnement des plus pratiques, l'« ailleurs » n'a plus vraiment sa raison d'être.

Dans les années 1970, un Umberto Eco éloquemment hautain visita de fausses villes du temps de la Ruée vers l'or, la Nouvelle-Orléans reconstruite par Disney et les sept « répliques authentiques » de la *Dernière Cène* entre San Francisco et

Los Angeles. Il décréta que ce goût pour l'hyperréalité était un phénomène typiquement américain. Les États-Unis donnaient à leurs habitants des interprétations fidèles des chefs-d'œuvre et des monuments du monde (parfois même améliorés : Eco se retrouva devant une *Vénus de Milo* aux bras intacts), de façon à ce qu'ils n'éprouvent pas le besoin de voir les originaux. Été là, fait ça : c'était la philosophie « liste de contrôle » du centre Epcot. Si Eco faisait ce périple aujourd'hui, il trouverait un continent entiché de communautés protégées, où le voyage au cœur de l'hyperréalité se fait simplement plus vite. Dans la nouvelle Las Vegas, de faux trous d'homme crachent de la vapeur au complexe hôtelier New York-New York, des clients sont logés dans une version réduite de l'immeuble Chrysler et une piste de patin à roulettes comme celle de Coney Island louvoie parmi les gratte-ciel.

Mais ce penchant pour les faux authentiques n'est plus typiquement américain : ce fut aux Pays-Bas que l'on produisit *Big Brother*, la première émission de téléréalité ; la France possède son propre Disneyland depuis le début des années 1990 ; et les parcs d'attractions, comme le Phoenix Seagaia Resort, une plage intérieure japonaise, ou le FantaSea en Thaïlande, abondent dans toute l'Asie. Ce que la Fenêtre du Monde a d'exceptionnel et de poignant, c'est qu'elle représente pour les Chinois la quintessence du voyage à l'étranger. Un Américain qui visite la tour Eiffel au complexe parisien de Las Vegas peut, s'il le souhaite, aller également admirer l'original au Champ-de-Mars. Pour les Chinois, cette réplique, blasonnée d'idéogrammes numériques tremblants, est la seule qu'ils pourront jamais voir. Shenzhen est à la fois une zone économique spéciale et une vaste communauté protégée entourée de grilles, de lames de rasoir et de points de contrôle, conçue pour laisser dehors les citoyens qui ne sont pas inscrits. Comme les Cubains, les Chinois doivent obtenir une autorisation spéciale – le permis convoité de résidence urbaine – seulement pour emménager dans une autre ville. Près de la pagode coréenne, j'achète un passeport-souvenir, que je peux faire estampiller aux stands du site.

C'est comme une contrefaçon cynique d'une liberté que la majorité des Chinois n'auront jamais.

Pour la plupart, les visiteurs des parcs d'attractions de Shenzhen sont des Chinois du continent. Étonnamment, on voit peu d'enfants et le seul étranger de race blanche que je croise au cours de mes deux journées d'exploration est un homme blond dans la vingtaine devant un théâtre appelé le Kaiser's Palace. Il me pose une question dans une langue que je ne connais pas ; je reconnais le mot *spasiba*. Me voyant déconcerté, il me demande : « Vous n'êtes pas *rousse* ? »

Je secoue la tête.

« *Nitchevo, nitchevo* », marmonne-t-il avant de passer son chemin.

Au moment où j'entre dans le hall sous une enseigne au néon bleue me promettant une *Nuit de Paris endiablée*, je comprends qu'il m'a pris pour un de ses compatriotes. Assis sur les bancs, des milliers de Chinois regardent de blonds Cosaques en pantalon noir et chemise de satin rouge interpréter des danses folkloriques européennes. Ensuite, une Chinoise coiffée d'une tiare sertie de diamants présente le numéro suivant : des femmes à l'expression figée, déguisées en paysannes russes, défilent en marchant de côté. La foule exprime bruyamment son ennui. Certaines personnes parlent à voix haute dans des téléphones cellulaires ; d'autres se coupent les ongles ; la fille derrière moi dort, la tête sur la table. Lorsque, après avoir changé de costume, les danseurs s'attellent à une autre démonstration géométrique, plusieurs personnes sortent tout simplement de la salle.

Le lendemain, je visite un parc d'attractions appelé Villages de la culture folklorique de la Chine, où les pièces exposées sont de grandeur nature et les implications, plus dérangeantes. La Chine abrite plus de 400 ethnies, dont 56 ont le statut officiel de *minzu* ou groupe minoritaire. La majorité Han compte 95 % de la population et la modernisation a favorisé une fascination condescendante à l'égard de la culture des autres dans leur milieu. Le parc met l'accent sur 21 groupes ethniques distincts, des Kazakhs nomades dans leurs yourtes aux Lis chasseurs-cueilleurs dans leurs huttes en forme de bateau. Je dépasse le McDonald's à l'extérieur des clôtures et j'achète un autre billet – à 150 yuans ou 18 dollars, le coût de l'entrée dans chacun des parcs est salé –, m'arrêtant pour regarder un homme d'affaires qui a payé pour se faire transporter dans une chaise de bois, comme un mandarin de jadis, par des travailleurs costumés en coolies. Chacune des minorités est regroupée dans un village séparé où leurs habitations sont de grandeur nature. Une brochure résume la philosophie du parc dans une langue hermétique.

« Être de la vie et monter pourtant vers un plan plus haut que la vie elle-même. » Eco approuverait le bond transcendantal dans l'hyperréalité. « Absorber ce qui est bon et rejeter ce qui est mauvais. »

Rejeter ce qui est mauvais semble sous-tendre un nettoyage culturel de tout ce qui entre en conflit avec l'idéologie de l'État. Je regarde un numéro exécuté par des Ouïgours – de belles jeunes filles à la peau pâle en longues robes roses et jaunes tournoyant devant les arches en filigrane d'une maison traditionnelle.

« Les Ouïgours vivent au Xinjiang dans le Nord-Ouest et leur population est de 7 210 000 personnes, explique un écriteau. Ils vivent dans des maisons à toit plat. Sur le toit, il y a un puits de lumière, appelé aussi "jardin sur le toit". »

Les Ouïgours sont également une minorité musulmane ; ils sont persécutés par le gouvernement qui se justifie en affirmant que leurs chefs sont des terroristes entraînés en Afghanistan. L'unique allusion à l'Islam dans les villages de culture folklorique est l'expression « Édifice musulman » écrite devant la réplique d'une mosquée utilisée comme boutique où l'on vend des couvertures et des tapis ouïgours, et des babioles « Drôle de sphère » en tube de plastique fluorescent.

Musardant sur le site, je prends conscience que je me trouve dans une version géante et totalitaire de mon excursion chez les tribus de montagne de la Thaïlande, un parc thématique qui exploite, encore plus cyniquement peut-être, le même désir touristique de l'authenticité. Les Chinois ont rassemblé en un seul endroit des représentants de ce qui reste de leurs peuples indigènes, éliminant ainsi la nécessité de l'excursion fatigante. Entre la pente de ski couverte d'herbe et le tour de téléphérique au-dessus du lac Vert, je regarde les touristes battre des mains avec les villageois dongs au torse nu, la taille ceinte d'une jupe de paille. Des hommes hanis, connus pour leur dépendance à la nicotine, sont assis dans leurs huttes et fument à la chaîne des cigarettes roulées à la main.

Le pire est à venir : c'est l'espace réservé aux Tibétains. Dans une grande lamaserie, l'invasion de 1951 – que le gouvernement qualifie de « Libération pacifique du Tibet » – est justifiée par la réplique d'une fresque dépeignant le mariage d'un roi tibétain avec la fille d'un empereur de la dynastie Tang. Parmi les dalles de prière, il y a une maison de deux étages pleine de figurants tibétains en costume traditionnel. Une femme en chemise de soie, les cheveux retenus en arrière par un bandeau, est assise dans une pose pittoresque dans une cuisine où sont accrochées des marmites de cuivre et elle joue d'un instrument à cordes en forme de tortue. Un homme d'une beauté frappante, aux longs cheveux noirs répandus sur ses épaules, portant un justaucorps noir orné de passepoil doré et des bottes d'équitation en cuir, est assis, jambes écartées, sur un divan de bois couvert de tapis, tandis que les touristes se bousculent pour le photographier. En Thaïlande, on faisait au moins semblant de respecter le village tribal. Shenzhen, où l'on présente des reconstitutions de traditions ancestrales des groupes *minzu* de la Chine à des fins capitalistes, pue la contrainte.

Au Ier siècle, les Romains se rendirent dans la ville grecque de Neapolis pour assister à des concerts et porter les chlamydes helléniques de la culture raffinée qu'ils supplantaient ; pour grimper sur les pyramides, les Anglais lançaient des bakchichs aux Égyptiens colonisés ; après la guerre, les Américains de l'époque du plan Marshall expédiaient chez eux des châteaux du Rhin, par briques numérotées. Aujourd'hui, la démocratisation du tourisme signifie que tant la classe ouvrière du monde développé que la classe moyenne du monde en développement – jeunes voyous avinés à Corfou, familles indiennes parcourant l'Europe en autocar – peuvent s'envoler vers d'autres continents. À Lucerne, j'ai regardé les Suisses jouer du cor des Alpes pour des salariés japonais. Dans sa forme industrialisée, où la bulle s'est depuis longtemps solidifiée, le tourisme est le spectacle banal et inoffensif d'une culture en représentation devant les autres. Ici, à la frontière, les inégalités sont saisissantes.

CE SOIR, j'attends un vol de China Northern à l'aéroport international de Shenzhen. Il y a des aquariums remplis d'arowanas dans les salles d'attente et des triporteurs sur les pistes d'atterrissage. Une agente de bord nous accueille dans l'étroit MD-82 et nous dit que nous pouvons choisir notre siège.

« Ouaaaaa ! » entonne un chœur de voix au moment du décollage.

Mon voisin parle couramment l'anglais. Jeune cadre à la China Construction Bank, il est né dans la province du Fujian, mais il vit désormais à Shenzhen et il fait partie de la nouvelle génération de capitalistes sortis des écoles commerciales. Il porte des lunettes et un élégant complet d'homme d'affaires et il me dit de l'appeler Michael. Je lui demande s'il a déjà voyagé à l'extérieur de la Chine.

« Non, répond-il. Même aller à Hong Kong n'est pas facile pour nous. Il faut avoir une bonne raison, demander un visa. »

Je lui demande ce qu'il devrait faire pour aller en vacances en Thaïlande.

« Il faudrait que je verse un dépôt de 10 000 yuans » – environ 1200 dollars – « au gouvernement pour garantir que j'ai l'intention de revenir. Et l'agence de voyages devrait également garantir mon retour. Et il faudrait que j'obtienne la recommandation de certaines personnes, de ma compagnie, peut-être. »

Tout en savourant le lait de coco offert dans l'avion, je demande à Michael s'il pourrait voyager comme je le fais, de façon autonome.

«Non, ce ne serait pas possible. Il faudrait que je parte avec un groupe, par le biais d'une agence.»

On oublie facilement que voyager est un privilège dont profitent les citoyens des pays les plus riches de la planète. Ce sont les Suisses qui, par tête de pipe, font le plus de voyages internationaux ; ils sont suivis par les Hollandais, les Anglais, les Canadiens et les Allemands. (Les Américains se classent en dixième place.) Pour certains groupes – les Israéliens, les femmes de Thaïlande, les hommes des Antilles, les Coréens du Nord et les Arabes –, obtenir un visa et traverser des frontières se révèle extrêmement difficile. Il n'est dès lors guère étonnant que le récit de voyage soit un genre littéraire dominé par les Européens et les Nord-Américains de race blanche. Pour une Iranienne, écrire sur le voyage n'est tout simplement pas une carrière envisageable.

Pendant de longues périodes de l'Histoire, le tourisme a disparu pour être remplacé, au mieux, par le *R & R*. Pendant la guerre de Trente Ans, les guerres napoléoniennes et les deux grands conflits mondiaux du siècle dernier, le voyage en Europe était presque au point mort. La guerre, cet inéluctable assaut de l'authenticité, est l'antithèse du tourisme. Des vagues de haine ethnique et religieuse n'accordent en général pas beaucoup de temps à l'anodine représentation des différences culturelles dans des spectacles pour touristes : à l'Oktoberfest, de joyeux drilles en *Lederhosen* troquent leurs chopes de bière contre des lugers et se mettent à massacrer leurs voisins. Les pittoresques villageois birmans se révèlent être des guérilleros chrétiens – fumant comme des cheminées – conduits par des généraux enfants messianiques. L'impact de la guerre sur le voyage est en général temporaire (bien que, dans les bonnes conditions, la guerre elle-même puisse être un spectacle : Thomas Cook a mené des touristes anglais sur les champs de bataille des Boers pendant que la guerre y faisait encore rage). Et, paradoxalement, la guerre peut parfois permettre le tourisme : une fois les cadavres enterrés, les conquérants peuvent aller faire la fête dans le pays qu'ils ont conquis.

Juste avant mon départ de Corfou, deux avions ont fracassé le World Trade Center. J'envisageai pendant quelque temps de rentrer chez moi. Le principal instrument du tourisme de masse s'était transformé en arme de destruction massive et j'avais peur que, du moins pendant quelques mois, le tourisme mondial ne s'arrête. À mon grand étonnement, à l'exception d'une série d'annulations sur le *Marco Polo* (permettant à des couples d'Anglais de classe moyenne de profiter de cabines à prix extrêmement réduit) et de la disparition des Américains (sauf les plus endurcis) des pensions en Inde, les pistes du voyage mondial sont restées très fréquentées. Selon l'Organisation mondiale du tourisme, celui-ci est toujours la plus importante industrie légale, constituant 11 % du PNB mondial. En 1999, il y eut 652 millions de voyages internationaux. En 2001, malgré les attaques terroristes, le chiffre avait grimpé à 692 millions. Même si les voyageurs privilégient des destinations plus près de chez eux, un an après les attaques contre les États-Unis, les voyages internationaux allaient atteindre un total plus élevé que celui d'avant le 11 septembre. Les détournements d'avion des années 1970, l'augmentation du prix de l'essence pendant la crise de l'énergie, la guerre du Golfe et, plus récemment, les attentats d'Al-Qaida : le tourisme peut subir des contretemps temporaires, n'empêche que, d'une décennie à l'autre, le grand total des voyageurs internationaux ne cesse d'augmenter. L'infrastructure du voyage est si fermement en place – permettant à des gens qui ont des revenus suffisants de s'envoler vers toute bulle géopolitique considérée comme sûre pour le moment –, que seul un conflit mondial pourrait mettre un terme à notre errance millénaire.

Actuellement, la Chine doit être l'endroit le plus sûr de la terre pour les voyageurs. Nous atterrissons à Sanya, la ville la plus méridionale, sur l'île de Hainan, et, tandis que nous traversons la piste d'atterrissage humide, Michael me propose de me conduire à mon hôtel. Ses collègues, de jeunes banquiers joviaux récompensés par ce voyage tropical aux frais de la princesse, l'attendent dans une minivan. Lorsque nous constatons que l'hôtel recommandé dans mon guide n'existe pas, c'est Michael qui parlemente pour moi à la réception d'établissements sur le front de mer jusqu'à ce qu'il me trouve une chambre à prix raisonnable. Nous échangeons une poignée de mains ; je lui donne mon courriel et – sans réfléchir – je l'invite à me rendre visite un jour au Canada.

« Cela m'étonnerait », dit-il avec un sourire embarrassé. Je me donnerais un coup de pied pour cette gaffe. Cette rencontre avec Michael m'a permis de sortir de mon rôle de touriste pendant deux ou trois heures ; c'est à lui, qui a appris la langue d'un visiteur étranger, que revient tout le crédit.

Le répit est temporaire. À l'hôtel, un sachet en papier d'aluminium, contenant un liquide, est posé sur la table de chevet. « Lotion Yirenbao pour hommes, est-il écrit sur une feuille plastifiée. L'article essentiel d'une personne prospère. On ne peut se sentir libre si quelque chose nous gêne dans notre vie sociale et Yirenbao est là pour soulager le malaise. Produit écologique, Yirenbao est fabriqué selon une méthode AZONE de haute technologie ; il s'agit d'une préparation médicinale chinoise superconcentrée au point de saturation, qui ne contient ni saponine ni agents chimiques. Mode d'emploi : faire pénétrer à l'intérieur et à l'extérieur des parties génitales pendant deux ou trois minutes. » Seul ? Avant une relation sexuelle ? Après ? Comment faire pénétrer le produit *à l'intérieur* de mes parties génitales ? Je suis tenté d'appeler la réception pour avoir une démonstration, mais je décide plutôt de regarder un spectacle de variétés où une femme joufflue en uniforme militaire chante à pleins poumons un aria devant un piano à queue.

Je me réveille dans une Hawaï du Sud-Est asiatique – des chemins bordés de cocotiers sur lesquels roulent des tricycles motorisés appelés *bop-bops*, une plage de sable blanc au bout d'une large promenade en béton, la mer d'un vert invitant. Ma dernière escale est Hainan, une île de la dimension de Taiwan dans la mer de Chine méridionale, à environ 50 kilomètres au sud des côtes. À l'époque de la dynastie Tang, elle était considérée comme l'endroit le plus éloigné de la terre, le bout de l'univers connu. Pour les courtisans en disgrâce et les exilés politiques, c'était le point le plus loin de Beijing et ceux qui y furent envoyés en exil au Xe siècle périrent rapidement, victimes de maladies tropicales incurables. Plus tard, Mme Mao et la Bande des Quatre passèrent leurs vacances dans une villa à Sanya, près de l'endroit où je séjourne maintenant. Un avion espion américain y a été abattu récemment et son équipage a été détenu pendant que les Chinois examinaient nonchalamment l'équipement d'espionnage. Depuis les années 1980, Hainan est devenue une zone économique spéciale, une Shenzhen sous les tropiques. Quatre-vingts pour cent de ses revenus découlent du tourisme et les plages sont bordées d'hôtels cinq étoiles hébergeant les nouveaux mariés et les hommes d'affaires récemment enrichis. La majorité de ses 8 millions d'habitants sont des Chinois hans, mais il y a également 1,2 million de membres de la tribu li, qui jusqu'aux années 1930 vivaient encore de la chasse et de la cueillette, et de Hmongs, de la même grande tribu dont j'ai visité les villages en Thaïlande.

Aujourd'hui, les membres des tribus errent le long des larges autoroutes de Sanya, en essayant de vendre aux touristes des colliers de fausses perles. Il y a quelques années, le gouvernement s'est emparé des terres agricoles que les Lis possédaient sur le front de mer et leur a offert une maigre compensation, afin de construire des hôtels comme celui où je séjourne. À la réception, je demande au commis d'écrire ma destination finale en caractères chinois.

« Tianya Haijiao ! » dis-je en montant dans un taxi et le chauffeur fait rapidement volte-face en coupant un *bop-bop*.

Le nom est souvent traduit par « La fin du ciel, le coin de la mer », mais on dit plus souvent la Fin de la terre, le point le plus au sud de la Chine. Nous nous engageons sur une autoroute rectiligne à quatre voies, où un autobus a percuté un terre-plein de béton semé de fleurs violettes. Sur une section tranquille de la route, mon chauffeur gare la voiture, éteint le moteur. Il se tourne vers moi et m'adresse la parole en mandarin. C'est un homme âgé, au front ridé ruisselant de sueur. Je lui indique un endroit sur la carte que le commis m'a remise.

Je répète « Tianya Haijiao ! » en imitant exactement l'accent chinois que Michael m'a enseigné dans l'avion de Shenzhen. Le chauffeur prend ma carte, se gratte la tête.

« Tianya Haijiao ! Tianya Haijiao ! » dis-je en insistant, furieux. Je sais que c'est une arnaque ; mais mon incapacité de communiquer me rend impuissant. Il quitte la route et stationne devant une concession sur le front de mer. Me prenant par le bras, il me conduit à la billetterie.

« Tianya Haijiao ? » dis-je à la jeune fille au guichet. Elle plisse le front, l'air profondément ennuyé, et me montre un écriteau : 90 yuans. Je paie les frais d'entrée. Mon chauffeur de taxi me conduit en vitesse vers une jetée où l'on me tend un gilet de sauvetage orangé et l'on me dit de monter dans un hors-bord. Le bateau quitte le port, sa proue frappant les vagues. Je prie pour que nous contournions un promontoire et atteignions quelque plage inaccessible, mais nous nous dirigeons plein sud, vers Bornéo. Je regarde derrière moi – mon chauffeur de taxi est assis là, le gilet de sauvetage de travers, souriant.

Dix minutes plus tard, je mets pied sur la grève. Un panonceau annonce que je me trouve sur West Island, un centre de plongée sous-marine. L'air ravi, mon chauffeur me montre le restaurant à ciel ouvert, les oursins visibles dans l'eau peu profonde. J'ai envie de le gifler.

Je le regarde dans les yeux en articulant aussi clairement que possible : « Tian-ya Hai-jiao. » Un homme qui passe à proximité m'entend.

« Nous sommes à West Island, me dit-il avec un accent parfaitement américain. Tianya Haijiao est une plage, on peut la voir là-bas. »

Il m'indique d'un geste une étendue sablonneuse sur l'île de Hainan. Me sentant rougir, je lui demande d'expliquer cela à mon chauffeur de taxi, qui hoche la tête, l'air attentif, et feint de comprendre soudainement. Je remonte dans le bateau et nous prenons le chemin du retour à travers les vagues. Cinq minutes plus tard, j'aperçois un panneau indicateur bleu suspendu à un poteau ressemblant à une potence. « La fin de la terre », est-il écrit en anglais sous l'équivalent chinois.

Je crie d'une voix triomphante : « Tianya Haijiao !

– Ohhh ! dit mon chauffeur. Tianya Haijiao… » Il ne semble pas vraiment surpris de ne pas recevoir de pourboire.

Je n'éprouve aucun choc particulier en apprenant qu'il me faut débourser une somme costaude pour aller à la Fin de la terre. Jusqu'ici, presque chaque pas que j'ai fait en Chine m'a coûté un paquet de yuans. Il s'agit ici d'un « lieu touristique officiel », ce qui, dans ce pays communiste, veut dire que les citoyens doivent payer des frais d'entrée pour se promener sur leur propre plage. Morose, j'achète mon billet et je me dirige vers la grève. Je passe devant un cerf tacheté attaché à un arbre. Je suis une petite femme coiffée d'un chapeau de paille brandissant un coquillage, mais je la perds de vue dans un boqueteau de cactus, à côté d'un éléphant que pansent deux hommes en survêtement rouge. Cheminant dans le sable blanc, je me dirige vers l'attraction principale : d'énormes rochers couleur de sable léchés par les vagues, tachés de noir autour de leur sommet, cerclés d'anatifes près de la laisse de marée haute. Les plus gros ont six mètres de haut ; certains sont pointus, d'autres sont bulbeux et trapus. Sur plusieurs, il y a des idéogrammes rouges, des vers de poèmes chinois. Les rares traductions sont boiteuses.

« L'antique État Ya veut être exploré / Le sol fertile nourrit / le raffiné et l'admirable / Où est le paradis terrestre ? / Tianya Haijiao est toujours vert ! »

Les touristes se prennent mutuellement en photo. Si j'étais presque tout seul à Cabo Fisterra, je partage aujourd'hui cette fin de la terre avec des milliers de Chinois. Ils sont venus en groupes, ils portent des ensembles de plage, des hauts et des bermudas incrustés de palmiers et de slogans de vacances en écriture cursive : « Pas de problème », « Master Cowfish » et « Bienvenue aux Seychelles ». Leurs guides arborent des cartes plastifiées sur lesquelles leurs noms sont inscrits et ils rassemblent leurs gens pour des photos de groupe. Je peux voir comment un tel endroit doit avoir inspiré un officiel Tang en exil à écrire de la poésie il y a un millénaire : les collines vertes descendent vers une vaste mer, dont le bord se trouve quelque part dans l'éternité ; les mystérieux rochers aux parois lisses sont regroupés sur la plage comme les vertèbres saillantes de dragons de mer emmaillotés de sable. Tandis qu'un rayon de lumière oblique perce le ciel, tachant la mer d'une bande de mercure, j'essaie d'éprouver un sentiment convenable de respect et de nostalgie. Mais tous mes efforts sont anéantis par le type bedonnant en caleçon de bain turquoise à fleurs qui pose pour une photo, une Marlboro à la main.

Depuis l'hôtel à Finisterre jusqu'aux autocars de Tianya Haijiao, d'un bout de la terre à l'autre, j'ai traversé le bloc continental eurasien – 10 700 kilomètres au total. Voici, essentiellement, ce que j'ai rencontré sur mon passage : des touristes avec leur appareil photo. Il est désormais possible de voyager sur toute la terre sans quitter la bulle touristique. Dans l'un de ses itinéraires les plus vénérables, la bulle s'étire dans les routes secondaires des montagnes du nord de l'Espagne. Elle suit les poteaux indicateurs Michelin le long des routes de France et les itinéraires mis au point par Thomas Cook entre les capitales européennes. Elle réduit sa taille pour s'adapter à l'exclusivité des différents Baden-Baden allemands, éclate à Zermatt avec le fluide britannique, expulse ce qui ne convient pas au sommet du Matterhorn et, munie d'une passe de train, elle traverse les cols alpins vers la terre promise des auberges de jeunesse et des tournées de pubs en Italie. À Corfou, elle protège les gamins du Pink Palace et les clients du Club Med des pirates albanais et de la culture hellénique. Elle offre des liens par satellite avec CNN et Hotmail sur des bateaux de croisière en Méditerranée. En Asie du Sud, elle surgit dans les pensions des ghettos de Pushkar, de Goa, d'Hampi reliés entre eux par des autobus et des trains de touristes, puis elle se gonfle pour couvrir une grande partie de la Thaïlande avec son air enjôleur, un léger parfum d'orchidée et de Chanel contrefait.

Désormais, une grande partie du monde est devenue insensible aux foules. Les civilisations plus importantes sont, en particulier, assez robustes pour s'adapter aux exigences schizophréniques du tourisme. Le sous-continent indien et le royaume du Milieu ont suffisamment de raffinement et d'artifice pour confondre et éblouir tous ceux qui se présentent. Ce sont les populations les plus fragiles, les plus éloignées, comme les tribus de montagne en Asie et les Indiens de l'Amazonie, qui souffrent le plus de cette *nostalgie de la boue** de la modernité, notre désir complexe de toucher la simplicité. Lorsque les voyageurs s'aperçoivent que le village inconnu d'hier est aujourd'hui un enfer touristique, que les indigènes sont devenus cyniques à force de vendre des films Kodak et de plonger pour des pièces de monnaie, la bulle touristique continue de s'enfler. Comme un système capillaire s'étendant dans de la nouvelle chair, la bulle se déplace par minuscules éclatements indépendants – des guides qui transportent des caisses de mélange à crêpes aux bananes déshydraté au cœur de la forêt tropicale humide, jusqu'aux derniers villages encore intouchés de la Nouvelle-Guinée. Que se passe-t-il quand 700 millions de gens sur cette planète totalement cartographiée de 6 milliards d'habitants sont chaque jour en mouvement ? Quand on peut disposer d'un guide *Lonely Planet* de l'Antarctique, d'un voyage organisé en Birmanie, de planches à neige sur le mont Everest ? Quand même la Fin de la terre est un spectacle ? La réponse est simple : c'est la fin de l'ailleurs.

Nous n'en sommes pas encore là, bien entendu. Malgré toutes les incursions de la modernité, je sais que l'authentique existe encore autour de moi. Mais il faut faire des efforts pour l'atteindre : apprendre des langues, écouter attentivement, offrir son amitié. Si j'avais entrepris ce voyage avec une attitude différente, si je m'étais déplacé à dos de chameau ou en sampan plutôt qu'en voiture de location ou sur un bateau de croisière et si je m'étais lié avec les autochtones plutôt qu'avec des voyageurs comme moi, j'aurais découvert que le monde est toujours un lieu extraordinaire, peuplé de gens avec des croyances et des points de vue aussi variés que leurs dialectes. Bien voyager ne veut pas dire aller plus loin, mais y aller mieux ; cela veut dire établir des contacts et les garder.

En bout de ligne, évidemment, tout ce que j'ai vu est authentique, qu'il s'agisse des Allemands sur leur planche à roulettes devant le Kurhaus de Baden-Baden ou des ados thaïlandais fumant du speed en façonnant des boulettes au Burger King de Bangkok. Le vrai voyage consiste à garder l'œil ouvert et à travailler à comprendre la vraie vie, plutôt que de se contenter du continuel *reality show* de l'authenticité mise en scène. Même ici, dans ce ridicule lieu touristique chinois, l'authentique persiste : il suffit de diriger son regard vers les poulies, les piliers et les techniciens dans les coulisses.

« Surveillez le marché conformément à la loi », suggère un écriteau orwellien sous les palmiers. Un autre demande : « Servez de gardien économique. » Les vendeuses de perles qui s'efforcent d'intéresser les touristes chinois à leur marchandise, vêtues de tee-shirts Snoopy et X-Files sous leurs chapeaux de paille, sont des femmes des tribus ou des immigrantes hans illégales venues du continent. Certaines sont membres de la minorité Li et ont été expropriées quand on a eu besoin de leurs terres pour faire de la place aux touristes. Celles qui ont eu de la chance, les jolies, ont décroché un bon emploi. Elles posent à l'entrée du site, femmes à la peau pâle en robe rouge, invitant les touristes à les photographier avec leurs paons enchaînés. À 16 h 40, il y aura un spectacle de flûte verticale soufflée par le nez, de saut de bambou et d'autres rituels lis et hmongs dans un théâtre octogonal sur la plage – car Tianya Haijiao est aussi une version réduite des villages de culture folklorique chinoise.

Mais le drame authentique se joue sur la plage. Des soldats du gouvernement chinois en treillis sont accroupis sur les rochers ; d'autres patrouillent sur la plage et les marchandes de perles et de coquillages fuient sous les palmiers. L'une d'elles pousse des cris aigus quand un soldat l'attrape par son maigre biceps et l'entraîne hors du site. Voilà ce que la bulle touristique, à son plus nu, encourage et ce dont elle essaie de nous protéger : des êtres dépossédés chassés hors de leurs terres parce qu'ils échouent à offrir un simulacre plaisant de leur culture supplantée.

IL Y A PLUSIEURS MOIS, j'ai regardé le soleil se coucher dans l'Atlantique. Avant que ce voyage prenne fin, j'ai besoin de le voir se lever sur le Pacifique. Sortant de mon lit avant l'aube, je marche en traînant les pieds sur la promenade de béton en direction de la plage, où je déplie une chaise longue humide de rosée.

La scène s'éclaire imperceptiblement, comme un décor de théâtre sous un rhéostat. Pour commencer, un seul nuage se teinte de rose. Tandis que l'horizon commence à luire, je me rends compte que je ne suis pas seul. Plus loin sur le sable, un vieillard fait des exercices simples de tai-chi, écartant les bras de ses flancs. Des crabes translucides de la grosseur d'une pièce de dix cents trottinent le long de la laisse de marée haute. La première des marchandes de perles est là, elle fonce droit sur les premiers touristes émergeant des hôtels. Un homme portant des lunettes a roulé les jambes de son pantalon et il marche pieds nus le long des vagues tout en parlant dans un téléphone cellulaire. Un taxi se gare au bord de la plage. Pendant qu'un vieil homme paie le chauffeur, son escorte, une jeune femme en robe moulante, se précipite vers l'eau et saute dedans, toute habillée ; elle pousse de petits cris joyeux en levant ses mains en l'air. Le disque du soleil, orangé, apparaît derrière un banc de nuages gris. Tandis que ses rayons se répandent, je sens qu'un mince filet d'optimisme se fraie un chemin dans ma lassitude. Il est 7 h 10 et la route est finie. J'ai atteint le bout de la terre. Le temps est venu de rentrer chez moi.

C'est-à-dire, si j'ai un chez-moi où rentrer. Je me demande si mes possessions sont toujours en sécurité dans leur entrepôt ; si, après tous ces mois d'échanges par Hotmail et de conversations téléphoniques par Internet – rendues difficiles à cause de l'écho –, Karen sera là pour m'accueillir.

Ce voyage m'a appris quelques leçons. Pour commencer, plus on va lentement et plus le voyage est enrichissant. À cet égard, les trains et les bateaux représentent un bon choix ; mais aller à pied est encore plus satisfaisant. (L'idéal est de rester immobile – quelques semaines, quelques mois, selon ses possibilités.) Deuxièmement, je ne suis pas d'un tempérament nomade ; peu de gens le sont. Avant que je puisse de nouveau partir en voyage, je devrai jeter l'ancre, pour de bon, dans l'eau profonde. (Montréal, me semble-t-il, sera un port d'attache respectable.) Et enfin, le problème fondamental du tourisme est également le mien. En situant mon espoir de remplir ma vie dans l'Arcadie chimérique de l'ailleurs, j'ai permis que la camaraderie de la route et l'attrait de l'étranger m'empêchent d'établir des relations profondes là où cela importait le plus – chez moi. Obsédé comme je l'étais par le désir de voir à quel point l'herbe était plus verte ailleurs, je n'ai pas remarqué combien mon propre gazon était monté en graine.

Je me relève de ma chaise de plage et je retourne à l'hôtel pour emballer une dernière fois mes possessions usées par la route. Au cours de ce voyage, quelque chose en moi s'est brisé. Tout en sachant que je voyagerai sûrement de nouveau, je n'en ai plus vraiment besoin. Je ne cours plus après l'ailleurs. J'y suis allé – plus longtemps que prévu – et, franchement, je préfère être à un autre endroit.

À partir de maintenant, tous mes voyages me ramèneront à la maison.

Table

CET OUVRAGE
COMPOSÉ EN GOUDY CORPS 12 SUR 14
A ÉTÉ ACHEVÉ D'IMPRIMER
LE DOUZE MAI DEUX MILLE CINQ
SUR LES PRESSES DE TRANSCONTINENTAL
POUR LE COMPTE
DE VLB ÉDITEUR.

IMPRIMÉ AU QUÉBEC (CANADA)